KB165497

양자 암호 시스템의 시작

양자 암호 시스템의 시작

더 강력한 암호가 필요한 세상이 온다

로저 A. 그라임스 지음
장기식 · 강형우 · 오형근 · 윤광택 · 한경희 옮김

i!i
에이콘

 에이콘출판의 기틀을 마련하신 故 정완재 선생님 (1935-2004)

이 책을 아내 트리샤에게 바친다.

어느 모로 보나 남편을 뒷바라지해주는 든든한 배우자다.

| 지은이 소개 |

로저 A. 그라임스 Roger A. Grimes

1987년 이래로 30년 넘게 악의적인 컴퓨터 해커들과 싸워왔다. CISSP와 CISA, MCSE, CEH, Security+를 포함해 수십 개의 컴퓨터 자격증을 취득했으며, 공인회계사 CPA, Certified Public Accountant 시험에도 합격했다. 20년 넘게 기업과 기업의 웹사이트에 침입한 전문 침입 테스터로 일해왔으며, 테스트에 3시간을 넘긴 적이 없었다. 또한 컴퓨터 보안 수업을 만들고 업데이트해왔으며, 강사로서 수천 명의 학생들에게 해킹과 방어 방법을 가르쳤다. 컴퓨터 보안 회의에서 자주 발표자로 나서고 있으며, 컴퓨터 보안에 관한 10권의 책과 1,000여 건의 잡지 기사를 쓰거나 공동 집필했다. 2005년 8월부터 「InfoWorld」와 「CSOOnline」(www.infoworld.com/blog/securityadviser/)의 컴퓨터 보안 칼럼니스트를 맡아 20년 넘게 정규직 컴퓨터 보안 컨설턴트로 일하고 있다. 「Newsweek」와 NPR의 「All Things Considered」를 포함한 여러 잡지와 텔레비전 쇼, 라디오 등에서 자주 인터뷰를 한다. 현재 전 세계의 크고 작은 회사에 악성 해커와 악성코드를 가장 빠르고 효율적인 방법으로 막는 방법을 조언하고 있다. 1983년부터 양자물리학을 공부해왔다.

| 감사의 글 |

이 책을 집필하게 해준 와일리 출판사와 짐 민텔^{Jim Mintel}에게 감사의 말씀을 전합니다. 열광적인 일반 대중에게 이 책의 내용을 주제로 1년 넘게 강연해왔지만 내 앞에 놓여 있는 그 기회를 보지 못했습니다. 나를 고용해준 회사 KnowBe4, Inc.와 훌륭한 CEO 스튜 스운베르만^{Stu Sjounwerman}과 케이시 와트만^{Kathy Wattman}, 켄드라 이르미^{Kendra Irmie}, 메리 오웬스^{Mary Owens} 덕분에 원제 발표 자료를 만들고 지방을 돌아다니며 발표할 수 있었습니다. 내 핵심 KnowBe4 양자 발표 지원 팀 에이미 미첼^{Amy Mitchell}과 제시카 셸턴^{Jessica Shelton} 그리고 앤디 리드^{Andy Reed}에게도 감사를 전합니다.

양자 컴퓨터가 암호학을 포함해 우리의 생활에 어떤 영향을 주는지 더 잘 이해할 수 있도록 인터뷰를 하고 이메일을 주고받은 모든 사람에게도 감사의 말씀을 전하고 싶습니다. 저는 제 자신 스스로 복잡한 양자 컴퓨터 개념을 이해하고, 그 개념을 대중들이 쉽게 이해할 수 있도록 전달하기 위한 노력을 꾸준히 해왔습니다. 이 개념은 양자물리학과 암호학의 많은 부분이 고급 수학으로 정의되기 때문에 더 복잡해졌습니다. 몇 가지 영역에서 나는 포기하고 전문가들이 쓰거나 말한 것을 그냥 인용했습니다. 내가 가장 좋아하는 '양보^{give-up}' 문구[1]는 양자-내성 암호^{quantum-resistant ciphers} 중 하나를 설명하는 과정에서 볼 수 있습니다. "NTRU 프라임 팀^{Prime team}은 NTRU 암호를 '보안 수준이 높은 소수 차수의 대표 갈로아 군의 비활성-절댓값 이상-격자 기반 암호의 효율적인 구현^{high-security prime-degree large-Galois-group inert-modulus ideal-lattice-based cryptography}'으로 설명했으며, 다른 사람들은 '기약의 비원분 다항식^{irreducible, non-cyclotomic polynomial}'으로 설명했습니다." 저는 이 설

---

[1] 이 문구는 원문에서도 여기 한 곳에서만 사용됐기에 본문에서는 찾아볼 수 없다. - 옮긴이

명과 관련된 모든 것을 기본적으로 "풀기 어려운 수학 문제"라는 의미를 전달하기 위해 설명해야 할 모든 고급 수학을 봤을 때 웃음을 멈출 수가 없었습니다. 그렇기는 해도 이 책에 오류가 있다면 모두 저로 인한 것입니다. 저는 이 책에 단 하나의 실수라도 범하지 않도록 최선을 다했습니다. 무엇보다도 사실적으로 정확하게 전달하려고 노력한 것에 자랑스럽게 생각합니다. 그러나 고급 주제를 너무 많이 다룬 책에서는 틀림없이 실수했을 것입니다. 어떤 핵심 개념을 끔찍하게 망쳐놨다고 제게 화를 낼 양자 암호 전문가가 어딘가에 있을 겁니다. 가능한 한 정확하게 만들기 위해 최선을 다했으며, 저 또한 사람이라는 것을 알아주셨으면 좋겠습니다. 있을지 모르는 오류에 대해 미리 사과를 드립니다.

저와 다른 모든 사람에게 양자역학과 양자 컴퓨팅을 더 간단하게 설명해주려고 했던 모든 훌륭한 선생님들과 저자들에게 감사드리고 싶습니다. 이 책에서 지난 20년 동안 제가 읽고 듣고 본 다른 사람들이 만든 예와 우화를 반복해서 다뤘습니다. 이들이 해냈던 작업으로 인해 이런 어려운 주제들을 이해할 수 있었습니다. 저자를 기억하려고 애쓰거나 찾을 수 있는 예시와 설명에 공을 들이려고 노력했습니다. 놓친 부분이 있다면 사과의 말씀을 드립니다.

6장 속 미국국립표준기술연구소에 제출된 알고리즘에 대한 저의 요약을 올바르게 수정해달라는 요청에 응해준 모든 제안 팀[submission team]에게도 감사드리고 싶습니다. 이들은 최선을 다해 제가 암호 솔루션[cryptographic solution]의 핵심 내용을 이해할 수 있도록 도와줬습니다. 모든 팀이 제 질문에 답장하지 않지만, 이에 대답해준 사람들이 있습니다. CRYSTAL-Kyper를 만든 피터 슈바베[Peter Schwabe]와 FALCON을 만든 토마스 프레스트[Thomas Prest], FRODKEM을 만든 더글라스 스테빌라[Douglas Stebila], HQC와 Rollo, RQC를 만든 필립 가보리트[Philippe Gaborit], Dilithium을 만든 바딤 류바셰프스키[Vadim Lyubashevsky], LAC를 만든 시안후이 루[Xianhui Lu], LEDCrypt를 만든 마르코 발디[Marco Baldi], LUOV를 만든 워드 뷸렌스[Ward Beullens], MQDSS & SPHINCS+를 만든 주스트 레이네펠트[Joost Rijneveld], MQDSS를 만든 시모나 사마르지스카[Simona Samardziska], NewHope를 만든 토마스 포펠만[Thomas Poeppelmann], NTRU를 만든 존 샹크[John Schanck], qTESLA를 만든 니나 빈

델Nina Bindel, SPHINCS+를 만든 스콧 플러러Scott Fluhrer 그리고 ThreeBears를 만든 마이크 함부르크Mike Hamburg, 모두에게 감사합니다.

텍사스 오스틴대학교University of Texas Austin의 양자학 교수 스콧 애론슨Scott Aaronson과 물리과학 작가 필립 벨Philip Bell, Townsend Security의 켄 마플리Ken Mafli 그리고 다니엘 버가스Daniel Burgarth에게도 특별한 감사를 표하고 싶습니다. 마지막으로 저의 끊임없고 완벽을 추구하는 교정을 참아 준 와일리 출판사의 킴 윔셋Kim Wimpsett과 피트 고언Pete Gaughan 그리고 아티야판 랄리트쿠마르Athiyappan Lalitkumar에게도 큰 감사를 드립니다.

NOTE 암호 알고리즘을 설명하고자 암호(cipher)라는 단어를 자주 사용했습니다. 기술적으로 암호는 암호화 알고리즘(encryption algorithm)을 의미하며, 디지털 서명 알고리즘은 기법(scheme)이라고 합니다. 9개의 장에서 암호학을 쉽게 설명하기 위해 암호라는 단어를 사용했습니다. 기술적인 오용을 용서해주시기 바랍니다.

| 옮긴이 소개 |

장기식(honors@nate.com)

경희대학교에서 대수학을 전공했으며, 고려대학교 정보보호 대학원에서 박사 학위를 취득했다. 이후 약 10년간 경찰청 사이버안전국 디지털포렌식센터에서 디지털포렌식 업무를 담당했다. 경찰대학 치안정책연구소에서 데이터 분석을 접한 이후 데이터 분석을 기반으로 한 머신러닝 기술을 연구했으며, 이 경험을 바탕으로 현재 아이브스 AI LAB 연구소장으로 데이터 분석과 딥러닝 기반 영상 보안 솔루션 개발 및 연구를 책임지고 있다.

번역서로는 『보안을 위한 효율적인 방법 PKI』(인포북, 2003)와 『EnCase 컴퓨터 포렌식』(에이콘, 2015), 『인텔리전스 기반 사고 대응』(에이콘, 2019), 『적대적 머신러닝』(에이콘, 2020), 『사이버 보안을 위한 머신러닝 쿡북』(에이콘, 2021)이 있다.

강형우(kanghw70@gmail.com)

고려대학교에서 전산학을 전공했으며, 고려대학교 정보보호 대학원에서 박사 학위를 취득했다. 약 8년간 ETRI 및 국가보안기술연구소에서 네트워크 및 시스템 보안을 연구했고, 2006년부터 15년간 금융감독원에서 전자금융 보안 및 금융회사 감독/검사 업무를 담당했다. 이 경험을 바탕으로 현재 김앤장 법률사무소에서 핀테크 분야 컨설팅 업무를 수행하고 있다.

주요 관심 분야는 전자금융보안, 네트워크보안, 정보보호정책, 블록체인 등이며, 저서로는 『전자금융 이러면 안전할까』(디비바다, 2010)가 있다.

오형근(hgohsec@gmail.com)

고려대학교 정보보호대학원에서 박사 학위를 취득했다. 20여 년간 사이버 보안 관련 정부출연연구소에서 악성코드 분석 및 대응기술 개발 업무를 담당한 전문가다. 특히 국내에서 발생한 크고 작은 국가적 해킹 사건에 대한 분석 업무와 관련 대응기술 및 방안 마련에 참여하고 각종 평가 및 인증, 취약점 분석을 담당하는 등 다양한 사이버 보안 분야를 고루 경험했다. 현재는 그동안의 경험을 바탕으로 급격히 변화하는 ICT 기술 환경 속에서 미래 정보보안 기술에 대해 고민하고 준비하기 위해 약 100여 명의 국내 전문가들로 구성된 미래 보안 기술 포럼을 주도적으로 설립하고 운영하는 등 미래 전략 수립 업무를 수행하고 있다.

윤광택(patrick_youn@naver.com)

고려대학교 정보보호대학원에서 석사 학위를 취득했다. 15여 년간 시만텍코리아에서 보안전문가로 일했으며, 현재는 사이버 위협 인텔리전스 업무를 수행하고 있다. 대학에서 무역학을 전공하고 IMF를 겪으면서 스페셜리스트가 돼야겠다고 결심해 보안 분야로 전향해 보안 엔지니어의 삶을 시작해 IT 보안 업무를 천직으로 삼아 살아가고 있다.

한경희(kyungheehan2020@gmail.com)

고려대학교 정보보호대학원에서 금융보안 석사 학위를 취득했다. 금융회사에서 21년 넘게 IT 업무를 담당하고 있는 금융 IT 전문가다. 공인 정보 시스템 감사사[CISA]로 금융 관련 각종 평가 및 인증, 회사의 보안 체계를 구축하는 등 다양한 금융보안 업무를 고루 경험했다. 현재는 그동안의 경험을 바탕으로 금융 보안 업무를 책임지고 있다.

옮긴이의 말

제2차 세계대전 이후 독일의 애니그마 암호 장치를 분석하기 위해 앨런 튜링^{Alan Turing}이 컴퓨터를 만든 이후, 국가와 기업 수준에서 비밀을 보호하기 위해 현대 암호 기술이 급속히 발전했다. 특히 현대 암호 기술이 없었으면 인터넷이 이렇게 보편적으로 사용되지 못했을 것이다. 우리는 알게 모르게 현대 암호 기술의 도움으로 사용자 계정과 비밀번호만으로 각종 서비스부터 금융 거래까지 수많은 온라인 생활을 누리고 있다.

그러나 이렇게 우리 생활에 필수 불가결 한 현대 암호 기술이 우리에게 다가올 양자 컴퓨팅으로 인해 위기에 처해 있다. 양자 컴퓨터를 가진 누군가가 우리의 사용자 계정과 비밀번호, 데이터, 금융 거래 등 일상의 모든 면을 보호하고 있는 현대 암호 알고리즘을 깨트릴 것이기 때문에 HTTPS와 TLS, VPN, 암호화폐를 포함해 현대 암호 기술 대부분이 한 순간에 쓸모없게 된다. 모든 국가나 기업은 지금부터 양자 암호 해독을 대비하기 시작해야 한다.

이 책은 양자 알고리즘이 어떤 현대 암호 기술을 언제 어떻게 무력화하는지 설명하고, 이에 대응할 방법을 설명한다. 이 책을 통해 우리는 암호 시스템을 깨뜨릴 날에 대비해 어떤 준비를 해야 하는지 그리고 그 해결 방법을 제시한다.

책을 번역하는 동안 뒷바라지를 해준 나의 소중한 반쪽 유원정에게 고맙다는 말을 전하고, 주말에도 제대로 놀아주지 못한 딸 현아와 아들 서준에게 미안하다는 말을 전하고 싶다. 또한 언제나 나에게 힘이 돼 주는 AI LAB 알고리즘 팀원들에게도 감사를 표하고 싶다. 마지막으로 이 책이 제대로 번역돼 출간될 수 있도록 도와주신 조유나 편집자님께도 감사의 마음을 전한다.

대표역자 장기식

| 한국어판 감수자 소개 |

이용석(lyskms@korea.ac.kr)

고려대학교 정보보호대학원에서 공학박사를 취득했다. 관심 분야는 사이버 무기체계 개발과 양자암호로 현재 후학을 양성 하면서 다양한 학술회의와 여러 연구기관 및 대학원에서 강의를 하고 있다. 저서로는 『사이버 공격 막느냐! 뚫리느냐!』(상상 미디어 2020) 등이 있고, 『적대적 머신러닝』(에이콘, 2020)을 감수했다.

| 차례 |

1부 — 양자 컴퓨팅 기초

2부 — 양자 해독 대비

1990년대 후반, 전 세계는 2000년을 의미하는 Y2K라는 컴퓨터 문제에 사로잡혀 있었다. 대부분의 기기와 컴퓨터, 프로그램이 연도의 마지막 두 자리만을 사용해 날짜를 기록하는 것이 문제였다. 이로 인해 프로그램들이 1850년과 1950년, 2050년의 차이를 구별할 수 없었다.

1999년에서 2000년이 되면 많은 컴퓨터와 프로그램은 새로운 세기의 두 자리 날짜와 관련된 계산을 제대로 처리할 수 없었을 것이다. 스케줄링과 보증 프로그램과 같이 이미 미래의 날짜를 사용하고 있었던 프로그램과 장치로 인해 알려진 많은 장애failure가 있었다. 장애가 발생한 장치와 프로그램의 증상은 가시적인 오류부터 컴퓨터 장치와 프로그램의 완전한 셧다운shutdown과 같이 (매우 위험할 수 있을 정도의) 쉽게 볼 수 없었던 오류에 이르기까지 다양했다.

문제는 상당한 비율의 장치와 프로그램이 영향을 받는다는 것을 알고 있었지만, 누구도 테스트하지 않은 것들이 괜찮았으며, 업데이트할 필요가 없었고, 2000년 1월 1일 이전에 업데이트하거나 교체해야 하는지 알지 못했다는 것이다. 어떤 것이 고장 났는지 그리고 어떤 것이 괜찮은지 알아내기 위해 2년에서 3년이 걸렸다. 느리게 움직이는 많은 잠재적인 재앙과 마찬가지로 세상 대부분이 마지막 몇 달까지도 대비하기 위해 하는 일이 거의 없었다. 세계적인 분주함은 새로운 세기로 바뀌면서 전 세계를 공황 상태로 몰아넣었다. 심지어 1999년에는 세계적인 대혼란과 함께 하늘에서 비행기가 떨어지는 〈Y2K〉라는 엄청난 재난 영화(www.imdb.com/title/tt0215370)도 만들어졌다.

결국 Y2K가 됐을 때 실생활이 영화처럼 되기를 바랐다면 좀 바보같은 짓이었다. 문제가 있었지만, 세상 대부분은 평소처럼 돌아갔다. 새로운 날짜를 적절하게 처리하지 못한 장치와 프로그램이 있었지만, 대부분 주요 시스템은 정확하게 동작했다. 추락하는 비행기나 화재, 또는 폭발한 댐도 없었다. 이는 재난이 발생할 것이라고 예상한 많은 사람에게는 다소 실망스러운 일이었다. 그래서 시간이 지나면서 Y2K라는 단어는 거의 피해를 보지 않은 너무 이른 공황과 관련해 과도하게 과장된 사건과 비공식적인 동의어가 됐다.

오늘날 대부분 사람이 깨닫지 못하고 있는 것은 Y2K가 몇 년 동안의 대비와 경고가 있었지만 정확하게 용두사미가 됐다는 것이다. 많은 주요 시스템이 Y2K 문제를 확인했고 필요에 따라 대체되거나 업데이트됐다. 세상이 이 문제를 신경 쓰지 않고 아무것도 하지 않았다면 Y2K 문제는 확실히 훨씬 더 나빠졌을 것이다(나는 여전히 비행기가 하늘에서 떨어졌을지 확신할 수 없다). Y2K는 갑작스런 공황이 아니었다. 수년 동안에 준비하면서 예측할 수 있는 결과로, 인류가 디지털 문제에 직면했을 때 할 수 있는 일의 성공적인 사례다.

다가오는 양자 심판의 날

세상 대부분은 양자 심판의 날Quantum Day of Reckoning을 아직 알지 못하지만, 지금 이 순간 이미 심각한 문제와 피해를 야기하고 있을 가능성이 크다는 것을 제외한다면 우리는 훨씬 더 중대하게 다가오고 있는 Y2K의 순간에 있다. 엎친 데 덮친 격으로 지금 준비를 시작하더라도 모든 피해를 막을 수 없다는 것이다. 오늘날 이 문제를 벗어나도록 프로그래밍을 할 수 없어 지속적인 피해를 보는 기업들이 있다. 국가와 기업을 공격하는 적들은 이미 이 문제를 이용하고 있을 것이다.

양자 컴퓨터는 조만간 세상 대부분의 디지털 비밀을 보호하는 암호cipher를 포함해 기존 공개키 암호 시스템public key cryptography을 깨뜨릴 것이다. 곧 깨질 규약protocol과 구성 요소 component로는 보안 소켓 계층을 통한 하이퍼텍스트 전송 규약HTTPS, HyperText Transfer Protocol over Secure Socket Layer과 전송 계층 보안TLS, Transport Layer Security, 공개키 기반 구조PKI, Public Key Infrastructure, 디지털 인증서digital certificate, RSARivest-Shamir-Adleman, DHDiffie-Hellman, 타원 곡선 암호 시스템ECC, Elliptic Curve Cryptography, 대부분의 와이파이Wi-Fi 네트워크, 대부분의 가상 사설망VPN, Virtual Private Network, 스마트카드smartcard, 하드웨어 보안 모듈HSM, Hardware Security Module, 대부분의 암호화폐cryptocurrency 그리고 공개키 암호 시스템에 기반을 둔 다단계 인증multi-factor authentication 등이 있다. 이 목록에 HTTPS와 TLS를 포함시킨다면, 이는 대부분의 인터넷에 적용될 것이다. 양자 컴퓨팅이 기존의 공개키 암호 시스템을 깨는 날에는 이런 규약과 메커니즘mechanism으로 보호되는 모든 비밀을 읽을 수 있게 된다.

더 중요한 것은 양자 암호로 (현재 보호되고 있는) 비밀을 해독할 수 있게 된다는 것이다. 여러분은 몇 년 안에 누군가에게 드러날 비밀을 얼마나 많이 갖고 있는가? 이것이 지금 우리가 다룰 새로운 Y2K 문제다.

현재 여러분이 구현할 수 있는 실행 가능한 해결책이 있지만, 어떤 해결책은 일반 회사의 수준을 넘어서거나 서둘러 해결책을 구현하다가 운영 중단operational disruption 사태를 초래할 수 있다. 다가오는 양자 해독quantum break에 대비하려면 교육과 중대한 선택, 계획이 필요하다. 어떤 일이 일어날지 확실히 알고 있는 개인과 조직은 준비를 위해 가능한 한 올바른 조치를 할 수 있다. 또한 현재의 불법 도청을 막고, 관리하는 자산을 더 강한 양자-내성 환경으로의 이전을 시작할 수 있다. 이 책은 이와 관련된 지식을 포함하고 있으며 다가오는 양자 암호 해독으로 인한 조직의 위험을 최소화할 수 있는 계획을 알려준다. 지금 충분히 준비한다면, 양자 해독을 Y2K 문제만큼 사소한 것으로 만들 수 있다.

이 책의 대상 독자

컴퓨터 보안, 특히 컴퓨터 암호 시스템을 관리하는 모든 사람을 대상으로 한다. 이들은 양자-이후post-Quantum 이전migration 프로젝트를 담당하고 주도할 가능성이 크다. 또한 좋은 암호 시스템의 중요성과 조직에 미치는 영향을 알고 있는 관리자와 책임자를 대상으로 한다. 마지막으로 양자역학과 양자 컴퓨터, 양자 암호 시스템에 관심이 있는 사람이라면 읽을 만한 가치가 있다.

이 책에서 다루는 내용

이 책은 9개 장이 두 부분으로 구성돼 있다.

1부 '양자 컴퓨팅 기초'는 양자역학과 양자 컴퓨팅, 양자 컴퓨팅이 현재의 암호화 보호 cryptographic protection를 어떻게 깨는지에 대해 기본적인 내용을 알아본다.

1장, 양자역학 입문 양자역학을 처음 읽었을 때 제대로 이해하지 못했더라도 걱정할 필요가 없다. 양자역학은 100년 넘게 전 세계에서 가장 똑똑한 사람들을 괴롭혀왔다. 우리는 단지 보통 사람이기 때문에 핵심 개념을 바로 이해하지 못하는 것도 무리가 아니다. 1장에서는 양자역학이 디지털 세계에 미치는 영향을 이해하는 데 가장 중요한 성질을 설명한다. 내가 설명을 제대로 했다면 여러분은 다른 사람들의 99%보다 컴퓨터 세계를 더 잘 이해할 수 있을 것이다.

2장, 양자 컴퓨터 입문 양자 컴퓨터는 양자 성질quantum property을 이용해 전통적인 이진 컴퓨터로는 할 수 없었던 기능과 논리, 산술 결과를 제공한다. 2장에서는 다른 유형의 양자 컴퓨터와 이 컴퓨터들이 지원하는 양자의 성질을 알아보고, 향후 10년 안에 양자 컴퓨터가 나아갈 방향을 다룬다.

3장, 양자 컴퓨팅이 현재의 암호 시스템을 어떻게 깨뜨릴 수 있을까? 사람들이 양자 컴퓨터가 기존 공개키 암호 시스템을 깨뜨릴 수 있다고 들었을 때 가장 많이 하는 질문은 깨는 방법에 관한 것이다. 3장에서는 전통적인 이진 컴퓨터가 대부분의 공개키 암호 시스템을 쉽게 깨뜨릴 수 없는 이유와 양자 컴퓨터가 공개키 암호 시스템을 깨뜨리는 방법을 설명한다. 양자 컴퓨터가 깨뜨릴 수 있는 것과 양자 계산 능력에 대항할 수 있는 것을 다룬다.

4장, 양자 암호 해독은 언제 가능할까? 양자 컴퓨터가 기존 공개키 암호 시스템을 깨뜨리는 방법을 설명하고 나면, 그 사람 다음으로 받는 질문이 언제 가능한가다. 누구도 (공개적으로) 알지 못하지만, 조만간 그렇게 될 것 같다. 4장에서는 가능한 여러 시기와 그 가능성을 설명한다.

5장, 양자-이후의 세계는 어떤 모습일까? 인터넷의 발명처럼 양자우위quantum supremacy 이전과 이후의 세계가 있을 것이다. 양자는 수백 년 동안 괴롭혔던 문제들을 해결하고, 미래에 우리의 속을 썩일 새로운 문제를 가져올 것이다. 5장에서는 양자-이후 세계와 우리에게 미칠 영향을 알아본다.

2부, '양자 해독 대비'는 다가오는 양자우위를 가장 효율적으로 준비할 수 있도록 도와줄 것이다.

6장, 양자-내성 암호 시스템 6장에서는 미국 국립표준기술연구소NIST, National Institute of Standards and Technology의 양자-이후 공모전 2차전에서 검토 대상이 된 20여 개의 양자-내성 암호 시스템과 기법을 다룬다. 이런 두 개 이상의 양자-내성 알고리즘이 미국의 차세대 국가 암호 시스템의 표준이 될 것이다. 경쟁하고 있는 알고리즘과 이들의 강점과 약점을 살펴본다.

7장, 양자 암호 시스템 6장에서 다룬 전통적인 이진 양자-내성 암호 시스템은 보호를 위해 양자 성질을 사용하지 않는다. 7장에서는 암호화 강도cryptographic strength를 제공하기 위해 양자 성질을 사용하는 암호 시스템과 기법을 다룬다. 장기적으로는 양자-내성 암호 시스템 외에도 양자-기반 암호 시스템을 사용하게 될 것이다. 양자-기반 암호 시스템을 알아본다.

8장, 양자 네트워킹 여기서는 양자 중계기quantum repeater와 같은 양자-기반 네트워킹 quantum-based networking 장치와 양자 네트워크를 보호하는 애플리케이션을 다룬다. 8장은 양자 네트워킹의 현재 상태와 장단기 미래에 대한 가능성도 다룬다. 언젠가는 인터넷 전체가 양자-기반이 될 것이다. 이런 네트워킹 부품과 구성 요소를 살펴보고 어떻게 해결할 수 있는지 알아본다.

9장, 지금부터 대비하라 모든 조직이 다가오는 양자 암호 해독에 대비하는 방법을 알려준다. 여러분의 가장 중요한 장기 비밀long-term secret을 보호하기 위해 지금 무엇을 해야 하는지와 어떤 암호키cryptographic key의 길이를 늘여야 하는지 그리고 언제 어떤 것을 교체해야 하는지를 알려준다. 요약한 계획은 기존 전체 암호 시스템의 업데이트에 사용했으며, 암호의 종말을 막기 위해 사용할 수 있다.

부록에는 책과 비디오, 블로그, 웹사이트가 포함된 양자 정보 자원quantum information resource 에 관해 더 알아볼 수 있는 자료를 담았다.

이 책을 다 읽었을 때 그 어느 때보다도 양자물리학과 현재의 전통적 공개키 암호 시스템을 깨뜨리는 방법을 이해하고 적절하게 대비함으로써 여러분의 중요한 디지털 비밀을 더 잘 보호할 수 있을 것이다.

문의 사항

저자에게 질문이나 제안, 또는 수정 사항이 있으면 roger@banneretcs.com으로 이메일을 보내주길 바란다. 한국어판에 관한 질문은 이 책의 옮긴이의 이메일이나 에이콘출판사 편집 팀(editor@acornpub.co.kr)으로 문의해주길 바란다. 한국어판의 정오표는 http://www.acornpub.co.kr/book/cryptography-apocalypse에서 찾아볼 수 있다.

양자 컴퓨팅 기초

양자역학 입문

양자역학을 접하고도 놀라지 않는 사람은 양자역학을 제대로 이해했다고 할 수 없다.

닐스 보어 Niels Bohr, **양자물리학자로 1922년 노벨상 수상**

고도로 발전한 기술은 마술과 구별되지 않는다.

아서 클라크 Arthur C. Clarke, **공상과학소설가**

1장에서는 양자 컴퓨팅과 관련된 주제를 중심으로 양자역학의 기초를 설명한다. 이 주제에 관해서는 책 한 권이 필요하므로 1장에서 모든 내용을 설명할 수 없다. 모든 입자particle나 성질property, 또는 가능한 상호작용interaction은 다루지 않으며, 수학과 방정식을 모두 건너뛴다.

1장에서는 많은 일반적인 유형의 암호 시스템이 비밀 보호를 위해 기반을 두고 있는 지금까지 풀 수 없다고 여겨졌던 수학 문제에 대한 해답을 양자 컴퓨터가 신속하게 제공하는 방법을 설명하기 위해 양자물리학에 대한 이해를 높이는 데 중점을 둔다. 양자역학과 양자 컴퓨팅을 완벽하게 이해한다면 다가오는 암호 해독cryptographic break에 관한 대비를 할 필요가 없지만, 양자 컴퓨팅에 관한 약간의 배경지식이 있다면 다른 사람과 관련된 문제를 논의할 때 도움이 된다.

양자역학이란 무엇인가?

이 절에서는 양자역학에 관해 설명하겠지만, 여러분이 이 주제를 처음 접한다면 조금 주의하고 싶다. 양자역학은 믿지 못할 정도로 멋지지만, 우리는 동시에 무슨 일이 일어나고 있는지 완전히 알지 못한다. 현재 세상이 동작하는 방법을 알고 있는 상태에서 사람 대부분이 처음으로 세상이 동작하는 방법을 완벽하게 이해하기는 쉽지 않다. 거의 30년 동안 이 분야와 그 의미 전체를 완전히 파악하려 했지만 내 머리는 여전히 정신적으로 피곤하다. 나는 혼자가 아니다. 양자역학은 언뜻 보기에 직관에 어긋나며 자연스럽지 못하다. 양자역학은 종종 믿을 수가 없다. 양자역학은 세상과 우주가 동작하는 방법에 관해 이전에 배웠던 많은 사실과 어긋난다. 1 더하기 1이 항상 2가 되지 않는다. 모든 현상이 양자역학에 기인하고 있음에도, 우리가 보고 만지고 느끼는 현실과는 괴리가 있다.

우리 문명의 최고 지성들이 의심의 여지없이 양자역학의 존재를 반복적으로 증명했지만 보통 사람들에게는 너무나 이상하게 들릴 정도로 종종 믿을 수 없이 마술적인 상태로 남아 있다. 양자역학의 함축적인 의미를 처음으로 이해한다는 것은 현실이 무엇을 의미하는지 의심을 한다는 것을 의미한다.

양자이론을 처음 접한 일반인들의 첫 반응은 모든 양자역학 추종자가 말하는 것들이 사실일 리가 없으므로 모든 신자가 일종의 공상과학, 즉 집단 망상에 빠져 있을 것이라고 자연스럽게 생각한다. 한번은 나의 서투른 설명을 들은 친구가 "네가 믿고 싶은 것은 무엇이든 믿어도 좋아. 그렇지만 이건 헛소리야!"라고 한 적도 있다.

가장 중요한 기본 원리를 발견하는 데 도움을 주고 참여했던 알버트 아인슈타인^{Albert} ^{Einstein}조차도 다른 많은 기본 원리^{fundamental tenet}를 완전히 믿지 않았다. 그는 양자이론을 이해하려고 수십 년을 보냈고 결국 대부분 사람보다 양자이론을 더 많이 알게 됐다. 그에게 문제가 된 것은 양자이론의 의미를 제대로 이해하는 것이었다. 아인슈타인은 양자이론을 증명하거나 반증하기 위한 실험을 하기도 했다. 그는 많은 이상한 성질과 '먼 거리에서의 이상한spooky at a distance' 결과를 논리적으로 믿거나 설명할 수 없었다. 그는 자신의 명제proposition를 증명하기 위해 수십 년 동안 실험을 한 후에야 다른 연구 주제로 넘어갈 수 있었다. 듣자 하니 양자이론을 생각하는 데 지친 모양이었다. 아인슈타인이 들인 노력만은 인정해야 한다.

이런 의미에서 나는 이 양자에 관한 이야기 도입 부분을 내가 처음 양자이론을 연구하기 시작했을 때 설명을 들었더라면 하는 방식으로 썼다. 1장이 학습 곡선을 단축하는 데 도움이 되기를 바란다.

양자는 반(反)직관적이다

양자역학이 모든 현실의 기초를 이루고 있지만, 일반인이 일상생활에서 쉽게 알아차릴 수 있는 방식으로 드러나지는 않는다. 예를 들어 단일 색상의 개는 동시에 흰색과 검은색이 될 수 없고, 방에 있던 흰 개가 밖으로 나올 때 갑자기 검은 개가 되지는 않으며, 바로 눈앞에 있던 개 한 마리가 두 마리가 됐다가 다시 한 마리로 합쳐질 수는 없다. 그러나 원자atomic와 아원자subatomic계에서 양자역학적 특이성peculiarity은 동일하게 이상하다.

내가 계속 이상하다고 하는 양자 성질quantum property은 무엇일까? 몇 가지 예는 다음과 같다.

- 하나의 양자 입자가 동시에 다른 두 곳에 있을 수 있을 뿐만 아니라 두 개의 다른 것이 될 수 있다.
- 하나의 양자 입자가 두 개로 쪼개질 수 있으며, 나중에 스스로 충돌하거나 간섭해, 다시 결합하거나 상쇄되는 것처럼 보인다.

- (과학자들이 알고 있는) 아무것도 없는 텅 빈 공간에서 양자 입자는 '난데없이' 나타났다가 사라질 수 있다.
- 마치 자연이 측정이라는 행동에 엄청 신경을 쓰는 것처럼 양자 입자는 측정될 때와 측정되지 않을 때 서로 다른 방식으로 행동하는 것처럼 보인다. 양자가 원래의 경로를 지나간 다음에 측정한다고 하면 시간에 맞춰 원래의 경로나 행동을 바꾸는 것처럼 보인다.
- 두 개의 양자 입자는 '얽힐entangled' 수가 있어 하나를 변경한다면 다른 하나는 떨어져 있는 거리에 상관없이, 심지어는 우주를 가로질러서 같은 방식으로 매번 동시에 변한다.
- 양자 상태quantum state는 항상 (상태의 중첩superposition이라고 하는) 가능한 모든 상태를 하고 있지만, 하나의 최종 결과 상태를 확실하게 예측할 수 없다.
- 가능한 모든 상태는 그들만의 별개의 우주universe에 있을 수 있지만, 가능한 모든 상태는 결국 어느 시점에서의 상태가 된다. 원자 수준에서 (다중우주multi-universe라고 하는) 가능한 상태의 각 조합에 따른 다른 우주가 있을 수 있다.
- 드라마 〈스타 트렉〉과 같은 순간 이동도 가능하다.

양자역학이 얼마나 이상한지를 정확히 설명하기 위해 즐겨 사용하는 예는 다음과 같다. 밤하늘을 올려다보고 별을 보고 있노라면, 그 별의 불빛은 수백만 킬로미터를 여행했으며 여러분의 눈에 도달하기까지 몇 년이 걸렸다. (태양 외에) 지구와 가장 가까운 별은 4.2광년 떨어져 있다. 즉, 지금 보고 있는 별의 불빛이 여러분의 눈에 닿기까지 적어도 4.2년 이상 걸렸다는 뜻이다. 그 별은 여러분이 '본다'라고 생각한 곳이 아니라 불빛이 수년 전에 떠났을 때 그 별이 있었던 곳이다. 이는 낭만적인 밤에 아이들이나 친구들과 공유할 수 있는 아주 좋은 천문학적 사실이다.

양자역학에 따르면 (광자photon로 알려진) 빛의 개별 입자가 별에서 이동하는 경로는 단지 그 특정 순간에 하늘을 올려다보고 별을 보기로 했기 때문에 바뀐다. 여러분이 보기 전에 출발한 불빛의 경로는 여러분이 봤기 때문에 조정된다. 그리고 여러분이 올려다보거나 올려다보지 않기 전에 100분의 1초 정도 망설였다면 그 별에서 나온 광자는 전체적인 경로가 달라졌을 것이다. 만약 여러분의 친구가 여러분 대신 앞에서 하늘을 올려다보고 같은 광자를 보았다면 별에서 나온 광자의 경로는 여러분이 봤을 때와는 다른 경로가 될 것이다. 그리고 그 경로는 지금 일어난 일에 따라 시간에 맞춰 다시 바뀌는 것처럼 보인다. 불가능해 보이지만 이 이야기와 매우 유사한 사건들이 목격되고 반복됐다. 우리는 무슨 일이 일어나고 있거나 어떻게 진행되고 있는지 모르지만, 우리는 어떤 일이 일어나고 있다는 것을 안다. 우리는 그 사건을 정확하게 설명하고 있는지 알 수조차 없으며, 단지 빈약한 마음이 보고 있는 것처럼 보이는 것이 현재의 사건을 바탕으로 역사적인 변화로 설명될 수 있다는 것만 알뿐이다. 양자역학의 세계로 들어온 것을 환영한다!

양자역학은 현실이다

양자 입자의 '이상한' 성질은 믿기 어려울 수 있다. 그러나 다중우주론을 제외하고 이러한 양자 성질과 결과는 시험되고 증명됐을 뿐만 아니라 세상에서 가장 많이 시험돼 인정받는 과학적 이론 중의 하나다. 양자 성질과 결과는 계속해서 시험과 도전을 받고 있다. 양자역학에서 기본적이며 인정받는 이론을 반증하기 위해 수행된 모든 실험은 실패했다. 아인슈타인의 실패를 포함한 많은 실패는 양자이론을 더 입증하는 데만 성공했다. 지난 75년 동안 노벨 물리학상 대부분은 양자역학을 더 잘 이해할 수 있게 한 과학자들에게 수여됐다. 지난 수십 년 동안 양자역학에 새로운 관심이 집중돼, 우리의 이해도 매년 높아지고 있다.

앞 절에서 설명한 사실들을 처음 읽었을 때 믿을 수 없는 것처럼 보였겠지만 양자물리학의 진성眞性은 태양이 우리 행성에 생명을 주는 방법과 과열된 물질의 붉은 뜨거운 빛, 디지털카메라, 광섬유 케이블, 레이저, 컴퓨터 칩, 심지어는 대부분의 인터넷(저장 매체와 전송 매체)을 포함한 우리의 더 큰 현실 전반에 걸쳐 드러난다. 우리 현실의 모든 부분이 양자역학에 기반을 두고 있다.

양자역학은 우리에게 이전에는 생각할 수도 없었던 매우 강력한 컴퓨터를 제공하고 있다. 양자 컴퓨터와 장치는 인터넷과 USB 메모리 저장 키 그리고 아이팟 등이 현재 세대를 위해 했던 것처럼 지금 우리가 헤아리거나 헤아릴 수 없는 다른 놀라운 방법으로 세상을 바꿀 것이다. 결정적인 양자 발명품은 우리의 삶을 더 좋게 변화시킬 것이며 조만간 가장 중요한 장치가 등장할 것이다.

흥미롭게도 양자이론의 많은 부분이 반복적인 관측과 실험 그리고 수학으로 확인됐지만, 과학자들은 여전히 많은 양자 성질의 방식이나 특정 결과가 발생하는 이유를 알지 못한다. 이론 물리학자들은 종종 양자가 왜 그런지 추측하곤 한다. 코펜하겐 해석Copenhagen interpretation[1]이나 (1장의 '관찰자 효과Observer Effect'에서 다룸) 다세계Many Worlds[2] 견해와 같은 해석이나 견해로 언급된 추측을 듣게 될 것이다. 양자역학 일부를 설명하려고 시도한 10여 가지 해석이 있지만, 그 해석이 정확한지는 알지 못한다.

이해해야 할 것은 어떤 양자 작용quantum action이나 결과가 발생하는 이유나 방법에 대한 추측과는 상관없이 작용이나 결과는 항상 예상하는 방식으로 발생하며, 해석과는 상관없이 실험이나 수학으로 증명돼야 한다는 것이다. 제대로 된 모든 양자 관련 예측은 잘 구성된 실험으로 뒷받침됐다. 양자 행동quantum behavior이 왜 양자 작용quantum action인지 항상 알지는 못하겠지만 우리는 양자가 실제로 행동한다는 것을 알고 있다. 우리가 기존의 방법으로 양자 작용을 설명하거나 '볼 수' 없기 때문에 마술처럼 보일지 모르겠지만 양자 작용은 현실이다.

이러한 점 때문에 일반인들은 이해하기 힘들 수 있다. 자신이 보거나 느낄 수 없는 것, 혹은 지금까지 알고 있는 모든 사실에 대해 극단적으로 반직관적인 무언가를 받아들이기 위해서는 많은 것이 필요하다. 지금까지 배워 온 과학을 이해하는 방식과는 다르다. 일반인들은 중력의 물리학이나 수학을 이해하지 못할 수도 있지만, 그들은 공을 던지거나, 걸

---

1   자세한 내용은 나무위키(https://bit.ly/2KtcCgZ) 참조 – 옮긴이

2   자세한 내용은 위키피디아(https://bit.ly/2XlXTpX) 참조 – 옮긴이

려 넘어지거나, 나무에서 떨어지는 유명한 사과를 보거나, 또는 지구 주위를 도는 달을 볼 때마다 중력과 그 결과를 볼 수 있다. 그들은 수학을 이해하지 못할 수도 있지만, 중력이 어떻게 그리고 왜 작용하는지 이해한다. 우리 대부분은 그렇다. 많은 사람이 묻는다. 우리가 어떤 현상이 발생하는 방식이나 이유를 모르면서 어떻게 과학이 설명하는 현상을 믿는가? 자신의 눈으로 직접 보지 못한 현상을 어떻게 믿는가? 심지어 매우 놀랍고도 반직관적으로 여겨지는 현상을 믿을 수 있을까?

대부분은 그렇지 않지만 적지 않은 회의론자들은 (특히 물리학과 그중에서도 특히 양자물리학에서) 지난 세기 동안 이유나 원리를 모르면서도 실험이나 수학을 통해 과학이 발전해왔음을 알지 못한다. 과학자들은 피상적인 관찰과 수학적 증명을 바탕으로 하는 모호한 이론만 가지고 있는 경우가 많다. 여기서 '이론 물리학자theoretical physicist'라는 용어가 탄생했다. 이론 물리학자는 종종 자신들이 관측하고 있는 것을 설명하기 위한 실제 증거의 가장 기본적인 것과 지능 지지 이론intelligent supporting theory에서부터 시작한다. 이론 물리학자(또는 다른 누군가)가 자신들이 관측하고 있는 것을 일관되게 설명하는 수학 방정식을 제공할 수 있다면, 과학자 대부분은 그 행동의 결정적인 증거로 수학에 의존할 것이다. 물리학자는 믿어야 할 것을 사진으로 찍어두지 않는다.

물리학자에게 수학은 사진이나 직접 전체를 관측하는 것보다 훨씬 더 중요하다. 한때 누군가가 '세상에서 유일한 절대적 진리는 수학뿐이다'라고 했다. 이 말은 잘 뒷받침된 수학 방정식 외에 다른 것은 개인적인 편견과 해석의 대상이 된다는 것을 의미한다. 수학은 일관되게 작동하거나 그렇지 않다. 수학은 어떤 것을 뒷받침하거나 뒷받침하지 않는다. 수학은 관찰자의 의견에 영향을 받지 않는다. 과학자가 이전에 설명할 수 없었던 몇몇 현상을 보고 수학 공식으로 현상의 상호작용을 일관되게 뒷받침할 수 있고, 모든 실험과 결과를 수학으로 정확하게 설명할 수 있다면 과학적인 사실이 입증된 것으로 생각할 수 있다. 수학이 증거다. 직접적이고 단정적이며 확실한 관측이 꼭 필요한 것은 아니다.

비과학자 대부분이 증거로 생각하는 결정적인 관측 가능한 사건은 종종 수십 년이나 심지어는 수 세기 후에나 온다. 일반적으로 그때까지 관련 과학자와 그 후임자는 수학적 증거를 뒷받침하는 이전의 이론을 신뢰할 수 있는 사실로 오랫동안 믿고 처리해왔다. 이들은 마지막 논쟁의 여지가 없는 물리적인 증거는 거의 필요 없는 형식이라고 생각한다.

원자나 전자electron 같은 미시적 영역과 블랙홀과 같은 거시적 영역에 대한 과학적 가설은 기존에 설명되지 않은 실존 현상에 대한 이론과 수식을 만드는 과학자들이 처음 찾아냈다. 블랙홀과 새로 발견된 태양계 행성의 앞에 관한 이전 사례에서 관찰자들은 자신들이 알고 있던 공전하는 천체와 빛에 미묘한 편차는 이전에 알려지지 않은 제삼자 효과third-party effect로만 설명할 수 있다는 것을 알게 됐다. 영국 천문학자 존 미첼John Mitchell이 1784년부터 블랙홀에 관한 이론을 제시했으며, 1915년 아인슈타인이 일반 상대성 이론General Relativity Theory을 발표해 블랙홀의 존재를 수학적으로 뒷받침했다. 우리가 블랙홀을 '볼 수' 없더라도 이후 반세기에 걸쳐 더 많은 관측이 수학과 블랙홀의 존재를 뒷받침했다. 1970년대부터 과학자들은 블랙홀의 존재를 기정사실로 받아들였다. 많은 비과학자가 블랙홀의 첫 번째 '진짜 증거'라고 생각한 첫 번째 사진은 2019년 4월이 돼서야 나타났다.[3]

양자역학의 역사도 이와 비슷하다. 수백 명의 뛰어난 물리학자가 전통 (즉, 고전) 물리학을 사용해 달리 설명할 수 없었던 매우 작은 물체의 행동을 관측하는 데서 시작했다. 물리학자들은 자신들이 보고 있는 것을 뒷받침하는 것으로 보이는 수학 방정식을 생각해내면서 새롭고 이상한 현상을 더 탐구하기 시작했다. 왜, 어떻게 그런 일이 일어났는지 추측한 다음, 자신들의 추측을 증명 또는 반증하기 위한 실험을 했다. 시간이 지남에 따라 추가적인 실험과 관측을 통해 양자역학의 알려진 사실들이 만들어졌다. 아인슈타인과 같은 일부 명석한 사람들의 생각은 어떤 사실에 대해 잘못된 것으로 판명됐고, 이전에는 무명이었던 물리학자들이 다양한 사실을 증명해 경력을 쌓고 노벨상을 받았다. 대체로 수백 명의 개별 과학자들의 공헌과 그들의 회의론으로 인해 오늘날 우리가 때로는 이상하고 설명할 수 없다고 알고 있는 양자역학 분야가 만들어졌다.

---

3   과학자들이 첫 번째 블랙홀 사진을 공개할 예정이다(Scientists set to unveil first picture of a black hole), April 6, 2019, https://bit.ly/3aog1l4

양자역학의 기본 성질

이 절에서는 광전 효과photoelectric effect와 파동 입자 이중성wave-particle duality, 확률, 불확정성 원리uncertainty principle, 스핀 상태spin state, 꿰뚫기tunneling, 중첩superposition, 관찰자 효과 그리고 양자 얽힘 등 양자역학의 일반적인 성질을 소개한다.

> **NOTE** 그렇다면 양자물리학의 양자는 무엇일까? 물리학자가 양(amount 또는 how much)을 의미하는 라틴어의 어근 quantus에서 나온 양자(quantum 또는 quanta)라는 용어를 사용한다면, 이는 빛이나 에너지와 같이 더 작은 단위로 나눌 수 없는 가장 작은 어떤 것을 의미한다. 그리고 양자(quanta)와 관련된 모든 수학적 연산에 있어 양자를 정수보다 작은 수로 나눌 수 없다.

양자역학 또는 양자물리학은 양자 입자와 상호작용의 성질property과 작용action으로 구성돼 있다. 또한 양자 성질과 입자와 관련된 연구 분야라고도 한다. 모든 사람은 양자역학과 양자물리학의 단어를 서로 바꿔 사용한다.

우리의 모든 현실이 양자 입자와 작용으로 이뤄져 있지만, 양자역학은 광자photon와 쿼크quark, 전자electron 그리고 원자atom와 같이 아주 작은 원소 물체elemental object의 매우 미세한 수준에서 발생한다. 원소 물체가 양자 성질을 보인다면 양자 입자라고 한다. 알려진 가장 작은 입자는 보통 양자 성질을 가진다. 양자 속성은 거시적 수준으로 알려진 더 큰 물체에서도 발생할 수 있지만, 과학적으로는 거시적 수준에서도 일관되게 발생하는지 또는 발생하지 않는지 그리고 발생한다면 어떻게 발생하는지 아직 밝혀내지 못했다. 아주 작은 물체의 작용이 어떻게 전이transition하고 더 큰 것에 영향을 미치는지 이해하는 것이 많은 사람이 찾고 있는 궁극적인 목표로 소위 만물의 이론 또는 모든 것의 이론Theory of Everything이라고 한다.

> **NOTE** 거시적 수준은 원자와 아원자 입자의 미시적 수준보다 큰 물체를 포함하지만 육안으로 감지할 수 있는 물체부터 시작하는 것으로 해석되는 경우가 많다. 과학자 대부분은 육안으로 감지할 수 있는 물체는 사람의 머리카락 굵기(또는 0.4mm)나 원소의 원자 약 10만 개 정도라고 한다.

광자와 양자역학

여러분은 양자역학 실험에 사용되고 있는 (처음에 아인슈타인이 에너지 양자energy quanta라고 했던) 광자에 관해 자주 듣게 될 것이다. 광자는 가능한 한 가장 작게 나눈 빛의 단위로 양자 행동quantum-behaving이다. 광자는 아주 작다. 평균적으로 맨눈으로 집중해 희미한 빛 한 점이라도 보려면 바로 전송되는 광자가 적어도 100개는 필요하다. 우리가 일반적으로 보는 광선이나 이미지에는 수백만에서 수조 개의 광자가 있다.

양자물리학자는 종종 단일 (또는 상대적으로 작은 양의) 광자나 다른 기본 입자(또는 소립자)elementary particle를 사용해 실험하는데, 과학자들은 소량을 사용해 자신들의 실험 및 결과와 수학적 증명을 복잡하게 만드는 다른 불필요한 것을 제외할 수 있기 때문이다. 양자 성질은 방사선radiation과 전자기파electromagnetic wave 그리고 광전 효과photoelectric effect를 사용한 실험을 통해 처음으로 입증했다(이로 인해 아인슈타인이 1921년 노벨상을 받았다). 아인슈타인의 연구는 양자 이론을 확립하는 데 매우 중요한 역할을 했다. 양자역학을 반증하려는 그의 연구조차도 우리가 양자역학을 이해하는 데 도움을 줬다.

오랫동안 과학자들은 실험에서 단일 양성자proton를 만들어 다양한 경로로 전송해 광전자 증배관photomultiplier tube이라고 하는 빛에 민감한 장비를 사용해 어떤 일이 발생하는지 측정할 수 있었다. 광전자 증배기(또는 광증폭기)photomultiplier는 검출된 광자 하나를 기록하고 확인하기 위해 전류를 촉발할 수 있도록 충분히 많은 다른 광자로 증가시킬 수 있다. 도미노가 쓰러지는 것을 상상해보라. 도미노 하나가 쓰러지면 다른 많은 도미노를 쓰러뜨릴 수 있다. 이런 모든 이유로 양자물리 실험에 관한 것을 들을 때 광자(그리고 유사한 기본 양자 입자)에 관해 자주 듣게 되는 것이다. 개별 전자electron와 원자 그리고 분자molecule를 사용하는 실험도 흔하다. 이런 실험들이 무엇을 증명했는지 알아보자.

광전 효과

1900년대 초 플랑크^{Plank}와 아인슈타인 등이 광전 효과$^{photoelectric\ effect}$를 이해하고 정량화해 현대 양자역학의 형성을 위한 초석을 다졌다. 우리가 보는 가시광선은 전자기 스펙트럼$^{electromagnetic\ spectrum}$을 가로지르는 전자기 복사$^{electromagnetic\ radiation}$의 한 가지 유형^{type}이자 범위^{range}일 뿐이다. 전자기 스펙트럼은 우리가 볼 수 있는 가시광선과 엑스선이나 마이크로파^{microwave}, 감마파$^{gamma\ wave}$ 그리고 라디오파$^{radio\ wave}$와 같이 우리가 볼 수 없는 모든 유형을 포함한 모든 유형의 전자기 복사를 설명한다. 다른 유형의 전자기 복사는 주로 파장^{wavelength}(예를 들어 가시광선의 파장은 400~700나노미터(nm)이며 엑스선의 파장은 0.01~10나노미터)과 주파수(초당 사이클 수인 헤르츠(Hz)로 측정), 세기^{intensity}, 방향 그리고 다른 성질에 따라 다르다. 모든 유형의 전자기 복사는 (물체나 중력 등에) 방해받지 않으면 빛의 속도$^{speed\ of\ light}$ 4(진공에서 초당 299,792,458미터)로 비교적 직선으로 이동한다.

NOTE 주파수와 파장은 빛의 속도를 사용해 서로 변환될 수 있으며 실제로 같은 변수다.

빛은 운동량^{momentum}과 에너지를 갖고 있지만, 질량은 없다. 플랑크와 아인슈타인은 빛(또는 다른 형태의 전자기 복사)이 다른 물질^{material}에 부딪힐 때, 그 물질은 그림 1.1에 표현된 것처럼 광자에서 물질로 에너지를 전달하는 과정에서 (항상 음으로 대전된$^{negatively\ charged}$) 전자를 방출하는 경우가 많다는 것을 알게 됐다. 빛의 세기가 클수록 더 많은 전자가 방출된다. 광전 효과는 빛이 물질^{material}에 닿을 때 발생하지만, 금속이나 전도성이 높은 물질에 닿을 때 가장 쉽게 관측할 수 있다. 광전 효과는 태양 에너지가 태양 전지에 의해 전기로 변환되는 방법이다. 또한 광전 효과는 디지털 카메라가 작동해 이미지를 저장하는 기본적인 방법이다.

---

4 물리학에서 speed(속력)는 방향이 없는 스칼라이며, 우리가 말하는 '속도(velocity)'는 방향성을 가진 벡터이다. 물리학에서는 이를 구분해 사용하지만 여기서는 '속력(speed)'을 우리에게 익숙한 '속도'로 번역했다. – 옮긴이

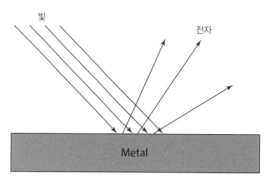

그림 1.1 광자가 물질에 닿으면 전자를 방출한다.
(출처: Steven Holzner, Quantum Physics For Dummies, Revised Edition의 그림 1.3 Wiley, 2013)

파동-입자 이중성

수백 년 동안 과학자들이 미시적인 수준에서 발견한 모든 것은 입자나 파동^{wave}으로 분류됐다. 입자는 잘 정의되고, 보기 쉬운 물리 법칙을 따르는 (미시적) 물체로, 우리는 (바위나 공과 같이) 일상적인 거시적 물체로 증명되는 것을 볼 수 있다. 입자는 예측 가능한 경로를 따라 이동하고, 중력의 영향을 받으며, 설명과 예측 그리고 수학적으로 모델링하기 쉬운 다른 입자나 물체와 상호작용한다.

파동^{wave}은 공간의 다른 점이나 다른 변수 사이에서 진동하는 장^{field}에서의 연속적인 교란^{continuous disturbance}이다. 물 위의 배처럼 떠 있는 물체가 파도의 영향을 받을 때 일어나는 일처럼 파동은 매질^{medium}의 다른 물체를 크게 교란하지 않고 밑에 있는 매질을 통해 에너지를 전달할 수 있다. 파도는 배가 지나갈 때 위아래로 들어올리지만, 파도가 너무 커서 물마루를 만들지 않는 한 배의 전반적인 위치가 크게 바뀌지 않는다. 파동은 우리가 볼 수 있는 바다의 파도나 호수의 물결 또는 끈의 진동 외에도 우리가 볼 수 없는 소리나 라디오, 방사선 그리고 마이크로파 등을 포함한다.

> **NOTE** 파동은 공간이나 위치 이외의 변수에서 진동할 수 있다. 예를 들어 전자기파에서 변하는 것은 전기장과 자기장이다.

파동은 연속적이며 반복되고 연결된 패턴으로 진동한다. 각 특정 유형 파동의 파형^{wave form}은 꼭대기 봉우리^{top peak} 또는 물마루에 이어 바닥 계곡^{bottom valley} 또는 골^{trough}로 이어지며, 이런 형태가 계속 반복된다. 파형의 꼭대기와 바닥 사이의 거리를 진폭^{amplitude}이라고 한다. 특정 주기에서 완전한 위-아래 파동의 진동 횟수는 주파수^{frequency}를 결정한다.

과학자들은 입자와 파동이 아주 다른 물리적 성질에 의해 유도된다고 생각했다. 입자는 바위나 야구공처럼 행동한다. 입자는 물체 주변으로 방향이 쉽게 '휘어지지' 않는다. 입자는 운동량^{momentum}과 힘^{force}으로 부딪힌다. 입자의 충돌 궤적^{collision trajectory}과 그에 따른 입사 되튐^{glancing bounce}은 미리 결정되므로 계산할 수 있다. 바위 더미를 구성하는 바위 각각을 보는 것처럼 대량의 입자를 구성하는 개별 단위 입자를 볼 수 있다. 벽에 부딪히는 입자는 자동차의 앞 유리에 부딪는 벌레처럼 벽에 충격을 준다. 파동은 반대의 성질을 갖고 있다.

1800년대 중반, 많은 이론과 실험 끝에 빛과 광자가 파동으로 이동한다는 것이 '확립된 과학^{settled science}'이었다. 그러나 1900년대 초부터 광자를 비롯한 여러 전자기 입자가 관측돼 더 많은 수의 아원자 실험에 사용되면서 과학자들은 광자를 비롯한 여러 입자들이 파동과 입자로서 동시에 행동한다는 것(즉, 파동-입자 이중성^{wave-particle duality})을 알아차렸다. 그 당시에 파동-입자 이중성은 과학계에서 신성모독으로 여겨졌다. 특히 아인슈타인은 이 새로운 견해를 고수했고, 빛이 입자처럼 행동한다는 것을 증명해 그의 유일한 노벨 물리학상을 받았다. 아인슈타인은 다음과 같이 기록했다.

> 우리는 때때로 하나의 이론과 다른 이론을 사용해야 하지만, 가끔은 둘 중 어느 하나의 이론을 사용해야 하는 것 같다. 우리는 새로운 종류의 어려움에 직면했다. 우리는 현실에 대한 두 개의 상반된 그림을 갖고 있다. 두 그림은 별개로 빛의 현상을 완전하게 설명하지는 않지만, 두 그림이 함께하는 빛의 현상을 완벽하게 설명한다.

파동-입자 이중성을 생각하는 가장 좋은 방법은 고무공을 갖고 있다고 생각하는 것이다. 입자처럼 행동하는 고무공은 사방으로 튈 때, 그 궤적에 따라 물체에 부딪혀 앞뒤로 되튄다. 그리고 나서 호수에 빠져 (표면 아래로) 사라진다고 상상해보라. 입자의 에너지는 그 즉시 파도로 변하고 그 결과로 잔물결^{ripple}이 생긴다. 다시 파도의 잔물결이 물속에 있는 선착장 기둥에 부딪히고, 그 순간에 고무공이 선착장에 다시 나타나 파도가 사라진다고 상상해보라. 이것이 파동-입자 이중성이다. 상황에 따라 때로는 광자가 파동처럼 행동하고 때로는 입자처럼 행동한다. 이 훌륭한 비유를 제공한 도미니크 월리만^{Dominic Walliman}에게 감사를 표한다.

그것은 입자다

과학자들은 고강도 빛(레이저)과 배경 그리고 한두 개의 슬릿^{slit}이 있는 중간 차단 물질을 사용하는 간단한 실험을 통해 파동-입자 이중성을 증명했다. 과학자들은 광자를 한 번에 하나씩 차단 물질의 슬릿으로 쏜 다음 광자가 배경 어디에 도착했는지 확인했다.

슬릿 하나를 사용하고 광자를 쏘았을 때, 광자는 슬릿을 통과해 뒤쪽 배경에 다소 직접적으로 도달했다. 여러 개의 광자를 한 번에 하나씩 쏘았을 때, 각각의 광자는 슬릿의 모양을 따라 서로 비슷한 곳에 도달했다. 같은 구멍^{slit}을 통해 소총으로 총알을 발사하는 명사수를 상상해보라. 소총이 매번 같은 위치에 있다면 명사수의 전문 지식과 총알을 정확하게 발사하는 총의 능력, 총알의 개별적인 특성 그리고 다른 어떤 개입 요인들로 인해 약간의 조정으로 거의 같은 곳에 탄착군이 만들어진다고 생각할 수 있을 것이다. 소총이 여러 각도에서 발사된다면, 총알은 여기저기 흩어진 상태의 탄착군이 만들어질 것이다. 한 번에 하나씩 여러 번 광자를 쏘았을 때 이런 현상이 발생한다. 광자는 입자의 성질을 나타낸다.

간섭 파동

과학자들이 중간 차단 물질의 슬릿 옆에 두 번째 슬릿을 추가했을 때 놀라운 일이 일어났다. 과학자들이 광자 하나를 쏘았을 때, 광자는 여전히 슬릿 뒤에 있는 배경에 도달해 (총구멍처럼) 입자 하나의 자국을 남겼지만, 그 위치가 더는 슬릿 바로 뒤가 아니었다. 과학자들은 (한 번에 하나씩) 점차 더 많은 광자를 쏘았지만, 광자는 슬릿 바로 뒤가 아닌 위치에 도달하는 것처럼 보였다. 광자가 많이 도달한 곳의 군집과 전혀 도달하지 않은 곳이 섞여 있었지만, 별도의 선호된 영역이 있었다. 그림 1.2에 표현한 것처럼 밝은 영역과 어두운 영역의 수직 띠^{vertical band}가 반복되는 영역이 만들어졌다.

과학자들은 그들이 보고 있는 것이 한 번에 하나씩 쏘아진 광자가 파동으로 이동해 입자로 도달한 광자의 결과라는 것을 바로 깨달았다. 띠가 만들어진 이유는 파동으로 이동하는 광자가 각 슬릿의 다른 쪽 하나에서 원래 하나의 파동 각 부분이 상호작용하는 슬릿을 통과하면서 두 개의 결과 파동을 만들기 때문이다. 반대편에서는 두 개의 결과 파동이 서로 간섭해 띠를 만들었다. 그러나 광자가 배경에 도달하면, 광자는 (위키미디어 비디오(https://bit.ly/2KzUKkB)에 표현된 것처럼) 입자의 자국을 남긴다. 이는 놀라운 발견이었다.

띠는 상호작용하는 파동에 의해 만들어진다. 물 마름의 꼭대기에 있는 한 광파^{light wave}가 동시에 물 마름 꼭대기에 있는 다른 광파를 만나게 되면 가능한 가장 크게 결합하고 때맞춤이 돼^{synchronized}, 즉 결맞음 현상이 일어나 가장 밝은 빛을 만들게 된다. 이는 또한 결합한 골^{trough}에서 가장 어두운 곳을 만들어낸다는 것을 의미한다. 가장 높은 봉우리(또는 가장 낮은 골) 중에서 완벽하게 결맞음이 되는 두 개를 제외한 다른 조합은 밝기와 어둠이 덜한 결과를 나타내는 더 작은 결합 파동을 만들어낼 것이다.

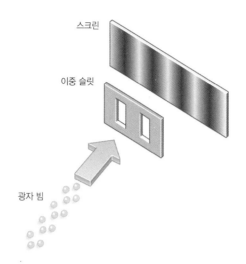

그림 1.2 광원과 2개의 슬릿을 이용한 파동-입자 x선 이중성 실험
출처: David Young and Shane Stadler, Cutnell & Johnson Physics, 11th Edition의 그림29-1; Wiley, 2018

이런 사실이 발견된 초기에는 과학자들이 단순히 주장이나 수학 또는 결과를 믿을 수 없었다. 수십 년이 지나서야 과학자들 대부분은 빛이 동시에 입자와 파동으로 행동한다는 것을 믿게 됐다. 이제 우리는 모든 물질을 구성하는 모든 아원자 입자가 파동-입자 이중성으로 행동한다는 것에는 의심의 여지가 없다. 이 발견으로 인해 과학자들은 양자역학을 더 완벽하게 탐구하고 더 큰 세계의 나머지 영역에 더 완벽하게 연결하려고 노력했다. 이제는 누구나 간단한 실험을 통해 빛의 파동-입자 이중성을 확인할 수 있다.

이중 슬릿 실험

초기 파동-입자 이중성 실험 중 하나를 재현해 양자성quantumness이 눈앞에서 작동하는 것을 볼 수 있다는 것은 꽤 멋진 일이다. 레이저 포인터나 은박지tin-foil, 또는 벽과 같이 견고한 배경을 사용해 이 실험을 재현할 수 있다. (흰색이 아닌) 강력한 단색의 레이저 포인터를 사용해야 한다. 빛이 강할수록 좋다. 흰빛white light은 모든 빛의 색으로 흰빛을 구성하는 개별 색은 다른 주파수를 가지므로 실험 관측이 어려워진다. 은박지를 도마 위에 대고, 약 3cm 길이의 수직 슬릿 2개를 최대한 가깝게 (밀리미터 간격으로) 만든다. 그런 다음 어두운 방에서 은박지를 배경에서 약 30cm 떨어진 곳에 놓고, 은박지에서 약 30cm 이상 떨어진 곳에서 레이저 빛을 두 슬릿 사이로 비춘다. 레이저 포인터와 중간 차단 물질 그리고 벽의 거리를 떨어뜨려 가며 실험해야 할 수도 있지만, 실험이 제대로 진행되면 띠가 만들어진다. 띠는 더 좋은 실험 장비를 갖춘 제대로 된 물리 실험에서 볼 수 있는 만큼 선명하지는 않을 것이다.

빛의 입자성particle nature은 특별한 검출 장비 없이는 쉽게 볼 수 없지만, 개별적으로 발사된 각각의 광자는 슬릿이나 배경에 도달한 곳에서 단일 입자로 검출할 수 있으므로 같은 실험에서 빛의 입자성을 증명할 수 있다. 광자 검출기를 사용하면 각각의 광자가 슬릿을 통과해 입자로 배경에 부딪힌다는 것을 확인할 수 있다. 그러나 발사된 모든 광자를 더 많은 실험에서 측정하면 그 효과는 빛과 어둠이 교차한 띠의 효과로 빛의 파동 성질을 재확인하게 된다. 이 실험은 (모든 양자 입자와 분자와 같은) 빛이 파동−입자 이중성을 갖는다는 것을 증명한다.

> **NOTE** 유튜브에서 파동 이중 슬릿 실험을 검색하면 이 실험의 실제 사례를 볼 수 있다. 이 실험을 보여주는 수십 개의 비디오를 볼 수 있다. 애니메이션으로 된 유튜브 영상 '양자 터널 효과와 꿰뚫기 현미경(quantum tunnel effect and tunneling microscope)(https://bit.ly/3asNmSt)'을 추천한다.

검출 기묘도

이제 상황이 정말로 이상해졌다. 과학자들이 광자 검출기를 하나 또는 두 개의 슬릿에 놓고 광자가 실제로 통과하는 슬릿을 볼 때, 광자는 입자로서 행동하고 파동과 같은 모든 행동은 그 즉시 사라진다. 다시 말하면 검출기가 두 개의 슬릿 앞이나 뒤에 놓이기 전까지 광자는 파동처럼 행동한다. 그리고 검출기를 놓고 켜 놓으면 우리가 아직 충분히 설명할 수 없는 이유로 광자는 마치 하나의 슬릿만 있는 것처럼 즉시 입자처럼 행동하기 시작한다. 마치 입자 자신들이 검출기의 행동을 보고 자신들의 행동을 바꾸는 것 같다. 심지어 과학자들은 광자가 슬릿을 통과할 때까지 검출기를 켜지 않는 실험을 했으며, 검출기를 켜면 광자가 (파동으로 슬릿을 통과했어야 할 때) 입자처럼 행동하는 것처럼 보였다. 마치 광자가 미래에 검출되는 것을 근거로 자신의 과거 초기 행동을 소급해 조정한 것과 같다. 우리는 이런 사실(즉 과거를 바꾸는 것)이 실제로 일어나고 있는지 또는 그 일이 언제, 즉 과거 또는 현실에서 실제로 일어나고 있는지 말할 수 없다. 어떤 일이 어떻게 일어나고 있는지 아무도 모른다. 다만 행동 변화는 검출기를 사용할 때마다 일어나며, 우리는 무슨 일이 일어나고 있는지 이해하는 데 어려움을 겪고 있다. 이는 관찰자 효과observer effect의 일부로 알려져 있으며, 앞으로 더 자세히 설명할 것이다. 그리고 1장을 시작할 때 소개한 별빛의 경로 변경 이야기의 배후가 되는 설명이다.

확률 원리

전자가 핵nucleus 주위를 도는 방법을 이해한다면 특히 양자 수준에서 우리의 세계가 어떻게 작용하는지 더 잘 알 수 있다. 아마도 우리는 학창 시절에 각각의 원자 원소atomic element가 전자와 양성자proton 그리고 중성자neutron로 구성된다고 배웠을 것이다. (일반 물질의 가장 작은 단위인) 모든 원자는 (양으로 대전된 양성자로 이루어진) 핵과 (전하가 없는) 중성자로 이루어져 있으며 음으로 대전된 전자로 둘러싸여 있다. 전자는 전자기 끌림electromagnetic attraction 때문에 핵 '주위를 돈다.' 우리 대부분은 초등학교 시절에 전자가 껍질shell이라고 하는 궤도 띠orbital band에서 핵 주위를 돈다고 배웠다.

초등학교에서는 단순한 이유로 이런 전자 궤도 껍질electron orbital shell을 완벽한 원이나 타원으로 그려져 종종 완벽한 행성과 같은 궤도를 떠올리게 했지만, 원자 수준이었다(그림 1.3 참고).

그러나 양자물리학은 전자가 완벽한 원이나 타원형으로 궤도를 돌지 않는다는 것을 보여줬다. 완벽한 원 형태의 전자 껍질electron shell은 누군가의 초기 상상력의 산물로 오늘날에는 복잡하지 않은 패턴으로 전자 껍질을 보여주기 위해서만 사용된다. 그러나 자연은 실제 그런 식으로 작동하지 않는다. 대신 전자는 양자역학과 관련된 에너지에 의해 더 복잡한 패턴으로 핵 주위를 돈다(그림 1.4는 특정 에너지 수준에서 핵 주위의 전자 궤도를 2차원으로 표현한 예다). 이렇게 있음직한 궤도 영역을 원자 궤도$^{atomic\ orbit}$ 또는 전자 구름^{electron} ^{cloud}이라고 한다. 이 부분은 양자역학에서 매우 중요하며 다음 절에서 더 자세히 설명한다.

문제가 조금 복잡해지는데 누구도 특정 전자가 궤도에서 돌고 있는 위치를 아무 때나 미리 추측할 수 없으며 단지 특정 (예측된) 원자 궤도 영역에 있을 확률만 추측할 수 있다. 어떤 전자가 언제든지 A 지점에 정확하게 있을 것으로 확실하게 알려줄 수 있는 수학 방정식은 없다. 양자역학에서는 전자를 측정하려고 할 때 전자가 A 지점에 있을 가능성이 특정 백분율^{percentage}을 가진다고 말하는 것이 최선이다. 그리고 그 측정을 여러 번 한다면 전자는 그 확률로 표시된 횟수만큼 A 지점에 있을 것이다.

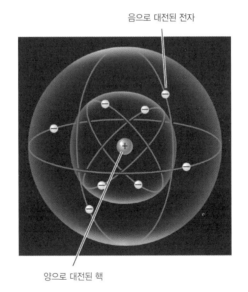

음으로 대전된 전자

양으로 대전된 핵

그림 1.3 매우 단순하게 만든 전자 껍질 궤도로 둘러싸인 원자 핵
(출처: David Young and Shane Stadler, Cutnell & Johnson Physics, 11th Edition, 그림 30-1; Wiley, 2018)

확률 원리는 전자만이 아니라 양자 입자의 모든 성질에도 적용할 수 있다. 특정 성질의 상태나 위치를 미리 추측할 수 없을 뿐만 아니라 측정할 때의 상태나 위치는 어떤 하나를 측정하는 동안 확률 예측의 더 큰 범위 안에서 절대적으로 임의적^{random}이다. 그리고 특

정값이나 상태의 임의성^{randomness}은 우연이 아니다. 임의성은 양자역학의 기본이자 고유한 것이다.

양자 물체나 성질의 정확한 상태 또는 위치를 미리 정확하게 예측할 수 없다는 점은 양자역학과 기존 고전 물리학 간의 중요한 차이점이다. 고전물리학에서 A+B＝C이면 A+B는 항상 C이다. 이뿐만 아니라 A와 C를 알고 있다면 B를 예측할 수 있다. 그러나 양자역학을 사용하면 궤도에 있는 전자의 정확한 위치나 모든 양자 입자의 양자 속성이나 위치는 가능도^{likelihood} 5와 확률로서만 설명할 수 있다. 누구도 단일 측정의 값이 어떻게 될지 알 수가 없다. 그 값은 단지 가능한 값의 범위에서 나온 것이며 여러 번 측정하면, 측정 결과는 예측한 가능도 범위 안에 있게 된다. 이는 최종 측정을 앞두고 미리 할 수 있는 제일 나은 방법이다.

핵

그림 1.4 핵 주위를 도는 전자에 대한 2차원 원자 궤도

---

5   우도라고도 하며, 우도라는 단어는 그 의미를 전혀 짐작할 수가 없지만 가능도는 명확하지는 않지만 대략 의미를 짐작할 수 있을 것이다. 가능도의 정확한 개념은 BetterThanWholwas 블로그의 '확률(probability)과 가능도(likelihood) 그리고 최대우도 추정(likelihood maximazation)(https://bit.ly/3axjXq3)' 참조 – 옮긴이

전자가 한 번 발견되거나 측정된 특정 위치나 특정 양자 성질에 있을 가능한 영역과 가능도를 정확하게 예측할 수 있다. 특정 전자 실험을 (천 번 정도) 반복해 정확한 순간에 전자의 위치를 정확한 위치를 측정한다면 단일 측정으로 측정한 전자의 위치를 예측할 수 없다. 양자역학에 따르면 단일 측정의 모든 위치는 무작위 사건^{random event}이다. 그러나 여러 번의 실험에서 전자가 발견되고 측정된 핵 주위의 모든 위치는 예측한 원자 궤도와 유사하게 될 것이다.

정확한 값을 알 수는 없지만 가능한 측정값 범위는 알려져 있다. 이산 양자계^{discrete quantum system}의 특정 양자 상태 확률을 알 수 있다면 파동함수^{wave function}로 알려진 수학 공식으로 설명할 수 있다. 물리학자들은 파동함수를 사용해 특정 양자 상호작용이나 성질 내에서 광범위한 확률로 발생한 일을 설명하고 예측한다. 한 번의 측정에 대한 특정 값은 알려지지 않았지만, 가능한 값의 범위는 각 가능한 값의 확률을 따른다. 파동함수는 양자 입자에 관해 우리가 알고 있는 모든 것, 즉 양자의 모든 성질과 그 성질이 가질 수 있는 값 그리고 측정에서 나타날 수 있는 가능도를 수학적으로 설명한다. 물리학자에게 파동함수는 양자 입자에 관한 완전한 지도이다. 그리고 과학자들은 파동함수를 사용해 입자 간에 다른 상호작용이 일어날 때 어떤 일이 일어나는지 예측할 수 있다.

양자물리학의 확률 원리는 어떤 특정 양자 성질 상태를 측정하기 전에 예측할 수 없으므로 중요하다. 아주 단순한 (양자가 아닌) 그림으로서 우리는 어떤 개가 검은색인지 흰색인지 결정하려고 한다고 생각해보자. 양자적 관점에서 보면 우리는 측정하기 전에 개가 어떤 색인지 미리 결정할 수 없다. 우리는 가능한 답(검은색 또는 흰색)을 말할 수 있으며, 미리 정해진 수학에 따라 관측한 값의 가능도도 얘기할 수 있다(실험을 많이 하면 개가 흰색이거나 검은색일 확률은 50%라고 할 수 있다). 그러나 우리는 실제로 관측해 측정한 개의 색을 보기 위해 개가 드러날 때까지 기다려야 한다. 그뿐만 아니라 특정 시간에 측정했을 때의 개의 색은 무작위일 것이다. 이것이 양자의 세계다.

NOTE 이런 이상한 양자 성질은 고전적 성향의 물리학자들에게 좌절감을 주고 양자역학을 매우 위태롭게 만들었다. 기존 물리학에서는 관련된 모든 물체와 물체의 성질 그리고 물체 간의 상호작용을 알게 되면, 미리 값이나 결과를 항상 알아낼 수 있다. 실험이 끝나거나 결과가 나오면, 실험 결과는 이전에 언급한 수학으로 예측한 값과 일치한다. "이것이 과학이다! 이렇게 되는 거다!" 반면에 양자역학은 수학과 물체 그리고 물체가 상호작용하는 방법을 아무리 잘 알고 있더라도 모든 단일 실험이나 양자 결과의 특정 값을 절대 예측할 수 없다. 여러분이 할 수 있는 제일 나은 방법은 다른 값의 확률을 예측하는 것이다.

문제를 복잡하게 만들어 보자면 양자 컴퓨터가 우리에게 제공하는 '값'은 옳지 않을 수도 있으며, 오늘날(2019년) 정답이 아닌 경우가 많다. 양자의 값은 주어진 확률 범위 안의 값이라는 것을 기억하라. 그러나 양자 시나리오를 여러 번 실행해 양자의 값을 많이 얻을 수 있다면, 연속적인 실행을 통해 더 자주 그리고 일관되게 값을 반환하므로 올바른 값을 볼 수 있다. 본질적으로 참인 정답을 얻기 위해서는 확률적 결과가 정답일수밖에 없는 통계적 신뢰성을 가질 때까지 계산을 반복한다.

거시적인 예로, 어떤 주사위의 한 값이 다른 5개의 값보다 더 자주 나오도록 만들어졌다고 가정해보자. 주사위가 편향돼 있다는 것을 알고 있지만, 어떤 값으로 편향되게 만들어졌는지는 알 수 없다. 주사위를 한 번 던졌을 때, 주사위의 편향된 값이 나오거나 나오지 않을 수도 있다. 그러나 여러 번 던지면 편향된 값이 다른 어떤 숫자보다 더 많이 나올 가능성이 커져, 편향된 값을 높은 신뢰도로 확인할 수 있다. 이 편향된 주사위를 10번 던진다고 하자. 처음 던졌을 때 2가 나왔다. 이제 값을 얻었지만 10번 중 1번을 던져 얻은 값이므로 신뢰도는 10%이다. 한 번 더 굴려 1이 나왔다. 이제 다른 값을 얻었지만, 신뢰도는 마찬가지로 10%이다. 세 번째 던졌을 때 다시 1이 나왔다면 10번 중 2번이 나와 신뢰도는 20%이다. 네 번째 던졌을 때 5가 나왔다. 그리고 다음 5번의 시도에서 모두 1이 나왔다면 10번 중 7번이 나왔으므로 신뢰도는 70%이다. 그리고 마지막으로 던졌을 때 3이 나왔다. 전체적으로 네 가지 다른 가능한 값을 얻을 수 있지만, 주사위의 1이 가장 많은 횟수의 값이었으므로 합리적인 사람이라면 주사위의 1이 편향된 값이라고 결론을 내릴 것이다. 양자 컴퓨터에서는 문제와 답이 될 가능성이 가장 큰 정답을 얻기 위해 10번 이상 실행할 가능성이 크다.

그러나 단일 측정에서는 항상 오답이 될 가능성이 있다. 그리고 불안하게 들릴지 모르겠지만, 이것이 모든 양자 솔루션이 작동하는 방식이다. 여러분은 이미 그런 세상에서 태어나서 살고 있으며, 살아남았다.

불확정성 원리

하이젠베르크 불확정성 원리^{Heisenberg uncertainty principle}는 양자 입자의 위치를 더 정확하게 측정할수록 입자의 운동량을 정확하게 측정하는 것이 어렵다는 원리로 그 반대의 경우도 마찬가지다. 또한 불확정성은 모든 양자 성질이 아니라 켤레 변수^{conjugate variable}로 알려진 양자 성질의 의존 쌍^{dependent pair}에 적용된다. 모든 쌍은 아니지만 동시에 완벽하게 측정할 수 있는 성질의 쌍이 있을 수 있다. 일부 쌍은 동시에 두 성질을 완벽하고 정확하게 측정하지 못하도록 종속적으로 연결돼 있다.

이것은 인류가 무언가를 정확하게 측정할 수 있거나 측정할 수 없는 방법적인 결함 때문이 아니다. 이것은 입자의 파동-입자 이중성과 확률 원리에서 발생하는 자연의 양자 법칙이다. 양자역학은 이런 법칙 때문에 양자 입자의 위치나 운동량을 동시에 정확하게 측정할 수 없다는 것을 증명했으며, 하나의 양을 더 정확하게 측정하려고 하면 의존 쌍의 다른 양은 덜 정확해진다.

자동차의 속도를 측정하는 실험을 통해 또 다른 거시적인 사례를 살펴보자. 거시적인 고전적 세계에서는 자동차의 속도는 특정 시간 동안 이동한 거리를 측정하는 것이다. 자동차가 정확히 1시간 동안 100킬로미터를 이동했다면, 자동차의 속도는 평균 시속 100킬로미터이다. 그러나 양자 세계에서 아주 작은 입자의 양자 성질을 볼 때, 시간과 거리의 변수는 모두 고정돼 있지 않다. 두 변수는 확률의 범위에서 변하고 있으며, 모든 단일 측정은 그 범위 밖의 다른 값을 얻을 수 있다. 이로 인해 출발점에서 출발한 다음에 측정하는 것이 더 어려워진다.

앞의 자동차 속도 측정 사례와 매우 유사한 우화가 있다. 자동차 경로를 따라 언제든지 속도를 측정한다면 그 자동차는 시속 100킬로미터보다 빠르게 또는 느리게 달릴 수도 있다. 어떤 복잡한 자기 동력 물체self-powered object가 모든 순간에 정확히 같은 속도로 주행할 가능성은 거의 없다. 자동차의 경우, 1초 동안에 주행하는 속도를 얻기 위해 한 번에 얼마나 많은 마력과 토크가 필요한지 결정해야 하는 데 바람 저항wind resistance과 표면 조건 변화surface condition change, 온도 변화 그리고 수백 가지 요인을 고려해야 한다. 이 자동차가 궁극적으로 전체 코스에서 시속 100킬로미터로 주행한 것으로 측정했다면, 이는 아마도 다른 속도보다 정확히 시속 100킬로미터 이상으로 주행했을 것이다.

이는 확률 원리를 보여준다. 코스의 임의 지점에서 누군가 속도를 측정했다면, 그 자동차는 어떤 속도로든 주행할 수 있었지만, 정확히 1시간 안에 100킬로미터를 주행한 것으로 최종 측정된 자동차는 코스의 다른 지점보다 더 많은 곳에서 시속 100킬로미터로 주행하고 있었을 것이다(코스의 절반은 정확히 시속 98킬로미터로 주행하고, 나머지 절반은 정확히 시속 102킬로미터로 주행했을 가능성이 있다. 그러나 그럴 가능성은 작다).

불확정성 원리에 따르면 속도에 관련된 시간을 더 정확하게 측정할수록 동시에 거리를 정확하게 측정하는 것이 어려워지며, 이를 해결할 방법이 없다. 양자 세계에서는 아주 정확한 속도 같은 것은 없다. 개념으로는 존재하지 않는다. 이는 자연의 법칙이다. 위의 자동차 속도 측정 이야기를 계속하자면 심사위원들이 아주 정확한 것을 원해, 대회의 결승선을 통과하는 차량의 사진을 찍기 위해 세상에서 가장 빠른 섬광 사진 촬영 기법을 동원하기로 했다고 가정해보자. 자동차가 결승선을 통과하는 정확한 순간을 얻기 위해 카메라의 셔터가 엄청 빠르게 열리고 닫혀야 한다. 정확히 100만 분의 1초로 그 차의 모습을 담게 된다. 자동차가 결승선을 통과하는 정확한 순간의 사진에서, 자동차는 전혀 이동하지 않는 것처럼 보일 것이다. 결승선 카메라는 자동차가 결승선을 통과하는 정확한 순간을 포착할 수 있지만, 바로 그 순간 자동차는 이동하지 않을 것이다(또는 매우 빠르게 이동하고 있을 것이다). 시간이 끝나는 바로 그 순간을 잡으려고 하는 카메라는 측정에서 속도를 제거해야 한다. 그리고 자동차의 진짜 속도를 측정하려는 다른 카메라가 있다면, 그 카메라는 자동차가 결승선을 통과하는 정확한 순간을 포착할 수 없을 것이다.

문제를 복잡하게 만드는 것은, '결승선이 무엇인가?'이다. 거시적인 수준에서 모든 선은 직선처럼 보인다. 그러나 페인트로 칠하거나 그려진 선을 확대해보면 선의 개별적인 작은 조각들이 확대돼 나온다. 가장 정확하게 말하자면, 자동차가 페인트로 칠해진 선의 첫 번째 원자를 통과할 때 정확하게 사진을 찍거나 스톱워치를 눌러야 한다. 그리고 자동차가 첫 번째 원자를 통과할 때 정확히 카메라 셔터도 움직여야 한다. 그러나 이 순간 사진이 카메라 렌즈로 들어올 때까지 실제로 그 차가 결승선의 첫 번째 원자를 통과했는지를 알 수 없다. 그리고 이런 과정은 광자와 빛의 속도에 달려 있다.

기록하는 첫 번째 광자가 들어왔을 때, 자동차는 실제로 그런 측정이 이루어질 때의 첫 번째 광자를 지나쳤을 것이다. 그리고 우리는 첫 번째 원자가 아원자 입자, 즉 전자와 광자 그리고 중성자로 구성돼 있다는 것을 알고 있다. 가장 정확하게 말하자면 자동차가 외부 전자 껍질 궤도에서 첫 번째 전자를 만났을 때 스톱워치를 누르거나 카메라의 셔터를 눌러야 하며, 양자 이론에 따르면 우리는 첫 번째 전자의 위치를 알 수 없으며 그리고 단일 측정에서 전자는 어디에나 있을 수 있어 가능성이 큰 위치에 있지 않을 수도 있다. 궁극적으로 가장 정확한 속도를 측정할 수 없다. 그 이유는 최고 정확도를 얻는 데 필요한 바로 그 속성이 이동하고 있으며 전체 입자가 출력의 파동함수를 따라 파동으로 이동하고 있기 때문이다. 점점 더 정확도를 높이려 할수록, 여러분은 그 개념적 정의가 다른 것에 의존하는 켤레 쌍$^{conjugate\ pair}$의 진짜 정확한 측도^{measure}를 얻을 수 없다는 것을 깨닫게 된다. 만물은 항상 이동하고 있으며(바위도 이동 전자$^{moving\ electron}$로 이루어져 있다), 만물은 입자와 파동이고, 만물은 측정될 때와 측정되지 않을 때 다르게 행동하며, 특정 측정에 대한 모든 값은 무작위로, 심지어 (높은 확률로) '정답'이 아닐 수도 있다. 그리고 켤레 쌍의 경우 한 값의 정확한 측정은 정의에 따라 덜 정확하게 측정된 다른 값에 종속돼 있다. 우리의 예에서 시간당 킬로미터의 개념(즉, 위치와 운동량)은 양자 수준에서 실제로 존재하지 않는다. 그렇지 않다. 이것이 불확정성 원리이다.

측정 쌍에서 불확정성은 측정 장비의 성능이 떨어져서 그런 것이 아니라는 것을 이해해야 한다. 많은 사람은 불확정성 원리에 관해 처음 들었을 때 측정 장치가 충분히 정확하지 않기 때문이라고 생각한다. 사람들은 측정 장치의 결함과 관련이 있다고 생각하지만 그렇지 않다. 우리는 (인간의 감각으로) 시간과 거리를 매우 정확하게 측정할 수 있는 가장 정교한 측정 장치를 가질 수 있지만, 그것은 중요하지 않다. 이것은 부정확한 측정이 아니다. 이는 두 개의 종속적인 켤레 변수에 의존하는 양자 상태를 얼마나 정확하게 측정할 수 있는지를 결정하는 자연의 (양자) 법칙 때문이다. 의존 쌍의 한쪽을 더 정확하게 측정했기 때문에 방정식의 다른 쪽을 정확하게 측정하는 것이 불가능하다. 사실 그것은 보장된 역관계inverse relationship다.

> **NOTE** 확률 원리와 불확정성의 원리는 양자역학과 양자 속성이 수학적으로 정확할 수 없다는 것을 의미하는 것으로 잘못 해석해서는 안 된다. 정반대, 즉 역명제는 사실이다. 양자역학의 수학과 결과는 믿을 수 없을 정도로 정확하며, 대부분 다른 과학에 비해 입증된 신뢰 수준을 갖고 있다. 불확정성의 원리는 뒤에서 설명할 관찰자 효과와 혼동해서는 안 된다.

스핀 상태와 전하

우주의 모든 물질을 구성하는 12개의 기본fundamental (또는 원소의elemental) 양자 입자가 있다. 우리가 아는 한 기본 입자는 더 작은 전체 입자로 나눌 수 없다. 전에 이런 것들을 접하지 못했다면 준비해야 한다. 이런 입자의 몇몇은 이상한 이름을 갖고 있다. 기본 양자 입자는 전자와 뮤온muon, 타우tau, 전자 중성미자electron neutrino, 뮤온 중성미자, 타우 중성미자(렙톤lepton 계열의 모든 부분) 그리고 위up, 아래down, 꼭대기top, 바닥bottom, 맵시charm, 기묘strange (마지막 6개는 쿼크 계열의 일부)다.

이런 기본 양자 입자는 다른 모든 아원자 입자를 구성한다. 예를 들어 모든 양성자는 두 개의 위 쿼크up quark와 하나의 아래 쿼크down quark로 구성돼 있다. 중성자는 두 개의 아래 쿼크와 하나의 위 쿼크로 구성돼 있다. 전자는 어떤 것으로도 구성되지 않은 기본 입자 또는 소립자elementary particle다. 전자는 더 이상 아원자 입자를 추가하거나 아원자 입자로 쪼갤 수 없다. 그러나 전자와 양성자 그리고 중성자는 원자를 구성하고, 원자는 원소와 분자 등을 구성한다.

NOTE 현재의 과학은 모든 기본 입자나 렙톤과 쿼크가 가장 낮은 공통분모 입자라는 것에 매우 단호하지만 우리는 모든 기본 입자를 전부 발견했는지 또는 기존의 렙톤과 쿼크가 원소인지조차 확신할 수 없다. 하지만 역사적으로 우리는 세포(cell)와 원자, 양성자에 대해서 그렇게 얘기했었다. 그렇다면 우리의 현실인 커다란 조각 그림 퍼즐을 맞추려고 할 때 무엇을 발견하게 될지 누가 알겠는가?

각각의 기본 양자 입자는 질량과 전하 그리고 스핀을 갖는다. 모든 사람이 질량이 무엇인지 알고 있으므로 나머지 두 가지에 대해 빨리 설명하도록 한다. 전하란 전자와 비교한 전류의 양이다. 예를 들어 위 쿼크는 전자 전하$^{electron\ charge}$의 2/3를 갖고 있으며, 아래 쿼크는 음의 전자 전하의 1/3을 갖고 있다. 양성자는 두 개의 위 쿼크와 하나의 아래 쿼크를 갖고 있으므로, 이는 양성자가 전자의 3/3(= 2/3 + 2/3 − 1/3) 전하를 갖고 있거나 하나의 전자와 같다는 것을 의미한다. 이런 이유로 가장 안정된 원자에서 핵의 양성자 개수는 궤도를 도는 전자의 수와 같다.

기본 입자는 스핀도 갖고 있는데, 입자가 원래의 방향으로 돌아가기 위해 만들어야 하는 회전수에 반비례한다. 모든 기본 입자는 1/2 스핀을 가지는데, 이는 출발 방향$^{starting\ orientation}$으로 돌아가기 위해 두 번 회전해야 한다는 것을 의미한다. 왜 내가 양자 전하와 스핀을 설명하고 있을까? 그 이유는 양자 컴퓨터가 우리에게 제공하는 값이 주로 전하와 스핀의 결과이기 때문이다. 2장, '양자 컴퓨터 입문'에서는 다양한 양자 성질과 상태를 사용해 다양한 유형의 양자 컴퓨터를 설명한다.

양자 꿰뚫기

양자 꿰뚫기$^{quantum\ tunneling}$는 양자 입자가 장벽을 통과하는 것을 설명할 수 없는 능력으로 고전물리학에서는 이런 일이 발생할 수 없다. 일반적인 거시적인 유사 사례로는 언덕이나 벽의 바닥에 있는 공이다. 사람이 공을 벽 위로 던지려고 하지만 물리적으로 벽 위로 던지기에 충분한 힘이 없다고 가정해보자. 그 사람은 성공하지 못해 몇 번이고 시도한다. 고전물리학에서는 그 사람의 팔과 체력을 보고 그 사람이 결코 벽 위로 공을 던질 수 없을 것으로 판단한다. 그러나 설명할 수 없는 이유로 던져진 공은 가끔 벽의 반대편에 있게 된다. 어떤 이론은 그 공이 설명할 수 없이 벽 위로 솟아오른다고 설명한다. 다른 이론은 공이 던져질 때 벽이 한 번 낮아지거나 공이 진입점이나 출구점을 남기지 않고 통과하도록 만든다고 설명한다.

우리는 아직 그것이 어떻게 작동하는지 또는 아원자 입자가 양자 꿰뚫기를 사용해 언제 성공하는지를 알지 못하지만, 양자 꿰뚫기는 존재하며 알려진 모든 삶의 기초가 된다. 꿰뚫기^{tunneling}는 태양이 열 핵융합$^{thermonuclear\ fusion}$을 이용해 열과 빛을 만들어내는 방법이다. 꿰뚫기는 방사능 원소$^{radioactivity\ element}$가 붕괴하는 방식이다. 꿰뚫기는 지구상의 대부분 식물 생명체를 지탱하게 만드는 광합성^{photosynthesis}의 기초가 되며, 이후 인간의 생명을 유지하게 만든다. 양자 꿰뚫기는 일부 유형의 양자 컴퓨터에도 관여한다.

중첩

중첩은 단일 값을 제공하기 위해 상태를 관측해 측정할 수 있을 때까지 입자가 가능한 모든 상태에서 존재할 수 있다고 설명하는 양자 성질이다. 예를 들어 여러분이 답을 모르는 특정 수학 문제의 답은 A나 B가 될 수 있다고 하자. 중첩에 의하면 값을 관측하거나 측정하기 전에 양자 상태에 있지만 동시에 A와 B 모두가 된다. A 또는 B가 아니다. A와 B 둘 다다.

이는 앞서 설명한 바와 같이 양자 성질의 특정 측정에서 측정된 성질은 가능한 모든 값이 될 수 있기 때문이다. 그리고 어떤 단일 측정에서 얻은 실제 측정값은 무작위로 어떤 가능한 값 중 하나일 수 있다. 고전 세계에서 만물은 그 자체다. A는 A이다. B는 B이다. 단일 글자가 무작위로 어떤 때는 A가 되거나 B가 될 수는 없다. 그러나 양자 세계에서는 명확하게 이런 일이 일어난다.

아마도 여러분은 에르빈 슈뢰딩거Erwin Schrödinger의 유명한 양자 고양이 난제에 관해 들어 봤을 것이다. 슈뢰딩거는 고양이가 치명적인 독약이 들어 있는 병과 방사성 원소 그리고 가이거 계수기Geiger counter가 들어 있는 밀폐된 상자 안에 있는 시나리오(사고 실험thought experiment)를 만들었다. 방사성 원소는 붕괴하거나 붕괴하지 않는다. 방사성 붕괴는 양자 사건quantum event으로 임의의 특정 원소의 원자가 붕괴를 결정하는 무작위 사건이다. 가이 거 계수기가 (방사성 붕괴로) 방사선을 감지하면, 가이거 계수기는 독이 들어 있는 병을 산 산조각 내 고양이를 죽이게 된다. 슈뢰딩거는 거시적 수준으로 확장하면 얼마나 이상한 중첩이 될지 보여주기 위해 관측 가능한 거시적 사건을 일으키는 양자 중첩 과정의 사례 인 사고 실험을 만들어냈다. 슈뢰딩거는 그 시대에 묘사된 것처럼 양자역학이 얼마나 터 무니없는지를 보여주려고 노력했다. 그는 양자역학을 지지하기 위한 사고 실험을 한 것 이 아니었다. 슈뢰딩거는 양자역학이 얼마나 터무니없는 것인지 보여주기 위해 그리고 우리가 무슨 일이 일어나고 있는지 제대로 이해하지 못한다고 말하고자 사고 실험을 만 든 것이다. 슈뢰딩거가 오늘날 살아 있다면, 본인의 의도적이고 터무니없는 사고 실험이 실제로 양자역학이 작동하는 방법을 보여주기 위해 가장 흔하게 사용되는 예라는 것을 알고는 웃을 것이다. 그 실험이 그가 의도한 목적대로 사용되고 있지 않기 때문이다.

중첩 원리superposition principle에 따르면 상자를 열고 고양이를 관측하기 전에 방사성 원소 는 붕괴했으면서 붕괴하지 않았다. 고양이는 살아 있으면서 죽었다. 고전물리학 (또는 실 제) 세계에서 특정 시점의 고양이는 살아 있거나 죽은 상태 중의 하나다. 양자물리학이 양자 수준에서 증명한 것은 (방사성 붕괴에 따라) 상자를 열어 관측하기 전에 고양이는 동 시에 살아 있으면서 죽었다는 것이다. 그리고 고양이가 약간 중독됐지만, 완전히 죽거나 완전히 건강하지는 않은 어떤 반상태half-state에 있지 않다. 아니, 그것은 동시에 100% 건 강하고 100% 죽었다는 것을 의미한다. 거시적 수준에서 비현실적인 것으로 보이는 것이 양자 수준에서는 절대적인 현실absolute reality이다.

양자역학과 양자 컴퓨터를 이해하려면 중첩의 개념을 이해해야 한다. 그렇지 않으면 양 자 수준에서 세상은 여러분이 생각하는 것처럼 행동하지 않으므로 세상을 보고 이해하는 방법을 깨뜨려야 한다. 슈뢰딩거 사고 실험의 결과를 이해하는 데 오랜 시간이 걸렸다. 고양이가 살아 있거나 죽었다고 생각해서 상자를 열었을 때 고양이는 이전 시점의 이후에 둘 중의 하나였다. 이는 중첩이 의미하는 것이 아니다. 계속해서 증명된 중첩은 고양이가 최종적으로 관측되고 측정될 때까지 두 개의 모든 상태에서 살아 있고 죽었다고 한다. 일단 고양이의 '상태'를 측정하면, 고양이는 영구적으로 살아 있거나 죽은 상태 중의 하나이며, 그 시점부터는 이 관측의 측정 결과가 된다. 이 추정은 지금까지 존재했으며, 여전히 존재하는 위대한 과학적 사고를 흐트러뜨렸다. 그러나 실험 후의 실험은 양자 수준의 현실로서 중첩을 뒷받침한다.

양자역학의 응용인 양자 컴퓨터는 가능한 모든 값을 한 번에 즉시 생성하는데, 값을 관측하고 측정할 때까지 '정답'은 가능한 모든 값이다. 우리가 값을 관측하거나 측정하면 오직 하나의 값만이 우리의 영구적인 결괏값이 된다.

문제를 복잡하게 만드는 것은 앞에서 설명했던 것처럼 누구도 최종적으로 관측된 값이 무엇인지 예측할 수 없다는 것이다. 누구도 '확실히 고양이는 죽었다!' 또는 '확실히 고양이는 살아 있다!'라고 말할 수 없으며, 항상 측정하기 전에 고양이가 살아 있고 죽었는지 그리고 측정할 때 고양이가 살아 있거나 죽었겠지만, 예상 결과의 특정 확률 안에서만 그리고 측정했을 때 특정 결과가 가능한 선택 중에서 무작위라는 것이 항상 정확해야 한다. 누군가의 추측이 맞는다면, 그것은 단지 운이 좋았을 뿐(또는 확률이 작용했기 때문)이다.

이것이 여러분을 혼란스럽게 하거나 머리를 아프게 했더라도, 우리는 아직 가장 이상한 부분에는 도달하지도 못했다. 잠깐만 기다려라.

관찰자 효과

양자 세계에서는 양자물리학자가 그 이유를 알거나 납득하지 못하지만, 관측하는 것만으로 양자계를 변화시킨다. 1장에서 설명한 모든 양자 성질과 마찬가지로 수십 년간의 실험은 이 성질이 실제적이고 정확하다는 것을 보여줬다. 과학자들은 그것의 진실 여부가 궁금한 것이 아니라 진실인 이유와 방식을 궁금해한다. 예를 들어 모든 이중 슬릿 실험에서 과학자들이 광자가 두 개의 슬릿 중 어느 슬릿을 통과하는지 측정하기 위해 광자 검출기를 놓게 되면 광자는 항상 입자로서만 행동한다(그리고 그 결과 파동은 띠는 만들어지지 않는다). 그리고 검출기를 끄면 파동 띠가 다시 만들어진다. 마치 자연이 측정을 하는지 보고, 측정에 신경을 쓰고 그리고 일어나는 일을 바꾸는 것 같다. 이것이 현상이나 원인이 될 수는 없겠지만 관찰한 결과를 전달할 방법이 별로 없기 때문에 우리 실험의 관측과 결과를 기반으로 해 무엇이 발생하고 있는지 설명하는 방식이다. 우리는 아직 무슨 일이 일어나고 있는지 모른다.

양자계에 영향을 주는 작용에 관한 많은 경쟁적 해석이 만들어졌다. 어떤 해석은 광자를 방해하지 않고 양자계를 관측하는 것이 불가능하다고 말한다. 예를 들어 단순히 어떤 것을 관측하기 위해서는 종종 빛(즉, 광자)이 있어야 하거나 결과를 포착하기 위해 인위적으로 삽입된 장치가 필요하며, 이렇게 추가된 요인들이 가능한 양자 결과possible quantum outcome에 영향을 준다. 광자 사례에서 광자는 반드시 우리가 측정하고 있는 대상을 '맞춘hit' 다음에 튕겨 나와 검출기로 되돌아와야 하며, 그 '맞추는' 동작은 어떤 상호작용을 유발해야 한다.

또 다른 대중적인 해석(코펜하겐 해석Copenhagen interpretation)에 따르면 많은 가능성이 있는 양자 파동함수를 최종적으로 측정하고 관측하면 파동함수가 최종 상태로 '파괴break down' 된다고 한다(이를 파동함수의 붕괴라고 한다). 결과적인 붕괴resulting collapse를 일으키는 관측은 간섭interference이다. 코펜하겐 해석을 이해하기 위해서는 어떤 양자의 값이나 상태는 측정하기 전에 동시에 가능한 모든 값이나 상태라는 것을 다시 기억하고 중첩을 믿어야 한다. 양자 시나리오를 측정하는 행위는 모든 상태나 값을 하나의 결괏값이나 상태로 좁힌다. 측정 행위는 가능한 모든 값을 하나의 최종적이고 영구적인 값(이 값은 확률적으로 '정답'일 수도 있고 아닐 수도 있으며, 측정 방법이나 관측 방법에 따라 같은 값일 수도 있고 아닐 수도 있다)으로 붕괴시킨다.

코펜하겐 해석은 어떤 것을 관측할 때 그것이 변화되는 이유를 설명하기 때문에 양자 세계에서 가장 많은 지지를 얻고 있다. 비록 슈뢰딩거가 상자 속 고양이 역설이라는 사고 실험을 수행한 이유는 양자계 변화의 고유 기묘도inherent strangeness 때문이지만, 슈뢰딩거는 코펜하겐의 해석이 우리의 기존 믿음에 얼마나 반직관적인지 지적하고자 했다. 과학 자들은 코펜하겐 해석이 가장 믿기 어려운 설명에 가깝지만, 그것이 가장 믿기 어려운 설명에 가깝지도 않다는 것을 알지 못했다.

또 다른 해석인 다세계 해석Many Worlds interpretation에 따르면 파동함수 붕괴 이전의 가능한 모든 결과는 다른 우주에 있으며, 각각의 양자 붕괴는 붕괴 전 확률 파동함수의 가능한 모든 결과와 같은 수의 새로운 우주를 만든다고 한다. 맙소사! 이제 초당 수조 개의 양자 결과가 발생할 가능성을 고려한다면, 이는 엄청나게 큰 다중우주multiuniverse의 바다에 많은 우주를 만들어낸다. 2019년에 뉴스 기사가 났으며, 양자 다중우주를 배제할 수 없다는 아이디어를 뒷받침하는 몇 가지 기본 실험이 행해졌다.[6] 대부분 사람은 다중우주 설명이 정답이라고 믿지 않지만, 수학이 다중우주를 배제하기 전까지는 아무도 모른다.

관찰자 효과는 양자 컴퓨팅에 큰 영향을 미친다. 우리는 양자 컴퓨터가 해결하기 몹시 어려운 문제에 관한 좋은 답을 제공해주길 바라지만, 우리가 원할 때 정확한 결과를 제공할 수 있도록 관찰자 효과를 최소화하거나 활용할 수 있는 방식으로 제작해 운영해야 한다.

복제 불가 정리

양자 정보 과학quantum information science에 매우 중요한 관련 원리는 양자 상태를 직접 복사할 수 없음을 설명하는 복제 불가 정리no-cloning theorem다. 양자 상태를 측정하면 원래의 양자 상태에서 고전적이고 영구적인 상태로 변한다는 것을 기억해야 한다. 아울러 관찰자 효과에 따르면 양자 상태를 관측하거나 측정하는 것만으로도 양자 상태가 변한다.

---

6   IFLSCIENCE, Quantum Experiment Sees Two Versions Of Reality Existing At The Same Time, 2019.03.21, https://bit. ly/3cTLJ1w

그렇다고 '복사copying'가 불가능하다는 것은 아니지만, 간접적으로 복사를 해야 한다. 여기에 대해서는 뒤에서 자세히 설명한다.

복제 불가 정리는 양자 컴퓨팅에 많은 영향을 미친다. 부정적인 측면에서 복제 불가 정리는 고전 컴퓨터로 할 수 있는 것처럼 양자 계산quantum computation의 중간에 양자 상태를 백업할 수 없다는 것을 의미한다. 복제 불가 정리로 인해 양자 컴퓨터와 네트워크 장비에서 복사와 오류 정정error correction이 거의 불가능하다. 긍정적인 측면에서 복제 불가 정리는 양자 암호 시스템에 좋은 성질이며 고전 세계에서 매우 쉬웠던 많은 도청 시나리오를 방지할 수 있다.

유령 같은 얽힘

이제 아인슈타인이 죽는 날까지 괴롭혔던 가장 이상한 양자 성질을 설명할 때가 됐다. 양자 입자는 쌍의 한 입자에 대한 (편향polarization이나 스핀, 운동량 또는 전하와 같은) 양자 성질이 변할 때, 쌍의 다른 입자의 성질도 매우 먼 거리로 떨어지더라도 예측 가능하게 즉시 변하는 방식으로 '얽힐' 수 있다. 그 이유나 방식을 알지 못하기 때문에 아인슈타인은 이를 '유령 같은 원격 작용spooky action at a distance'이라고 했다.

> **NOTE** 얽힘은 읽기 전용 측정 과정(read-only measurement process)이다. 과학자들은 쌍의 한 입자의 성질을 측정할 때, 그 쌍의 다른 입자도 같은 측정값을 갖는다는 것을 알고 있다. 그러나 과학자들이 원하는 새로운 특정 상태를 얻기 위해 어떤 식으로든 얽힌 입자(entangled particle)를 조작하려 한다면, 예를 들어 입자 성질의 측정값을 '0'에서 '1'로 바꾸면, 그 즉시 얽힘이 깨진다. 우리는 정보를 읽을 수는 있지만 전송할 수는 없다. 원하는 특정 상태를 구현하려면 상태를 측정해야 하며, 상태를 측정하면 양자 성질이 깨진다.

자연에서 얽힘은 자연적인 과정이다. 모든 양자 입자가 다른 양자 입자와 상호작용할 때마다 얽힘이 일어난다. 얽힘은 매번 일어난다. 각 입자가 마주칠 때마다 얽힘이 커진다. 얽힘은 쉽게 멈출 수 없다. 얽힘은 결국 서로에게 종속되는 다중입자 개체multi-particle entity

를 만들어낸다. 물리학 관점에서 여러분은 어떤 얽힌 입자entangled particle를 단일 입자라고 더는 말할 수 없다. 모든 관측은 같은 얽힘에 관련된 모든 얽힌 입자의 결과로 이루어져야 한다. 현실에서 얽힘은 매우 빠르게 많이 일어난다. 양자 입자는 수백만 분의 1초 안에 수십억 개의 다른 양자 입자와 쉽게 얽힐 수 있다.

양자 입자는 항상 스스로 얽혀 있지만, 과학자들은 양자 테스트quantum-testing를 위해 의도적으로 소량의 양자만을 만들거나 얽는다. 이는 실험에서 어떤 진리를 찾으려고 할 때 대개는 적은 것이 더 좋기 때문이다. 수십억 개의 입자가 상호작용한 결과인 무언가를 알아내야 한다는 것은 단지 물을 흐리게 할 뿐이다.

따라서 얽힘이 필요한 실험에서 과학자들은 원치 않는 얽힘을 방지하고 훨씬 작은 규모로 자신들만의 얽힘을 만들기 위해서 실험 환경을 격리하려고 열심히 노력하고 있다. 다양한 방법으로 실험적 얽힘experimental entanglement을 만들어낼 수 있지만 가장 일반적인 방법의 하나는 높은 에너지의 단일 광자를 취해 더 낮은 에너지를 가진 두 개의 광자로 나누는 것이다. 이외에 몇 가지 다른 일반적인 얽힘 방법entanglement method이 있지만, 기술적으로 너무 복잡해서 이 책의 범위를 벗어나 다루지 않는다.

실험상으로 얽힘은 근접한 두 개의 양자 입자를 대상으로 해야 한다. 과학자들이 지속적으로 거리를 늘리고 있기는 하지만, 지금까지는 멀리 떨어진 두 입자를 얽지 못하고 있다. 그러나 일단 두 개의 입자가 얽히게 되면, 이 두 입자는 서로 매우 멀리 떨어뜨려도 얽힘 결합entanglement bonding을 계속 유지할 수 있다. 거리가 늘어남에 따라 얽힌 입자가 다른 얽힌 입자와 상호작용할 가능성이 커지므로 과학자들이 원래 의도한 얽힘에서 원하는 것을 측정하는 것이 불가능하다.

아일랜드 물리학자 존 벨John S. Bell은 1987년에 발표한 백서『양자역학에서 말할 수 있는 그리고 말할 수 없는Speakable and unspeakable in quantum mechanics』[7]에서 일련의 논쟁의 여지가 없는 실험을 통해 양자 얽힘 이론을 견고히 했다. 벨은 아인슈타인이 얽힘을 설명하기 위

---

7   https://bit.ly/3kzmmlO

해 상정한 다른 가능성이 있는 '숨겨진 국소 변수hidden local variable'를 배제했다. 벨은 숨겨진 국소 변수가 존재하지 않음을 증명했는데, 이는 얽힘 이론entanglement theory과 양자물리학의 모든 것을 공고히 했다.

이후로 그의 실험은 매번 다른 양자 입자에 대해서 반복해도 같은 성공을 보였다. 유령 같은 얽힘spooky entanglement은 광자와 전자, 중성미자 그리고 '분자 축구공(버크민스터풀러렌 Buckminsterfullerenee 또는 버키볼buckyball)[8]'과 같이 더 큰 분자에서도 입증됐다. 양자 얽힘은 다이아몬드와 같은 거시적 물체에서도 입증됐다.[9] 양자물리학자들은 무언가를 믿거나 증명하기 위해 사진이 있어야 하는 것은 아니지만, 과학자들은 2019년 7월에야 과학자들과 비과학자들 모두를 흥분하게 만든 얽힌 입자의 첫 번째 사진[10]을 얻을 수 있었다.

결깨짐

1장에서 설명할 마지막 양자 성질은 결깨짐decoherence이다. 결깨짐은 양자물리학과 양자 컴퓨팅에서 매우 중요하다. 결깨짐은 우리가 (적절할 때까지) 원하면서도 피하고 싶은 것이다. 양자 입자나 양자계가 쉽게 볼 수 있는 양자 상태의 집합에 있을 때 우리는 그것을 결맞음됐다고 한다. 모든 가능한 결과를 가진 파동함수를 따라 작동하고 있는 양자성의 결과를 쉽게 볼 수 있다. 극단적인 환경으로 격리하지 않아도 모든 양자 입자나 양자계는 다른 양자 입자와 상호작용하고 얽히기 시작한다. 사실 100만 분의 1초 이내에 수십억 개의 상호작용이 이루어진다. 상호작용은 우리가 빈 공간이라고 생각하는 곳에서도 일어난다. 예를 들어 과학자들이 빛이나 다른 의도적인 양자 입자가 없는 상자를 진공 상태로 만들면, 진공을 만드는 데 사용된 장치는 빈 공간으로 스며들게 된다. 이는 피할 수 없는 일이다. 다시 말하지만 극단적인 조건이 없다면 이런 일은 매우 자주 그리고 아주 빠르게

---

8   60개의 탄소로 이루어진 탄소 분자로, 자세한 내용은 「사이언스 타임」 기사 '가장 작은 축구공 '버키볼'(https://bit.ly/2SdcFl3)'
     참조 – 옮긴이

9   https://bit.ly/3aEZAHx

10   https://bit.ly/2Yb5wWc

일어난다. 최상의 조건에서도 여전히 이런 일이 일어난다. 이런 일이 일어나는 것을 막을 수 없다.

원치 않는 각각의 상호작용은 얽힘을 일으키며, 이제 하나 또는 몇 개의 입자나 성질을 따르려고 하는 과학자들은 자신들이 평소에 원하지 않았던 더 복잡한 다중입자 아말감 multi-particle amalgam에서 나온 결과를 다루기 시작해야 한다. 원래 입자original particle는 존재하지만 다른 얽힌 입자의 바닷속에서 쉽게 사라질 수 있으며, 어떤 경우에도 과학자들은 자신들이 관측하고 측정하고자 했던 원래 입자의 영향이나 결과를 쉽게 알아낼 수 없다.

한 방울의 물을 따라가다 바다에 떨어졌다고 생각해보자. 아니면 화창한 날 해변에 광자 한 개를 따라갔다고 해도 된다. 물방울은 여전히 바다에 있겠지만 지금은 수조 개의 다른 물방울 사이로 즉시 흩어진다. 여러분은 여전히 원래의 물방울을 따를 수 있지만, 어려울 것이다. 해변에서 원래의 광자를 추적할 수 있지만, 그 광자는 1조 개의 다른 광자 사이로 사라질 뿐만 아니라 미시적micro이나 거시적macro으로 모두(예를 들어 먼지와 공기, 바람) 다른 광자 및 다른 입자와 상호작용하고 있다. 실질적으로 모든 목적을 위해 단 몇 번의 상호작용 후에 임의의 단일 입자를 추적해 다른 모든 얽힘의 영향 여부를 알아내는 것은 어렵다.

이 때문에 양자 실험과 양자 컴퓨터 및 다른 장치 내부에서 내부 구조internal structure는 외부 세계와 크게 격리돼야 한다. 양자과학자는 인간의 힘이 닿는 최대한 원치 않는 얽힘이 일어나는 것을 막기 원한다. 일반적으로 안정된 단일 원소를 사용하는 건조한 표면과 낮은 온도 그리고 외부 세계에 대한 차폐가 모두 사용된다. 그러나 과학자나 기계가 원래의 입자나 입자의 성질을 추적할 수 있는 능력을 잃고, 원하는 원래의 (결국, 무슨 일이 있더라도 항상 일어날 것 같은) 결과를 알아낼 때 양자 입자나 양자계의 결이 깨진 것으로 여긴다. 입자나 계의 양자성은 다른 것으로 변하지 않았다는 점에 유의해야 한다. 비양자 nonquantum 또는 고전classical이 되지 않았다. 보잘것없는 정신과 장비가 의미가 있는 방식으로 추적하고 이해하는 것은 너무나 어려워졌다.

때로는 결깨짐이 필요하다. 양자정보과학에서 우리가 기록하고 호출할 수 있는 양자 값 quantum answer을 얻고 싶을 때, 우리는 그 값을 측정해야 하며, 측정하는 것이 얽히게 만들며 그리고 값을 바꾼다. 측정 장치가 어떻든 간에, 장치는 양자 입자와 속성으로 구성돼 있으며 측정하고 있는 입자나 성질과 상호작용해야 한다. 측정이 빛만 포함하더라도 빛은 광자로 이루어져 있으며 광자가 결과를 포착하고 그 결과를 다시 보고하기 위해서는 입자에 '부딪혀야' 하며 다시 되튕겨나와야 한다. 이제 광자는 자신이 측정한 것과 얽히게 된다. 그래서 측정만으로 양자계의 결을 깨뜨릴 수 있다. 갑자기 양자 상태가 양자가 아닌 것으로 바뀌지 않고, 측정 복잡도measurement complexity가 높아지기 시작한다.

그러나 특정 양자 실험이나 계산 결과를 기록하기 위해서는 양자를 측정해야 한다. 따라서 우리는 우리의 측정 장치가 양자의 결을 깨뜨릴 때까지 결깨짐을 제어하고 최소화하는 시점과 위치에서 양자를 측정하려고 한다. 우리는 최종 측정과 결과를 얻을 수 있도록 양자를 측정하고 결을 깨야만 한다. 우리는 때로는 A가 되고 때로는 B가 되는 결과를 원하지 않는다. 기록하기 위해서는 영구적인 결괏값이 필요하다. 우리가 답을 원할 때마다 '확률 스펙트럼 내에서 가능한 모든 값의 범위'라 말할 수 있을까? 우리는 그 자동차가 시속 100킬로미터로 주행하고 있다고 말할 수 없었다. 우리는 그 자동차가 시속 0에서 200킬로미터 사이의 어떤 속도로 주행하고 있고, 이것이 확률이라고 말해야만 한다. 모든 사람이 특히 시속 100킬로미터로 주행한다고 기록된 자동차가 항상 시속 100킬로미터로 주행하지 않을 가능성이 크다는 것을 알고 있을 때, 이렇게 세상을 설명하는 것은 미친 짓이다. 우리가 값을 기록하기 위해서는 가장 가능성이 큰 정답을 원하는 것이지 수학적 파동함수를 따르는 어떤 값의 스펙트럼을 원하는 것이 아니다. 따라서 우리는 필요한 측정 시점에서만 의도적으로 시스템의 결을 깨고 싶다. 우리는 측정 전에 계system의 결을 깨는 것을 피하고 싶고, 일단 우리가 필요한 측정을 하게 되면, 측정은 모든 것의 결을 깨뜨릴 수 있다. 과학자들도 계의 결을 깨지 않고 다중 측정multiple measurement을 할 수 있기를 바라며 노력하고 있다. 양자정보과학에서 가장 큰 도전이 아니더라도, 가장 큰 도전 중의 하나는 최종 측정이 필요할 때까지 과학이 조기 결깨짐으로부터 계를 보호하는 것이다.

우리가 다룰 수 있는 상황성^{contextuality}과 같이 다른 많은 중심 양자역학^{central quantum} mechanics 성질과 원리 그리고 이론이 있지만, 위에서 설명한 내용은 2장에서 양자 컴퓨터가 어떻게 작동하는지 설명하기 위한 기초다.

오늘날 우리 세계의 양자 사례

양자역학은 대부분 아원자 수준에서 일어나지만, 우리의 실생활 수준에서 양자역학의 존재와 영향이 없다면 모든 현실이 가능할 수 없다. 태양을 빛나게 하는 양자역학은 모든 물질이 함께 유지되는 이유이며 우리가 거시적인 수준에서 보는 많은 것들의 기저가 된다. 난로가 빨갛게 뜨거워지는 것은 양자 효과 때문이다. 양자역학은 컴퓨터 마이크로프로세서와 트랜지스터, 저항 그리고 모든 집적회로를 책임진다. 디스크 저장장치와 네트워크 통신은 양자역학 때문에 가능하다. 와이파이 연결은 양자 성질 때문에 작동한다. 양자역학으로 인해 직접 가능한 다른 거시적인 현실 사례는 다음과 같다.

- 광섬유 케이블
- 레이저
- 초전도체^{superconductivity}
- 초유체 액체^{superfluid liquid}
- 원자시계
- 자기공명 영상법^{MRI, Magnetic Resonance Imaging}
- 그리고 이 책의 모든 이유, 양자 컴퓨터와 양자 암호 시스템도 잊어서는 안 된다.

이 모든 놀라운 것들 그리고 모든 현실은 믿을 수 없고 이상한 양자역학의 기이함 때문에 작동한다. 양자역학이 우리에게 어떤 도움을 줄지는 5장, '양자-이후의 세계는 어떤 모습일까?'에서 자세히 설명한다.

추가 정보

양자물리학의 분야는 방대하다. 1장에서 다룬 주제들은 실제로 빙산의 일각에 불과하다. 여기서 요약한 각각의 주제는 수십 권의 백서와 책 그리고 때로는 수백 편의 논문과 책에서 다뤘다. 한 권의 책이나 백서, 또는 한편의 온라인 미디어 강좌로는 양자역학을 정의할 수 없다. 더 많은 것을 배우고 싶은 사람은 몇 가지 자료를 골라서 바로 시작해야 한다. 기초 지식이 사라지기 전에 이런 자료 중 몇 가지를 잘 읽어봐야 한다.

이렇게 얘기했지만 개인적으로 좋아하는 자료 중 일부를 소개한다. 양자물리학 초보는 이 자료로 시작할 수 있다.

- 스콧 애론슨Scott Aaronson (2013). 스콧 애론슨의 양자 컴퓨팅 강의Quantum Computing Since Democritus. 케임브리지대학교 출판부Cambridge University Press. https://amzn.to/35f8F95

- 필립 볼Philip Ball (2018). 이상한 것을 넘어서: 양자물리학에 관해 알고 있는 모든 것이 다른 이유Beyond Weird: Why Everything You Knew About Quantum Physics Is Different. 시카고Chicago: 시카고대학교 출판부University of Chicago Press. https://amzn.to/2xZv3qW

- 차드 오라즈Chad Orzel (2009). 양자물리학을 당신의 개에게 가르치는 방법How to Teach Quantum Physics to Your Dog. 뉴욕New York: 스크리브너Scribner. https://amzn.to/3bMYhrF

- 차드 오라즈 (2018). 아인슈타인과의 아침 식사: 일상용품의 별난 물리학Breakfast with Einstein: The Exotic Physics of Everyday Objects. 달라스, 텍사스Dallas, TX: 벤벨라 서적BenBella Books, Inc. https://amzn.to/2YaEWg1

- 마크 잭슨Mark G. Jackson 박사의 대중을 위한 글. https://bit.ly/2YcQzD6

- 양자물리학 블로그. https://bit.ly/3bLOzWd

- 스콧 애론슨의 블로그. https://bit.ly/3d05jJP

- 스콧 애론슨의 데모크리토스 온라인 강좌. https://bit.ly/3eZxTwF
- 유튜브. 양자이론-다큐멘터리 HD. https://bit.ly/3cQJSdS
- 유튜브. 7살된 양자물리학. https://bit.ly/2W4TAmq
- 유튜브. 닐 디그래스 타이슨^{Neil deGrase Tyson}, 양자 얽힘 설명. https://bit.ly/3aOCtdM

양자역학에 관해 더 많이 알고 싶다면 유튜브나 아마존에서 양자물리역학^{quantum physics mechanics}을 입력해 수백 가지 선택을 보기 바란다.

요약

지금까지의 내용이 양자역학에 관한 여러분의 첫 경험이라면, 내가 여러분에게 양자역학의 놀라운 기이함을 보여주는 데 성공했기를 바란다. 뒤에서 양자역학을 더 이해하게 됐을 때 다시 1장을 읽어보길 바란다. 양자 컴퓨터는 얽힘과 불확실성 그리고 중첩을 포함한 믿을 수 없는 양자 성질을 사용해 전통적인 이진 컴퓨터로는 불가능했던 결과를 제공한다. 2장, '양자 컴퓨터 입문'에서는 양자 컴퓨터와 장치가 현재의 최신 기술과 함께 우리가 믿을 수 있는 놀라운 결과와 해결책을 제공하는 방법을 설명한다.

02

양자 컴퓨터 입문

양자 컴퓨터와 장치 그리고 소프트웨어는 1장에서 설명한 양자역학의 고유한 성질을 사용해 데이터를 조작하고, 생성하고 처리한다. 중첩이나 유령 같은 얽힘과 같이 이상하고 놀라운 양자 성질은 양자 정보 과학을 통해 완전히 드러났다. 2장에는 양자 컴퓨터와 기존 컴퓨터와의 차이점, 다양한 유형의 양자 컴퓨터 구조 그리고 여러 양자 컴퓨터 제조사 등을 소개한다.

양자 컴퓨터는 어떻게 다른가?

이 절에서는 양자 컴퓨터가 전통적인 이진 고전 컴퓨터^{binary classical computer}와 어떻게 다른지를 설명한다. 먼저 비트^{bit}와 큐비트^{qubit}와의 주요 차이점을 살펴보면서 시작한다.

비트를 사용하는 기존 컴퓨터

기존 컴퓨터는 데이터를 저장과 전송 그리고 조작하기 위해 이진수를 사용한다. 비트^{bit,} ^{binary digit}는 0 또는 1의 두 가지 상태 중 하나가 될 수 있다. 비트는 켜진 상태(on)이거나 꺼진 상태(off) 일 수도 있다. 그리고 비트는 한 번에 한 가지 값(즉, 상태)이 될 수밖에 없다. 기본적인 이진성^{binary nature}은 (일반적인 전자이지만 광자와 다른 입자일 수 있는) 조작된 입자가 전체 입자^{whole particle}로 조작되기 때문에 발생한다. 디지털 컴퓨터가 만들어진 이래로 이진성이 양자 컴퓨터가 발명되기 전까지 디지털 정보를 조작할 수 있는 유일한 방법이었다. 양자 컴퓨터는 양자 성질을 사용해 비이진 방식^{non-binary way}으로 입자를 조작한다.

기존 컴퓨터 칩은 기본적인 양자역학 때문에 작동하지만 도핑[1]한 반도체 위에서 다양한 논리 게이트^{logic gate}와 위치^{position} 사이에서 이진 방식^{binary way}으로 전체 전자를 조작하고 이동시킬 수만 있다. 칩이 조작하는 측정된 기본 전자는 0이나 1과 같은 두 가지 전체 상태 중의 하나가 된다. 기존 컴퓨터는 스핀이나 편향 또는 다른 가능한 양자 성질을 특정하지 않는다. 비트는 한 번에 두 상태 중 하나만 나타낼 수 있으므로, 특정 정보의 양을 표현하는 데 필요한 비트 수를 쉽게 계산할 수 있다. 예를 들어 1비트는 두 가지 다른 정보 비트(0 또는 1)일 수 있지만, 측정 전이나 측정 중, 또는 측정 후의 1비트 정보만 표현할 수 있다. 2비트는 4(=22)개의 가능한 정보 조각(00, 01, 10, 11)을 표현할 수 있지만 측정한 후에는 2비트의 정보만 표현한다. 3비트는 8(=23)개의 가능한 정보 조각(000, 001, 010, 011, 100, 101, 110, 111)을 표현할 수 있지만, 측정한 후에는 3비트의 정보만 표현할 수 있다. 이진수 하나가 추가될 때마다 이진수는 표현 가능한 정보가 지수적(2^4, 2^5, 2^6, ...)으로 증가한다.

초기 컴퓨터는 물리적인 조작을 통해 개별 비트를 켜거나 끄는 방식으로 직접 프로그래밍을 했다. 초기 컴퓨터는 물리적인 전자식 '점퍼^{jumper}' 케이블을 컴퓨터에 연결하거나

---

1 반도체에 의도적으로 불순물을 첨가해 전기적 특성을 조절하는 것을 말한다. - 옮긴이

연결하지 않은 방식으로 특정 경로 연결pathway connection을 만들거나, 만들지 않았다. 컴퓨터에 관해 오래된 이야기 중의 하나인 컴퓨터 버그computer bug라는 용어는 실제 벌레bug가 케이블 일부를 먹어버려 프로그래밍 버그를 일으켰기 때문에 만들어졌다는 것이다.

길고 늘어진 점퍼 케이블은 내장된 기계식 스위치와 종이로 된 프로그래밍 '펀치 카드punch card'로 대체됐는데, 펀치 카드로 컴퓨터의 이진 경로binary pathway를 변경하기 위해 내부 기계식 스위치를 조작했다. 오늘날에도 많은 컴퓨터 장치에는 특정 컴퓨터 경로와 결정을 위해 '켠 상태on'와 '끈 상태off'와 같이 두 가지 선택을 할 수 있도록 물리적으로 조작할 수 있는 '점퍼' 스위치가 남아 있다.

기계식 스위치는 전자식 스위치로 대체됐고, 점차 트랜지스터와 저항 그리고 마이크로프로세서로 이어졌는데, 이는 가장 단순한 수준에서 가장 작은 공간에 많은 이진 '논리 게이트'를 넣은 것이다. 그러나 회로 기판circuit board이나 실리콘 조각에 넣을 수 있는 이진 스위치의 개수에 상관없이 모든 것은 이진 방식으로 이루어지고 있다. 단지 더 많은 이진 경로가 더 작은 공간에 들어간다.

어셈블리 언어와 같은 저수준 컴퓨터 언어는 컴퓨터 마이크로프로세서에서 이동 비트moving bit가 제거된 하나의 추상화 계층abstraction layer일 뿐이다. 예를 들어 어셈블리 언어 명령어 MOV AH는 컴퓨터의 마이크로프로세서에 1의 이진값을 AH 레지스터[2]로 이동하도록 지시한다.

모든 이진 컴퓨터 프로그래밍 언어는 미리 정의된 부울 논리 게이트Boolean logic gate(AND나 OR, NOT 등) 사이에서 컴퓨터 마이크로프로세서의 전자를 물리적으로 조작하는 이진 명령어로 나눌 수 있다. 고전 컴퓨터 시스템은 위에서부터 아래로 이진 조작binary manipulation을 하고 이진 데이터를 저장하도록 만들어졌으며, 헤아릴 수 없을 정도의 비범한 방식으로 세상을 발전시켰다. 모든 이진 행위binary behavior의 배경에는 양자 입자와 움직임이 있지만, 정보 저장과 전송 또는 계산하는 데 사용되지는 않았다.

---

2   레지스터는 데이터를 저장하고 조작하는 것을 돕는 마이크로프로세서의 메모리 영역이다. – 옮긴이

그러나 이진 컴퓨터가 할 수 있는 일에는 한계가 있다. 이진 컴퓨터가 간단히 할 수 없거나 충분히 할 수 없는 일들이 있다. 또한 이진 컴퓨터는 우리가 필요로 하는 만큼 매우 빠르지 않다. 예를 들어 이진 컴퓨터는 큰 소수가 연관된 수학 방정식을 빠르게 인수분해하지 못한다. 큰 소수는 디지털 암호 시스템에 자주 사용된다(디지털 암호 시스템은 3장, '양자 컴퓨팅이 현재의 암호 시스템을 어떻게 깨뜨릴 수 있을까?'에서 자세히 설명한다). 소수는 1과 자기 자신으로밖에 나누어 떨어지지 않는 1 이외의 정수다. 1보다 큰 연속된 정수는 2, 3, 5, 7, 11, 13, 17, 19, 23 등이 있다.

이진 컴퓨터는 사람이 생각할 수 없는 큰 소수가 포함된 방정식을 인수분해할 수 있다. 그러나 컴퓨터 암호 시스템에 사용되는 소수와 같이 매우 큰 소수가 포함된 방정식을 인수분해하기 위해서는 이진 컴퓨터가 수백 년에서 수억 년 동안 계산을 해야 한다.

초기에는 이진 컴퓨터가 소수 여부를 확인하기 위해 가능한 모든 숫자를 조사한 다음 소수 후보가 소수인지 확인하기 위해 모든 앞의 숫자를 확인하는 방식으로 확인했다. 어떤 컴퓨터 과학자는 이를 '추측 후 확인$^{\text{guess and check}}$'이라고 한다. 이 방법은 소수를 확인하는 데 그다지 효과적인 방법이 아니다. 고전 컴퓨터가 '추측 후 확인'보다 더 효과적으로 소수를 확인하기 위한 몇 가지 훌륭한 수학적 진보와 알고리즘이 있었지만, 이조차도 기존 컴퓨터는 매우 큰 두 개의 소수로 구성된 방정식을 쉽게 인수분해할 수 있을 만큼 강력하지는 않다.

어떨 때는 이진 컴퓨터가 요구받은 대로 작동하지 않는다. 진정한 난수$^{\text{random number}}$나 문자열을 생성하는 것과 같이 단순해 보이는 일도 고전 컴퓨터는 물리적으로 수행할 수 없다(여기에 대해서는 3장에서 자세히 설명한다). 고전 컴퓨터를 구성하는 방식과 계산할 수 있는 방식으로 인해 난수 생성이 불가능하다. 고전 컴퓨터가 난수를 흉내 내려고 하지만, 흉내를 내는 것이 고전 컴퓨터가 할 수 있는 최선이다. 고전 컴퓨터는 진정한 난수를 만들어낼 수 없으며, 이로 인해 진정한 난수에 의존하는 프로그램에 문제를 일으킨다. 여기에 대해서는 7장, '양자 암호 시스템'에서 자세히 설명한다.

전통적인 이진 컴퓨터에서 실행 가능한 속도로는 적당한 시간 내에 쉽게 풀지 못하거나, 아예 풀 수 없는 문제가 무수히 많다. 이는 물리학, 즉 양자역학과 양자 컴퓨터가 나오기 이전의 물리학 때문이다.

큐비트를 사용하는 양자 컴퓨터

양자 컴퓨터는 비트 대신 큐비트^{qubit}를 사용한다. 양자비트^{quantum bit}(줄어서 Qubit 또는 qubit)는 거의 기적 같은 중첩이라는 양자 성질을 가진다. 단일 큐비트는 여전히 두 가지 상태(0 또는 1)이지만, 중첩으로 인해 측정 전에 동시에 가능한 모든 상태가 될 수 있다. 양자 컴퓨터에서 큐비트는 0이나 1 또는 0과 1이 될 수 있다. 이는 양자 입자의 파동함수 와 양자 입자의 확률적 가능성의 고유한 집합 때문이다.

이와 관련된 일반적인 우화는 축구 경기에서 어느 팀이 먼저 시작하는지 결정하기 위해 사용되는 동전을 큐비트에 비유하는 것이다. 심판은 동전 던지기 결과의 '앞면'과 '뒷면'을 정할 때, 동전의 앞면을 보이면서 앞면을 결과라고 말하도록 얘기하거나, 동전의 뒷면을 보이면서 뒷면을 결과라고 얘기하도록 선수들에게 얘기한다. 그러나 심판이 동전을 공중에 던진 후 동전이 앞면이나 뒷면이 나오지 않고 정확히 옆면으로 떨어져 몇 초 동안 흔들리지 않고 서 있을 수 있다. 동전을 던진 결과(즉, 측정)를 말하기 전에 결과를 말하는 선수는 세 면(앞면, 뒷면, 옆면)을 모두 볼 수 있는 가능성이 있다. 동전이 공중에서 떨어질 때 궁극적인 최종 결과는 앞면이나 뒷면이 나올 수 있지만, 옆면으로 서게 되면 동시에 앞면과 뒷면 둘 다(즉, 중첩)라고 말할 수 있다. 이는 완벽한 우화는 아니지만, 중첩과 최종 측정된 결과에 관한 개념을 보여준다.

비트는 0이나 1이다. 큐비트는 최종 측정 전에 0과 1 둘 다이며, 이로 인해 비트 상태^{bit-state}는 자신과 추가된 모든 큐비트에 대해 지수적이다. 단일 큐비트는 한 번에 두 가지 상태(0과 1)가 될 수 있으며, 2큐비트 시스템은 한 번에 4개의 상태(00, 01, 10, 11)를 표현할 수 있다. 3큐비트 시스템은 한 번에 8개의 상태(000, 001, 010, 011, 100, 101, 110, 111)를 표현할 수 있다. 3큐비트 시스템을 그림 2.1에 나타냈다.

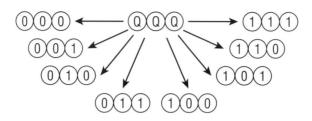

그림 2.1 3큐비트 시스템의 표현

큐비트를 이해하는 데 있어 중요한 점은 이진 시스템에서 같은 비트 수가 같은 수의 가능한 상태를 갖지만 한 번에 하나의 상태만을 가질 수 있다는 것이다. 말하자면 이진 동전은 옆으로 설 수가 없다는 것이다. 따라서 3비트 시스템은 한 번에 한 가지 상태나 결과를 제공한다. 3큐비트 시스템은 동시에 8개의 모든 상태를 문제 해결에 관여시킬 수 있다. 3큐비트 시스템은 3비트 시스템과 비교해 8배의 상태 개선이다. 4큐비트 시스템은 4비트 시스템과 비교해 16배의 상태 개선이다. 이제 수천 개의 큐비트가 있다고 생각해 보면 각 큐비트는 동시에 2가지 상태 시스템2-state system을 포함하고 있으며, 중첩으로 인해 수천 개의 큐비트는 동시에 수천 개 큐비트의 가능한 모든 상태이다. 여러분이 상상할 수 있듯이 속도와 논리적인 개선은 매우 환상적이다.

누구에게서 들었는지는 모르겠지만 내가 한 번 들었던 비트와 큐비트의 가장 좋은 속도 비교 예를 들어보겠다. 체스판에서 가능한 모든 움직임을 계산한다고 생각해보자. 체스판에는 64개의 정사각형(흰색 32개와 검은색 32개)이 있다. 가능한 하나의 움직임을 쌀 한 톨로 표현하면, 가능한 모든 체스의 움직임을 표현하기 위해서는 에베레스트산 크기만큼의 쌀이 필요하다. 그리고 2048비트 소인수분해prime factorization와 같은 것을 표현하는 데 필요한 쌀의 양은 1,985개의 에베레스트산 분량이다. 이제 여러분은 이 문제의 규모를 이해할 수 있을 것이다. 전통적인 이진 컴퓨터는 이 문제를 계산하기 위해 엄청나게 긴 시간이 필요하거나 아예 풀지 못한다. 수천 개의 큐비트를 가진 양자 컴퓨터는 2분 이내에 정답을 찾아낼 수 있다. 이것이 양자 컴퓨터의 능력이다.

큐비트가 가능한 이유는 양자 컴퓨터가 양자 입자의 양자 상태를 사용하기 때문이다. 전통적인 이진 컴퓨터도 전자(또는 광자)를 사용하지만, 이진 물체나 상태로 전자(또는 광자)를 생성하고 조작해 측정한다. 전자는 0이나 1 또는 켜진 상태이거나 꺼진 상태다. 양자 입자를 사용하고 입자의 양자 상태를 측정하는 양자 컴퓨터는 표현된 모든 양자 상태를 본다. 따라서 전자의 상태를 측정할 때 양자 컴퓨터는 모든 가능한 양자 성질의 모든 가능한 상태를 볼 수 있다. 입자를 측정할 때, 양자 컴퓨터는 전하와 스핀, 편향 등과 같은 모든 가능한 상태를 볼 수 있다. 진정한 양자 컴퓨터의 기본 상태는 이진 상태가 아니라 가능한 모든 입자의 상태를 한꺼번에 표현할 수 있다는 것이다. 양자 컴퓨터에서 논리 비교 단위logical comparative unit는 고전 게이트classical gate와 비교해 양자 논리 게이트quantum logic gate 또는 양자 게이트quantum gate라고 한다. 양자 게이트는 본질적으로 고전 게이트보다 더 많은 옵션을 가지며 복잡한 문제를 풀 수 있다.

> **NOTE** 중첩이 동시에 가능한 모든 상태이지만, 이는 양자 컴퓨터가 가능한 모든 문제의 가능한 모든 답을 바로 보여줄 수 있다는 것을 의미하는 것은 아니다. 양자 컴퓨터를 포함한 모든 컴퓨터는 복잡한 문제를 풀기 위해서는 여전히 프로그램을 실행해 계산해야 한다. 모든 컴퓨터가 바로 결과를 제공하지 않는다. 궁극적인 결과를 제공하기 위해 따라야만 하는 필요한 계산과 알고리즘이 있다. 그러나 큐비트 중첩으로 인해 양자 컴퓨터는 기존 컴퓨터보다 훨씬 더 빨리 많은 유형의 문제를 해결할 가능성이 크며, 어떤 경우에는 전통적인 이진 컴퓨터와 비교해 너무나 빠르게 결과를 제공해 순식간처럼 보인다고 말하는 것이 정확하다.

시간에 따른 큐비트의 증가

최초의 1큐비트 양자 컴퓨터는 1998년에 제작돼 시연됐다. 그 이후로 시간에 따라 양자 컴퓨터에 표현된 큐비트 수가 증가했다. 다음은 여러 공급업체의 주장에 기반을 둔 기본 큐비트 발전 연대표다.

- 2000: 5큐비트와 7큐비트 컴퓨터
- 2006: 12큐비트 컴퓨터
- 2007: 28큐비트 컴퓨터

- 2012: 84큐비트 컴퓨터
- 2015: 1000큐비트 컴퓨터
- 2017: 2000큐비트 컴퓨터

NOTE 2장의 뒷부분에서 더 자세히 설명하겠지만 모든 큐비트가 다 같은 것은 아니다. 여기서 큰 큐비트의 주장 중 일부는 의심의 여지가 있다.

공급업체와 양자 컴퓨터의 유형별로 알려진 현재의 큐비트 수 전체 목록은 양자 컴퓨팅 보고서 사이트(https://bit.ly/3ddHD4T)에서 확인할 수 있다. 이 목록에서 보다시피 시간이 지남에 따라 양자 컴퓨터에서 표현되는 양자 상태의 수가 지수적으로 늘어나고 있다. 전통적인 이진 컴퓨터에서 (무어의 법칙Moore's law에 따라) 일정한 공간에서 집적회로의 수가 매년 두 배씩 증가한 것처럼, 이런 지수적인 성장이 미래에도 계속되지 않을 것이라고 믿지 않을 이유가 없다.

그렇다고 큐비트의 지수적인 성장이 보장된다는 것이 아니다. 양자 컴퓨터가 단기적으로나 장기적으로나 극복해야 할 몇 가지 큰 문제가 있다. 하지만 시간이 지남에 따라 양자 컴퓨터 과학자들이 이 문제를 해결하고 더 많은 큐비트를 늘릴 가능성이 크다. 우리가 이미 더 작은 어떤 한계에 도달했다고 생각하는 큐비트 성장 비평가들이나 미래의 발전이 수십 년이 걸릴 것이라고 들었을 때, 점점 더 많은 고전 게이트를 기존 마이크로프로세서에 추가할 수 없다고 말한 모든 비평가가 내 머릿속에 떠올랐다. 매년 '전문가들'은 우리가 마침내 주어진 공간, 즉 컴퓨터 칩 하나에 그러한 고전 논리 게이트의 수를 넣기 위한 기술적 한계에 도달한 경위를 세상에 알려준다. 그러면 그다음 해의 칩에는 더 많은 논리 게이트가 들어가 있다. 칩 제조사들은 같은 공간에 더 많은 물건을 넣을 수 있는 기술을 개발하거나 개선했다. 이는 항상 비평가들이 계산에 고려하지 않은 것이었다. 현재 하나의 마이크로프로세서에는 매우 빠른 32/64개의 CPU 코어가 있다. 이제 양자 비평가들은 같은 공간에서 큐비트의 수를 늘리는 것이 언젠가는 불가능해질 것이라는 이유에 관해 더 많은 전문 지식과 수학을 가질 수 있지만, 지금까지 우리는 꽤 규칙적으로 더 많은 큐비트를 추가하고 있다. 우리는 아직 큐비트의 벽에 부딪힐 지경은 아니다. 우리는 이제 막 첫 번째 기초 계층을 쌓기 시작했을 뿐이다.

모든 큐비트가 같지는 않다

중요한 것은 단순히 큐비트의 수가 많다고 해서 양자 컴퓨터가 더 빠르고 더 좋다고는 할 수 없다는 것이다. 큐비트가 많으면 확실히 좋지만 모든 큐비트가 같지 않으며, 양자 컴퓨터가 무언가를 해결할 수 있는 능력은 단순히 큐비트의 수보다 더 많은 변수에 의해 결정된다. 뒤에서 설명하겠지만 어떤 유형의 양자 컴퓨터는 특정 유형의 문제를 더 잘 해결한다. 어떤 양자 컴퓨터는 아무리 많은 큐비트를 갖고 있더라도, 어떤 유형의 문제를 해결할 수 없다.

예를 들어 경주용 자동차와 비교할 수 있다. 시속 800킬로미터로 주행할 수 있는 정말로 빠른 자동차를 만들 수 있지만, 일직선으로 고작 몇 분 동안만 그 속도로 달릴 수 있다. 가로로 긴 형태의 로켓처럼 생긴 경주용 자동차는 몇 킬로미터의 매우 곧게 평평한 지면에서만 주행할 수 있으며, 타원형 경주 트랙에서 NASCAR[3] 자동차와 몇 시간 동안 시합을 할 수 없다. 각 유형의 자동차는 특정 유형의 경주에서 우승할 수 있도록 설계된다.

양자 컴퓨터도 마찬가지다. 주요 유형의 양자 컴퓨터 각각은 특정 유형의 문제를 해결하도록 최대화된다. 그리고 광범위한 문제를 해결하기 위해 설계된 양자 컴퓨터는 다른 유형의 문제에만 초점을 맞춘 특정 유형의 양자 컴퓨터보다 그 특정 문제를 더 빠르게 해결하지 못한다.

---

3   전미 스톡 자동차 경주 협회(National Association of Stock Car Auto Racing). 1948년 2월 21일에 설립됐으며, 플로리다주 데이토나 비치에 본부를 두고 있다. 하지만 보통 NASCAR라 하면 이 전미 스톡 자동차 경주 협회에서 주최하는 종합 스톡 자동차 경주 대회를 일컫는다. – 옮긴이

양자 능력은 큐비트 이상이다

자동차의 출력이 높다고 해서 항상 경주에서 우승한다고 할 수 없는 것처럼, 큐비트가 많으면 특정 양자 컴퓨터를 더 빠르게 만들 수는 있지만 이를 반드시 보장할 수는 없다. 경주용 자동차의 성공은 엔진과 연료 분사, 타이어, 변속기 그리고 회전력 전환 등 다른 자동차보다도 더 빨리 주행하게 만드는 모든 것에 달려 있다. 양자 컴퓨터도 마찬가지다. 큐비트의 수를 늘린다고 해서 나쁜 것은 아니지만 다른 많은 인자가 속도를 제한할 수 있다.

양자 컴퓨팅 분야에 오랫동안 관여하고 주도해온 IBM은 자신들의 양자 컴퓨터에 큐비트의 수를 늘렸고, 다른 경쟁업체들이 등장하면서 일찌감치 이 사실을 파악했다. IBM은 다양한 양자 컴퓨터의 능력과 속도를 독립적으로 비교하기 위해 누구나 사용할 수 있는 방법이 필요하다는 것을 알게 됐다. IBM의 해답은 양자 부피quantum volume라고 하는 계량metric으로 특정 유형의 양자 컴퓨터가 주어진 기간 동안 할 수 있는 양자 일quantum work의 양이다. IBM에 따르면 큐비트의 수와 (큐비트와 다른 구성 요소 간의) 연결성connectivity, 결맞음 시간coherence time 이외에 다양한 요인과 게이트 및 측정 오차, 장치의 혼선device cross-talk 그리고 회로 소프트웨어 컴파일러의 효율성을 설명하기 위한 다양한 요인들이 양자 부피를 결정한다.

미국전기전자학회IEEE, Institute of Electrical and Electronics Engineers는 양자 성능quantum performance 측정과 벤치마크benchmark를 통일하는 독립적인 표준을 제안했다. 이 표준은 양자컴퓨팅 성능 계량 및 성능 벤치마킹 시험Standard for Quantum Computing Performance Metrics & Performance Benchmarking이라고 하는 PAR 7131(https://bit.ly/2WjCBy5)이다. IBM의 양자 부피에서 사용하는 것과 같은 양자 변수를 많이 포함하고 있으며, 기준 중에는 "게이트의 시간과 생성, 판독 능력readout capability"도 있다.

동작하고 있는 컴퓨터에서 하드웨어는 성능 방정식performance equation의 한 부분일 뿐이다. 양자 컴퓨터는 기존 컴퓨터와 같은 소프트웨어를 갖고 있다. 펌웨어나 소프트웨어로 표현되는 기본 소프트웨어는 문제에 관한 해결책을 찾아야 할 뿐만 아니라 전체 성능에 대한 오버헤드[4] 주기^{overhead cycle}가 추가된다.

일부 과학자들은 '양자 퍼즐'을 만들어 각각의 양자 컴퓨터가 해결하는 데 걸리는 시간을 기록해 경쟁하는 방법을 제안했다. 이 퍼즐은 양자 컴퓨터의 각 주요 유형에 따라 달라져야 한다. 주요 유형의 양자 컴퓨터 각각은 특정 유형의 문제를 해결하도록 최대화됐으므로 퍼즐도 양자 컴퓨터의 주요 유형에 따라 달라져야 한다. 나는 어떤 비교 기준을 사용하더라도 양자 컴퓨터를 보유한 공급업체들이 양자 컴퓨터가 경쟁에서 부당하게 탈락했다고 생각하는 이유를 백만 가지는 댈 수 있다고 생각한다.

전통적인 이진 컴퓨터 벤치마크에서도 항상 같은 일이 있었다. 그러나 속도 벤치마크를 완전히 평가절하해서는 안 된다. 어떤 시나리오에서는 속도 벤치마크가 중요한 정보를 제공하기 때문이다.

핵심은 큐비트의 수로 양자 컴퓨터가 얼마나 좋은지 또는 빠른지를 나타내지는 않지만, 큐비트가 많은 것이 나쁜 것은 아니라는 것이다. 경주용 자동차의 예와 마찬가지로, 다른 고속 자동차들과 진지하게 경쟁하려면 일정 수준 이상의 마력으로 출발해야 한다. 그러나 마력만으로는 경주에서 이길 수 없다.

양자 컴퓨터는 아직 황금 시간대를 맞이할 준비가 되지 않았다

2019년 이 글을 쓸 때까지 기존 양자 컴퓨터는 전통적인 이진 컴퓨터보다 빠르지 않았다. 거의 근접하지도 않았다. 여러분의 노트북 성능이 더 좋을 수도 있다. 현재까지 양자 컴퓨터가 할 수 있는 최고의 수준은 전통적인 이진 컴퓨터가 해결할 수 없는 미래의 문제를 해결할 가능성을 보여주기 위해 작은 규모의 양자 속성을 보여주는 것이다. 이와는 반대로 전통적인 이진 컴퓨터는 종종 양자 솔루션^{quantum solution}[5]을 에뮬레이

---

4   어떤 처리를 하기 위해 추가로 사용되는 간접적인 처리 시간이나 메모리 등과 같은 컴퓨터 자원을 말한다. - 옮긴이

5   어떤 특정한 상황에 대한 해결책으로 사용자의 요구에 따라 프로그램과 관련된 문제들을 처리해주는 하드웨어와 소프트웨어 그리고 기술 등을 가리킨다. 따라서 솔루션은 사용자가 하드웨어나 소프트웨어, 서비스, 애플리케이션, 파일 형식, 회사, 상표명, 또는 운영체제 등을 일일이 구별해야 하는 어려움을 겪지 않고 원하는 작업을 가능하게 해준다. - 옮긴이

션emulation [6]하거나 시뮬레이션simulation [7]할 수 있을 뿐만 아니라 현재의 양자 컴퓨터보다 성능이 더 좋다. 그러나 이진 컴퓨터가 양자 컴퓨터를 시뮬레이션할 수 있지만, 이는 이진 컴퓨터는 양자가 아니며 언젠가는 양자 컴퓨터가 이진 컴퓨터의 성능을 초월할 가능성이 크다는 것을 아는 것이 중요하다. 문제는 그 시기가 언제인가 하는 것이다.

양자 컴퓨터가 곧 우위를 차지할 것이다

어느 시점에서는 기존 컴퓨터가 전혀 해결할 수 없는 문제를 양자 컴퓨터가 해결할 수 있을 뿐만 아니라 기존 컴퓨터가 해결할 수 있는 속도보다 훨씬 더 빨리 해결할 수 있을 것이다. 이 시점을 양자우위 또는 양자우월성quantum supremacy(또는 IBM이 사용한 양자 이점 quantum advantage)이라고 하는 데, 그 시점이 얼마 남지 않은 것 같다.

많은 업체가 양자우위를 달성했거나 거의 근접해 있다고 공개적으로 발표했다. 구글과 인텔 그리고 중국 정부/회사는 자신들이 양자우위를 달성했거나 거의 근접해 있다고 발표했다. IBM은 2017년 매년 양자 부피를 두 배씩 늘릴 것이라는 예측을 근거로 2020년에는 양자우위를 달성할 것이라고 발표했다. 아마도 이 책이 출간될 즈음에는 일부 양자 컴퓨터가 양자우위에 도달했을 것이다. 반대로 우리가 예측하지 못한 기술 장벽이 양자우위를 달성하지 못하게 할 가능성도 있다. 또는 아마도 (비교에서 언급하지 않은 분모인) 이진 마이크로프로세서가 양자 컴퓨터가 달성한 진보를 감쇄하는 놀라운 기술적 발전을 할수도 있다.

---

6   다른 하드웨어나 프로그램을 컴퓨터 프로그램이나 전자기기로 모방하는 것을 의미하는 용어이다. – 옮긴이

7   어떤 시스템이 구조적으로 완전히 동일하다고 볼 수 없는 다른 시스템의 작동을 흉내 내 같은 일을 하도록 모방하는 것을 의미하는 용어. 에뮬레이션과 시뮬레이션은 둘 다 어떤 시스템의 일부 또는 전체를 흉내 낸다는 공통점이 있지만 에뮬레이션은 완전히 똑같은 방법으로 다른 대상을 하드웨어 동작까지도 흉내 내는 것이지만 시뮬레이션은 몇 가지 특성을 주고 거기에 관한 결과를 산출해본다는 점에서 차이가 있다(출처: The Everyday Effect 블로그 '에뮬레이션(emulation)과 시뮬레이션 (simulation) 차이(https://bit.ly/3bY9RA9)'). – 옮긴이

스마트 머니smart money[8]는 몇 년 안에 일어날 양자우위에 있을 것 같다. 지난 몇 년 동안 세계 최고의 컴퓨터는 체스 챔피언을 이길 수 없었다. 1996년이 돼서야 IBM의 딥 블루 Deep Blue 컴퓨터가 체스 챔피언 게리 카스파로프Gary Kasparov를 이길 수 있었다. 또한 지난 몇 년 동안 컴퓨터는 제퍼디Jeopardy 챔피언을 이길 수 없었다. 2001년이 돼서야 IBM의 왓슨Watson이 사람을 이길 수 있었다.

양자우위도 같은 방식으로 일어날 것으로 보인다. 과대 마케팅 광고가 많지만 결국에는 그리 될 것이다. 그렇지 않다면 그날은 언제쯤 될까?

대체 양자우위 시나리오

대체 양자우위 시나리오는 이진 컴퓨터가 논리적으로 풀 수 없는 문제를 양자 컴퓨터가 풀기 시작하지만, 반드시 계산 능력이 더 좋을 필요는 없는 경우다. 이론적으로 양자 컴퓨터는 모든 고전 문제를 효율적으로 풀 수 있지만, 역명제는 참이 아니다. 고전 컴퓨터는 적어도 실제 타임라인 (practical timeline)에서 양자 컴퓨터가 풀 수 없는 모든 문제를 풀 수 없다. 양자 컴퓨터가 이진 컴퓨터보다 '빠르지' 않을 때 양자우위 시나리오 가능성이 나타난다. 양자 컴퓨터는 이진 컴퓨터가 풀 수 없는 문제를 간단히 풀 수 있다. 심지어 양자 관찰자 대부분은 때가 되면 양자 컴퓨터가 더 능력 있고 빨라질 것이라고 예상하고 있다.

양자 컴퓨터는 오류 정정을 사용해 큐비트를 개선한다

많은 양자 컴퓨팅 이론 전문가들은 40~50개의 완벽한 큐비트 또는 최대 100개의 완벽한 큐비트로 양자우위를 달성할 수 있다고 말한다. 한 추정에 따르면 단 300개의 완벽

---

8 고수익의 단기 차익을 노리고 장세에 따라 빠른 속도로 움직이는 자금. 월가에서 출현한 용어로 투자 기관이나 '큰손'으로 불리는 개인 투자자의 자금을 지칭하며, 이들이 차별화된 정보력과 판단력으로 한발 앞선 투자를 한다는 점에서 스마트 머니라는 명칭이 붙었다. 출처: 연합인포맥스(https://bit.ly/2Sx6WqG) - 옮긴이

한 큐비트를 사용해 양자 컴퓨터가 '빅뱅'을 포함한 우주의 모든 정보에 대응할 수 있다고 한다. 다만, 아쉽게도 지금까지 완벽한 큐비트를 구현하지 못하고 있다. 완벽한 큐비트는 특히 규모에 있어서 오류로 가득하다. 이 절에서는 양자 컴퓨팅 과학자들이 결맞음 시간과 과냉각supercooling, 검사 큐비트check qubit 그리고 기타 구성 요소의 성능 향상을 포함해 더 나은 큐비트를 만들려고 시도하는 몇 가지 방법을 소개한다.

이른 큐비트 결깨짐

의심할 여지없이 양자우위에 대한 가장 큰 도전은 이른 큐비트 결깨짐premature qubit decoherence이다. 1장에서 정의한 것처럼 결깨짐은 양자 입자의 상태로 모든 최종적인 얽힘이 유용한 정보를 얻지 못하도록 만들기 전에 보기 쉬운 입자의 중첩(다중상태)에서 최종적으로 측정된 고전적인 단일 상태로 가는 것이다. 일단 결깨짐이 발생하면, 이르든 이르지 않든 결깨짐을 쉽게 되돌릴 수 없다. 바다에서 특정 물 한 방울을 뽑아내거나 밝고 화창한 날에 광자 한 개를 골라 과거 얽힘의 모든 영향을 알아내보라.

'완벽한' 양자 컴퓨터를 사용하면 결깨짐은 '값'이 필요해 측정될 때에만 일어난다. 결깨짐은 항상 의도적이다. 큐비트는 양자 계산에 필요한 동안에만 결맞음 상태로 있다가, 측정할 때에만 결깨짐 상태가 된다.

> **NOTE** 큐비트가 1의 상태일 때 컴퓨터는 계산하거나 결과를 반환하기 위해 대기해야 한다고 생각해보자. 큐비트가 1의 상태를 안정적으로 유지할 수 있는 시간을 결맞음 시간이라고 한다. 결맞음 시간은 주로 1,000분의 1초 단위로 측정하지만, 일부 양자 컴퓨터 유형은 몇 초에서 몇 분 동안 유지할 수 있다. 양자 컴퓨터 제조업체 대부분의 첫 번째 사업 목표는 결맞음 시간을 늘리는 것이다. 결맞음 시간이 늘어난다는 것은 오류를 줄이고 결과를 계산하고 반환하는 시간이 길어짐을 의미한다.

오늘날 양자 컴퓨터는 이른 양자 결깨짐과 명백한 오류로 가득 차 있다. 두 가지 모두 큐비트의 구조와 열, 방사선, 잡음, 진동, 불완전한 게이트faulty gate, 불완전한 측정faulty measurement, 불완전한 초기 상태 준비faulty initial state preparation, 배경 핵스핀background nuclear spin 그리고 다른 많은 사건으로 인해 발생할 수 있다. 본질적으로 모든 외부 세계와의 상호작용은 위협이 된다. 오류와 잡음을 줄이는 것이 첫 번째 양자 도전quantum challenge으로 양자 오류 정정quantum error correction이라고 하는 분야가 생겨났다. 오류 정정을 위해 양자와 고전적 방법을 포함하는 여러 가지 다른 기법이 사용된다. 아직 완벽하지는 않지만 모든 양자 컴퓨터 공급업체들이 노력하고 있다.

일반적으로 오류율error rate은 양자 운영 시간quantum operating time 대비 결깨짐 시간의 비로 계산한다. 양자 오류 한계점quantum error threshold 정리에 따르면 모든 양자 시스템은 오류가 발생하는 것보다 더 빨리 오류를 정정하는 것이 가능하다고 한다. 큐비트의 수가 늘어날수록 자연 오차율nature error rate도 증가한다. 양자 컴퓨터가 매우 유용하려면 오류율이 1% 미만, 실제로는 0.001% 미만이 돼야 한다. 이에 비해 고전 CPU는 오류 없이 수조 번을 계산할 수 있다. 우리는 양자 세계에서 오류율이 1,000번의 계산당 하나의 오류가 발생하는 수준으로 낮추길 바라고 있다. 이 정도 수준이 되면 여러 가지 좋은 오류 정정 기법을 이용해 일부 중요한 양자 작업이 가능해질 것이다. 2019년까지 아직 이 수준에 도달하지 못했다.

> **NOTE** 고전 컴퓨터도 오류를 발생한다. 차이점은 고전 세계에서 오류가 발생하려면 대개는 더 많은 사건이 필요하다는 것이다. 고전 세계에서 땅에 떨어져 있는 동전을 뒤집으려면 얼마나 큰 돌풍이 불어야 하는지 상상해보라. 그러나 양자 세계에서는 작은 바람만으로도 옆으로 서 있는 동전(큐비트)을 쓰러뜨릴 수 있다.

양자 컴퓨팅 과학자들은 양자 오류를 줄이기 위해 구성 요소component나 문제issue를 제한해 가장 중요한 비율을 식별하고 수정하려고 한다. 일반적인 해결책으로는 결맞음 시간을 개선하거나 양자 구성 요소를 외부 세계로부터의 엄격하게 고립시키거나, 과냉각을 사용하거나, 검사 큐비트를 사용하거나, 오류를 뛰어넘는 다른 구성 요소의 성능을 높이거나 또는 오류 정정과 같은 양자 얽힘을 사용하는 것이다.

결맞음 시간 개선

오류 정정 방법의 하나는 양자 게이트 잡음이나 연결 속도와 같이 양자 컴퓨터의 오차−한계 구성 요소error-limiting component 등을 개선해 필요한 계산 시간보다 각 큐비트의 결맞음 상태가 더 오래 가도록 결맞음 품질을 개선하고 제어하는 것이다. 큐비트가 결맞음 상태를 오래 유지할수록 오류가 줄어들 가능성이 있다.

환경적 고립

고전 컴퓨터가 만들어진 이래로 컴퓨터 과학자들은 컴퓨터를 외부의 극단적인 환경으로부터 고립시켜 통제된 환경에서 컴퓨터를 운영하는 이점을 알게 됐다. 모든 컴퓨터실은 온도를 제어하고(열은 모든 컴퓨터 구성 요소의 적이다) 공기를 필터링하며, 습도를 제어하는 등 깨끗한 환경을 유지한다. 바깥세상에서 일반적인 날씨와 사고event에 오랫동안 노출된 상태로 동작하는 컴퓨터를 거의 보지 못했을 것이다.

그러나 현재의 고전 컴퓨터 대부분은 진정한 극단 조건(또는 물에 빠지거나 발로 밟히는 등)에 노출되지 않는 한, 정상적인 기상 환경에서 동작할 수 있도록 개발됐다. 예를 들어 현재 가장 인기 있는 유형의 컴퓨팅 장치들은 현실 세계에서 매일 작동하고 있다. 노트북이나 패드 장치, 또는 개인용 컴퓨터 대부분은 잘 통제된 컴퓨터실 밖에서도 잘 작동한다.

양자 컴퓨터는 아직 이 수준에 도달하지 못했다. 양자 컴퓨터는 여전히 매우 연약한 기계로 극한 날씨뿐만 아니라 매우 정상적 조건으로부터도 보호해야 한다. 사실 양자 컴퓨터 대부분은 매우 낮은 온도와 같이 특정 유형의 극한 날씨에서 (적어도 양자 구성 요소가) 가장 효율적으로 작동한다. 양자 컴퓨터는 전파radio wave와 일반적인 배경 복사normal background radiation, 전자기 간섭electromagnetic interference, 큰 소리 그리고 진동으로부터 보호해야 한다. 그러나 양자과학자 대부분은 고전 컴퓨터와 마찬가지로 양자 컴퓨터가 더 내성이 있고 특별한 환경 격리가 덜 필요한 방식으로 구축될 것으로 생각한다.

과냉각

양자 컴퓨터 대부분은 이런 결깨짐 문제를 최소화하기 위해 큐비트(와 다른 주변 구성 요소)를 거의 절대 온도 0K[9]까지 과냉각시켜야 한다. 초냉각 온도$^{ultra-cool\ temperature}$가 필요하지 않은 유형의 양자 컴퓨터도 있지만, 온도가 높을수록 거의 모든 양자 컴퓨터 기술에서는 더 많은 오류가 발생하며, 원치 않는 길 잃은 양자 입자를 더 많이 방출하는 것으로 나타났다. 양자 컴퓨터에 초냉각 온도가 '필요'하지 않을지도 모르지만, 낮은 온도에서 적은 오류로 더 나은 성능을 발휘하는 것 같다. 이로 인해 양자 컴퓨터 대부분(실질적으로 큐비트 칩 및 큐비트 칩과 밀접하게 관련된 장치만)은 외부 극저온 또는 희석 냉동기를 사용해 과냉각된다.

양자 컴퓨터 제조업체 대부분이 "우리의 온도는 우주 끄트머리의 온도보다 200배 더 낮다"고 말하는 것처럼 자신들의 냉각 시스템이 얼마나 차가운지 자랑하는 것을 볼 수 있다. 많은 업체가 양자 컴퓨터의 작동 온도가 수백에서 수천 분의 1K보다 작다고 하지만 주로 0.02K에서 0.01K라고 선전한다. 자신들의 컴퓨터가 상대적으로 높은 온도에서 오류를 방지하는 능력에 관해 겸손하게 자랑하는 업체들은 실온 또는 4K~20K(−253.15℃)에서 작동하는 컴퓨터에 관해 얘기할 것이다.

물리학에서는 가장 낮은 온도를 만들기 위한 경쟁이 오래전부터 있었지만 아직 절대 영도(0K)에 도달하지 못했으며, 아마도 불가능할 것 같다. 그러나 이것이 가능하다면 절대 영도에서 모든 입자의 에너지와 운동량의 최소 물리적 가능성이 멈추게 될 것이다. 이를 영점 에너지$^{zero\ point\ energy}$라고 한다. 절대 영도에서는 이동 상태$^{moving\ state}$와 심지어는 고체 상태$^{solid\ state}$의 것들이 평소대로 작동하지 않는다. 이에 따라 미래의 양자 컴퓨터에 과냉각을 요구하는 것은 비용이 많이 들며 사용 가능한 장소와 방법이 제한되므로 오늘날의 고전 컴퓨터에 요구하는 것처럼 더 높은 온도에서 작동할 것이다.

---

9 켈빈(kelvin)은 온도의 국제 단위이다. 켈빈은 절대온도를 측정하기 때문에, 0K는 절대영도(이상 기체의 부피가 0이 되는 온도)이며, 섭씨 0도는 273.15K(℃ = K − 273.15)에 해당한다. 상대온도의 단위로는 섭씨온도와 같다. 켈빈 경의 이름을 땄으며, 기호는 K다. 출처: 위키피디아(https://bit.ly/35r8ZSa) − 옮긴이

그러나 현재로서는 온도가 낮을수록 결맞음 시간이 개선되고 오류가 줄어든다. 낮은 온도는 초전도성superconductivity이라고 하는 양자 성질을 만들어내는데, 이는 임계 온도 한계점critical temperature threshold 이하로 냉각된 물질에서 전기 저항이 0 또는 0에 가까운 전기 저항electrical resistance이다. 초전도성은 전자의 흐름을 증가시키고 더 강한 전자기 상호작용을 가능하게 만든다. 많은 양자 컴퓨터는 초전도성을 사용해 큐비트를 생성하며, 초전도성은 초고속 자기부상 열차와 의료 장비 그리고 초강력 자기magnetic와 같이 몇 가지 응용 분야에 사용된다.

반복 계산

오류에 대처하는 한 가지 방법은 같은 계산을 적어도 세 번 하고 그 결과를 고전 세계에 저장하는 것이다. 같은 계산을 여러 번 한 후, 컴퓨터는 저장된 모든 결과를 보고, 결과에 차이가 있으면 다른 것보다 더 많이 나타난 결과를 채택한다. 그러나 이 오류 수정 방법은 중복 연산의 횟수와 직접적으로 관련해 컴퓨터 속도를 떨어뜨리며, 가장 많이 나온 결과가 정답이라는 보장이 없다.

양자 얽힘을 사용하는 오류 정정

고전 컴퓨터 세계에서 오류가 많을 것으로 예상되는 경우 비트 값을 복제해 동시에 하나 이상의 '백업' 비트에 저장할 수 있다. 비트 값에 차이가 생기면 가장 많은 값을 가진 비트 값을 취한다. 그러나 양자 세계에서는 복제 불가 정리와 관찰자 원리로 인해 양자 상태에 있는 동안에는 큐비트를 직접 복제할 수 없다. 대신 얽힌 결합entanglement bond이 민감하고 결깨짐이 일어나면 큐비트의 상태 파악이 쉽지 않지만, 간접 복제에 얽힘을 사용할 수 있다.

검사 큐비트

또 다른 오류 수정 방법은 추가 큐비트를 검사 큐비트check cubit로 사용하는 것인데, 전통적인 이진 컴퓨터에서 사용하는 검사 비트^{check bit}와 유사하다. 검사 큐비트는 일종의 논리적 검사 방법으로 구현돼 오류를 검출하고 오류를 수정하는 데 도움이 된다. 예를 들어 특정 방식으로 큐바이트^{qubyte}에 추가적인 검사 큐비트를 포함시킬 수 있다. 즉, 컴퓨터는 모든 큐비트의 합이 짝수로 끝나도록 큐바이트의 검사 큐비트 위치에 0이나 1을 추가할 수 있다. 양자 컴퓨터가 큐바이트의 합이 음의 값이라고 검출하면 오류를 선언하고 양자 연산을 반복할 수 있다. 여러분은 이진 컴퓨터의 복수 배열 독립 디스크^{RAID, Redundant Array of Independent Disks}라고 하는 유사한 고전 오류 수정 기술을 잘 알고 있을 것이다. 이런 종류의 단순한 홀짝 검사의 큰 문제는 홀수나 짝수로만 검출되지 않는 방식으로 발생하는 오류를 검출할 수 없다는 것이다. 하지만 이런 검사는 없는 것보다는 나으며 더 복잡하지만 유사한 오류 검사 시나리오를 사용해 현재의 이진 세계를 믿을 수 없을 정도로 신뢰할 수 있게 만들었다. 양자 컴퓨터 제조업체는 양자 컴퓨터의 신뢰성을 높이기 위해 유사한 양자 오류 검사 방법을 사용하고 있다.

장애 허용^{fault tolerance}을 제공하기 위해 시스템에 추가된 오류 검사 큐비트를 보조 큐비트^{ancillary qubit} 또는 부속 큐비트^{ancilla qubit}라고 한다. 양자 컴퓨터 제조업체들이 이미 큐비트의 수를 최대화하기 위해 고군분투하고 있는 상황에서 오류 검사를 제공하기 위해 일부 큐비트를 낭비하는 것이 최선은 아니다. 많은 양자 컴퓨터와 장치의 현재 상태는 하나의 안정된 큐비트^{stable qubit}를 보장하기 위해 많은 보조 큐비트가 필요하다. 하나의 안정된 큐비트를 만드는 데 수백만 개의 보조 큐비트가 필요한 것으로 측정됐다. 이는 엄청난 범위와 규모의 문제다. 그래도 여전히 달성할 수 있는 최고의 성능은 큐비트를 더 추가하고 이를 보조로 사용하는 것과 연관성이 있다. 그러나 모든 제조업체는 보조 큐비트를 최소화할 날을 고대하고 있다.

NOTE 반복 계산과 보조 큐비트 오류 검사 방법은 오류를 포착하고 정정하는 데는 아무런 역할을 하지 못하는데, 이는 비효율적인 과정이다. 또한 양자 결과(quantum answer)는 확률론적 성질을 가지므로, 실제 오류율에 상관없이 실행할 때마다 양자 결과가 달라질 수 있다.

다른 구성 요소의 성능 향상

결깨짐 오류를 해결하는 또 다른 실용적인 방법은 게이트와 연결성, 상태 준비^{state preparation} 그리고 읽기 성능을 높이는 것이다. 양자 결과를 계산하고, 결과를 읽는 데 걸리는 시간을 단축해 오류가 큐비트의 이른 결깨짐을 만들기 전에 원하는 계산과 결괏값을 읽을 수 있다. 예를 들어 양자 컴퓨터가 약 0.1초 정도에 발생하기 시작하는 엄청난 결깨짐 오류를 갖고 있다고 생각해보자. 양자 컴퓨터가 0.1초 미만으로 계산을 끝낼 수 있다면, 최악의 결깨짐 영향을 받지 않고, 더 정확한 결과를 얻을 수 있을 것이다. Quantum Computing Report 웹사이트의 '큐비트 품질^{Qubit Quality}(https://bit.ly/35wsEjG)'에서 서로 다른 양자 컴퓨터의 상대적인 성능을 확인할 수 있다.

고전 컴퓨팅의 장점

양자역학과 양자 컴퓨터의 발전으로 볼 때, 전통적인 이진 컴퓨터는 곧 갈 곳을 잃게 된다. 우리는 기본적인 수준에서 (양자역학 때문에 작동하는 부분까지) 이진 컴퓨터가 어떻게 작동하는지 알고 있다. 고전 컴퓨터는 결깨짐이나 관찰자 효과, 또는 복제 불가 정리에 신경을 쓰지 않아도 되며, 양자 장치보다 외부 영향을 거의 받지 않는다. 고전 컴퓨터는 현실에서 실제로 잘 작동한다. 고전 컴퓨터는 극단적인 환경 조건이 필요하지 않다. 고전 컴퓨터는 상당히 저렴하다. 누구나 새 노트북을 36만 원 이하로, 휴대용 장치를 12만 원에, 성냥갑 크기의 소형 컴퓨터를 30만 원에 살 수 있다.

우리는 약품 처리한 아주 작은 실리콘 조각에 수십억 개의 집적회로를 넣을 수 있었다. 고전 컴퓨터가 제공한 데이터와 결과는 외부 세계가 고전 컴퓨터에 미치는 영향을 신경을 쓰지 않아도 메모리와 프로세서에서 오랫동안 안정적으로 유지된다. 이진 컴퓨터가 잘하는 몇 가지 유형의 원시적인 반복 계산(raw, rote calculation)이 있다. 양자우위가 곧 기존 컴퓨터를 추월할 수 있겠지만, 안정된 이진 컴퓨터처럼 가성비가 좋은 기계를 능가하는 것은 어렵다.

이런 이유로 우리는 앞으로도 오랫동안 고전 컴퓨터를 사용하게 될 것이다. 여기에 대해서는 5장, '양자-이후의 세계는 어떤 모습일까?'에서 자세히 설명한다.

이 책의 이 절에서 가장 큰 교훈은 특정 양자 컴퓨터의 문제 해결 능력이 단순히 큐비트 수의 함수가 아니라는 것을 이해하는 것이다. 현재는 오류 정정에 다수의 큐비트를 사용하고 있다. 전체 성능은 게이트 준비와 게이트 간의 연결성, 오류 정정 그리고 읽기 성능과 같은 다양한 요인에 따라 달라진다. 양자 컴퓨터 간에 큐비트 수와 오류 정정률이 같을 때도, 이 양자 컴퓨터들은 다른 유형의 문제를 풀기 위해 만들어진 다른 유형의 양자 컴퓨터일 수 있으므로 큐비트만으로 직접 비교하는 것에 주의해야 한다. 특히 모든 유형의 문제에서 2000큐비트 컴퓨터가 100큐비트 컴퓨터보다 더 좋아야 한다고 오해해서는 안 된다.

양자 컴퓨터의 종류

양자 컴퓨터는 이론적 모델과 구조, 구현에 따라 수십 가지 유형이 있다. 양자 컴퓨터의 초기 분야는 다른 모델이 등장하기 전부터 '주' 모델을 구성하는 것에 대해 합의조차 할 수 없을 정도로 많다. 이것이 꼭 나쁜 것만은 아니다. 이는 이 분야가 경쟁적으로 최고의 솔루션을 찾으려고 노력하고 있으며, 가능한 어떤 방법으로든 가장 큰 도전을 해결하려는 새로운 기술에 열려 있다는 것을 보여준다.

양자 컴퓨팅 세계가 무르익고 도전을 해결해 나감에 따라 약한 후보자들이 탈락하고 더 강한 솔루션들(또는 단 하나의 우월한 솔루션)이 나올 것으로 기대할 수 있다. 그러나 현재로서는 많은 종류와 많은 경쟁이 있다. 현재 '최고의' 양자 컴퓨터는 없지만 많은 제조업체가 자신들이 작동하고 있는 것이 가장 좋은 양자 컴퓨터라고 말할 것이다.

> **NOTE** 이 책에서 양자 컴퓨터 제조업체(manufacturer) 또는 공급업체(vendor)라는 용어를 사용할 때, 양자 컴퓨터 개발 프로젝트 대부분은 외부의 도움을 많이 받아 실제 공급업체가 진행한다는 점에 유의해야 한다. 공급업체 대부분은 하나 이상의 대학과 상업 및 민간 연구소, 기업, 군사 부서 그리고 아마도 여러 나라에서 긴밀히 협력하고 있을 것이다. 종종 다른 공급업체는 양자 칩과 냉각 시스템 그리고 다른 구성 요소를 제공한다. '고객'은 테스트 중인 양자 컴퓨터를 만드는 데 도움을 주는 조직인

경우가 많으며, 고객은 공급업체가 아니더라도 공급업체에 중요한 피드백과 제안을 한다. 이 유망한 양자 컴퓨팅 개발 기간에 수행되고 있는 대부분의 프로젝트들은 가능한 한 빨리 양자우위와 안전성에 도달하기 위해 모든 사람이 노력해야 하는, 즉 '모두 손을 모아 도와야만 하는(all-hands-on-deck)' 게임이다.

이제 양자 컴퓨터의 몇 가지 유형과 공급업체 그리고 각 유형의 장단점을 살펴보자.

초전도 양자 컴퓨터

초전도 구조superconducting architecture의 양자 컴퓨터는 가장 초기 프로토타입 중의 하나였으며, 가장 널리 사용됐다. 구글과 마이크로소프트, IBM, D-웨이브 시스템D-Wave System, 리게티 컴퓨팅Rigetti Computing 그리고 인텔과 같은 수십 개의 공급업체는 큐비트를 생성하고 관리하기 위해 초전도체의 독특한 성질에 의존하는 초전도 양자 컴퓨터를 한 대 이상 보유하고 있다.

초전도 양자 컴퓨터에서는 약하게 결합된 두 개의 초전도체가 매우 얇은 절연체insulator로 분리돼 끝에서 끝까지 배치돼 있다. 전자나 페르미 입자fermion의 쌍(쿠퍼쌍Cooper pair이라고 함) 또는 (얽히지 않은) 속박 집합bound set이 두 초전도체의 끝 사이(조지프슨 접합Josephson junction으로 알려진 위치)에서 절연체를 통해 양자 꿰뚫기를 사용해 다른 초전도체로 전송된다. 그림 2.2는 두 초전도체 사이에 두 쿠퍼쌍 전자를 전송하는 데 사용된 조지프슨 접합을 보여준다. 각 쿠퍼쌍은 과냉각돼 다른 초전도체로 전송될 때 응축 파동함수condensate wave function를 만들어낸다. 이는 입자를 가장 낮은 양자 에너지로 만들어 거시적인 수준에서 입자의 성질을 관찰할 수 있도록 한다. 큐비트를 생성하고 사용하기 위해 위상 변화phase change와 다른 양자 성질의 변화를 관찰할 수 있다. 현재 만들어진 많은 (대부분은 아닌) 양자 컴퓨터는 어떤 형태의 초전도 양자 회로를 사용한다.

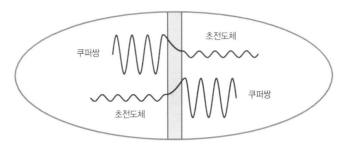

그림 2.2 두 반도체 간에 전송되는 두 쿠퍼쌍 양자 입자를 가진 조지프슨 접합의 표현

초전도 양자 컴퓨터에 관한 자세한 내용은 다음 사이트에서 확인할 수 있다.

- 위키피디아, 초전도 양자 컴퓨팅: https://bit.ly/3cfDNIb
- 존 마르티니스[John M. Martinis]와 케빈 오스본[Kevin Osborne], 초전도 큐비트와 조지프슨 접합의 물리학: https://bit.ly/2WOQH9N
- 제이 감베타[Jay M. Gambetta]와 제리 초우[Jerry M. Chow] 그리고 마티아스 스테판[Matthias Steffen], 초전도 양자 컴퓨팅 시스템에서 논리적 큐비트 구축: https://go.nature.com/35Fxnzz
- 조센 차이[Jaw-Shen Tsai], 초전도 양자 컴퓨터를 향한 거시적 양자 결맞음 활용: https://bit.ly/3ceZqrZ
- 데보레티[M. H. Devorety] 왈라프[A. Wallraff]와 마르티니[J. M. Martini], 초전도 큐비트: 짧은 검토: https://bit.ly/3dhCNU6

양자 열풀림 컴퓨터

일반적으로 열풀림[annealing]은 유리를 가열해 다른 모양으로 만들거나 금속을 높은 온도로 가열해 강도나 순도를 높이는 것과 같이 원하는 상태를 얻기 위해 무언가를 가열하는 것을 의미한다. 양자 열풀림 컴퓨터는 상태의 중첩에 있는 큐비트로 시작하는 데 각 상태는 최종 결과의 확률이 같다. 그런 다음 컴퓨터는 전자기 이음쇠[electromagnetic coupler]라고 하는 장치를 사용해 각 큐비트에 열 보조^{thermal-assisted} (고전) 또는 양자 꿰뚫기 열풀림 과정을 적용한다. 이음쇠는 상태를 같은 확률에서 다른 확률로 변화시킨다(따라서 특정 상태의 가능도를 높인다). 그러면 양자 상태는 가능한 가장 낮은 에너지 상태로 에너지를 최소화하려고 한다(이런 일은 고전 세계에서도 일어난다). 가장 낮은 에너지 상태는 최종 값이 될 확률이 가장 높다. 이 과정에 관한 좋은 설명은 다음 동영상에서 들을 수 있다.

- D-Wave 시스템, 양자 열풀림 과정의 작동 방식: https://bit.ly/2WLgLSS
- D-Wave 시스템, 양자 열풀림에서의 양자역학 측정: https://bit.ly/2YR1zq2
- 알토대학교^{Aalto University}, 'D-Wave의 양자 컴퓨팅 접근 방식: 과거와 현재 그리고 미래' – 콜린 윌리엄스^{Colin P. Williams} 박사, 22.4.15: https://bit.ly/2YR1zq2

NOTE 열풀림 컴퓨터는 단열 양자 컴퓨터(adiabatic quantum computer)와 밀접한 관련이 있다.

이 기술적인 설명을 이해할 수 없다면 열풀림 과정을 이해하는 좋은 방법은 물결 모양의 평평하지 않은 사인파^{sine wave}와 같은 언덕 한쪽에 공(상태)을 놓는 것이다(그림 2.3 참고). 물결 모양은 관련된 특정 (수학) 문제에 따라 달라진다. 공은 외부의 영향이 없다면 현재 유지되고 있는 주변 지면의 가장 낮은 지역에 머물러 있다. 외부의 도움 없이는 다른 영역이 지금 공이 있는 곳(즉, 가장 높은 확률의 값)보다 낮더라도 어떤 언덕을 넘어 다른 상태가 될 수는 없다. 열풀림 과정은 공이 낮은 영역으로 가도록 돕는다. 외부 도움이 열적으로^{thermally} 작용하면 공에 에너지가 추가돼 공이 처음 언덕과 그 뒤로 이어지는 언덕을 넘어 전체 영역에서 가장 낮은 곳(가장 낮은 에너지와 최종 상태)까지 도달할 수 있다. 양자 꿰뚫기를 사용하면, 공은 터널을 통과하는 열차처럼 각 언덕을 통과해 전체적으로 가장 낮은 상태를 찾게 된다.

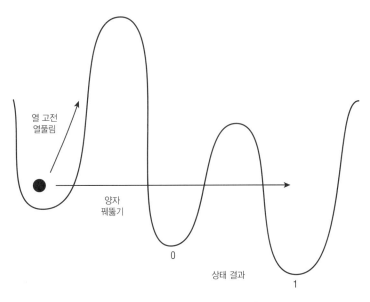

열 고전
열풀림

양자
꿰뚫기

0

상태 결과

1

그림 2.3 양자 열풀림 과정의 그림 표현

NOTE 자연과 더 큰 세계에서는 종종 가장 낮고, 덜 혼란스러운 에너지 상태를 찾는 어떤 것이 '정답'을 발견한다. 이는 산이 무너져 모래로 변하거나 물이 항상 해수면 높이에 있으려는 자연의 성질이다. 또한 많은 유형의 양자 컴퓨터는 양자 입자가 가장 낮은 에너지 상태에 도달하도록 돕는 방식으로 작동한다.

D-Wave의 양자 열풀림 컴퓨터

열풀림 양자 컴퓨터의 혁신적인 최초의 사용자는 D-Wave 시스템(www.dwavesys.com)이다. D-Wave의 직원들은 모든 양자 컴퓨터 공급업체 중에서 가장 많은 수의 큐비트를 가졌다고 주장하는 양자 컴퓨터를 만들었다. 2019년 현재 D-Wave 시스템은 2048큐비트 컴퓨터를 보유하고 있으며, 다른 경쟁업체보다 실제 고객과 애플리케이션이 더 많을 것이다. D-Wave 양자 프로세서는 0.015켈빈(0켈빈은 −273.15℃)으로 냉각되고, 가능한 모든 외부 전자기 간섭을 차단하기 위해 특수 차폐 시설이 돼 있으며, 설치 공간은 상대적으로 작다.

양자 열풀림 컴퓨터의 장단점

양자 열풀림 컴퓨터의 장점은 외부 환경 잡음에 상당히 강하고, 확장이 쉬우며, (낮은 온도에서 더 나은 성능을 보일지라도) 거의 절대 0켈빈 온도까지 냉각시킬 필요가 없다는 것이다. D-Wave는 이런 유형의 양자 컴퓨터를 대규모로 만들 수 있다는 것을 보였다.

안타깝게도 단점은 다른 모든 유형의 양자 컴퓨터 중에서 가장 크다는 점이다. 첫째, 열풀림 컴퓨터는 최적화 문제로 알려진 특정 양자 문제의 한 가지 유형만 풀 수 있다. 이 문제는 열풀림 컴퓨터가 작동하는 방식에 따른 것으로, 이 방식은 최적해optimal solution를 표현하기 위해 가장 낮은 에너지 수준에 의존한다. 예를 들어 양자 열풀림 컴퓨터는 (3장에서 자세히 설명할) 쇼어Shor 알고리즘을 사용해 큰 소수가 포함된 방정식을 인수분해할 수 없다.

둘째, 많은 양자물리학자들은 열풀림 컴퓨터를 진정한 양자 컴퓨터라고 생각하지 않을 것이다. 또한 양자물리학자들은 열풀림 컴퓨터가 장기적으로 고전 컴퓨터보다 성능이 우수하거나 광범위한 비고전적 문제nonclassical problem를 푸는 데 충분히 유용한지에 대해서도 의문을 품고 있다. 이런 주제를 특히 D-Wave에 적용할 때 (특히 D-Wave가 초기의 가장 유명한 양자 컴퓨터 제조업체였기 때문에) 결론을 내지 못한 많은 논쟁이 있다. 그러나 D-Wave의 양자 컴퓨터가 양자 꿰뚫기 열풀림quantum tunnel annealing을 사용하고 처음 이론화된 것보다 더 광범위한 문제를 풀 수 있다는 D-Wave의 추측을 뒷받침하는 증거가 다양한 연구 논문에서 나오고 있는 것 같다.

범용 양자 컴퓨터

양자 열풀림 컴퓨터의 제한된 사용 사례와 비교했을 때, 범용 양자 컴퓨터universal quantum computer는 응용-사용 영역application-use spectrum의 다른 쪽 끝에 있는 양자 컴퓨터의 이론상 최종 목표다. 범용 양자 컴퓨터는 특정 유형의 양자 컴퓨터가 아니라 일반적으로 제한된 사용 사례의 그룹에 국한되지 않는 양자 컴퓨터를 의미한다.

범용 양자 컴퓨터는 모든 양자 알고리즘을 처리할 수 있는 한 특정 유형의 양자 컴퓨터나 구조보다 더 많은 결과를 낼 수 있다. 일부 비평가들은 범용 양자 컴퓨터가 다른 어떤 것보다 마케팅 용어에 가깝다고 생각하지만 나는 여기에 동의하지 않는다. 목표는 고전적이든, 양자적이든, 시뮬레이션이든 여러분이 던지는 모든 종류의 문제를 풀 수 있는 양자 컴퓨터를 만드는 것이다. 범용 양자 컴퓨터는 가장 다양한 시나리오 문제를 풀 수 있을 뿐만 아니라 모든 다른 유형의 더 제한된 양자 컴퓨터를 시뮬레이션할 수도 있다.

IBM의 직원들은 IBM Q(https://research.ibm.com/quantum-computing)라고 하는 최초, 최고의 범용 양자 컴퓨터를 만들기 위해 부단히 노력하고 있다. 이들은 IBM Q 컴퓨터의 큐비트 수를 꾸준히 늘리고 있으며, 2017년부터 매년 양자 부피가 두 배씩 늘어날 것으로 예측하고 있고, 실제로 달성하고 있다. IBM은 큐비트의 수를 현재 50큐비트(그림 2.4 참조)까지 늘렸을 뿐만 아니라 큐비트의 안정성^{stability}을 향상시키고 오류를 줄이고 있다.

그림 2.4 IBM의 50큐비트 범용 양자 컴퓨터(사진: IBM 제공)

구글의 엔지니어들(https://bit.ly/2zknVW6)도 현재 72큐비트 범용 양자 컴퓨터를 연구하고 있다. 그림 2.5는 구글의 72큐비트 컴퓨터의 백본^{backbone}인 브리스틀콘 양자 프로세서$^{Bristlecone\ quantum\ processor}$이다. 구글은 2019년에 양자우위에 도달할 것으로 예측했지만, 2018년에도 같은 예측을 했었다. 구글 엔지니어들은 자신들이 양자우위에 거의 가까이 도달했다고 믿고 있으며, 양자우위 한계점이 현재의 오류 수정 기술로 약 100큐비트로 생각하고 있다고 한다.

그림 2.5 구글의 72큐비트 컴퓨터의 백본인 브리스틀콘 양자 프로세서

범용 양자 컴퓨터의 장단점

범용 양자 컴퓨터 제조업체들은 양자 처리quantum processing를 가장 크고 광범위한 처리 시나리오processing scenario에 적용하기 위해 모든 기술을 사용할 수 있다. 단점으로는 이 컴퓨터에 많은 큐비트가 필요하며 가장 만들기 어려운 유형 중 하나라는 것이다.

위상 양자 컴퓨터

위상topology은 물체의 어떤 상태에서 해당 물체를 찢거나 망치지 않고 다른 상태로 전이시키는 성질을 설명하는 데 사용되는 수학 용어다. 위상은 사물이 어떻게 연결돼 있는지에 관한 연구이지만 반드시 거리와 관련돼 있는 것은 아니다. 양자 위상 시연에서 볼 수 있는 일반적인 예로는 도넛 모양의 원을 커피 머그잔으로 변하게 하거나 그 반대로도 변하게 하는 것이다. 커피 머그잔의 손잡이 구멍이 도넛의 구멍에서 만들어진 것이라는 사실만 빼면 완전히 다르게 보인다. 그리고 이 둘은 같은 수학적 연결성을 유지하면서 계속해서 서로 변형될 수 있다.

양자 위상 큐비트는 비아벨 또는 비가환非可換 애니온non-abelian anyon이라고 하는 비교적 새롭게 발견된 2차원 '준입자quasi-particle'로 구성된다. 애니온을 유도해 (2차원 공간에 시간이 추가된) 3차원 양자 '꼬임 또는 엮음braid'을 만들 수 있다. 개별 애니온은 큐비트를 만드는 데 사용할 수 없다. 큐비트를 만들기 위해서는 여러 개의 애니온이 필요하다. 그런 다음 애니온의 집합을 다른 애니온 집합 주위로 이동시켜 다른 유형의 양자 연산을 만들어낼 수 있으며, 함께 이동시키면 새로운 입자를 만들 수 있다. 이런 운동과 새로운 입자는 포장된 꼬임 사슬wrapped braid chain을 만든다.

NOTE 이런 유형의 양자 컴퓨터와 애니온에 관한 설명이 어려운 것은 당신만이 아니다. 애니온은 오랜 시간에 걸쳐 이론화돼 누구나 애니온을 만들 수 있게 됐지만, 꽤 최근에서야 만들 수 있게 됐다. 그렇더라도 양자물리학자들은 애니온이 '물질의 별난 위상(exotic phases)'을 갖게 만든다고 말하는데, 이는 가볍게 던지는 말이 아니다. 2016년 노벨 물리학상은 양자 위상(quantum topology)을 발견한 3명의 물리학자에게 돌아갔다(https://bit.ly/2YFA4QI).

이 포장된 애니온 꼬임wrapped anyon braid을 사용하면 결깨짐과 다른 양자 오류에 대처하는 다른 모델 대부분보다 하드웨어 수준에서 더 강력한 논리 게이트를 만들 수 있다. 결깨짐이 수십 밀리 초 또는 그보다 더 빠른 속도로 다른 양자 큐비트 유형 대부분에서 발생하지만 애니온 꼬임은 몇 초 동안 유지된다. 뒤에서 설명할 양자 컴퓨터의 한 유형인 이온 덫ion trap은 수정되지 않은 결맞음 시간을 더 길게 유지할 수 있다고 여겨진다.

위상 양자 컴퓨터는 물리학자에게 특별히 관심을 가질 만한 독특한 특성을 하나 갖고 있다. 위상 꼬임topological braid은 매듭knot이 있는 끈string과 자주 비교된다. 끈을 움직이고 바꿀 수 있지만, '매듭'은 양자 정보로 끈을 조작하는 방법이나 외부 영향에 상관없이 정보가 유지된다. 꼬임이 과거의 양자 상태(양자 정보의 이력)를 유지하므로, 관찰자는 어떤 애니온 꼬임 상태에서 시작했는지 그리고 시간이 지남에 따라 어떻게 변했는지 알 수 있다. 다른 유형의 양자 컴퓨터에는 이런 성질이 없다.

애니온과 양자 위상 컴퓨터에 관한 더 많은 설명은 다음 영상을 참고하길 바란다.

- 무온 레이[Muon Ray], 위상 양자 컴퓨터 – 캘리포니아공과대학 존 프레스킬[John Preskill] 교수: https://bit.ly/2L6kCES
- 타니샤 바싼[Tanisha Bassan], 위상 양자 컴퓨터 이해: https://bit.ly/3ceVNT7
- 캘리포니아공과대학교, 위상 양자 컴퓨팅: 중간의 충분한 공간 – 제이슨 알리시아[Jason Alicea] – 5/12/2018: https://bit.ly/2yry6bD
- 마이크로소프트 연구실[Microsoft Research], 마요라나 페르미온 위상 양자 컴퓨팅: https://bit.ly/2Werm9Y

마이크로소프트의 마요라나 페르미온 컴퓨터

마이크로소프트[Microsoft]와 벨 연구소[Bell Labs] 그리고 몇몇 대학교는 양자 위상[quantum topology]에 깊게 관여하고 있다. 2018년 마이크로소프트는 애니온 방법과 관련돼 있지만 동일하지 않은 마요라나 페르미온(또는 페르미 입자)[Majorana fermions][10]을 사용해 최초의 그리고 아주 간단한 1큐비트 양자 위상 컴퓨터를 만들었다. 마요라나 페르미온은 (기본 입자인) 전자를 더 작고 얽힌 두 개의 준입자로 나누어 만들 수 있으며, 본질적으로 두 개의 준입자는 애니온과 유사한 행동을 하는 위상 큐비트[topological qubit]를 형성한다. 마요라나 페르미온은 자신들의 반입자[反粒子, antiparticle][11]처럼 작용할 수 있다. 즉, 마요라나 페르미온이 서로 만나게 되면 소멸시킬 수 있다. 모든 입자는 반입자(예를 들어 중성자와 전자)를 갖고 있지만, 일반적으로 입자 유형[particle type]은 자체 반입자가 아니다. ScienceDaily의 'Putting a new spin on Majorana fermions(https://bit.ly/3eVeFIq)'에서 마요라나 페르미온에 관한 내용을 확인할 수 있다.

---

[10] 이탈리아 이론 물리학자 에토레 마요라나(Ettore Majorana)가 1937년 처음으로 제안한 입자 – 옮긴이

[11] 어떤 주어진 입자에 대해 그 질량과 맛깔(flavor), 스핀이 같고 전하가 반대인 입자. 출처: 위키피디아(https://bit.ly/35Ghljz) – 옮긴이

NOTE 전자를 더 작은 준입자로 나누는 것을 전자 분수화(electron fractionalization)라고 한다. 전자 분수화 결과, 얽힌 준입자 각각은 원래 전자의 전하 절반을 가지게 된다. Phys.org의 'When an electron splits in two(https://bit.ly/2SjDQe7)'에서 전자 분수화에 관한 내용을 확인할 수 있다.

마이크로소프트가 최초의 위상 양자 컴퓨터를 공개했을 때 비록 1큐비트밖에 되지 않았지만 세상을 놀라게 했다. (이 글을 쓸 때까지) 개별 개발자들은 접속할 수 없었지만, 많은 양자 컴퓨팅 전문가는 이 기술이 더 많은 큐비트로 확장될 수 있으므로 미래의 양자 컴퓨터에 대한 강력한 경쟁자가 될 것으로 보고 있다. 현재 마이크로소프트는 전 세계의 7군데에 양자 컴퓨터를 연구하는 양자 컴퓨팅 연구실을 운영하고 있으며, 각 연구실은 완전한 양자 스택quantum stack을 갖고 있다.

양자 위상 컴퓨터의 장단점

위상 양자 컴퓨터는 비교적 새롭고, (다른 양자 컴퓨터 유형과 비교할 때) 입증된 큐비트의 수가 적다. 그러나 마이크로소프트가 더 많은 위상 큐비트를 확장하는 데 성공한다면 잠재적인 이익은 엄청날 것이다. 가장 큰 장점은 큐비트가 하드웨어 수준에서 위로 더 안정적이고 꼬임이 양자 이력quantum history을 보존한다는 것이다.

위상 컴퓨터는 여전히 오류 정정과 큐비트 제어qubit control가 필요하지만 온도를 낮추고 위상 입자topological particle 간의 거리를 늘린다면 오류를 제어할 수 있다. 이로 인해 필요한 전체 큐비트의 수가 줄어들어 비용도 낮출 수 있다.

이온덫 양자 컴퓨터

이온ion은 알짜 전하net charge를 가진 원자 입자다. 안정된 모든 원자는 양의 전하를 띤 양성자의 수와 음의 전하를 띤 전자의 수가 같기 때문에 어느 방향으로든 알짜 전하가 없다. 이온은 전자와 양성자의 개수가 같지 않은 원자다. 따라서 알짜 양전하 또는 알짜 음전하를 가진다. 이온을 생성하기 위해 이온덫 컴퓨터ion trap computer 대부분은 밀봉된 진공 상태에서 레이저를 사용해 선택한 원자(칼슘이나 이테르븀^{ytterbium})를 매우 높은 온도로 과열시킨다. 그런 다음 이온덫 컴퓨터가 과열된 원자에 전자를 쏘면 원자는 전자를 잃어 알짜 양전하를 갖게 된다.

이온덫 양자 컴퓨터는 전자기장과 진공 시스템을 사용해 실온 상태의 실리콘 칩 위에 있는 자유 공간^{free space}에 이온을 떠 있게 한 후 가둔다. 즉, 덫을 쳐서 이온을 포획하는 것이다. 포획한 후 레이저를 사용해 큐비트 쌍을 얽을지 여부를 포함해 이온의 운동^{motion}을 제어한다. 이온이나 얽힌 쌍^{entangled pair}의 집단 운동^{collective motion}을 통해 양자 정보를 전달할 수 있다.

다음에서 이온덫 양자 컴퓨터에 관한 내용을 확인할 수 있다.

- 영국 옥스퍼드대학교 물리학과 앤드류 스틴^{Andrew Steane} 교수의 '이온덫 양자 컴퓨팅 입문': https://bit.ly/3fwZNjR
- 크리스토퍼 먼로^{Christopher Monroe}의 '잡힌 이온을 이용하는 양자 컴퓨팅' 유튜브 동영상: https://bit.ly/2SMOquv
- R. J. 휴즈^{Hughes} 연구진의 논문 '로스 알라모스의 잡힌 이온 양자 컴퓨터 실험': https://bit.ly/2zn0j3r
- 시몬스 연구소^{Simons Institute}의 '잡힌 이온을 이용하는 양자 컴퓨팅과 시뮬레이션' 유튜브 동영상: https://bit.ly/2yxKRBw

IonQ의 이온덫 양자 컴퓨터

샌디아 국립 연구소^{Sandia National Laboratories}와 다른 양자 사용자 및 공급업체와 협력하는 IonQ(https://ionq.com)는 이온덫 기술을 강력하게 밀고 있는 업체 중 하나다. IonQ는 양자 컴퓨터에서 실온 실리콘 칩을 사용하는 선두주자이지만 일부 연구에 따르면 큐비트의 수를 32큐비트 이상으로 늘리기 위해서는 이온덫을 4켈빈(다른 양자 컴퓨터 유형 대부분이 요구하는 1켈빈 이하의 온도보다 훨씬 높은 온도이다)까지 낮춰야 한다고 한다. 그림 2.6은 양자 처리 장치^{QPU, Quantum Processing Unit} 위에 '잡힌 이온^{trapped ion}'을 인위적으로 확대해 표현한 IonQ의 이온덫 양자 처리 장치를 보여준다. 잡힌 이온은 실제로 이미 작은 QPU의 중앙에 있는 작은 슬릿 안에 있다.

그림 2.6 각각의 이온을 자세히 보여주기 위해 각각의 선 이온(linear ion)을 확대한 IonQ의 이온덫 실리콘의 예
사진: IonQ의 카이후덱(Kai Hudek)과 에밀리 에드워드(Emily Edwards)

이온덫 양자 컴퓨터의 장단점

이온덫 시스템의 많은 장점 중의 하나는 다소 기존 모양의 실리콘 칩을 사용해 실온에서 작동한다는 점이다. 이온덫 시스템은 10분 이상 측정한 매우 긴 결맞음 시간을 가질 수 있으며, 고충실도$^{Hi\text{-}Fi,\ High\text{-}Fidelity}$ 얽힘도 가질 수 있고, 모든 큐비트를 결합시킬 수 있는 데, 이는 다른 유형의 양자 컴퓨터에서는 불가능하다. 그리고 다른 양자 기술에 비해 매우 정확하게 측정할 수 있다.

단점으로는 개별 제어를 유지하면서 높은 충실도로 측정 가능한 포획된 이온의 숫자가 증가하는 것이 문제다. 어떤 사람이 38mm×89mm 크기의 널빤지를 들고 있는데, 그 위에 구슬이 일직선으로 놓여 있다고 생각해보자. 처음에는 구슬의 개수가 적기 때문에 널 빤지 위에 일렬로 놓는 것은 쉬울 것이다. 그러나 구슬의 개수를 늘릴수록 모든 구슬이 일직선에서 벗어나지 못하도록 하면서 굴러가게 하는 것은 매우 어렵게 된다. 이번에는 널빤지 위 각각의 구슬을 앞뒤로 움직이면서 회전까지 시킨다고 생각해보자. 이것이 이온덫 양자 컴퓨터의 핵심 문제다. 이온덫 컴퓨터는 다른 유형의 양자 컴퓨터에 비해 실행 시간이 길어 시스템의 속도가 떨어진다.

내친김에 말하자면 다양한 수준으로 잡힌 이온을 성공적으로 제어하는 연구 프로젝트는 100여 개가 넘는다. 그러나 지금까지 안정된 큐비트의 수가 다른 유형의 양자 컴퓨터 큐비트 수에 도달하지 못했다. 하지만 마요라나 페르미온 양자 컴퓨터의 가능성처럼 IonQ 와 다른 이온덫 양자 컴퓨터 공급업체가 잡힌 이온을 확장할 수 있는 방법을 알아낸다면, 이런 유형의 양자 컴퓨터가 장기적으로 시장을 석권할 수 있을 것이다.

이것으로 가장 중요한 양자 컴퓨터 구조와 모델 그리고 공급업체에 관한 간단한 설명을 끝낸다. 광자와 실리콘 양자점quantum dot, 다이아몬드 빈자리diamond vacancy, 일방향one-way, 양자 게이트 배열quantum gate array, 오류 있는 중간 규모의 양자 기술NISQ, Noisy-Intermediate-Scale-Quantum12, 튜링, 아날로그 그리고 반환turning 등 이 책에서 다루지 않은 수집 가지의 다른 실제 양자 컴퓨터 유형과 이론적 양자 컴퓨터 유형과 설명, 구조, 구현implementation 이 있다. 나는 다른 양자 컴퓨터의 구조를 무시하거나 어떤 컴퓨터의 구조가 다른 컴퓨터 의 구조보다 더 중요하다고 얘기하는 것은 아니다. 2장의 내용이 너무 길기 때문에 단순 히 공간을 절약하기 위해 여기서 더 이상 다루지 않는 것일 뿐이다. 2장에서는 여러분에 게 양자 컴퓨팅이라는 경쟁적인 세상의 특징과 남아 있는 도전 중 일부를 제공할 수 있을 만큼 충분히 여러 유형을 다뤘다. 다른 양자 컴퓨터 유형과 구조를 더 알고 싶다면 위키 피디아의 양자 컴퓨팅(https://bit.ly/2YirZ3Y)에서 관련 내용을 확인할 수 있다.

클라우드 양자 컴퓨터

현재 양자 컴퓨터는 매우 비싸고, 상당히 큰 장비로 전문 인력이 운영하고 유지 관리해야 하며 일반 회사나 사람이 접근할 수 없는 대형 냉각 시스템과 기타 지원 서비스가 필요한

---

12 미국 캘리포니아공과대학의 존 프레스킬 교수가 현재의 양자 컴퓨팅 연구 동향을 NISQ 시대로 50~100큐비트 수준의 오류 를 포함한 현존하는 시스템도 여러 쓸모 있는 응용이 있을 수 있으며 이를 통해 미래(오류를 보정한 양자 컴퓨터)로 도약해야 한다고 주장한 데서 나온 용어를 말한다. - 옮긴이

경우가 많다. 그렇다고 해서 여러분이나 일반 사람들이 양자 계산을 할 수 없다는 것은 아니다.

많은 양자 컴퓨팅 공급업체는 자신들의 양자 컴퓨터나 양자 시뮬레이터에 접근할 수 있도록 해왔다. 일부 공급업체는 법적인 문제로 누구나 클라우드 컴퓨터에 가입해 무료로 사용할 수 있도록 한다. 다른 양자 클라우드 공급업체는 사용자가 양자 컴퓨팅을 사용하는 적합한 이유를 기술한 상세 프로젝트 양식을 제출해 개별적으로 승인받을 것을 요구한다. 이외에도 100% 유료이거나 개인 회원제로 운영하는 클라우드 서비스가 있다. 여러분이 양자 컴퓨터를 갖고 놀 수 있는 정당한 사유가 있다면, 다음과 같은 양자 기반 클라우드 서비스를 찾을 수 있을 것이다.

- IBM 양자IBM Quantum: https://www.ibm.com/quantum-computing/
- D-Wave 립D-Wave Leap: https://cloud.dwavesys.com
- 리게티rigetti: https://www.rigetti.com
- 화웨이 클라우드HUAWEI CLOUD: https://www.huaweicloud.com
- 알리바바 클라우드Alibaba Cloud: https://us.alibabacloud.com

많은 양자 컴퓨터 관찰자가 양자 클라우드 컴퓨팅이 적어도 중기적으로 미래의 모델이라고 생각하고 있다. 자체적으로 양자 컴퓨터를 감당할 수 없는 기업이나 개인은 양자 클라우드 컴퓨팅의 시간 공유timesharing 서비스를 이용해 필요한 만큼만 비용을 지불할 수 있다.

미국 외의 양자 컴퓨터

이 책의 앞 절까지는 미국에 기반을 둔 긴밀한 동맹국의 양자 컴퓨터 개발자에 초점을 맞췄지만, 호주와 오스트리아, 벨기에, 캐나다, 중국, 덴마크, 핀란드, 프랑스, 독일, 이탈리아, 일본, 중동(사우디아라비아와 카타르 그리고 아랍에미리트 연합국), 네덜란드, 폴란드, 러시아, 싱가포르, 대한민국, 스페인, 스웨덴, 스위스, 영국을 포함한 많은 나라가 다양한 수준의 자금과 참여로 양자 정보 과학을 추구하고 있다. 이 국가 목록에서 관찰자 대부분은 미국과 중국이 가장 큰 양자 경쟁자라고 생각한다. 두 나라는 양자 컴퓨팅에 수백억 달러를 쓰고 있다.

반드시 국가 대 국가의 경쟁만은 아니다. 한 나라에 기반을 둔 많은 회사가 한 나라 이상의 많의 프로젝트에 참여하고 있다. 예를 들어 독립적인 양자 애플리케이션 개발 회사인 케임브리지 양자 컴퓨팅Cambridge Quantum Computing(https://cambridgequantum.com)은 공식적으로 영국에 본사를 두고 있지만 전 세계의 많은 국가에서 상업 프로젝트와 정부 프로젝트 그리고 기타 프로젝트에 참여하고 있다. 그리고 (6장에서 자세히 설명할) 양자 내성 암호quantum-resistance cipher를 선정하는 미국 국가 프로젝트에는 많은 미국 이외의 팀과 다국적 팀이 참여하고 있다.

그렇다고 해서 국가 간의 '달을 향한 경쟁race-to-the-moon'과 같은 경쟁이 전혀 없다는 것은 아니다. 그런 경쟁이 있다. 이는 빨리 시작한 국가가 더 빨리 이익을 얻을 수 있다는 경쟁적 관점에서 의미가 있으며, 특히 이 책과도 관련해 양자 컴퓨팅이 많은 국가의 기밀을 깨고 새로운 기밀을 보호할 것이기 때문이다.

양자 컴퓨터의 구성 요소

양자 컴퓨터가 사용하는 유형이나 구조에 상관없이 오늘날 양자 컴퓨터는 모두 다음과 같이 상당히 유사한 구성 요소를 가진다.

- 지원 팀
- 환경적으로 제어되고 매우 청결하며 보안이 철저한 전산실
- 많은 전력 공급
- 냉각 시스템
- 가스 저장 및 이송 시스템
- 배선

- 배관
- 양자 컴퓨터를 모니터링하고 제어하며, 조작하기 위한 외부의 기존 고전 컴퓨터
- 지원 회로Supporting circuity
- 전자기 차폐
- 큐비트 양자 처리 장치QPU의 물리적 포장
- (QPU와 다른 모든 양자 구성 요소를 포함하는) 양자 데이터 평면data plane
- 제어 및 측정 영역
- 하드웨어 연결과 원격 연결 그리고 인터페이스
- 출력과 결과 데이터를 저장하기 위한 고전 컴퓨터 구성 요소
- 네트워킹
- 깔끔한 외관을 위한 외부 캐비닛
- 운영체제(시동 코드와 제어, 모니터링, 컴파일러 등)
- 소프트웨어 인터페이스
- 알고리즘
- 응용 소프트웨어

오늘날 작동 가능한 양자 컴퓨터에서는 많은 사람들이 '양자 컴퓨터'라고 생각하는 부품인 양자 컴퓨터에 직접 부착된 모든 구성 요소들은 적어도 $0.84m^3$ 이상의 공간을 차지한다. 이는 성냥갑이나 다른 단일 칩만큼 작은 이진 컴퓨터라고 생각할 수 있다. 컴퓨터 시스템의 구성 요소 대부분과 마찬가지로 시간이 지남에 따라 각 양자 구성 요소와 구성 요소의 전체 시스템은 점점 더 작아지고 자원의 집중도가 낮아질 것이다.

NOTE 양자 컴퓨터를 (데스크톱 컴퓨터나 노트북처럼) 아주 작은 크기로 줄이고, 오늘날 고전 컴퓨터와 같이 외부의 영향을 크게 받는 고온이나 시끄러운 환경에서 작동할 것인지에 대한 의문이 있다. 많은 양자 전문가들은 이것이 가능할 것으로 생각한다. 그 이유는? 우선 우리의 뇌가 양자역학에 관해 연구하고 있으며, 양자 컴퓨터를 덥고, 습한 외부 환경에서 거칠게 다루기 때문이다. 자연은 고온이나 시끄러운 환경에서 적응하는 방법을 알아냈다. 언젠가는 인간도 그 방법을 알아낼 수 있을 것이다. 우리가 그것을 만드는 방법을 알아낸다면 인간은 양자 컴퓨터를 축소시킬 수 있는 것이다.

응용 소프트웨어와 '스택stack'이라고 하는 두 가지 구성 요소도 추가할 만하다.

양자 소프트웨어

양자 컴퓨터가 어려운 문제를 풀게 만들려면 하드웨어와 큐비트 이상의 것이 필요하다. 모든 양자 장치는 하나 이상의 운영체제와 알고리즘, 인터페이스 그리고 애플리케이션이 함께 제공된다. 적어도 양자 컴퓨터에 큐비트를 생성하고, 초기화하고, 측정하고, 제어하고, 오류를 검사하고, 폐기할 수 있는 필수 펌웨어나 제어 소프트웨어가 탑재돼야 한다.

각 양자 장치는 큐비트 조작과 자연 법칙natural law에 기반을 둔 기본 계층 계산base layer computation과 수학을 처리하는 하나 이상의 양자 알고리즘(일부 알고리즘은 3장에서 설명한다)을 구현해야 한다. 모든 양자 장치가 모든 알고리즘을 지원하는 것은 아니지만, 범용 게이트 양자 컴퓨터는 모든 알고리즘을 지원한다.

양자 컴퓨터 대부분은 개발자가 양자 컴퓨터 프로그램을 작성하기 위한 컴파일러와 프로그래밍 언어, 스크립트 언어를 갖고 있다. 많은 양자 컴퓨터 공급업체는 (거의 대부분) 무료이거나 상업적 비용으로 고객에게 자신들의 소프트웨어를 제공한다. 일부 양자 장치 공급업체는 고객이 오픈 소스 양자 소프트웨어로 작업하도록 하거나 장려하고 있다. 다른 공급업체는 개발자들이 자신들의 양자 컴퓨터를 배우고 개발하도록 유도하기 위한 방법으로 독점 양자 소프트웨어를 무료로 제공한다. 이는 고전 컴퓨팅 세계에서 꽤 잘 작동해온 모델이다.

양자 스택

많은 공급업체가 튜토리얼과 프로그래밍 도구, 시뮬레이션 도구 그리고 자신들의 클라우드 자원에 대한 접근을 포함한 자원의 '네트워크'를 제공한다. 많은 양자 컴퓨팅 공급업체가 '풀 양자 스택full quantum stack'을 갖는 것에 관해 이야기할 것이다. 양자 스택은 하드웨어와 큐비트, 양자 소프트웨어 개발 키트, API 그리고 애플리케이션의 양자-기반 집합

collection이다. IBM과 구글, 마이크로소프트, D-Wave, IonQ 그리고 다른 많은 공급업체는 스택의 전부 또는 일부를 제공한다. 양자 소프트웨어와 스택에 관한 일부 웹사이트는 다음과 같다.

- Qunatiki의 QC 시뮬레이터 목록: https://bit.ly/2WD77BO
- 오픈 소스 양자 소프트웨어 프로젝트: https://bit.ly/3biOisM
- 마크 핑거후스Mark Fingerhuth와 토마스 베이브Tomáš Babej, 피터 위텍Peter Wittek의 논문『양자 컴퓨팅의 오픈 소스 소프트웨어』: https://bit.ly/3bi1DSf
- 양자 알고리즘 동물원Quantum Algorithm Zoo의 '대수적 정수론적 알고리즘': https://bit.ly/3fAJJgP
- 양자 오픈 소스 재단: https://qosf.org/
- 양자 회로 시뮬레이터: https://algassert.com/quirk
- 파이썬 양자 프로그래밍: https://bit.ly/2T5HJUz
- 케임브리지 양자 컴퓨팅: https://cambridgequantum.com/
- 마이크로소프트 양자 개발 키트: https://bit.ly/2WK6qqk
- IBM 양자 경험 웹사이트: https://ibm.co/2WERiuu

양자 국가 지침

주요 국가 대부분은 국가 의제와 자금 지원을 통해 자국의 정부기관과 산업 그리고 기업이 양자 컴퓨팅 우위를 추진하도록 지원하고 있다.

국가 정책 지침

미국에서는 국립표준기술연구소NIST, National Institute of Standards and Technology가 양자 컴퓨팅 주제topic에 집중하는 국가 컨소시엄을 갖고 있으며(https://bit.ly/2y0EMNJ), 백악관은 '양

자 정보 과학을 위한 국가 전략 개요^{National Strategic Overview for Quantum Information Science}'라는 제목의 연방 문서(https://bit.ly/3oqyTzs)를 발표했다. 미국국립표준기술연구소는 (6장에서 자세히 설명할) 양자-이후의 암호를 결정하기 위한 공모전을 후원하고 있다. NIST 공모전에 출품된 많은 암호는 마찬가지로 다른 국가와 정부로부터 자금을 지원받았다.

보조금과 투자

국가 대부분은 풍부한 자금을 지원하고 있다. 미국과 중국과 같은 최상위 국가는 매년 수십억 달러를 지원한다. 심지어 가장 작은 참여 국가도 수백만 달러에서 수천만 달러를 지원한다. 보조금은 대학과 연구실, 공급업체 그리고 정부 및 군사 이니셔티브^{initiative}[13]의 양자 연구와 컴퓨터를 개선하는 데 사용된다. 몇 가지 사례는 다음과 같은 글을 통해 확인할 수 있다.

- 미국물리협회^{American Institute of Physics}, 국립 양자 이니셔티브 법에 서명: https://bit.ly/3bPTohg
- NextBigFuture.com, 미국이 수조 원의 경쟁에서 중국과 양자 AI 시합을 위해 자금을 지원: https://bit.ly/2YLM8iP
- South China Morning Post, 중국이 양자 컴퓨터 개발 경쟁에서 미국을 이기고 있나?: https://bit.ly/2YO2qIf
- Quantum Computing Report, 뉴스 : https://bit.ly/2KIITAL
- Executive Gov, 에너지부 양자 컴퓨팅 자금 조달 기회 발표: https://bit.ly/3fwYnWx

관심 있는 투자자는 DEFIANCE의 QTUM(https://bit.ly/3ft2qTT)과 같은 양자 전용 상장 지수펀드^{quantum-dedicated exchange-traded fund}를 통해 양자 관련 회사에 투자할 수 있다. 개

---

13 어떤 문제나 상황을 해결하거나 대응하기 위한 시도, 또는 행위를 의미한다. 즉, 어떤 프로젝트나 프로그램 모두 이니셔티브에 해당하며, 수행 활동이나 조치도 포함된다. – 옮긴이

인 투자자들은 nanalyze(https://bit.ly/35La1sh)에 언급된 회사를 포함해 민간기업에 직접 수조 원을 쏟아붓고 있다. 일반적으로 많은 민간 투자가 양자 컴퓨팅 관련 투자 기회를 좇고 있다. 양자 정보 과학의 위대한 가능성에도, 다른 면에서는 투자자들도 조심해야 한다.

다른 면에서 많은 양자 산업 관찰자들은 과거 투자 열기 때처럼 엄청난 자본의 투자를 받기 위해 비트코인이나 암호 화폐 단어를 회사 이름에 넣었던 것처럼 지금도 자본 투자를 받기 위해 필요한 것은 회사의 이름이나 사업 설명서에 있는 양자라는 단어뿐이라고 생각한다. 많은 사람이 초기 비트코인 투자에서 재산을 잃었다. 양자 공간에서도 승자와 패자가 있을 것이다.

컴퓨터 이외의 다른 양자 정보 과학

양자 정보 과학 분야는 양자 컴퓨터 이상의 것을 포함한다. 여기에는 다음과 같은 많은 장치와 소프트웨어 구성 요소가 포함된다.

- 양자 난수 발생기random number generators
- 양자 네트워킹
- 양자 암호 시스템
- 양자 응용

많은 회사가 양자 컴퓨터라는 엄청나게 비싼 분야에서 경쟁하려는 대신 위와 같은 유형의 양자 장치에 집중하고 있다. 이 항목의 대부분은 나머지 장에서 자세히 설명한다.

양자 정보 과학은 세상을 크게 변화시킬 다양한 응용 분야를 개척할 것으로 예상된다. 가능성이 있는 응용 분야는 다음과 같다.

- 더 빠른 계산
- 더 빠른 최적화된 검색
- 더 나은 인공지능
- 더 나은 암호 시스템
- 더 안전한 네트워킹
- 군사용
- 일기예보 개선
- 의약품 및 화학 물질 개선
- 양자 세계와 천체물리학 그리고 우주에 관한 이해 증진
- (완전 동형 암호 시스템으로 알려진 것을 사용하는) 완벽한 개인정보보호
- 더 나은 금융상품 모델링(주식 거래, 파생상품 거래 등)
- 더 나은 이상금융거래 탐지
- 자율주행 자동차를 위한 교통 관리
- 더 나은, 더 오래 지속되는, 더 가벼운 배터리
- 양자 화폐quantum money

이 주제 대부분을 5장에서 자세히 설명한다.

추가 정보

양자 정보 과학의 역사와 상태에 관한 몇 가지 좋은 인터넷 기사와 책이 있다. 더 많은 정보에 관심이 있다면 다음 웹사이트에서 관련 내용을 확인할 수 있다.

- 크리스 베른하르트Chris Bernhardt, '모두를 위한 양자 컴퓨팅': https://bit.ly/2YQdxQK
- Qirg, 양자 인터넷 (제안) RG: https://bit.ly/2SQopdF

- 미국국립표준기술연구소, 양자 정보의 역사와 미래: https://bit.ly/3bg6nIg
- WIRED, 양자 컴퓨팅에 관한 WIRED 가이드: https://bit.ly/2YUH8sx
- 위키피디아, 양자 컴퓨팅 연대표: https://bit.ly/2YNSuhN
- 위키피디아, 양자 컴퓨팅: https://bit.ly/2LgqIT2
- towards data science, 양자 컴퓨팅의 필요성과 가능성 그리고 현실: https://bit.ly/2SL2oNp

요약

2장에서는 양자 컴퓨터와 양자 컴퓨터의 유형과 구조, 구성 요소 그리고 양자 정보 과학을 다뤘다. 양자 컴퓨터와 전통적인 이진 컴퓨터의 주요 차이점에 관해 논했고, 각 양자 컴퓨팅 구조의 접근 방식의 기술과 장단점을 설명했다. 또한 여러 공급업체와 이들의 양자 정보 과학 전문 분야도 다뤘다. 3장에서는 양자 컴퓨터가 기존 공개키 암호 시스템 대부분을 어떻게 깨뜨릴 것인지에 관해 설명한다.

03

양자 컴퓨팅이 현재의 암호 시스템을 어떻게 깨뜨릴 수 있을까?

3장에서는 양자 컴퓨팅이 기존 공개키 암호 시스템 대부분을 어떻게 깨뜨릴 수 있는지 살펴본다. 먼저 현재의 공개키 암호 시스템 대부분이 보호protection를 제공하는 방법에 주목하면서 암호학의 기초를 논하는 것으로 시작한다. 그런 다음 2장에서 다룬 내용을 바탕으로 양자 컴퓨터가 보호를 어떻게 깨뜨릴 수 있는지 그리고 어떤 암호 시스템이 양자 크래킹quantum cracking에 지나치게 취약한지 혹은 취약하지 않은지를 알게 될 것이다.

암호 시스템 기초

암호 시스템cryptography은 입증된 당사자들 간에 사람과 데이터, 트랜잭션 그리고 다른 물체를 보호하고 인증하는 과학과 연구, 구현이다. 암호 시스템은 암호화encryption와 무결성 검사integrity check 그리고 알고리즘 구현을 통해 작동한다. 암호 시스템은 입증되고 지정된 당사자(또는 당사자를 대신하는 소프트웨어나 장치)가 원할 때마다 기밀성confidentiality과 데이터의 무결성integrity of data 통신을 유지할 수 있게 한다. 이 절에서는 디지털 암호화와 인증 authentication, 무결성 해시integrity hashing의 기초를 설명한다.

3장 전체에 걸쳐 주체(subject)라는 단어를 사용한다. 주체는 암호화 과정에 결부돼 있는 모든 신분(identity)를 가리키는 데 사용된다. 주체는 사용자나 그룹, 컴퓨터, 장치, 서비스, 데몬(daemon)[1], 기업, 게시자(publisher) 또는 그 외 신분의 대상일 수 있다.

암호화

암호화는 주체가 무언가를 비밀secret로 유지하는 데 널리 사용하는 방법이다. 한 주체가 어떤 것을 비밀로 하고 싶어 할 수도 있으며, 사람이나 장치가 선택한 그룹 간에 해당 비밀을 공유할 수도 있다. 비밀은 어떤 유형의 콘텐츠나 참여하고 있는 당사자의 신원 또는 트랜잭션 및 대상과 관련된 어떤 것이라도 될 수 있다.

다양한 형태의 암호화는 구어 코드spoken code와 부호화된 쓰기encoded writing로 시작돼 수천 년 동안 사용됐다. 일반적인 예로는 단순 치환 암호substitution cipher로 알파벳의 문자와 숫자를 재배열해 의도한 당사자만 이해할 수 있는 부호화된 메시지coded message를 만든다. 가장 간단한 기법으로 치환 암호를 사용하는 당사자는 암호화되지 않는 메시지의 모든 문자를 알파벳의 문자 1개만큼 앞으로 이동시켜 메시지를 부호화하고 암호화하는 데 동의할 수 있다. 따라서 FROG라는 단어는 GSPH(F를 한 문자 앞으로 이동하면 G(=F+1)가 되며, R은 S(=R+1), O는 P=(O+1), 마지막으로 G는 H(=G+1))가 된다. 참여하고 있는 모든 인증된 수신자는 부호화 과정을 반대로 수행(G-1=F, S-1=R, P-1=O, H-1=G)해 부호화된 메시지를 복호화decoding할 수 있다는 것을 알아야 한다. 그림 3.1은 이 과정을 보여준다.

---

1 멀티태스킹 운영체제에서 사용자가 직접 제어하지 않고, 백그라운드에서 돌면서 여러 작업을 하는 프로그램 – 출처: 위키피디아(https://bit.ly/35IZMoy)

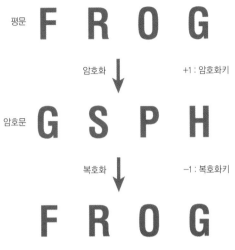

그림 3.1 단순 치환 암호

부호화되지 않은 원래의 메시지를 평문 메시지plaintext message라고 한다. 부호화된 메시지는 암호화된 메시지encrypted message 또는 암호문ciphertext이라고 한다. 평문 메시지를 암호화된 형태로 변환하는 과정을 암호화encryption라고 한다. 암호화된 메시지를 원래의 평문 메시지로 되돌리는 과정을 복호화decryptioin라고 한다. 메시지를 암호화하거나 복호화하는 데 사용되는 문서화된 과정과 단계를 암호cipher 또는 암호 알고리즘cipher algorithm이라고 한다.

NOTE 컴퓨터 세계에서 텍스트나 이메일, 채팅 메시지, 데이터, 소리, 사진과 동영상을 포함한 모든 유형의 디지털 콘텐츠가 메시지가 될 수 있다.

모든 암호는 앞에서 설명했던 단순 치환 암호 예의 기본 구성 요소보다 본질적으로 더 복잡하게 구현돼 있다. 암호 알고리즘을 사용해 부호화되거나 복호화되는 평문 메시지가 항상 존재한다. 앞의 단순 치환 암호의 예에서 암호 알고리즘은 수학적으로 $+x$나 $-x$($+$ 또는 $-x$, 또는 $+-x$)와 같이 표현할 수 있는데, 여기서 x는 암호화나 복호화를 위해 알파벳에서 문자의 위치를 앞이나 뒤로 이동시킬 문자의 개수다.

+나 −는 (간단한) 암호 알고리즘이다. x는 암호키$^{cipher\ key}$다. 오늘날 암호 알고리즘은 간단한 수학 방정식부터 복잡한 수학 방정식을 사용해 표현한다. 일부 암호 알고리즘은 덧셈과 뺄셈, 곱셈 그리고 나눗셈과 같은 기존 수학 연산을 사용하는 수학 방정식으로 돼 있다. 다른 알고리즘은 삼각법과 미적분 그리고 다른 고급 수학 연산을 사용한다. 모든 경우에 신뢰할 수 있는 알고리즘과 키가 제공되면 암호 알고리즘은 평문 텍스트 메시지를 예측 가능한 방식으로 암호화하거나 복호화한다.

무선^{wireless}과 무선 통신$^{radio\ communication}$의 출현으로 인해 의도하지 않는 도청을 방지하고자 아날로그 전송파$^{transmission\ wave}$ 자체가 부호화됐다. 컴퓨터가 널리 보급되면서 민감한 디지털 통신을 보호하기 위해 디지털 암호가 사용됐다. 2장, '양자 컴퓨터 입문'에서 다룬 전통적인 이진 컴퓨터는 비트(0과 1의 이진수)로 작동한다. 모든 디지털 데이터와 대상은 고전 컴퓨터에 0과 1로 저장된다. 암호화가 필요한 경우, 이 비트들은 암호화의 모호성을 제공하기 위해 미리 정의된 알고리즘 방식으로 재배열된다.

NOTE 암호(cipher)의 다른 용어는 암호 시스템의 기본 요소(cryptographic primitive)[2]이다.

암호화키

앞에서 설명했던 단순 치환 암호의 예에서와 같이 암호 알고리즘은 +−x로 표현했으며, 여기서 x는 앞이나 뒤로 이동할 문자 위치의 개수였다. x는 암호화키$^{encryption\ key}$로 암호 알고리즘을 사용해 메시지를 암호화하는 데 사용되는 비트 수다. 조금 더 복잡한 단순 치환의 예는 키를 12로 사용하는 것이다. 이 경우 단어 FROG는 RDAS(F + 12 = R, R + 12 = D, O + 12 = A, G + 12 = S)가 된다. 암호 알고리즘은 같지만, 키만 바뀌었다. 암호가 강하고 ^{strong} 키의 길이가 충분히 길어지면(암호학적으로 매우 어렵거나 평생 동안 해독할 수 없다는 의미), 보호된 메시지의 복호화키에 대한 지식이 없는 승인받지 못한 당사자에게는 명백하지 않은 문제가 될 수 있다.

---

2   가장 기본적인 것(동작 등)에 대한 의미적 표현으로 어떤 복잡한 대상을 표현할 때 잘 정의된 기본 요소들의 집합을 구축하면 그 대상을 쉽게 표현할 수 있는데, 이때 사용되는 기본 요소를 의미한다. – 옮긴이

강하고 신뢰할 수 있는 암호를 사용하는 좋은 암호 시스템에서 모든 사람은 암호 알고리즘의 세부 사항을 알 수 있다. 암호 시스템의 강도는 알고리즘의 변환 과정 강도와 충분히 긴 키 길이에서 나온다. 키는 승인받지 못한 당사자에게는 반드시 비밀로 해야 하지만 암호 알고리즘은 그렇지 않다. 일반적으로 암호를 비밀로 유지해야 하는 암호 시스템 솔루션은 사용자 대부분이 의심스럽고 약한 것으로 여긴다.

다른 모든 것이 같다는 전제로 키의 길이가 길어질수록 키가 보호하는 비밀의 강도가 증가한다. 키의 길이가 길어질수록 승인받지 못한 당사자는 암호 알고리즘을 알고 있더라도 보호된 암호 메시지를 원래의 평문 상태로 다시 변환하는 것이 어려워진다. 우리의 단순한 치환 암호의 예에서, 메시지를 부호화하고 복호화하기 위해 알파벳의 위치를 앞이나 뒤로 한 칸씩 또는 12칸씩 이동시키는 방법을 이해하는 것은 매우 쉽다. 그러나 키를 갑자기 알파벳 위치를 1,234,567,980칸씩 이동시키는 것으로 바꾼다면 보통 사람이 계산하기가 (불가능하지는 않지만) 더 어려워진다.

고전 컴퓨터 세계에서 디지털 암호화키는 무작위로 생성된 것처럼 보이는 0과 1의 긴 수열이다. 디지털 키는 101010101010110100010101010101010101010100111001010101처럼 보인다. 암호화된 메시지를 만들기 위해 디지털 키를 암호 알고리즘에 따라 평문 메시지에 적용한다. 이 과정을 제대로 수행하면 키와 암호화된 메시지는 예측할 수 없는 비트의 임의 집합$^{random\ set}$처럼 보인다.

오늘날 디지털 암호화키 길이의 범위는 보통 128비트에서 4096비트이나 특수한 시나리오에서는 키의 길이가 더 짧거나 길 수 있다. 특정 비트 길이의 키가 안전한지 여부는 관련된 암호 알고리즘과 가능한 모든 키 공간$^{key\ space}$에서 키를 탐색하는 속도 그리고 키 무차별 대입$^{brute\text{-}force}$[3]의 범위를 줄이는 데 사용할 수 있는 '묘책^{trick}'을 포함한 많은 요소에 달려 있다. '깨기^{crack}' 어려운 강한 암호 알고리즘은 더 짧은 길이의 키 비트를 사용할 수 있지만 약한 암호 알고리즘은 같은 기간 동안 방어하기 위해 더 긴 길이의 키가 필요하다.

---

3   암호키를 찾기 위해 가능성이 있는 모든 키 후보를 전부 대입해 보는 것을 의미하며, 전수조사(exhaustive search)라고도 한다.
    – 옮긴이

컴퓨터나 장치에서 디지털 인증서를 열면 암호키를 쉽게 찾아볼 수 있다. 그림 3.2는 디지털 인증서digital certificate에서 추출한 2048비트 키다.

```
30 82 01 0a 02 82 01 01 00 ad 0c 9f 7d 67 bc
70 6d 79 ba 25 05 3a 64 60 a0 e2 23 f3 ec 17
3b 6e 75 9e 88 50 fb d9 de 9c 62 2b de 19 a8
52 57 f0 09 62 2c 5e 64 45 9c 60 39 b5 14 48
2e 27 a4 db 82 c8 02 da ba 1d 91 51 fb 90 fa
bf f7 55 65 f1 cc 98 1a 3f 6b 0f 74 18 8f d4
cc 3b 44 ca 4d 53 df 95 94 72 20 d1 45 1a a5
9b 3b a8 f2 71 79 0e 6e ad 5b 87 ca 9e d1 7f
72 b8 2b 93 e0 36 69 31 7b 60 9a 44 f8 f4 a5
45 de 15 62 01 93 cd b3 ea e6 d1 d5 3c 1a 6b
cd ea a2 fd 7d 56 35 d0 c5 aa 5f 0e 6f 6e b2
c7 fa 8c 57 10 58 d3 0a 14 b4 2a fd 09 c6 ac
17 8e 3a ba 2c e8 dc 51 9f 29 a8 cb 39 e2 5a
8a 60 96 62 d7 64 05 94 d1 d7 8c 5b e3 0f fd
01 ed b4 5f 32 de b9 b1 b3 ea 3e 4c 6e d0 90
c4 82 eb 58 dc 6c 14 f0 4e 9f 1f 74 a3 76 26
30 bc 9a 97 91 fd 7c c8 c6 5a fd f8 54 ae 09
48 5a 50 b3 0c 3b 8f 43 f6 5f 02 03 01 00 01
```

그림 3.2 디지털 인증서의 2048비트 암호키

NOTE 컴퓨터와 장치 대부분에서 거의 모든 디지털 암호 시스템의 키는 기본 비트(0과 1) 대신에 16진수로 변환돼 표시된다.

널리 사용되는 암호에 일반적으로 권장되는 최소 키 길이는 BlueKrypt의 '암호 시스템 키 길이 추천(https://www.keylength.com)'에서 확인할 수 있다. 암호는 일반적으로 대칭과 비대칭의 두 가지 주요 유형으로 나눌 수 있다.

대칭키 암호

암호 알고리즘이 메시지를 암호화하고 복호화하는 데 같은 키를 사용하면 대칭키 암호symmetric-key cipher 또는 대칭 암호symmetric cipher라고 한다. 예를 들어 앞의 단순한 치환 암호 예에서 평문 메시지를 암호화하는 데 사용된 키(1이나 2, 또는 1,234,567,890)는 암호화하거나 암호화된 메시지를 원래 형태로 되돌리기 위해 복호화하는 데 사용된 키와 같다.

모든 것이 같다는 전제로 대칭키 암호는 (3장의 뒤에서 설명할) 비대칭키 암호보다 강하고, 빠르며, 검증하기 쉽고, 더 짧은 길이의 키를 사용한다. 암호학 관점에서 볼 때 좋은 대칭키 암호는 강하고 신뢰할 수 있는 것으로 증명하기가 더 쉽다. 대칭키 암호는 수학적으로 덜 복잡하다. 대칭키 암호는 더 적은 가정과 추측을 사용한다. 대칭키 암호는 공격하기가 더 어렵다. 따라서 대칭키 암호는 세상의 데이터 대부분을 암호화하는 데 사용된다. 세계는 1970년대부터 DES(데이터 암호화 표준Data Encryption Standard)와 3DES 또는 TDES(3중 DESTriple DES)[4], IDEA(국제 데이터 암호화 알고리즘International Data Encryption Algorithm) 그리고 RC5(리베스트 암호 5Rivest Cipher 5) 등 다양한 대칭키 암호 표준을 사용해왔다. 이 오래된 모든 대칭키 암호는 현재 약하고 깨진 것으로 여긴다.

2001년부터 가장 널리 사용되는 대칭키 암호는 AES(고급 암호화 표준Advanced Encryption Standard)다. 주기적으로 필요할 때마다 미국국립기술표준연구소(www.nist.gov)는 오래되고 약해진 암호 알고리즘을 대체하기 위해 새로운 암호 표준 선정을 목적으로 공모한다. NIST는 1997년 1월 AES 알고리즘을 공모했는데, 1998년 1월까지 21개 알고리즘이 제안됐고, 이 중 15개 암호 알고리즘을 AES 후보로 선정했다. 상당히 개방적인 심의 과정을 통해 NIST는 레인달Rijndael이라는 암호를 채택하고 이름을 고급 암호화 표준AES으로 변경했다.[5] 현재 AES는 128/192/256비트의 키 길이를 사용하며, AES는 수년 동안 암호학적 정밀 분석과 공격하에서도 잘 견뎌왔다.

> **NOTE** 한 주체만 알고 사용하며 다른 사람과 의도적으로 공유하지 않는 암호키를 개인키(private key) 또는 비밀키(secret key)라고 한다. 여러 주체 간에 의도적으로 공유하는 암호키는 공유키(shared key)라고 한다. 이에 반해 누구나 알고 사용하는 암호키를 공개키(public key)라고 한다. 일시적으로 사용하기 위해 만든 키를 세션키(session key)라고 한다.

---

4 DES 암호를 세 번 적용한 암호 - 옮긴이

5 NIST는 15개의 암호 알고리즘에 대해 제1차 AES 후보 대회(First AES Candidate Conference)를 1998년 8월 20일에 개최했고 제2차 AES 후보 대회(Second AES Candidate Conference)를 1999년 3월에 개최했으며 이후 1999년 8월에는 5개의 후보 알고리즘을 최종 후보로 선정해 많은 암호학자들로부터 안정성 평가를 받게 했다. 이때, 남은 5개 알고리즘은 MARS, RC6, Rijndael, Serpent, Twofish였다. 그리고 2000년 4월 3차 대회가 개최되고 2000년 10월 2일 AES 알고리즘으로 Rijndael을 선정했다. - 출처: 위키피디아(https://bit.ly/3dlUqMX)

대칭키 암호의 약점 대칭키 암호가 약점^{weakness}과 단점^{shortcoming}을 갖고 있지 않다는 뜻은 아니다. 약점과 단점이 있다. 일반적인 대칭키 암호의 약점에는 인증 능력의 부족과 키 교환을 확장하는 문제가 포함된다.

메시지를 암호화하고 복호화하는 데 같은 키를 사용하므로, 키에 접근할 수 있는 모든 당사자는 메시지를 암호화하고 복호화할 수 있으며, 같은 키를 가진 다른 관련 당사자인 척할 수 있다. 순수한 암호학 관점에서 볼 때, 누군가가 어떤 것을 암호화한 다른 참가 당사자들 중 한 명을 고발한 경우 모든 사람이 같은 대칭키를 공유하므로 고소 당한 당사자는 (암호학 관점에서) 고발을 거부할 수 없다. 이를 부인 방지^{non-repudiation}라고 한다. 암호 세계에서는 바람직한 특성이 아니다.

이로 인해 위와 같은 이유로 대칭키 자체를 인증 시나리오 대부분에서 사용하기 어려우며, 특히 데이터 무결성이나 주체 인증^{subject authentication}이 필요한 경우에는 더욱 그러하다. 철수와 영이 그리고 민석이가 같은 암호키를 공유한다고 생각해보자. 철수는 어떤 데이터를 임호화해 영이에게 보낸 다음에, 보낸 메시지가 민석에게 받았다고 하거나 처음부터 민석이 만들고 암호화한 것이라고 주장할 수 있다. 모든 사람이 같은 키를 공유하므로 순수한 암호학 관점에서 민석은 메시지를 누가 실제로 보냈거나 암호화했는지 증명할 수 없다. 또한 철수는 영이가 암호화해 보낸 메시지를 받아, 복호화한 다음에 다시 악의적으로 메시지를 수정한 다음 암호화해 영이에게서 받은 것이라고 주장하며 민석에게 보낼 수도 있다. 민석은 해당 메시지를 누가 보냈는지 알 수가 없으며, 메시지를 복호화해 열어보기 전까지는 메시지가 조작됐는지 알 방법이 없다. 이를 데이터 무결성^{integrity}이라고 한다.

두 번째로 큰 문제는 대칭키 암호는 공유 참가자의 수가 늘어나면 사용하기 쉽지 않다는 것이다. 두세 명 정도의 작은 규모에서는 공유 대칭키를 안전하게 교환하는 것이 상대적으로 쉽다고 하지만 모든 참가자에게 정확하고 안전하게 공유키를 전달해야 한다. 어떤 두 사람이 256비트 키를 정확하게 읽거나, 쓰거나 또는 말하기 어려울 것이다. 우리 중 많은 사람이 16자리 신용카드 번호를 다른 사람에게 전달하는 데 어려움을 겪고 있다.

1,000명의 참가자가 있는 공유 대칭키 시나리오를 생각해보자. 한 명 이상의 참가자는 합의된 키를 다른 승인받은 당사자 모두에게 안전하게 전송할 수 있는 방법을 찾아야만 한다. 편지, 전화, 이메일 등 어떻게 키를 전달할 수 있을까? 편지를 썼다면, 그 편지는 다른 당사자에게 어떻게 안전하게 전송될까? 우체국 시스템과 우체국 직원을 믿을 수 있을까? 의도한 수신자만 다른 쪽에서 편지를 열어 볼 수 있다고 보장할 수 있을까? 전화를 사용한다면 통신 시스템을 얼마나 신뢰할 수 있을까? 누군가 도청을 할 가능성이 있을까? 아마도 가능할 것이다. 수신자가 없다면 발신자는 어떻게 해야 할까? 키를 음성 메시지로 남겨야 할까? 수신자가 키를 듣고 정확하게 받아 적을 수 있을까? 이메일을 사용한다면 이메일 시스템과 송수신자 간의 모든 전송 지점을 얼마나 신뢰할 수 있을까? 모든 이메일 시스템에는 다른 사람의 이메일을 읽을 수 있는 이메일 관리자가 적어도 한 명 이상 있다. 어쨌든 통신하는 방법에 상관없이 1,000명의 다른 사람들이 단 한 번의 실수도 하지 않고 256비트 대칭키를 안전하고 정확하게 공유하려는 것이 상상이 되는가? 공유 대칭키를 안전하게 교환하는 어려움은 관련된 참가자의 수에 비례해 지수적으로 증가한다.

이제 수천 명의 참가자 중 일부가 각 하위 그룹에 다른 공유키를 사용하는 추가 소규모 그룹을 원한다고 해보자. 이들은 사람들과 그룹이 사용하는 키를 추적할 책임이 있다. 더 나아가 모든 참여자가 다른 사람이나 당사자가 볼 수 없는 각 당사자와 모든 당사자들 간에 보장된 암호가 필요하다고 생각해보자. 여기서 천 명의 참가자 각각은 다른 참가자들의 가능한 각 조합에 대해 별도의 공유키를 가져야 한다. 다른 모든 사용자에게 기밀 메시지를 보내려는 각 사용자는 999개의 다른 대칭키를 사용해 메시지를 보내고 어떤 키가 어떤 조합에 사용됐는지 추적해야 한다. 이 경우 499,500(1,000명의 참가자 × 999명의 다른 참가자 ÷ 2(두 명이 키 하나를 공유해 사용하므로 2로 나눠야 한다))개의 대칭키가 필요하다.

특히 참가자들이 계속되는 공격에 대해 지속적이고 강력한 프라이버시를 보장하기 위해 주기적으로 키를 변경해야 한다면 이 시나리오에서 키 변경은 엄청난 부담이 되는 작업이 될 것이다. 수세기에 걸쳐 철학자들과 암호학자들은 개인 정보와/또는 대칭키를 안전하게 교환할 수 있는 좋은 방법을 찾아 수세기 동안 철학자들과 암호학자들은 사적인 정보와/또는 대칭적인 키를 안전하게 교환할 수 있는 더 나은 방법(이를 키 교환^{key exchange}이라고 한다)을 찾아왔다.

비대칭키 암호

암호화에서 궁극적인 목표는 두 명 이상의 당사자가 각 참가자에 대한 대칭키를 교환하기 위해 미리 개인 통신^{private communication} 방법을 설정하지 않고 신뢰할 수 없는 (심지어 악의적인) 통신 채널을 통해 대칭키를 교환할 수 있는 방법을 찾는 것이었다. 1970년대 중반, 서로에게 잘 알려지지 않은 여러 당사자들이 거의 같은 해결책을 찾아냈다.

정수 인수분해 작업량 이 해결책은 모두 다항식 수학 문제(예: A×B=C)를 사용했는데, 이 문제는 본질적으로 문제의 개별 구성 요소(즉, 인수^{factor})를 찾는 것이 너무 어려워서, 이 두 개의 인수를 찾는 데 필요한 작업량^{workload effort}이 비밀 보호를 위한 안전성의 강도가 된다. 이 수학 문제는 모든 사람이 C(A×B의 결과)를 알고 있더라도 아무나 쉽게 인수 A나 B를 쉽게 찾을 수 없도록 인수가 어려울 필요가 있었다. 다항식 작업량(또는 정수 인수분해 문제^{integer factorization problem}라고도 함)은 오늘날 공개키 암호 시스템^{public key cryptography} 대부분의 핵심 보호 기능이다.

> **NOTE** 정수 인수분해와 비슷하지만 다른 유형의 비대칭키 암호에 사용되는 작업량 노력으로는 이산대수 문제(discrete logarithm problem)와 타원곡선 이산대수 문제(elliptic-curve discrete logarithm problem)가 있다. 이 문제들은 풀기 어려운 다른 유형의 수학을 사용하지만, 근본적으로 다른 접근 방식을 사용한다.

오늘날 가장 널리 사용되는 비대칭키 암호 시스템 솔루션은 두 개의 큰 소수(A와 B)를 사용하는 데, 이 두 소수를 곱하면(또는 알고리즘을 적용하면) 더 큰 정수(C)를 얻는다. 2장에서 설명했던 것처럼 소수는 1과 자기 자신으로밖에 나누어 떨어지지 않는 1 이외의 정수(2, 3, 5, 7, 11, 13, 17, 19, 23 등)다. 소수가 아닌 합성수는 다른 수로 나누면 나머지가 있거나 분수가 된다. 본질적으로 전통적인 이진 컴퓨터로 소수를 만들고, 해당 소수가 진짜 소수인지 검증하는 것이 어렵다. A와 B가 매우 큰 소수라고 하면, 누군가 C를 안다고 해도, 그 사람은 C의 기본 구성 요소인 두 소수(A와 B)로 인수분해하는 데 어려움을 겪을 것이다.

조금 더 쉽게 설명하기 위해 간단한 예로 시작한다. 정수 인수분해 보호 방법을 대표하는 일반적인 암호화 수학 방정식을 사용해보자. $p \times q = n$, 여기서 p와 q는 소수이고, n은 두 소수를 곱한 결과이며, 키 쌍key pair의 공개키public key다. p와 q가 충분히 클 때, n만 주어졌을 때 p와 q를 알아내는 것이 매우 어렵다.

가장 간단한 예로, $n = 15$라고 하자. 곱했을 때 15가 나오는 두 개의 소수는 무엇일까? 이 경우 15보다 작은 소수가 2, 3, 5, 7, 11, 13이므로 두 소수를 알아내는 것은 어렵지 않다. p나 q가 3 또는 5여야 한다는 것을 알아내는 데는 오래 걸리지 않는다. $3 \times 5 = 15$이고, 다른 소수 조합의 곱은 15가 아니기 때문이다.

이제 이 문제에 복잡도complexity를 조금 추가해보자. $n = 187$이라고 해보자. 곱했을 때 187이 되는 두 개의 소수는 무엇일까? 이제 187을 두 소수의 곱으로 인수분해하는 데 지적인 노력이 증가한다. 보통 사람은 여전히 이 문제를 풀 수 있지만, 그리 쉽지는 않다. $11 \times 17 = 187$이므로 두 소수 p나 q는 11 또는 17이다.

이제 $n = 84773093$일 때, p와 q는 무엇일까? 지금 우리는 실제 지적인 노력을 이야기하고 있다. 84773093 이하의 모든 소수를 알아내고 두 소수를 여러 조합으로 곱해 84773093이 나오는지 봐야한다. 많은 사람들이 이 계산을 빨리 할 수 없다. 컴퓨터가 없이는 두 소수를 빨리 찾을 수 없다. 이 경우, 두 소수 p나 q는 8887 또는 9539이다. 컴퓨터는 여전히 이 문제를 빨리 풀 수 있다.

더 나아가 n이 4096비트로 표현할 수 있는 정수라고 하자. 그러면 이 숫자는 너무 커서 대부분의 계산기에서 표시될 수 없다. 계산기 대부분에서는 오류가 나거나 무한대로 표시될 것이다. 4096비트 숫자는 1234자리 십진수이다. 4096비트의 숫자는 $2^{4096} - 1$개의 가능한 숫자로 나타낼 수 있다. 이렇게 큰 숫자를 무차별 대입으로 추측하는 것은 불가능한 작업이다. 그러나 매우 큰 두 소수를 곱해 4096비트의 숫자를 알아내는 것은 어렵지 않다.

암호학자들이 4096비트의 숫자를 생성하는 데 사용한 두 소수를 정확하게 추측하는 데 얼마나 많이 무차별 대입을 해야 하는지 설명해야 할 때, 엄청나게 큰 소수로 인수분해하는 것이 얼마나 어려운지를 보통 사람들에게 전달하기 위해 재미있으면서도 터무니없는 비교를 한다. 4096비트의 숫자는 알려진 우주의 모든 원자 개수보다 큰 수다. 다른 비교로는 우주의 모든 각각의 별에 대해 10원짜리를 백만 개씩 갖고 있고, 우리 우주의 10조 개의 은하 각각에 1,000억 개의 별이 있더라도, 갖고 있는 동전의 개수는 4096비트의 숫자의 1%밖에 되지 않으므로, 4096비트의 숫자를 만드는 데 사용한 큰 두 개의 소수를 찾는 것이 어렵다는 것이다.

이렇게 큰 숫자에 익숙하지 않은 일부 순진한 관찰자는 우리에게 필요한 것은 훨씬 더 많은 계신 능력^{computing power}이라고 생각한다. 아마도 지구상의 모든 계산 능력을 모아도 소수를 찾을 수 있을지 모르겠다. 이 순진한 관찰자들은 틀렸다. 전 세계에는 지금이나 앞으로나 고전 컴퓨터와 처리 능력, 메모리 그리고 저장 공간이 충분하지 않을 뿐만 아니라, 적어도 기존 전통적인 이진 컴퓨터를 사용한다면, 이 컴퓨터들에 동력을 공급할 에너지 원자가 충분하지 않다. 따라서 큰 소수 방정식을 인수분해하는 데 필요한 작업량(그리고 시간)이 암호 시스템의 안전성을 제공하는 것이다.

> **NOTE** 모든 디지털 암호의 안전성은 가능한 모든 키의 조합을 무차별 대입하는 강도(hardness)나 원래의 구성 요소로 되돌리기 위한 수학 방정식의 인수분해 강도로 따진다. 여러 암호학자들이 구성 요소의 일부를 알지 못하면 답을 쉽게 찾을 수 없는 수학 문제들을 만들어냈다. A+B=C라는 것을 알고 있지만, A와 C를 안다고 해도 B를 쉽게 알아낼 수는 없다. 이렇게 알 수 없는 값을 찾아내는 어려움이 암호의 안전성을 제공한다.

공개키-개인키 쌍 큰 소수를 사용하는 비대칭키 암호 시스템의 방법을 사용해 각 참여 당사자는 키 쌍을 생성하거나 받는다. 여기서 두 개의 키 쌍은 암호학적으로 서로 관련돼 있다. 두 개의 키 중 하나는 비공개private로 유지되며, 다른 누구와도 공유되지 않는다(개인키private key). 다른 키는 전 세계에 배포될 수 있다(그래서 공개키public key라고 한다). 어떤 키로 암호화하든지 다른 키로 복호화할 수 있으며, 그 반대도 마찬가지다. 이는 비대칭키 암호 시스템의 개념과 비대칭키 암호 시스템이 할 수 있는 모든 것에 매우 중요하므로 비대칭키 암호 시스템을 이해하려면 이 두 가지 사항을 반드시 이해해야 한다. 두 개의 키 중 어떤 한 키가 암호화에 사용되고, 다른 하나가 복호화에 사용되므로 이런 유형의 암호를 비대칭asymmetric이라고 한다.

키 쌍의 두 키를 사용해 다른 사람에 보낼 메시지를 암호화할 수 있지만, 그 반대도 마찬가지지만 개인키와 공개키 유형을 누가 가지는지가 중요하다. 개인키는 절대 다른 사람과 공유되지 않는다는 것을 기억해야 한다. 이 때문에 누군가가 다른 사람에게 기밀 메시지를 보내려면 메시지를 받을 사람의 공개키로 메시지를 암호화해야 한다. 이렇게 하면 수신자가 관련된 개인키를 사용해 메시지를 복호화할 때까지 메시지는 기밀로 유지된다. 다른 누구도 수신자의 개인키를 갖고 있지 않으므로, 아무도 메시지를 복호화할 수 없다.

NOTE 비대칭키 암호에서는 수신자의 공개키로 수신자에게 보낼 메시지를 암호화해야 한다.

비대칭키 암호에서 각 참여 당사자는 자신만의 개인키-공개키 쌍을 가져야 하지만 서로 안전하게 통신하기 위해서는 1인당 하나의 키 쌍만 있으면 된다. 대칭키 암호 시스템에서는 서로 안전하게 통신하기 위해서 499,500개의 다른 대칭키가 필요하지만, 비대칭키 암호 시스템에서는 1,000개의 개인키-공개키 쌍(또는 전부 2,000개의 키)만 필요하다.

디지털 서명 비대칭키 암호 시스템 사용자는 자신의 키 쌍으로 콘텐츠를 인증하고 디지털로 서명하는 데 사용할 수 있다. 디지털 서명digital signing은 서명된 콘텐츠가 여전히 서명을 했을 당시의 상태와 같다는 것을 증명하는 행위다. 콘텐츠에 서명하기 위해서 사용자는 자신의 개인키로 콘텐츠(또는 조금 뒤에 설명할 해시값)를 '암호화'한다. 이 과정을 '암호화'라고 하지는 않지만 관련 공개키를 가진 누구나(이론적으로 전 세계의 모든 사람) 서명된 콘텐츠를 복호화하고 읽을 수 있다. 누구나 서명된 콘텐츠를 볼 수 있다면 기밀이나 암호화됐다고 볼 수 없다.

따라서 우리는 이것을 디지털 서명이라고 한다. 개인키로 서명된 모든 콘텐츠는 관련 공개키를 사용했을 때만 공개된다. 관련 공개키로 콘텐츠를 검증('복호화')할 수 있다면, 관련 공개키로 '복호화'할 수 있는 것은 관련 개인키로 서명한 것밖에 없기 때문에 해당 콘텐츠는 관련 개인키로 서명된 것일 수밖에 없다. 비슷한 과정을 통해 암호 시스템 운영에 참여한 사용자의 신원을 인증할 수 있으며, 이에 대해서는 2장의 뒷부분에서 설명한다. 일반적인 디지털 서명 암호로는 DSA(디지털 서명 알고리즘Digital Signature Algorithm)와 ECDSA(타원곡선 DSAElliptic Curve DSA)가 있다.

두 가지 보호(메시지 암호화와 디지털 서명)가 필요한 경우, 메시지를 암호화하고 서명할 수 있다. 철수가 영이에게 서명한 후 암호화한 메시지를 보내야 하는 경우, 철수는 자신의 개인키로 메시지에 서명을 하고, 서명한 메시지를 영이의 공개키로 암호화한다.

NOTE 디지털 서명과 검증은 앞에서 설명했던 것보다 조금 더 복잡하다. 뒤에서 자세히 설명한다.

각 당사자는 자신의 고유한 키 쌍을 갖고 있으며, 서로 간에 그 키 쌍으로만 메시지를 암호화하고 복호화할 수 있으므로 비대칭키 암호 시스템으로 주체와 메시지를 인증할 수 있다. 관련된 각 키 쌍은 특정 주체에 연결될 수 있다. 비대칭키 암호 시스템은 부인(否認, repudiation)을 허용한다.

키 교환 대칭키는 더 짧은 키 길이로 더 안전하기 때문에 세상의 메시지 대부분을 암호화하는 데 사용되며, 비대칭키 암호는 주로 두 당사자 간에 공유 대칭키를 안전하게 전송하는 데 사용된다. 안전하고 신뢰할 수 있는 채널을 사전에 설정하지 않아도 신뢰할 수 없는 네트워크에서 비대칭키 암호 시스템을 사용해 대칭키를 교환할 수 있다. 키 교환key exchange 과정의 기본적인 내용은 다음과 같다.

1. 클라이언트와 서버가 서로 연결한다.

2. 서버는 클라이언트에게 서버의 비대칭키 쌍의 공개키를 보낸다.

3. 클라이언트는 서버의 공개키를 사용해 클라이언트가 새로 생성한 '세션' 대칭키를 암호화해 서버에게 보낸다.

4. 서버와 클라이언트는 이제 공유 세션 대칭키를 사용해 서로 간에 암호화된 콘텐츠를 주고받는다.

현실에서 비대칭키 교환을 사용해 클라이언트와 서버 간에 공유 대칭키를 안전하게 전송하기 위해서는 몇 가지 단계와 복잡성이 있지만(이에 대해서는 뒤에서 설명한다), 위의 설명은 현재의 비대칭키 교환의 기본 단계를 잘 요약한 것이다.

일반적인 유형의 비대칭키 암호 시스템으로는 RSA(리베스트Rivest와 샤미르Shamir 그리고 애들먼Adleman 세 사람 이름의 머리글자)와 DH(디피Diffie와 헬만Hellman 두 사람 이름의 머리글자), 타원곡선 암호 시스템ECC, Elliptic Curve Cryptography 그리고 ElGamal 등이 있다. RSA는 가장 널리 사용되고 있는 비대칭키 암호로, 아마도 사용되고 있는 모든 비대칭키 암호의 95%를 차지할 것이다. 모든 비대칭키 암호가 키 교환을 위해 사용되지만, 디피-헬만-머클Merkle로도 알려진 디피-헬만은 조금 덜 사용되는 타원곡선 디피헬만ECHD, Elliptic Curve Diffie-Hellman과 마찬가지로 주로 키 교환 전용으로 사용된다. 현재 RSA와 DH의 키 길이는 보통 2048~4096비트이며, 진행 중인 암호 공격에 대비하기 위해 약 7년에서 10년마다 키 길이가 거의 두 배씩 늘어났다.

> **NOTE** RSA 암호의 뒤에 있는 회사인 RSA Security는 점점 더 길어지는 RSA 키 길이를 깬 암호학자에게 지속적으로 상금을 제공하곤 했다. 현재까지 인수분해를 사용해 공개적으로 깬 가장 긴 길이의 RSA 키는 2010년에 달성된 768비트다(https://eprint.iacr.org/2010/006.pdf). 232자리의 숫자이지만 현재 일반적으로 권장되는 2048비트나 4096비트에 비하면 긴 길이는 아니다. 그럼에도 768비트 키가 깨지기도 전에 RSA는 아무런 설명도 없이 상금을 제공하는 대회를 중단했다. 많은 관찰자가 다가오는 양자 컴퓨터의 구현이 주요 요인이었다고 생각했다.

키 신뢰와 공개키 기반 구조 비대칭키 암호 시스템이 작동하려면 비대칭키 암호 시스템으로 통신하는 사람은 모두 자신의 공개키가 유효하고 그 공개키가 사람들이 생각하는 사람의 것이라는 신뢰를 가져야 한다. 비대칭키 암호 통신 초기에는 한 사람이 이미 알고 있는 공개키의 소유자에게 메시지를 보내기에 충분했고, 수신자는 자신에게 메시지를 보낸 사람이 정확하고 유효하며 관련 개인키를 가진 정확하고 유효한 사람이라고 신뢰했다.

그러나 비대칭 채널에 있는 사람들이 늘어남에 따라 모든 참가자가 다른 모든 참가자를 알고 신뢰하는 것은 아니다. 모르는 사람의 공개키 신뢰public key trust를 얻는 한 가지 방법은 이미 신뢰하는 사람이 모르는 사람을 보장하는 것이다. 예를 들어 영이가 민석과 통신하고 싶지만 민석을 알지 못해 신뢰하지 않는다고 생각해보자. 그러나 영이는 철수가 민석을 알고 신뢰하고 있으며, 철수가 민석과 민석의 유효한 공개키를 보장할 수 있다는 것을 알고 있다. 철수는 민석의 공개키를 자신의 개인키로 서명하면 영이는 철수의 공개키를 사용해 검증할 수 있다. 이를 P2P 신뢰(개인 간 통신 신뢰Peer-to-Peer trust)(또는 웹 신뢰web trust)라고 한다. 널리 사용되고 있는 PGPPretty Good Privacy 암호 프로그램이 이렇게 작동한다. 그러나 P2P 신뢰 시스템은 참가자의 수만큼 잘 작동하지 않는다. 특히 참가자 대부분이 서로를 모르는 국제적인 비대칭 시스템에서는 더욱 그렇다. 이제 PKI에 관해 알아보자.

공개키 기반 구조PKI, Public Key Infrastructure는 관련 없는 당사자 간에 신분 신뢰identity trust를 제공하기 위해 컴퓨터 세계에서 사용되는 암호 프레임워크와 프로토콜의 제품군이다. PKI는 주로 암호 트랜잭션cryptographic transaction과 관련된 주체의 신원과 주체의 비대칭 암호키를 인증하기 위해 존재한다. 이런 요구 사항이 없다면 PKI는 필요 없다. 실제로 주체(또는 주체를 대신하는 어떤 것)는 자신이 사용할 비대칭키 쌍을 생성한다. 이 주체는 PKI에 자신의 공개키를 제출한다(우리는 개인키를 공유하지 않는다!). PKI 인증 기관CA, Certification Authority 서비스는 공개키를 제출한 주체의 신원을 확인해야 한다.

PKI가 주체에게 요구하는 신원 증명의 수준에 따라 PKI가 증명할 수 있는 보장assurance (또는 신뢰) 수준이 결정된다. 증명 수준이 매주 낮은 경우(예: 유효한 이메일 주소로만 증명), 발급된 디지털 인증서는 보장이 낮다고 생각할 수 있다. 주체가 유효한 출생증명서와 신분증의 사본을 직접 제출하고 다른 사람이 검증하는 것처럼 신원 소유와 증명의 수준이 상당히 높으면, 보증은 높다고 생각할 수 있다.

어느 경우에나 PKI의 주된 업무는 공개키를 제출한 주체의 신원을 확인하는 것이다. 주체의 신원이 확인되면 PKI는 (유효일, 주체의 이름, 인증서 일련번호, 인증 기관의 이름과 식별자와 같은) 정보를 추가하고 주체의 공개키(와 추가 정보)를 PKI의 개인키로 서명한다. 이렇게 디지털 인증서가 만들어진다. 그림 3.3은 공개키 영역이 강조된 디지털 인증서의 일부 예다. 이론적으로 PKI(특정 디지털 인증서를 발행한 사람)를 신뢰하는 모든 개체는 PKI가 생성하고 주체가 제시한 모든 디지털 인증서를 신뢰해야 한다. 디지털 인증서를 제시한다는 것은 주체는 "내가 말하고 있는 내가 나이며, 당신이 신뢰하는 사람이 그 사실을 증명했다"고 말하고 있는 것이다.

그림 3.3 디지털 인증서의 세부 사항

PKI는 미국차량국DMV, Department of Motor Vehicles에 비유할 수 있다. DMV 면허증 소지자는 운전면허를 취득하기 위해 DMV에 본인의 신원을 증명해야 한다. 운전자(즉, 주체)의 신원이 성공적으로 확인(보장)되면, DMV는 주체의 사진을 찍고, 다른 정보를 추가한 다음, (실제 디지털 인증서와 같은) 주 상징state emblem 홀로그램을 넣은 DMV 면허증을 발급한다.

운전자가 경찰관에게 제지를 당하거나 나이 확인이 필요한 어떤 것을 구입하려고 할 때, 운전자는 DMV 면허증을 제시해야 하는 경우가 종종 있다. 경찰관과 판매원은 DMV 면허증이 정확하다고 신뢰하므로 검증 과정에서 면허증에 인쇄된 정보를 믿는다.

인터넷 대부분은 PKI에서 작동한다. HTTPS(하이퍼텍스트 보안 전송 프로토콜Hypertext Transfer Protocol Secure)을 사용해 웹사이트에 접속할 때마다, 그 웹사이트는 신뢰할 수 있는 PKI가 서명하고 발급한 HTTPS/TLS 디지털 인증서를 갖고 있다. 개인적으로 그 PKI를 신뢰하지 않을 수도 있지만, 운영체제나 관련 소프트웨어는 그 PKI를 신뢰한다. HTTPS 프로토콜을 사용하는 브라우저로 웹사이트에 접속하면 그 웹사이트는 여러분(또는 여러분의 브라우저)에게 웹사이트의 디지털 인증서 사본을 전송한다. PKI가 서명한 디지털 인증서는 웹사이트의 이름(주로 URL)과 웹사이트의 공개키 그리고 다른 관련 중요한 정보를 증명한다. 검증이 끝나면 브라우저는 새로운 공유 세션 대칭키를 생성해 (웹사이트의 공개키를 사용해) 웹사이트로 안전하게 전송한다. 이제 서버와 클라이언트는 대칭키 통신을 사용해 안전하게 통신을 시작할 수 있다(그림 3.4).

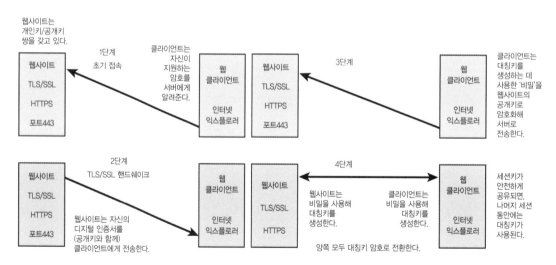

그림 3.4 서로 통신하기 위해 HTTPS와 디지털 인증서를 사용하는 웹 서버와 클라이언트

널리 사용되는 PKI의 또다른 사용 예로, 인기 있는 공급업체의 새로운 소프트웨어를 다운로드할 때 소프트웨어는 다운로드를 하는 사람(또는 더 현실적으로 이들을 대신하는 브라우저)이 서명한 사람이 소프트웨어나 (뒤에서 자세히 설명할) 무결성 해시값에 서명한 이후로 소프트웨어가 변경되지 않았다는 것을 검증할 수 있도록 소프트웨어(또는 무결성 해시값)에 서명한 사람을 입증하는 디지털 인증서가 소프트웨어와 함께 다운로드된다. 그 소프트웨어가 서명자와 수신자 간에 어떻게 이동했는지, 신뢰할 수 있거나 신뢰할 수 없는 채널을 통해 이동했는지, 얼마나 많은 중개자가 관여했는지, 또는 서명한지 얼마나 오래됐는지는 중요하지 않다. 유효성이 검증됐다면 디지털 인증서와 함께 유효한 해시값은 사용자에게 소프트웨어가 서명됐을 때와 같은 소프트웨어이며 서명한 사람에게서 온 소프트웨어이니 믿어도 된다고 알려주는 것이다.

비대칭키 암호의 약점 비대칭키 암호는 신뢰할 수 없는 채널을 통해 암호와 키 교환을 할 수 있게 해주며 인증에도 사용할 수 있다. 최근에 대두되고 있는 양자 컴퓨터의 위협에도, 비대칭키 암호는 수십 년 동안 암호 공격을 상당히 잘 버텨냈다. 그러나 여전히 문제가 있다.

가장 큰 단점은 비대칭키 암호가 본질적으로 대칭키 암호보다 수학적으로 복잡도complexity가 더 높으며, 컴퓨터 보안 세계에서 복잡도는 종종 보안의 적이 된다. 비대칭키 암호 대부분은 인수분해가 어려운 수학 방정식으로만 분리되는 암호학적으로 관련된 두 개의 키를 사용한다. 대칭키 암호와 비교했을 때 누군가 '수학 문제를 빨리 풀 수' 있는 방법과 기본 수학 방정식을 인수분해하는 방법 또는 소수를 발견할 가능성이 높다. 그리고 현실인 이것이 사실이라는 것을 보여준다(여기에 대해서는 뒤에서 자세히 설명한다). 다른 모든 것이 같다는 전제로 비대칭키의 길이는 일반적으로 대칭키보다 훨씬 더 길며(항상 그런 것은 아니지만), 암호 공격의 발전에 대비하기 위해 시간이 지남에 따라 키의 길이가 대칭키보다 더 빨리 늘어나고 있다.

무결성 해시값

또 다른 중요한 주요 암호의 기능은 무결성 해시값integrity hashing이다. 해시 알고리즘hash algorithm(해시함수 또는 단순히 해시)은 고유한 콘텐츠 입력에 대해 고유한 출력 결과를 만드는 데 사용된다. 해시 알고리즘은 문자열이나 비트의 고유한 표현 집합(해시값hash이나 해시 결과hash result, 디지털 서명digital signature, 또는 메시지 압축message digest이라고도 한다)을 생성/출력하는 '일방향one-way' 암호함수를 사용한다. 해시함수는 콘텐츠의 암호학적 '디지털 지문digital fingerprint'을 생성한다. 해시함수는 콘텐츠와 주체 그리고 다른 암호 주체의 무결성에 암호학적으로 서명하고 검증하는 데 사용할 수 있다.

무결성 해시값(간단히 해시 또는 메시지 압축이라고도 함)이 특정 암호 주체 신원(예: 사용자나 장치, 또는 서비스)과 암호학적으로 엮여 있을 때, 이 무결성 해시값을 디지털 서명digital signature이라고 한다. 검증된 디지털 서명을 통해 서명된 콘텐츠의 수신자는 인증된 서명자가 서명한 콘텐츠가 서명한 이후로 콘텐츠의 내용이 변경되지 않았다는 확신을 가질 수 있다. 안전하고 신뢰할 수 있는 해시함수는 네 가지 중요한 특징을 갖고 있다.

- 모든 고유한 입력에 대해 고유한 출력 결과가 생성돼야 한다. 이런 유형의 보호를 충돌 저항성collision resistance이라고 한다.
- 같은 입력의 해시값을 계산할 때마다 같은 해시값이 나와야 한다.
- 두 개의 다른 입력이 같은 해시값을 가져서는 안 된다. 이런 유형의 보호를 제2원상 저항성second preimage resistance이라고 한다.
- 해시값이 주어졌을 때, 원래의 콘텐츠 입력을 유추할 수 있으면 안 된다. 이런 유형의 보호를 원상 저항성preimage resistance이라고 한다.

좋은 해시는 이런 모든 속성을 갖고 있으며, 지속적인 공격에도 이런 보호 해시 기능protective hash capability을 유지해야 한다. 충돌 저항성은 제2원상 저항성과 관련이 있고 기능이 비슷하지만 같지 않다. 그리고 충돌 저항성과 제2원상 저항성을 모두 갖고 있더라도 원상 저항성과는 관련이 없기 때문에 원상 저항성을 보장하지 않는다. 해시가 이런 속성

중 하나라도 취약하다면 해시는 약한 것으로 여겨지므로 더 이상 사용해서는 안 된다.

해시 알고리즘은 일반적으로 입력에 관계 없이 고정된 길이의 해시값을 출력한다. 일반적인 해시값의 길이는 128비트에서 256비트다. MD5^{Message Digest 5}와 윈도우 LM(LAN 관리자^{LAN Manager}), 윈도우 NT 그리고 SHA-1(안전한 해시 알고리즘-1^{Secure Hash Algorithm-1})과 같은 해시 알고리즘이 수년에 걸쳐 해시 표준으로 사용됐다. NT를 제외한 이전 표준은 약하고 깨진 것으로 여긴다.

현재 가장 널리 사용되는 해시 알고리즘은 SHA-2 또는 SHA2이지만 암호 공격의 개선으로 시간이 지남에 따라 SHA-2가 약해져 NIST는 2015년에 SHA-2의 후속 버전인 SHA-3 또는 SHA3를 대신 사용할 것으로 권고했다. 지금까지 많은 사람이 여전히 SHA-2를 사용하고 있다. SHA-2는 224비트와 256비트, 384비트 그리고 512비트 등 다양한 길이의 해시값을 출력한다.

표 3.1은 'frog' 단어에 대한 여러 해시 알고리즘의 해시값을 보여준다.

표 3.1 'frog' 단어에 대한 해시값

해시 알고리즘	'frog'의 해시값
MD5	938C2CC0DCC05F2B68C4287040CFCF71
SHA-1	B3E0F62FA1046AC6A8559C68D231B6BD11345F36
SHA-2	74FA5327CC0F4E947789DD5E989A61A8242986A596F170640AC9033 7B1DA1EE4
SHA-3(512비트)	6EB693784D6128476291A3BBBF799d287F77E1816b05C611CE114A F239BE2DEE734B5Df71B21AC74A36BE12CD629890CE63EE87E0F53 BE987 D938D39E8D52B62

해시의 단점   비대칭키 암호와 마찬가지로 해시 알고리즘도 약간 신비한 것으로 여겨진다. 해시 알고리즘은 원래 의도한 일을 하는 것처럼 보이지만 어떤 특정 해시 알고리즘이 위의 네 가지 요구 조건을 모두 충족시킬 수 있다고 확신하거나 현재는 충족하는 것처럼 보이더라도 누군가 잘못됐다는 것을 발견할 때까지 얼마나 걸릴지 아는 사람은 없다.

이전 해시 표준 대부분은 시간이 지남에 따라 다양한 암호 공격으로 약해질 때까지 안전하고 강하다고 여겨졌다. 암호학자들은 가장 어려운 암호화 함수 중에서 해시함수를 정확하게 증명하거나 반증할 수 있는 해시 알고리즘을 찾는다.

암호 활용

대칭키 암호와 비대칭키 암호 그리고 무결성 해시함수의 주요 암호화 함수는 컴퓨터 세계와 이를 확장해 실제 세계에 광범위한 서비스를 제공하고 있다. 암호화 함수가 없었다면 우리가 알고 있는 인터넷과 실제 세계의 서비스 대부분이 가능하지 못했을 것이다. 일반적인 암호 사용 사례는 다음과 같다.

- 암호화
- 인증
- 디지털 서명
- HTTPS/TLS
- 암호화폐
- 스마트카드, 가상 스마트카드
- 디스크 암호화
- 네트워크 암호화
- 이메일 암호화
- 가상 사설망VPN, Virtual Private Network
- 무선 보안Wireless Security
- 코드와 문서에 대한 서명
- 스테가노그라피Steganography
- 익명성Anonymity
- 토큰화Tokenization
- 데이터 모호화Obscurity/삭제Erasure

암호 시스템은 전 세계의 네트워크와 컴퓨터, 자동차, 정부, 화폐 그리고 디지털 신원을 보호하고 모든 디지털 콘텐츠를 인증하고 보호한다. 신뢰할 수 있는 좋은 암호 시스템이 없는 세계는 1960년대 보다 1860년대에 더 가까워 보일 수 있다. 디지털 암호 시스템에 놀라울 만큼 의존하기 때문에 이를 어느날 갑자기 쉽게 깨뜨릴 수 있는 무언가의 존재는 온 세계를 전율에 휩싸이게 할 것이다. 양자 컴퓨팅은 오늘날 우리가 직면하고 있는 우리가 가장 널리 사용하는 디지털 암호 시스템에 가장 큰 위협이다.

어떤 컴퓨터가 현재의 암호 시스템을 어떻게 깨뜨릴 수 있는지, 특히 앞에서 암호 시스템을 깨뜨리기 위해 알려진 우주에 에너지가 충분하지 않다고 했을 때 여러분은 그 이유가 궁금했을 것이다. 그때에는 우리가 전통적인 이진 컴퓨터만 갖고 있었고 공격을 하기 위해 무차별 대입 추측에만 의존했다. 새로운 양자 알고리즘과 실제로 작동하는 양자 컴퓨터의 발명으로 그 모든 것이 바뀌었다.

양자 컴퓨터는 암호를 어떻게 깨뜨릴 수 있을까?

양자 컴퓨터는 1장에서 설명한 양자 컴퓨터의 고유 양자 속성(중첩과 얽힘 등)을 이용하고 수학적 계산을 단축하는 양자 알고리즘과 결합해 기존 암호 시스템을 깨뜨릴 수 있다. 이 절에서는 양자 컴퓨터가 여러 형태의 현대 암호 시스템을 깨뜨리는 방법에 초점을 맞춘다. 이어서 양자 컴퓨터가 쉽게 깨뜨릴 수 있거나 깨뜨릴 수 없는 기존 암호 시스템을 설명한다.

시간 단축

우리가 이 세상에서 돌아갈 수 없는 것은 시간뿐이라는 말이 있다. 그러나 양자 세계에서는 항상 그렇지는 않다. 우리가 컴퓨터를 이용하는 이유 중 하나는 매우 빠르게 어떤 일을 할 수 있는 능력이다. 그러나 가장 빠른 컴퓨터조차도 풀 수 없는 문제에 대해 많은 잠재적인 솔루션이 있다. 앞에서 설명했던 것처럼 많은 암호 수학 문제도 그러하다. 컴퓨터, 심지어 수백만 대의 초고속 컴퓨터 네트워크조차도 오늘날 알려진 수학 문제의 일부를 풀 수 없기 때문에 현재 의존하고 있는 많은 암호 시스템이 안전한 것이다.

그렇다고 인류가 노력하지 않는다는 것은 아니다. 방어자와 공격자는 모두 어떤 것을 하기 위해 정상적인 시간을 단축하거나 늘리려는 문제와 해결책solution을 찾으려 노력하고 있다. 이런 해결책과 문제는 특정 (최악의 경우) 해결책 대 정상 시간 척도normal time scale를 얼마나 많이 늘리거나 줄이는지에 따라 분류된다.

더 많은 메모리나 빠른 CPU, 더 많은 하드디스크 공간, 또는 더 많은 컴퓨터와 같이 문제를 해결하기 위한 자원을 추가해도 더 빠른 해결책이 없는 경우의 해결책을 상수 시간constant time이라고 한다. 예를 들어 한 사람이 100개의 위젯을 만드는 데 하루가 걸렸다면, 우리가 한 사람을 더 투입해도 여전히 하루가 걸린다면, 추가 자원은 상수 시간 해결책이다. 문제를 더 빨리 해결하려고 한다면, 상수 시간 해결책은 도움이 되지 않을뿐더러 비생산적이다. 공격자를 방어하려는 경우, 공격자의 공격이 상수 시간이라면 그것은 이득이다.

자원을 추가해 해결책이 빨라진다면 공격자에게는 좋지만 방어자에게는 좋지 않다. 자원을 추가했을 때 추가된 각 개인이 만든 것과 같은 수의 위젯이 만들어지는 경우, 이를 선형 시간linear time(또는 direct time)이라고 한다. 예를 들어 한 사람이 10개의 위젯을 만들고, 두 사람이 20개의 위젯을 만들고, 세 사람이 30개의 위젯을 만든다(각자가 10개의 위젯을 만들지만, 함께 더 많은 위젯을 만든다).

하나의 자원을 추가했을 때 이전 자원 집합의 속도가 두 배씩 늘어나는 것을 지수 시간exponential time이라고 한다. 예를 들어 한 사람이 100개의 위젯을 만드는 데 하루가 걸리고, 두 사람은 200개의 위젯을 만들고, 세 사람은 400개의 위젯을 만들고, 네 사람이 800개의 위젯을 만든다. 이진 컴퓨터(즉, 2^n)은 본질적으로 이렇게 작동한다. 한 비트를 추가할 때마다 이전 비트의 2배씩 늘어난다. 컴퓨터 자원이나 알고리즘 지수 시간보다 빠르게 풀 수 있는 경우, 이런 자원을 추가하면 지수 시간보다 작은 시간을 사용해 방어하는 문제에 위협이 된다.

수학자와 암호학자는 지수 시간보다 훨씬 더 많은 노력이 필요한 문제와 해결책을 만들어냈다. 다항식과 제곱근, 이차식, 차례곱^{factorial}과 같은 시간 척도 해결책$^{time scale solution}$은 모두 지수 시간을 크게 개선한 초지수 시간 척도 해결책$^{superexponential time scale solutions}$이라고 한다. 이런 유형의 시간 해결책 개선을 제공하는 모든 자원은 지수 시간 방어에 의존하는 보호에 위협이 된다. 특히 지수 시간을 초과하는 모든 암호 공격은 지수 시간 보호에 의존하는 암호 해결책에 대한 위협이다. 큐비트와 양자 알고리즘은 종종 초지수 문제와 해결책을 제공한다. 지수 시간 이하로 작동하는 암호 문제나 해결책을 읽으면 거의 아무도 신경 쓰지 않는다. 그러나 초지수 시간 척도의 하나에서 작동하는 해결책, 특히 차례곱과 같이 가장 빠른 방법 중의 하나를 읽으면, 암호 시스템 세계의 모든 사람은 그것을 신경 쓴다. 이는 각 자원을 추가하면 '정상적이고' 지수 시간 척도 문제와 해결책에 엄청난 이점을 제공한다는 의미이다.

시간 해결책에 관해 더 많은 관심이 있다면 다음 사이트에서 관련 내용을 확인할 수 있다.

- 롭 벨$^{Rob Bell}$, 빅 O 기호에 관한 초보자 지침서: https://bit.ly/2yVH4xW
- 스택오버플로, 다항식 시간과 지수 시간: https://bit.ly/3Fiinse

양자 알고리즘

양자 알고리즘은 양자 이론과 양자 성질에 의존하는 일련의 (수학적) 단계로, 양자 장치에서 실행하면 특정 결과를 제공한다. 수십 년 동안 양자 컴퓨터가 할 수 있는 많은 것들이 이론적인 논문에서만 설명됐다. 실제 작동하는 양자 컴퓨터와 장치를 갖게 됨에 따라 이론 양자역학의 세계에서 실제 세계로 옮겨 갔다.

과학자들은 특정 양자 알고리즘으로 풀 수 있는 문제를 작동하는 양자 컴퓨터에서 해당 알고리즘을 실행해 그 결과를 확인할 수 있게 됐다. 양자 알고리즘 대부분은 기존 컴퓨터에 비해 속도가 빨라지거나 한때 풀 수 없었던 문제의 유형에 대해 혁명적인 것으로 여겨진다. 궁극적으로 현재의 암호 시스템 대부분은 양자 성질과 컴퓨터 그리고 알고리즘의 조합으로 깨뜨릴 수 있다.

수십 개의 유명한 양자 알고리즘이 있다. https://bit.ly/30LWVdM(위키피디아, 양자 알고리즘)과 https://quantumalgorithmzoo.org(양자 알고리즘 동물원, 대수적 그리고 수론 알고리즘)에서 주요 알고리즘 목록을 확인할 수 있다. 많은 사람이 적어도 이론적으로 양자 컴퓨터가 고전 컴퓨터보다 더 나은 일을 할 수 있다는 것을 증명하고 있다. 어떤 알고리즘은 이론을 넘어서 기존 컴퓨터로 가능한 것보다 양자 컴퓨터를 사용해 더 빨리 실제 문제를 푸는 데 적용할 수 있다. 양자 컴퓨팅과 양자 암호 시스템의 가능성에 필요한 몇 개의 알고리즘이 온라인 양자 및 암호 그룹에서 매일 수천 번씩 논의된다. 다음 세 개의 절은 현재의 고전 암호 시스템을 깨는 것과 관련된 가장 중요한 세 가지 양자 알고리즘이다.

그로버 알고리즘

(잠시 뒤 설명할) 쇼어 알고리즘 이후 로브 그로버$^{Lov\ Grover}$ 알고리즘은 아마도 가장 많이 논의되고 사랑받은 양자 알고리즘일 것이다. 그로버 알고리즘은 본질적으로 모든 비구조적^{unstructured}/무순서^{unordered} 검색 (또는 수학) 문제의 답을 찾는 데 기존 전통적인 이진 컴퓨터보다 양자 컴퓨터가 훨씬 빠르다는 것을 증명했다. 그로버는 고전 컴퓨터에서 했던 것처럼 가능한 모든 N개의 해를 선형적으로 하나씩 계산할 필요 없이 $\log(N)+1$개 큐비트 양자 컴퓨터에서 $\sqrt{N}$번 이내로 답을 찾을 수 있다고 했다. 그로버 알고리즘은 제곱의 작업량 속도를 제공한다.

수학의 답(또는 검색)이 가능한 $1,000,000(N=1,000,000)$개의 답 중의 하나라고 생각해보자. 고전 컴퓨터는 답을 찾기 위해 최악의 경우 $1,000,000$번의 연산을 해야 한다. 그로버 알고리즘은 $7(\log(1,000,000)+1=\log(10^6)+1=6+1))$큐비트 양자 컴퓨터가 같은 연산 횟수의 제곱근, 즉 최대 $1,000(=\sqrt{1,000,000}=\sqrt{(1,000)^2})$번의 연산으로 같은 답을 찾을 수 있다는 것을 증명했다. 제곱근 해법은 본질적으로 지수 문제의 작업량을 반으로 줄여준다.

그로버 알고리즘은 고전 컴퓨터보다 양자 컴퓨터에서 더 빨리 대칭 (그리고 약간의 확장으로 비대칭) 암호키를 크랙하고 일부 유형의 암호화 해시함수를 해결할 수 있다. 전문가들은 대칭키와 해시값의 길이를 두 배로 늘려 양자-이후의 세계에서도 보호를 유지할 것을 권고하고 있다.

푸리에 변환

1830년에 사망한 조셉 푸리에^{Joseph Fourier}는 오늘날 푸리에 급수^{Fourier series}로 알려진 일련의 물리학 통찰력을 제공했다. 푸리에 변환^{Fourier Transform} 알고리즘은 파동(또는 파동함수)을 구성 요소로 변환하는 데, 이는 같은 음식을 분해하고 다시 만드는 데 도움을 줄 수 있는 것과 같다.

NOTE 조리법 우화에 대해 https://bit.ly/3dQDHaa에 감사한다.

푸리에 변환은 파동을 분석해 파동의 봉우리와 값, 진폭(각도), 주파수 그리고 오프셋^{offset}을 이산 값으로 분리한다. 푸리에 변환은 본질적으로 모든 파동함수를 분해해 파동함수의 주파수 성분의 합으로 재구성한다. 푸리에 변환이 양자 입자를 파동-입자 이중성 스펙트럼에 걸쳐 연결하고 변환하는 방법이다.

조리법 우화로 맛있는 채소 수프를 먹는다고 생각해보자. 파동은 완성된 수프이다. 푸리에 변환은 같은 수프 조리법(예를 들어 닭고기 육수 1컵, 깍둑썰기를 한 당근 2컵, 깍둑썰기를 한 양파 1컵 등을 27℃에서 1시간 동안 조리)을 따르는 누구나 똑같은 수프를 만들 수 있으며, 그 반대도 마찬가지이다. (다음에 설명할) 쇼어 알고리즘과 같이 다른 많은 양자 해결책과 알고리즘은 양자-기반 푸리에 변환에 의존한다. 푸리에 변환으로 양자의 입자 기반 성질을 양자의 파동 기반 성질로 변환하고 각각 더 큰 이점을 갖는 곳으로 다시 변환할 수 있다.

쇼어 알고리즘

수학자 피터 쇼어[Peter Shor]는 아마도 현대 시대에 양자 컴퓨팅과 고전 비대칭키 암호 시스템 크래킹과 관련해 가장 널리 알려진 인물일 것이다. 그는 1994년에 발표한 논문 '양자 계산을 위한 알고리즘: 이산대수와 인수분해[Algorithms for Quantum Computation: Discrete Logarithms and Factoring](https://bit.ly/2WB1jKl)'에서 본질적으로 양자 컴퓨터가 매우 큰 소수 방정식을 매우 빠르게 인수분해할 수 있는 방법을 제시했다. 쇼어 알고리즘은 큰 소수로 인수분해하기 위해 적어도 지수 시간 개선과 다항식 시간 개선을 제공한다. 충분히 안정된 큐비트로 된 양자 컴퓨터를 사용하면 쇼어 알고리즘은 초에서 분 단위로 매우 큰 소수 방정식을 인수분해할 수 있다. 쇼어 알고리즘은 예전에도 그랬지만 지금도 여전히 혁신적이다. 논문이 게재되자마자 그의 이론을 검사하기 위한 실용적인 애플리케이션이 있기 전부터 컴퓨터 세계는 즉시 그 의미를 이해했다. 그 양자 컴퓨터는 고전 컴퓨터보다 더 강력해질 수 있으며, 결국에는 더 강력해질 수 있다는 것이다. 암호 전문가들은 오늘날 고전 공개키 암호 시스템 대부분이 끝장나기 십상이라는 것을 바로 알아차렸다! 이것이 이 책을 출판하는 가장 중요한 이유다. 이날부터 암호 세계의 모든 사람은 양자 컴퓨터가 고전 비대칭키 암호 시스템을 깨기 시작하는 날에 대해 걱정하고 있다.

관련된 모든 수학(특별히 복잡하지는 않다. 단지 많은 수식이 있을 뿐이다)을 살펴보지 않고, 쇼어 알고리즘은 양자 컴퓨터가 소수 중의 하나를 무작위로 추측하는 방정식을 사용해 더 빨리 인수분해할 수 있으며, 소수를 더 가까운 추측으로 바꾸어 실제 소수를 재빠르게 발견한다. 쇼어 알고리즘은 무차별 대입법과 비교해 필요한 추측의 횟수를 크게 줄이는 방법으로 관련된 두 소수의 수학적 관계를 사용한다.

쇼어 알고리즘은 두 개의 수학적 관계를 고전적인 무차별 대입 방법에 비해 필요한 추측의 수를 극적으로 줄이는 방식으로 사용한다. 여전히 매우 많은 추측을 해야 하지만 양자의 중첩 성질을 이용해 추측을 하며, 양자 게이트 컴퓨터는 거의 순식간에 추측을 할 수 있다. 이런 모든 추측 안에 올바른 두 개의 소수가 있다. 모든 추측을 쇼어 알고리즘의 '1단계[Stage 1]' 또는 '1부[Part I]'라고 한다.

NOTE 모든 기초 수학과 방정식으로 이루어진 쇼어 알고리즘에 대한 설명에 대해 minutephysics의 '양자 컴퓨터가 암호를 어떻게 깨는가: 쇼어 알고리즘 설명)' 동영상(https://bit.ly/3fXOWQm)보다 더 나은 것을 찾기 어려울 것이다.

2단계에서 피터 쇼어는 많은 추측들 중에서 어떤 추측이 올바른 두 개의 소수인지 빠르게 결정하는 방법을 알아냈다. 이 과정은 비록 수학적으로 이뤄지지만, 시각적 우화를 사용하는 편이 설명하기 더 쉽다(그림 3.5 참조). 추측된 각 소수는 (푸리에 변환을 사용해) 사인파로 변환된다. 그런 다음 각 추측의 사인파는 다른 가능한 추측의 사인파에 더해진다. 두 정답은 가장 높은 봉우리와 가장 낮은 계곡이 있는 결합 사인파가 된다. 다른 모든 틀린 추측의 결합 사인파는 서로 간섭해 더 작은 봉우리와 계곡을 만들어 전체적으로 작은 결합 사인파가 된다. 옳은 두 개의 매우 큰 소수를 찾아야 하는 모든 양자 컴퓨터는 결국 가장 큰 사인파를 찾으면 된다. 쇼어 알고리즘의 마지막 단계는 단체 사진에서 키가 가장 큰 사람을 빠르게 식별하는 것과 매우 비슷하다. 식별은 몇 초밖에 걸리지 않지만 (이론적으로) 몇 분 안에 측정할 수 있다. 두 개의 정확한 숫자를 알아내는 데 고전 컴퓨터는 수십억 년이 걸리는 것과 비교하면 양자 컴퓨터는 훨씬 더 유용하다.

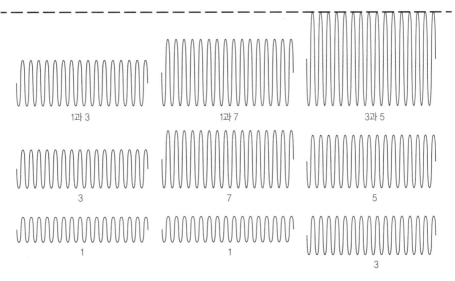

1과 3   1과 7   3과 5

3   7   5

1   1   3

그림 3.5 이해하기 쉬운 작은 소수 방정식을 풀 때 옳은 두 개 소수의 결합 사인파가 가장 크다.

쇼어 알고리즘을 넘어서

쇼어 알고리즘 이후에 만들어진 GEECM(https://bit.ly/3dOk56I)을 포함한 다른 알고리즘들은 쇼어 알고리즘보다 빠르다(https://bit.ly/3bzlOLP). 이는 쇼어 알고리즘은 본질적으로 큰 소수 방정식을 얼마나 빨리 인수분해할 수 있는지에 대한 '최저 기준'으로, 쇼어의 예상보다 훨씬 더 빠르게, 또는 더 적은 큐비트로 인수분해할 가능성이 매우 높다는 것을 의미한다.

또한 (2장에서 설명한) 양자 열풀림 컴퓨터의 하위 분류인 단열 컴퓨터adiabatic computers는 큰 소수로 소인수분해하기 위해 단열 계산adiabatic computation과 관련 단열 정리adiabatic theorem를 사용한다. 실제로 2019년 현재 단열 컴퓨터는 쇼어 알고리즘을 사용하는 범용 양자 컴퓨터보다 더 큰 소수 방정식을 인수분해했다. 그러나 관찰자 대부분은 범용 양자 컴퓨터가 계속 개선됨에 따라 쇼어 알고리즘과 함께 지금까지 단열 컴퓨터가 초창기에 이루어낸 성과를 훨씬 능가할 것으로 믿고 있다. 토끼와 거북이 우화의 딜레마 같은 것이다. 어쨌든 다른 많은 유형의 양자 컴퓨터와 알고리즘에 의해 많은 계산 진보가 이뤄지고 있으며, 이 진보의 상당 부분은 다른 유형의 암호 시스템을 깨뜨릴 수 있는 능력을 가리키고 있다.

그래서 오늘날의 고전 암호 상당 부분을 어떻게 깨뜨릴 수 있는지에 대한 질문은 두 가지 가까운 현실로 대답할 수 있다. 첫째, 양자 컴퓨터는 일반적으로 향후 1~2년 이내에 양자우위를 달성할 가능성이 높으며 고전 컴퓨터가 쉽게 할 수 없는 일을 수행할 수 있게 된다. 비밀 보호에 고전 컴퓨터의 상대적으로 '느림'에 의존하는 암호 알고리즘은 약해질 것이다.

둘째, 양자 컴퓨터가 현재 관련된 암호 시스템에 대해 더 효율적인 양자 인수분해 알고리즘을 수행할 수 있을 만큼 충분히 안정된 큐비트를 달성할 때, 큰 소수 인수분해 문제(또는 이산대수discrete logarithm 문제나 타원곡선 이산대수elliptic-curve discrete logarithm 문제)에 의존하는 모든 암호는 깨질 것이다. 간단히 말해서 양자 컴퓨터는 더 빠르며, 양자 알고리즘을 사용하는 양자 컴퓨터의 양자 성질은 고전 컴퓨터 세계에서만 많은 보호를 제공하는 '수학적 계산을 단축'할 수 있다.

양자가 깨뜨릴 수 있는 것과 깨뜨릴 수 없는 것

양자 컴퓨터와 양자 성질은 알려진 모든 암호 알고리즘을 마법처럼 깨뜨릴 수는 없다. 양자 컴퓨터는 양자 성질과 양자 알고리즘에 취약한 특정 함수에 보호를 의존하는 암호만 깨뜨릴 수 있다. 이 절에서는 양자 컴퓨터가 깨뜨릴 수 있거나 깨뜨릴 수 없는 암호 알고리즘을 살펴본다.

양자 컴퓨팅이 깨뜨릴 수 있는 것

앞에서 설명했던 것처럼 양자 컴퓨터는 정수 인수분해 문제나 이산대수 문제, 타원곡선 이산대수 문제 또는 다른 이와 밀접하게 관련된 수학 문제에 보안을 의존하는 모든 암호 알고리즘을 깨뜨릴 수 있다. 이는 최소한 다음과 같은 암호와 (이런 암호를 사용하는) 일반적인 애플리케이션이 가까운 장래에 깨질 가능성이 높다는 것을 의미한다.

- RSA
- DH 키 교환
- 디지털 서명 알고리즘DSA 또는 유한체 암호 시스템Finite Field Cryptography
- 타원곡선 암호 시스템(또는 타원곡선 디지털 서명 알고리즘Elliptic Curve Digital Signature Algorithm (ECDSA))
- ElGamal
- PKI(디지털 인증서와 디지털 서명 포함)
- HTTPS/TLS
- 많은 VPN
- 하드웨어 보안 모듈HSM, Hardware Security Module
- 스마트카드
- 많은 와이파이 보안
- 암호화폐

- 디지털 인증서에 의존하는 2단계 인증two-factor authentication(예: 빠른 온라인 신원인증 · 확인FIDO, Fast Identity Online 키, 구글 보안 키Google security key)
- 고전 난수 생성기RNG, Random Number Generator

HTTPS/TLS가 포함된 것만으로도 인터넷 암호 대부분이 깨진다는 것을 뜻한다. PKI 관련 암호 시스템이 포함됐다는 것은 대부분의 비즈니스 관련 암호 시스템이 깨진다는 것을 의미한다. 모든 고전 암호가 깨진다는 것은 아니지만 사용별로 볼 때 세상의 많은 부분을 포함한다.

NOTE 암호가 깨질 수 있다는 이 가정은 오늘날 일반적으로 적용되는 모든 애플리케이션에 적용되며, 애플리케이션이 양자-내성 암호를 사용하거나 또는 이식할 수 있다면 쉽게 깨지지 않을 수 있다.

양자 컴퓨팅이 깨뜨릴 수 없는 것

양자 컴퓨터가 깨뜨릴 것 같은 것은 암호와 애플리케이션의 인상적인 목록을 알아보고 있다. 그러나 (적어도 오늘날 우리가 알고 있는 한) 현재의 모든 암호 시스템이 양자 컴퓨터에 취약한 것은 아니다. 양자 컴퓨터와 양자 알고리즘에 취약하지 않은 암호 시스템을 양자-내성quantum resistant 또는 양자-안전quantum-safe 또는 양자-이후post-quantum라고 한다. 이 세 용어 모두 암호학자 대부분이 서로 뒤섞어 사용한다.

양자-내성인 암호 시스템은 다음과 같다.

- '안전한' 키 길이를 사용하는 AES와 같은 대칭키 암호(그리고 GSM 휴대폰에서 사용하는 커버로스Kerberos와 네트워크 전환 하위 시스템Network Switching Subsystem과 같이 대칭키 암호에 의존하는 애플리케이션과 프로토콜)
- '안전한' 해시 길이를 사용하는 SHA-2와 SHA-3 등과 같은 새로운 무결성 해시 함수
- 스트림 암호, SHAKE
- BB84와 BBM, B92, COW, DPS, E91 그리고 SARG04와 같은 양자 키 분배

- 워드 기반 동기 스트림 암호, SNOW 3G
- 초특이 동형 디피–헬만^{SIDH, Supersingular isogeny Diffie–Hellman} 키 교환
- 격자 기반 암호^{Lattice-based cipher}
- 다변량 기반 암호 시스템^{Multivariate-based cryptography}
- 코드 기반 암호 시스템^{Code-based cryptograph}}
- 영지식 증명 암호 시스템^{zero-knowledge proof cryptography}의 일부 형태
- 양자–기반 난수 생성기^(7장에서 설명)
- 양자–기반 암호

이런 양자–내성 암호 중 많은 것을 이후의 장에서 다시 설명한다.

모든 양자–내성 암호와 애플리케이션은 현재 양자–내성이라고 가정하지만 놀랄 만한 새로운 발전이 이루어진다면 미래에 양자 컴퓨팅이나 새로운 알고리즘에 취약해질 수 있다. 말할 것도 없이, 미래에 우리를 보호할 많은 양자–내성 암호와 메커니즘이 있지만 이들조차도 위험해질 수 있다. 이 책의 2부, '양자 해독 대비'에서는 양자–내성 암호와 구현을 설명한다.

> **NOTE** 해킹할 수 없는 것은 없다. 양자–내성 암호조차도, 세상에서 가장 뛰어난 양자과학자가 그렇게 말해도 말이다. 양자 암호와 다른 암호 시스템 장치 그리고 함수는 '해킹할 수 없다'고 읽고 들었을 것이다. 그리고 이론적인 수준에서는 이것이 사실일지 모르겠지만, 현실에서는 사정이 조금 다르다. 인간은 '해킹할 수 없는' 이론이나 성질로 시작할 때에도 해킹할 수 없는 어떤 것을 만들 수 없었다. 양자 성질로 인해 해킹이 더 어려워질 수 있지만, 양자 세계도 이것을 바꾸지 못한다.

대칭키 암호와 해시함수가 양자–내성인 이유 계속 진행하기 전에 대칭키 암호와 해시함수가 특히 양자–내성인 이유를 설명하고 싶다. 현대 디지털 암호 시스템^{modern digital cryptography}은 고전 무차별 대입 공격이 쉽게 성공하지 못하도록 보호 비트 길이^{protection bit size}를 사용한다. 현대 암호 알고리즘이 생성하고 사용하는 암호키를 깰 수 있는 계산 능력이 충분하지 않을 뿐이다. 이는 양자 컴퓨터^(그로버 알고리즘을 사용하더라도)와 양자역학의 믿을 수 없는 성질로 놀라운 속도를 얻을 수 있더라도 계산 능력이 부족하다.

예를 들어 양자 컴퓨터가 한 번에 모든 가능한 답을 생성하기 위해 중첩을 사용할 수 있다고 해서, 양자 컴퓨터가 정답을 골라 고전 세계에 넘겨줄 수 있다는 뜻은 아니다. 양자 컴퓨터가 특정 답을 위해 만들어낼 수 있는 수조 개의 정답을 골라낼 수 있는 방법이 있어야 한다. 이것이 양자 알고리즘의 백미다. 이런 알고리즘은 양자 성질을 이용해 본질적으로 무차별 대입 수학을 '단축'해 우리가 더 적은 추측으로 정답을 찾거나 수조 개의 답에서 정답을 찾을 수 있도록 한다.

쇼어 알고리즘은 간단한 무차별 대입법을 사용하는 것보다 더 빠르게 답을 찾을 수 있고 많은 추측에서 정답을 찾을 수 있는 수학 논리를 갖고 있기 때문에 양자 컴퓨터가 큰 소수 방정식을 인수분해하는 데 도움이 된다. 양자 컴퓨터가 고전 공개키 암호 대부분을 깨뜨릴 수 있는 이유 중 하나는 공캐키 암호가 의존하는 수학이 양자 컴퓨터와 알고리즘이 활용할 수 있는 '약점'을 갖고 있기 때문이다. 쇼어의 뛰어난 재능은 양자 컴퓨터로만 할 수 있는 빠른 수학적 해법을 만들 수 있는 능력이었다.

그러나 모든 문제가 양자 해결책에 지나치게 취약한 특성을 갖고 있지는 않다. 고전 대칭키 암호와 해시함수가 이에 해당한다. 그로버 알고리즘은 제곱근 시간 단축을 사용해 대칭키 보호를 반으로 줄인다. 이는 보호를 현저히 줄이지만 (시간 단축이 다항식이나 2차 또는 차례곱인 경우와 마찬가지로) 치명적이지는 않다.

이런 유형의 암호 시스템을 공격하는 모든 양자 컴퓨터는 고전 컴퓨터보다 훨씬 더 빠를 수 있지만, 키비트의 길이가 여전히 압도적으로 길어 '엄청 빠르다'는 것이 이런 암호나 해시값의 보호력을 크게 약화시키지 못한다.

일반적으로 고전 대칭키 암호와 해시함수의 키 길이를 두 배로 늘리면 새롭고 예측하지 못한 관련 양자 해독 방법이 발견되지 않는 한 예측 가능한 미래까지 양자-내성 상태를 유지할 수 있을 것으로 생각된다. 따라서 단순히 AES-128과 SHA-256 대신 AES-256과 SHA-512를 사용하는 것은 이런 우려에 대한 장기적인 해결책으로 여겨지며, 여러분은 지금 그렇게 해야만 한다. 이 주제에 관한 자세한 내용은 이 주제를 다룬 훌륭한 논문 '현재 암호 시스템에 대한 양자 컴퓨팅의 영향The Impact of Quantum Computing on Present

Cryptography(https://bit.ly/3fUU3R7)'을 참조한다.

> **NOTE** 모든 암호학자가 해시 알고리즘에 대한 모든 공격이 양자 컴퓨터를 사용해 개선됐다고 생각하지는 않는다. 가장 뛰어난 암호학자 일부는 양자 컴퓨터가 고전 컴퓨터보다 어떤 형태의 해시 공격(충돌 쌍 찾기)에서 실제로 더 안 좋다고 생각한다. 이와 관련한 좋은 예로 논문 '해시 충돌 쌍 비용 분석: 양자 컴퓨터가 SHARC(암호 시스템 공격을 위한 특수 목적 하드웨어, Special-Purpose Hardware for Attacking Cryptographic Systems)를 방해할 수 있을까?(Cost Analysis of hash collisions: Will quantum computers make SHARCS obsorlete?(https://bit.ly/2Td5LNj)'를 참조한다.

> **NOTE** 모든 해시 알고리즘이 양자-내성은 아니다. 그로버 알고리즘을 사용하면 더 약한 해시 알고리즘은 더 빨리 깨질 수 있다. 그러나 SHA-2와 SHA-3 그리고 다른 현대 해시 알고리즘은 적절한 키나 해시값 길이를 사용할 때 알려진 양자 공격에 대해 강하고 안전하다고 여겨진다.

여전히 이론적이다

양자우위가 달성될 때(많은 공급업체가 2019년이 될 것이라고 얘기했다)까지 우려되는 모든 암호 해독은 대부분 이론적이라는 것을 명심하는 것이 중요하다. 쇼어 알고리즘은 양자 컴퓨터에서 입증됐다. 쇼어 알고리즘은 예상대로 작동한다. 그러나 지금까지 양자 컴퓨터에서 쇼어 알고리즘을 사용해 인수분해한 가장 큰 소수 방정식은 어린아이도 쉽게 풀 수 있는 $7 \times 3 = 21$이다. 스마트폰은 대부분의 양자 컴퓨터보다 더 많은 원시 계산 능력을 갖고 있다.

> **NOTE** 쇼어 알고리즘으로 인수분해한 가장 큰 소수는 매우 작지만 쇼어 알고리즘을 사용하지 않고 양자 컴퓨터로 인수분해한 더 큰 소수 방정식이 있다. 이와 관련된 내용은 StackExchange의 글타래(https://bit.ly/2Zc7SVx)[6]를 참조한다. 쇼어 알고리즘이 더 큰 소수를 공격하도록 충분히 안정된 큐비트가 만들어졌기 때문에 이런 기록은 곧 깨질 것이다. 추가로, 쇼어 알고리즘은 필요한 큐비트에 대한 하한(또는 어떻게 보느냐에 따라 상한)에 불과함을 명심해야 한다. 쇼어 알고리즘은 1994년에 만들어졌으며, 세상은 이미 쇼어 알고리즘을 구식으로 만든 다른 알고리즘들로 가득 차 있다.

---

6   이 글에 따르면 가장 큰 소수 방정식은 $4,088,459 = 2,017 \times 2,027$이다. - 옮긴이

그러나 양자역학과 양자 컴퓨팅 분야는 항상 이론으로 시작해 현실세계로 이동하는 사이클로 발전해왔다. 양자역학은 1930년대 아인슈타인에 의해 의심의 그림자를 넘어 입증되기 전까지 수십 년 동안 이론화됐다. 양자 컴퓨터의 첫 번째 모델은 1985년 (데이비드 도이치David Deutsch에 의해) 이론화됐고, 1998년 최초로 작동하는 양자 컴퓨터가 만들어졌다. 쇼어 알고리즘은 1994년에 이론화됐으며, 2001년 IBM이 양자 컴퓨터로 입증했다. 양자 컴퓨터는 큐비트 단위로 큐비트를 늘려 가고 있다. 큐비트 안정성과 오류 수정은 매일 더 견고해지고 있다. 지금 몇몇 공급업체는 양자우위가 코앞에 다가왔다고 확신한다. 양자 우위에 도달하면 얼마 되지 않아 고전 암호 시스템도 깨지게 될 것이다. 4장, '양자 암호 해독은 언제 가능할까?'에서 양자 컴퓨터가 고전 암호 시스템 대부분을 깨뜨릴 날에 관해 자세히 설명한다.

요약

3장에서는 양자 컴퓨팅이 고전 공개키 암호 대부분을 깨뜨릴 수 있는 방법을 설명했다. 특히 오늘날 공개키 암호 기법이 보호를 제공하는 방법을 중심으로 암호 시스템의 기초를 설명하면서 시작했다. 그러고 나서 양자 컴퓨터가 그 보호를 깨뜨릴 수 있는 방법과 어떤 유형의 암호 시스템이 양자 해독에 지나치게 취약한지 살펴봤다. 4장에서는 양자 컴퓨터의 이론적 공격이 현실화될 시기를 설명한다.

04

양자 암호 해독은 언제 가능할까?

4장에서는 양자 암호 해독이 가능한 시기와 방법을 결정하는 데 관련된 주된 요인을 다룬다. 많은 양자 컴퓨팅 전문가들이 싫어하는 '정확히 언제 양자 암호 해독이 가능할 것인가?'라는 질문의 답을 줄 것이다.

답변은 항상 '지금으로부터 10년 뒤'였다

피터 쇼어가 양자 알고리즘을 발표한 1994년부터 우리가 양자 컴퓨터를 만들 수만 있다면, 전 세계의 컴퓨터 과학자와 암호학자들은 양자 컴퓨터가 현재의 공개키 암호와 다른 암호 시스템을 깰 가능성이 높다는 것을 알았다. 그래서 양자 컴퓨터가 만들어지기만 하면 암호 해독이 가능해질 때까지 몇 년이나 걸릴지가 문제였다.

이후 20년이 넘는 시간 동안 많은 사람이 암호 해독이 언제 가능해질 것인지 의견을 물었을 때, 우리는 "앞으로 10년 안에!"라고 대답했다. 누가 내게 물어도 나도 항상 같은 말을 했다. "앞으로 10년 안에!"라고 말하는 것은 기본적으로 "우리도 사실 알 수가 없다. 아마도 수십 년이 더 걸릴지도 몰라!"라는 의미로 대충 얼버무린 대답이다.

바로 본론으로 들어가겠다. 언제 가능할지 아무도 모른다. 다른 말을 하는 사람은 최선의 추측을 말하거나 이미 암호를 해독했지만 그것을 비밀로 하려는 어떤 비밀 조직의 일원이다. 암호 해독을 하지 못할 가능성도 있다. 우리는 암호 해독을 할 수 없게 만드는 놀라운 기술적 장벽을 발견할 수 있었다! '절대로' 암호 해독이 가능하지 않을 것이라고 믿는 사람들이 있다. 우리가 양자 컴퓨터로 묘사하고 있는 실체는 어떤 다른 것이며 우리 모두가 잘못 알고 있다고 믿는 사람들이 있다. 그러나 일반적으로 양자물리학을 따르는 보통 사람들에게 양자 암호 해독이 언제 가능할지 물어보면 종종 "앞으로 10년 안에"라고 말하곤 했다.

거의 10년 전 양자 컴퓨팅과 미래의 양자 해독 가능성에 관한 강연을 하고 내려왔을 때, 청중들 중 누군가가 언제 양자 해독이 가능할 것인지 내게 물었다. 나는 늘 그랬듯이 "앞으로 10년 안에!"라고 말했다. 나의 비공식적인 멘토인 저명한 암호학자이자 업계의 유명 인사인 브루스 슈나이어Bruce Schneier는 기조연설을 하기 위해 나를 따라 무대에 오르고 있었다. 그가 내 옆을 지나가면서 조용히 물었다. "로저, 그런 말을 한지 얼마나 됐죠?" 내가 20년 동안 그 질문에 대해 '10년'이라고 대답해왔다는 것을 깨달았다. 시간이 흘렀지만 내 대답은 변하지 않았다. 양자 암호 해독이 가능한 시기를 정말로 내가 알고 있는 것인지 의문이 들었다. 내가 그 시기를 정말로 알지 못한다는 사실을 깨달았다. 아무도 모른다. 그리고 거의 10년 전 일이다.

지금 내게 최선의 추측을 말하라고 한다면, 양자 암호 해독이 이미 이루어졌거나 앞으로 몇 년 안에 가능하다고 말하고 싶다. 나는 앞으로 1~3년 안에 암호 해독이 가능하겠지만 전 세계 대부분이 이에 대한 준비가 됐을 가능성이 크다고 믿는다. 그러므로 내가 이 책을 쓴 이유는 다가올 현실을 더 잘 대비할 수 있도록 내가 할 수 있는 한 돕기 위함이다. 나는 양자물리학자도 아니고 생계를 위해 양자 컴퓨터를 만들지도 않는다. 내가 양자 해독에 관한 예측을 선언하는 것이 나의 직업적 명성을 위태롭게 만든다는 것을 알고 있다.

그렇다면 아무도 확실하게 알지 못하는 상황에서 내가 땅에 말뚝을 박고 특정 일정을 예측하게 된 이유가 무엇일까? 수천 명은 아니더라도 수백 명의 지난날 실패한 예언자들처럼 되는 것은 아닐까? 그들은 성서의 재앙과 소행성 충돌, 입자 가속 반물질 방지 소용돌이 그리고 가능한 모든 원인의 종말 시나리오를 예측했다. 왜 '향후 10년'이라는 말을 멈추고 몇 년 안에 양자 해독이 가능할 것이라고 생각하게 됐을까? 다음 절에서 그 이유를 설명한다.

양자 암호 해독 인자

양자 컴퓨터가 전통적인 암호 시스템을 깨뜨릴 것이라고 생각하는지에 관해 토론할 때, 사람들이 정말로 논쟁하고 있는 것은 양자역학의 현실과 실제 양자 컴퓨터에서의 구현 그리고 양자 컴퓨터가 전통적인 암호 시스템을 깨뜨릴 수 있는 능력에 관한 것이다. 이 절에서는 이러한 여러 인자를 설명하고 현재 우리가 어디에 있으며, 가까운 미래에 어디에 있을지 알아본다. 하나씩 살펴보자.

양자역학은 실재하는가?

그렇다. 양자역학은 실재한다. 1장에서 설명한 것처럼 양자역학과 이와 관련된 많은 양자 성질(광전 효과와 파동 입자 이중성, 얽힘, 불확실성, 꿰뚫기 등) 대부분이 존재한다는 것이 거듭 입증됐다. 양자역학은 세상에서 가장 많이 입증된 정확한 과학 중의 하나다. 양자 성질이 어떻게 왜 작동하는지 알지 못한다. 그리고 양자 성질은 관련된 모든 사람을 혼란스럽게 만들지만 양자역학은 상상에만 존재하는 것이 아니다. 양자역학은 실재할 뿐만 아니라 과학자들이 어떻게 작동할 것이라고 예측한 것이 계속해서 증명됐다. 때때로 세계의 최고 지성들도 양자역학의 '이상한 성질'이 우리가 놓친 다른 것에 기인한다는 것을 증명하려고 시도했다. 그리고 양자역학이 양자역학이 아니라는 것을 증명하려는 모든 실험은 실패로 끝났다. 양자 성질이 존재하고 어떤 방식으로 반응한다는 것을 보여주기 위해 만들어진 실험은 모두 입증됐다. 많은 실험 기록이 있다.

양자 컴퓨터는 실재하는가?

그렇다. 양자 컴퓨터는 실재한다. 오늘날 양자 컴퓨터 대부분은 그다지 강력하지 않지만 (열풀림 양자 컴퓨터는 주목할 만한 예외다), 양자 컴퓨터는 여전히 양자 성질을 사용해 계산하는 것으로 확인됐다. 이는 중요한 사실로 양자 성질이 실재한다는 것을 증명하는 또 다른 방법이다. 실제로 작동하는 최초의 양자 컴퓨터가 등장하기 전까지 우리의 명령에 따라 양자 성질을 포착하고, 이용하고, 관리할 수 있는 가능성은 없었다. 최초의 양자 컴퓨터가 만들어지기 전까지 우리가 가진 것이라고는 양자 컴퓨터가 어떻게 보이고 작동할 것인가에 관한 많은 이론뿐이었다. 1998년에 최초의 실제 양자 컴퓨터가 만들어졌고 우리는 더 이상 걱정할 필요가 없게 됐다. 그리고 그 후 21년 동안 양자 컴퓨터는 매우 흥미진진한 놀이기구가 됐다.

특히 1994년 피터 쇼어의 소인수분해 알고리즘이 공개된 후, 전통적인 공개키 암호 시스템을 깨는 양자 컴퓨터를 걱정하는 데 있어 가장 큰 장애물은 우리가 양자 컴퓨터를 만들 수 있는가 여부였다. 비관론자가 많았지만 4년 뒤 우리는 해냈다.

그 단 하나의 정점에 이른 성취가 없었다면 그 나머지는 아무것도 가능하지 않다. 그러나 우리는 정말로 그것을 해냈다. 현재 서반구에만 80개가 넘는 양자 하드웨어 그룹이 있다는 것을 알고 있으며, 전 세계에는 우리가 알지 못하는 더 많은 양자 그룹이 존재할 가능성이 높다. 가장 큰 장애물은 양자 컴퓨터 한 대를 만들 수 있느냐 하는 것이었으며, 결국 우리는 그걸 해냈다. 가장 어려운 것으로 추정되는 '성취하기 불가능했던' 부분을 해낸 것이다. 첫 번째 큐비트가 가장 어려웠다. 내가 보기에 1큐비트에서 수백만 큐비트로 가는 것이 덜 어려워 보이는 문제인 것 같다.

> **NOTE** 흥미롭게도 매우 현명한 몇몇 과학자는 우리가 여전히 양자 컴퓨팅에 진정으로 도달하지 못했다고 말하고 있으며, 자신들의 주장을 뒷받침하기 위해 과학적으로나 논리적으로 지지받는 주장을 하고 있다. 그러나 새로운 유형의 양자 컴퓨터와 성공적으로 입증된 양자 알고리즘 및 해결책에 대한 일련의 증명으로 인해, 이들의 주장을 고려하는 것조차 어렵게 느껴진다.

중첩은 실재하는가?

그렇다. 중첩은 실재한다. 큰 소수 방정식 인수분해와 같이 한 번에 많은 답을 만들어내지 않고는 풀 수 없는 어려운 고전 컴퓨터 문제를 모두 풀 수는 없다. 사실 가능한 모든 답을 바로 만들어낼 수는 없다. 수천 건은 아니더라도 수백 건의 실험이 중첩이 존재한다는 것을 증명했다. 1996년에 단일 원자가 상태의 중첩을 갖는다는 것이 밝혀졌다(https://tf.nist.gov/general/pdf/1112.pdf). 이후 수조 개의 원자와 수만 개의 분자가 전체적으로 중첩을 갖는 것으로 밝혀졌다(https://arxiv.org/abs/1310.8343). 더 중요한 것은 모든 양자 컴퓨터가 중첩을 주요 양자 성질 중의 하나로 사용한다는 점이다. 양자 컴퓨터는 중첩 없이 존재할 수 없으며 제대로 동작하지 않는다.

피터 쇼어 알고리즘은 현실적인가?

그렇다. 피터 쇼어 알고리즘은 진짜다. 쇼어 알고리즘이 현실 세계에 적용되지 않고 큰 소수 방정식을 빠르게 인수분해할 수 없다면 전통적인 공개키 암호 시스템과 다른 암호 시스템은 가까운 미래까지 안전할 것이다. 지금까지 쇼어 알고리즘을 사용한 양자 컴퓨터가 큰 소수 방정식을 인수분해하지 못했지만, 쇼어 알고리즘을 사용해 쇼어가 예측한 대로 정확히 동작한다는 것을 보여주었다. 2001년 IBM의 초기 양자 컴퓨터는 쇼어 알고리즘을 사용해 소수 방정식을 인수분해했다. 이 질문에 답하자면 우리는 매우 큰 소수 방정식을 인수분해하기 위해 더 안정된 큐비트가 필요하다. 쇼어 알고리즘이 참으로 검증되고 있다는 것은 푸리에 변환과 같이 양자 해독이 의존하는 다른 양자 알고리즘도 정확하고 참이라는 것을 의미한다.

안정된 큐비트를 충분히 갖고 있는가?

아니다. 우리는 안정된 큐비트를 충분히 갖고 있지 않다. 이것이 양자 컴퓨팅에서 현재의 목표다. 임의의 소수 방정식을 인수분해하기 위해 쇼어 알고리즘을 실행하기 위해서는 $(2 \times n) + 3$개의 안정된 큐비트가 필요한데, 여기서 n은 깨뜨리고자 하는 암호의 키 비트 수다. 따라서 2048비트 키를 사용하는 RSA 암호를 깨기 위해서는 $4,099(= (2 \times 2048) + 3)$개의 안정된 큐비트가 필요하며, 4096비트 키의 RSA 암호를 깨기 위해서는 $8,195(= (2 \times 4096) + 3)$개의 안정된 큐비트가 필요하다. 그리고 우리는 (암호를 깨기 위한) 올바른 종류의 컴퓨터에 안정된 큐비트가 있어야 한다. 쇼어 알고리즘은 (2장에서 설명한 것처럼) 양자 열풀림 컴퓨터에서 그다지 유용하지 않다. 지금까지 (이 글을 쓰는 동안) 우리는 100개 이하의 범용 양자 큐비트만을 갖고 있을 뿐이며, 이 큐비트들조차 우리가 필요로 하는 것만큼 안정적이지 않다. 이 숫자는 우리가 필요로 하는 4,000개 이상의 큐비트 (또는 일부 계산에 따른 보조 큐비트를 포함하면 전체 큐비트의 개수는 40억 개)와는 거리가 멀다. 문제는 안정된 큐비트의 숫자가 얼마나 빨리 증가할 것인가 하는 것이다.

나는 인간의 창의력에 대해 이렇게 말하고 싶다. 우리가 매우 어려운 하드웨어를 이해하기만 하면, 우리는 그 하드웨어를 많이 만들어내는 것을 정말 잘할 수 있다. 제2차 세계 대전에서 앨런 튜링과 그의 팀은 (수백 명의 동맹국들이 해낸 이전의 작업을 바탕으로) 마침내 독일의 에니그마^{Enigma} 암호를 해독하는 데 필요한 것을 알아냈다. 튜링은 기본적으로 실제로 동작하는 최초의 컴퓨터를 발명해야 했는데, 실제로 해냈다. 그러고 나서 수백 대의 컴퓨터가 필요하다는 것을 알아냈다. 그리고 그는 수백 대의 컴퓨터를 얻었다. 최초의 라디오와 텔레비전은 만들기가 더 어려웠다. 다음 수백만 개를 만드는 것은 그리 어렵지 않다. 여러분은 어떤 것이 최초로 만들어질 때까지 수백에서 수천 년이 걸렸다고 말할 수 있을 것이다. 보통 다음 백만 개는 50년이 채 걸리지 않는다. 최초의 초안정 큐비트가 가장 어렵다. 한 개에서 수백만 개로 가는 것은 어려운 일이 아니다.

동시에 많은 과학자가 필요한 큐비트의 수를 줄이기 위해 쇼어 알고리즘의 인수분해 최적화 작업을 수행하고 있다. 쇼어 알고리즘은 상한(즉, 필요한 최대 큐비트의 개수)이 아니라 하한이다. 안정된 양자 큐비트의 개수도 개선돼 감에 따라 쇼어 알고리즘도 크게 개선될 가능성이 높기 때문에 필요한 큐비트의 수도 줄어들 것이다. 그래서 오늘날 적어도 공개적으로는, 안정된 큐비트를 필요로 하는 만큼 갖고 있지 않지만, 두 개의 접근 방식을 절충해 상승 효과를 얻는 방식으로 나아가고 있다. 한 가지 접근 방식은 더 안정된 큐비트를 추가하는 것이고, 다른 접근 방식은 처음부터 더 적은 개수의 안정된 큐비트를 사용하는 것이다.

큐비트 안정성과 오류 정정

현재 양자우위와 양자 암호 해독에 필요한 양자 결맞음과 결깨짐이 있는가? 아니다. 큐비트의 개수만큼 안정성과 오류 정정error correction이 증가하고 있다. 매 분기마다 안정성과 오류 정정 모두 크게 개선되고 있는 것처럼 보인다. 우리가 지금까지 알고 있는 가장 안정된 양자 컴퓨터 유형인 마이크로소프트의 마요라나 페르미온과 IonQ의 이온덫이 더 많은 큐비트를 추가할 가능성이 매우 높다. 그리고 이들의 큐비트 각각은 매우 안정된 큐비트이다. 이들 공급업체는 갖고 있는 것을 안정화하고 오류 정정을 하기 위해 노력하기보다는 큐비트를 추가하는 데 더 많은 시간과 자금 그리고 기타 자원을 투입할 수 있다. 오류 정정을 많이 하는 다수의 큐비트와 안정된 기간이 적은 큐비트 간의 경쟁에서 어떤 양자 기술이 이길지 보는 것도 흥미롭다.

양자 자원과 경쟁

우리가 조만간 기존의 양자 문제를 해결할 가능성이 있다는 아주 강한 징후 중의 하나는 남은 문제에 대해 필요한 자원의 양이다. 모든 주요 국가들은 수십조 원을 쓰고 있다. 많은 국가가 정부의 최우선 과제로 삼고 있으며, 심지어 작은 나라들도 더 큰 나라들과 협력하고 있다. 각 국가의 가장 큰 기술 및 컴퓨터 회사들이 최고의 대학들과 함께 참여하고 있다. 이는 불과 50년 전의 또 다른 세계적인 프로젝트를 떠올리게 한다.

1950년대에는 1969년까지 사람이 달에 있을 것이라고 생각하는 사람이 거의 없었다. 더욱 놀라운 것은 존 F. 케네디^{John F. Kennedy}의 유명한 1961년 선언이 있기 전까지는 미국에서 우주비행사를 달에 보내려는 계획을 추진하지 않았다는 것이다. 8년 후, 수많은 실수와 사고가 발생한 후에야 미국의 우주비행사들이 달에 착륙할 수 있었다. 나는 최초가 되기 위해 같은 양의 세계적인 자원을 집중해 경쟁하는 다른 프로젝트를 생각할 수 없다. 양자 컴퓨팅 경쟁은 확실히 내게 달 탐사 프로젝트처럼 느껴진다.

우리가 꾸준히 개선하고 있는가?

그렇다. 우리는 꾸준히 개선하고 있다. 이런 모든 세계적인 자원과 경쟁은 양자 컴퓨팅의 모든 것을 꾸준히 개선하게 만들고 있다. 큐비트의 수가 증가하고 있다. 큐비트 안정성이 높아지고 있다. 오류 정정이 더 좋아지고 있다. 양자 논리 게이트의 속도가 높아지고 있다. 양자 컴퓨터 유형의 수가 증가하고 있으며, 개선된 양자 발명이 거의 매주 나오고 있다.

더 많은 양자 알고리즘이 발명되고 있으며 오래된 알고리즘은 작동하는 양자 컴퓨터에서 사용되고 있는 것으로 증명됐다. 여러 양자 프로세서를 사용할 수 있다. 현재 12개가 넘는 양자 프로그래밍 언어와 스크립팅 언어 그리고 컴파일러가 있다. 양자 네트워킹은 더 이상 꿈이 아니다. 양자 난수 생성기가 사용되고 있다. 여러 공급업체들은 양자우위가 눈앞에 와 있다고 생각한다. 사람들이 해결할 수 없다고 생각하는 큰 좌절이나 장애물은 없는 것 같다.

일부 비평가들은 양자 컴퓨팅과 양자 해독을 핵융합^{neclear fusion}에 비유한다. 핵융합은 둘 이상의 원자 핵^{atom nuclei}이 결합해 하나가 되는 것이다. 핵융합은 많은 양의 에너지를 만든다. 태양이 열과 에너지 그리고 빛을 만들어 내는 방식으로 태양이 지구에 동력을 공급하는 에너지 기술이라고 오랫동안 여겨져 왔다. 그러나 80년이 넘는 연구 개발과 수조 원을 투자했지만 우리가 처음에 생각했던 것만큼 가까워진 것 같지는 않다. 비평가들은 양자 컴퓨팅을 차세대 융합 자금 수요^{cash call}라고 한다. 이들은 양자 기반 그룹들이 대규모 자금을 지원받기 위해 양자 컴퓨터의 가능성을 지나치게 과장하고 있다고 생각한다.

그러나 핵융합 연구와 양자 연구 사이에는 큰 차이가 있다. 핵융합 연구는 수십 년간 거의 발전하지 못했다. 실험 대부분이 사실상의 실패다. 아직 작동하는 핵융합로가 없다. 양자 세계에서는 작동하는 장치가 있다. 우리는 지속적으로 개선해나가고 있다. 지속적으로 발전하고 있다. 양자 연구는 점점 더 어려워지거나 늦춰지는 과학으로 보이지는 않는다. 정반대다.

전문가 의견

마지막으로 오랫동안 거의 모든 양자 컴퓨팅 전문가들은 양자우위가 적어도 10년은 늦춰졌다는 것에 동의했다. 이제 의견이 충돌하기 시작했으며, 점점 더 많은 사람이 양자우위가 불과 1~2년 정도 남아 있다고 생각하기 시작했다. 많은 양자 컴퓨팅 전문가는 양자 암호 해독이 불과 몇 년밖에 남지 않았다고 믿고 있다.

캠브리지 양자 컴퓨팅^{Cambridge Quantum Computing}의 사업 개발 과학 책임자인 마크 잭슨^{Mark Jackson}은 그런 사람들 중 한 명이다. 그와 캠브리지 양자 컴퓨팅은 몇 가지 다른 양자 컴퓨팅 프로젝트를 돕고 있다. 그는 양자 컴퓨팅 기술 분야에서 두각을 나타내고 있으며, 양자 컴퓨팅이 현재 어디쯤 와 있으며 향후 몇 년 뒤에 어디로 갈 것인지 알고 있다. 그는 양자 암호 해독이 향후 몇 년 안에 그리고 확실히 10년 이내에 가능하게 될 것이라고 공개적으로 예측해왔다. 이는 우리가 말하곤 했던 "앞으로 10년 안에"와 같이 얼버무리는 것이 아니다. 그 당시만 해도 양자 컴퓨터가 없었고, 작동하는 양자 컴퓨터도 100대도 안 됐으며, 전 세계 팀도 없었을뿐더러, 문제 해결에 수십조 원이 들었다. 그의 의견은 "우리가 정말로 모른다"는 대답이 아니라 기존 양자 컴퓨팅 과학에서 꾸준하고 체계적인 진보에 기초한 대답이다. 무엇보다 잭슨은 혼자가 아니다.

양자 사이버 해독은 언제 가능할까?

전통적인 암호 시스템을 깨는 데 필요한 모든 요인을 고려했을 때, 조간만 가능하리라는 강력한 주장이 제기될 수 있다. 일부 전문가들은 향후 50년 이내에 이런 일이 일어나지 않는다면 오히려 더 놀랄 것이라고 말한다. 말이 나왔으니 하는 말이지만 양자 암호 해독이 언제 가능할지는 아무도 모른다. 합리적인 사람이라면 가능한 모든 시기 선택 시나리오^{timing scenario}를 살펴보고 어떤 시나리오가 위험 조정 기준^{risk-adjusted basis}으로 더 합리적인지 고려해야 한다.

시기 선택 시나리오

양자 암호 해독이 가능해지는 (또는 불가능해지는) 시기는 크게 네 가지 경우가 있다. ① 이미 가능하지만 우리는 알지 못한다. ② 향후 몇 년 안에 가능하다. ③ 몇 년 안에 가능하지는 않지만 결국 가능하게 될 것이다. ④ 아예 불가능할 것이다. 이는 가능한 네 가지 결과로 다음 절에서 더 자세히 설명한다.

이미 가능하다

양자우위와 양자 암호 해독을 이미 민간단체에서 달성했지만 나머지 공공 세계는 단순히 그 사실을 알지 못할 가능성이 매우 높다. 주요 국가의 정부가 양자우위를 달성했고, 특히 양자 암호 해독을 최초로 수행할 수 있다면 모든 성과를 가져가기 위해 자신들의 성취를 비밀로 할 것이라고 생각한다.

> **NOTE** 각국의 정부는 암호 비밀을 잘 지키고 있다. 영국정보통신본부(GCHQ, Government Communications Headquarter)의 클리포드 콕스(Clifford Cocks)는 우리가 RSA 암호라고 부르는 것을 1973년도에 만들었으며, 말콤 J. 윌리암슨(Malcolm J. Williamson)은 디피-헬만이라는 것을 1974년에 발견했다. 곧이어 두 사람 모두 미국국가안보국(NSA, National Security Agency)으로 넘어갔다. 1976년 디피와 헬만 그리고 머클의 재발명(re-creation)과 1977년 RSA의 재발명의 공개적

인 발표로 인해 영국이나 미국 정부는 수십 년 동안 암호 알고리즘이 그 이전부터 존재했다는 것을 인정할 수가 없었다. 실제로 영국 정부는 1997년(24년 후)까지 공개키 암호 시스템을 최초로 발명한 것을 인정하지 않았다.

세계 첩보기관 대부분은 양자 암호 해독 기술을 얻어서 가능한 한 오랫동안 비밀로 유지하길 원한다. 그러고 나면 이들은 여전히 전통적인 공개키 암호 시스템에 의존하고 있으며, 사용하기에 안전하다고 생각하는 많은 단체와 다른 정부를 감시할 수 있다. 나는 암호 전문가 대부분이 공공부문의 누군가나 일부 기관이 양자 암호 해독 기술을 얻기 전에 자신들의 정부가 제일 먼저 양자 암호 해독 기술에 접근할 수 있다면 그 사실을 비밀로 유지하기를 바랄 것이라고 믿는다.

이 이론은 몇몇 국가와 회사가 이미(2019년 이전) 양자우위를 달성했거나 양자우위에 거의 도달했다고 주장했기에 더욱 흥미롭게 느껴진다. 여기에는 구글과 IBM 그리고 알리바바가 포함된다. 그리고 갑자기 그 많던 사람들이 침묵하고 있다. 많은 사람들이 그 이유를 궁금해하고 있다. 개인적으로 그 가능성에 대한 특별한 실제 지식이 없는 상태에서 내 최선의 추측은 이 시나리오가 사실일 확률을 15%로 본다.

향후 몇 년 안에

나를 포함해 다른 많은 사람은 양자우위와 양자 암호 해독이 불과 몇 년밖에 남지 않았다고 생각한다. 이는 분명히 다수의 견해는 아니지만, 이 견해는 매일 증가하고 있다. 양자우위는 내년 정도에 달성될 것 같다(구글과 IBM 등이 이 사실에 대해 목소리를 높여왔다). 구글과 IBM이 예측하는 것에 동의하는 것은 큰 위험은 아니라고 생각한다.

양자우위를 달성했을 때의 의미는 또 다른 문제다. 양자우위는 양자 컴퓨터가 고전 컴퓨터가 할 수 없는 것을 해내는 역사적인 전환점의 순간이 될 것이지만 측정 가능한 수준에서 세상이 바로 달라진다는 것을 의미하지는 않는다. 양자우위를 달성한 다음날은 많은 일의 시작이다. 의심할 여지없이 많은 위대한 발견으로 이어질 것이다. 그러나 그 모든 일들이 하루만에 이뤄지지는 않을 것이다. 전기와 전구, 라디오, 전화기, 텔레비전 그리고 인터넷이 발명됐을 때와 마찬가지로 노동의 결실 대부분이 달성될 때까지 몇 년이 걸릴 것이며, 점진적으로 진보할 것이다.

양자 암호 해독은 절대적으로 양자우위 뒤를 따르겠지만 이 시점에서 그 시기를 예측하기가 불가능하다. 가장 중요한 문제는 범용 양자 컴퓨터 공급업체가 100개 이하의 안정된 큐비트를 4,000개 이상으로 늘리는 데까지 얼마나 걸릴 것인가 하는 것이다. 큐비트 안정화와 오류 정정 방법을 '알아낸다면' 큐비트의 개수가 상당히 빠르게 늘어날 가능성이 크다.

고전 세계에서 실리콘 조각에 트랜지스터를 많이 장착하는 방법을 알아낸 다음부터 (무어의 법칙으로 알려진 예측에 따라) 트랜지스터의 수는 18개월에서 2년마다 두 배씩 증가했다. 마이크로프로세서의 초창기와 비유할 수 있을지 모르겠지만 특정 유형의 양자 컴퓨터와 함께 만들어지고 사용될 수 있는 큐비트의 수는 지금까지 예측 가능한 방법보다 덜 증가했다. 표 4.1은 (단순 비교로서) 연도별 열풀림annealing과 비열풀림non-annealing 유형에 따라 다양한 양자 컴퓨터에서 사용하는 큐비트 개수를 보여준다.

표 4.1 연도별 양자 컴퓨터에 사용된 큐비트의 수

연도	비-열풀림	열풀림
1998	3	
2000	7	
2006	12	
2007		28
2012		84
2015		1000
2017	50	2000
2018	72	

2장에서 설명한 것처럼 양자 컴퓨터와 양자 컴퓨터의 속도 그리고 양자 컴퓨터가 성취할 수 있는 것은 큐비트의 개수 이상이라는 것을 기억하는 것이 중요하다. 지금까지 양자 컴퓨터의 역사를 살펴보면 거의 모든 구성 요소뿐만 아니라 이전에는 존재하지 않았던 새로운 구성 요소와 그 조합도 개선되고 있다. 우리는 모든 양자 제조 분야에서 꾸준한 개선이 이루어지고 있다는 것만 알고 있다. 나는 이 시나리오의 가능성을 30%로 본다.

향후 몇 년 뒤에

이는 본질적으로 '향후 10년 이내'라는 일반적인 대답이다. 앞으로 몇 년 안에는 양자 암호 해독이 가능하지는 않겠지만 양자우위와 양자 암호 해독은 언젠가 가능하게 될 것이다. 양자과학자 대부분은 이 범주에 속한다. 이 시기 선택 시나리오와 앞의 대답('향후 몇 년 안에')과의 주목할 만한 차이점 중 하나는 양자 컴퓨터 제품을 직접적으로 연구하고 있는 양자과학자들은 10년 이내에 가능할 것으로 생각한다는 것이다. 이는 주목할 만한 사건이다. 과학자들은 언제 가능할지 확신하지 못하지만 앞으로 5년에서 7년 안에 가능할 것이라고 생각하고 있으며, 우리가 10년을 기다려야 한다고는 생각하지 않는다. 이는 사고의 큰 변화이다. 물론 양자우위와 양자 암호 해독이 수십 년 늦춰질 수 있다. 결국 언제 가능할지 아무도 알지 못한다. 나는 이 시나리오의 가능성을 50%로 본다.

아예 불가능하다

소수의 양자 컴퓨팅 전문가들은 양자 암호 해독이 가능하지 않을 것으로 생각한다. 이들은 대규모의 양자 컴퓨팅에서 남아 있는 문제들도 극복할 수 없는 것으로 본다. 어떤 사람들은 심지어 오늘날 우리가 갖고 있는 양자 컴퓨터가 진정한 양자가 아니라고 주장한다. 이들은 우리가 아직도 충분히 알지 못하는 세상에서 보고 싶은 것을 보고 있다고 주장한다. 이들은 우리가 만든 양자 컴퓨터의 각 유형이 결국 우리가 오늘날 만들어낸 허접한 주판과 같은 장비를 넘어 진정으로 발전하는 것을 방해하는 문제에 직면하게 될 것이라고 믿는다. 이들의 신념을 통제 불능으로 무시할 수는 없다. 이런 믿음을 가진 사람들 일부는 우리 세계에서 가장 뛰어난 사람들에 속한다. 이들은 우리들 대부분보다 양자 컴퓨팅에 관해 훨씬 더 많이 알고 있다.

그래도 나는 이 시기 선택 시나리오에 돈을 걸지는 않을 것이다. 아인슈타인을 비롯한 많은 뛰어난 사람들은 자신들이 깎아내렸던 양자 성질이 결국 존재한다고 입증됐음에도 죽기 전까지 양자역학의 완전성에 의문을 품었다. 나는 이 시나리오의 가능성을 5% 이하로 본다. 더 중요한 것은 가장 박식한 양자과학자와 미국 정부의 대다수가 이 마지막 시기 선택 시나리오를 별로 믿지 않는다는 것이다(다음 절에서 더 자세히 설명한다).

내가 이 문제에 관해 가장 좋아하는 인용문 중 하나는 텍사스 오스틴대학교의 양자학 교수 스콧 애론슨Scott Aaronson의 저서 『스콧 애론슨의 양자 컴퓨팅 강의Quantum Computing Since Democritus』(에이콘, 2021)에 있는 글이다.

> 확장 가능한 양자 컴퓨팅이 불가능하다는 것으로 입증되면, 나는 가능하다고 입증된 것보다 천 배 이상으로 흥분할 것이다. 이런 실패는 양자역학 자체에 대한 우리의 이해, 즉 물리학의 혁명이 뭔가 잘못됐거나 불완전하다는 것을 암시하기 때문이다!

언제부터 대비해야 하는가?

그래서 스스로에게 "양자 컴퓨팅 전문가 중 어느 누구도 양자 암호 해독이 언제 가능할지 모른다면, 우리가 지금 다가오는 양자 암호 해독에 언제부터 대비를 시작해야 할까?"라고 물어볼지도 모른다. 수십 년은 아니더라도 몇 년이 걸릴지도 모르는 일에 집중하기 위해 귀중한 시간과 자원을 허비하는 것을 염려할 수도 있다. "컴퓨터 보안의 세계에서 걱정해야 할 것들이 많이 있는데, 그중 많은 것이 이론적이며 그림의 떡이고, Y2K 같은 문제보다 훨씬 더 긴급한 문제다!"라고 생각할 수도 있다. 그리고 특히 여러분의 동료 컴퓨터 보안 담당자 대다수가 현재 이에 대해 전혀 모르고 있고 아무것도 하지 않고 있기 때문에 여러분이 이런 생각을 했다는 것에 용서받을 수 있다. 심지어 '보수적 입장'을 취해서 양자우위와 양자 암호 해독이 실제로 가능해질 때까지 기다리면서 자원을 최대화하고 있다고 생각할 수도 있다. 물고기들이 포식자로부터 도망칠 때 동시에 합의에 따라 움직이는 것처럼 실제 위협이 마침내 실제로 다가왔을 때 많은 사람이 반응하기를 기다리는 것이 더 안전하다고 느낄지도 모른다. 해독이 가능하다고 할 때까지 기다리는 것이 효율적이면서 비용 대비 효과가 가장 높다고 생각할 수도 있다.

아무도 정답이 무엇인지 알지 못하는 시기 선택 시나리오와는 달리, 여러분과 여러분 조직이 양자우위와 다가오는 양자 암호 해독을 언제부터 대비해야 하는지에 대한 대답은 바로 지금이다! 지금 해야 할 일들(이 책의 2부에서 다룬다)이 많이 있는데, 지금부터 시작하면 비용이 적게 들 뿐만 아니라 쉽게 할 수 있다. 그리고 양자 해독이 가능할 때까지 기다리는 것은 조직의 비밀을 보호하기에는 너무 늦을 가능성이 있다. 여러분의 경쟁자나 여러분의 조직에 관심을 가진 국가가 여러분이 가장 민감하게 보호하고 있는 데이터에 관해 충분히 신경을 쓴다면, 그들은 이미 여러분의 암호화된 데이터를 빼내고 있을 것이며, 양자 컴퓨팅을 사용해 암호화된 데이터를 들여볼 수 있는 날을 기다리고 있을 것이다. 경쟁자에게 유용할 만한 민감한 데이터가 전혀 없다고 생각하더라도, 지금 양자-이후의 세계를 준비하기 시작하는 것이 분명히 비용이 적게 들며 더 효율적이다. 이는 나 혼자서만 권고하는 것이 아니다.

NSA는 지금이라고 말한다

2016년 NIST와 국가안보국, 중앙안보서비스CSS, Central Security Service는 지금이 '양자-이후' 세계를 준비하기 시작해야 할 때라고 말했다. 이들은 NSA/CSS 정보 보증 부서 상용 국가 안보 알고리즘 모음과 양자 컴퓨팅 FAQNSA/CSS Information Assurance Directorate Commercial National Security Algorithm Suite and Quantum Computing 문서(https://bit.ly/3cIhWZr)에서 그렇게 말했다. 양자-이후 준비와 관련해 'NSA는 양자 컴퓨팅의 진보에 따라 준비해야 할 시기는 지금이 적기라고 생각한다'고 솔직하게 밝히고 있다.

만약 여러분 조직의 누군가가 양자우위와 다가오는 양자 암호 해독에 대비해야 하는지 묻는다면 그들에게 이 문서와 특히 이 절을 보여주길 바란다. 매우 명확할 것이다. 그리고 이 문서는 적어도 3년(2019년 기준) 전에 작성됐다. 그래서 가능한 시기 선택 시나리오와 그 가능성과는 상관없이 최고의 과학자와 양자 컴퓨팅의 발전과 남아 있는 기술적 장애물에 가장 친숙한 사람들은 지금부터 준비해야 한다고 세상에 말하고 있다. 이들에는 양자 암호 해독이 불가능하다는 가능한 시기 선택 시나리오의 마지막인 비용 대비 편익 주장이 보이지 않는 것처럼 들린다.

국립과학원은 지금이라고 말한다

2018년 미국국립과학원National Academy of Sciences은 '양자 컴퓨팅: 발전과 전망Quantum Computing: Progress and Prospects(https://bit.ly/2YfULjQ)'이라는 제목의 합의 연구 보고서를 발표했다. 중대 발견 1은 RSA 2048비트에 대한 양자 컴퓨팅 해독 전망은 적어도 10년은 걸린다는 것이다. 이는 내가 읽었던 양자 해독이 언제 가능할 것인지에 관한 것 중에서 가장 편안한 결론 중 하나다. 하지만 뒤이은 발견 10의 내용은 다음과 같다.

> 현재 암호 시스템의 암호를 해독할 수 있는 양자 컴퓨터 개발에 10년 이상 걸리더라도 그런 기계의 위험성은 충분히 높으며, 새로운 보안 프로토콜로 전환하기 위한 시간은 충분히 길지만 불확실하다. 즉, 양자-이후 암호 시스템의 개발과 표준화, 구축의 최우선 대응은 잠재적인 보안과 프라이버시 재난의 가능성을 최소화하는 데 중요하다.

즉, 지금 당장 준비를 시작해야 한다.

모스카의 부등식

2015년 캐나다 워털루대학교University of Waterloo의 미슐레 모스카Michele Mosca는 양자 컴퓨터가 기존 양자-내성 암호 프로토콜을 깨기 시작하는 데 걸리는 시간보다 우리의 컴퓨터 시스템을 고전 시스템에서 양자-이후로 전환하는 데 걸리는 시간에 우리의 데이터가 안전하기를 바라는 시간이 추가돼야 할 때 우리가 양자 컴퓨터의 영향에 신경을 쓰기 시작해야 한다고 말했다. 예를 들어 중요한 데이터를 향후 10년 동안 보호해야 하고 시스템 전환에 5년이 걸린다면 양자–이후 세계가 되기 15년 전에 양자–이후 시스템으로의 전환을 시작해야만 한다. 모스카가 자신의 결론을 처음 발표할 때, 미래의 시점을 2020년이라고 했지만 일반적인 여론은 많은 조직이 2017년부터 높은 데이터 보안을 요구하기 시작했다는 것이다. 모스카 부등식Mosca's inequality에 관한 케임브리지 양자 컴퓨팅의 공동 창업자 일리아스 칸의 좋은 글은 https://bit.ly/2XZT7nM에서 볼 수 있다. 9장에서 모스카의 부등식을 자세히 설명하도록 한다.

발생 시나리오

문제를 조금 복잡하게 만들어보면 양자우위와 양자 암호 해독이 가능해질 때 '발생' 시나리오가 어떻게 보일지 누구도 확신하지 못한다. 양자우위를 달성할 수 있으면서 암호를 깰 수 있는 능력이 소수의 손에만 머물 것인지, 그렇지 않다면 전 세계가 몇 년 안에 그 능력을 사용하는 공개키 암호 시스템의 발견과 같은 능력을 갖게 될까? 이것이 가능할지 그리고 언제 가능할지 가능성 있는 몇몇 발생 시나리오를 살펴보자.

국가가 양자 컴퓨팅을 강제하는 경우

많은 나라가 양자우위와 양자 암호 해독을 최초로 달성하기 위해 수십억 원을 쏟아붓고 있다. 양자 컴퓨터를 규모 있게 구축하려면 수백조 원이 아니라 수천조 원의 투자가 필요하다. 한 가지 가능한 발생 시나리오는 하나 이상의 국가가 서로 몇 년 안에 이런 양자 목표를 달성하고 권력을 독점하는 것이다. 정부는 가능한 한 적은 노력으로도 오늘날의 디지털 암호를 깰 수 있는 양자 능력quantum ability 때문에 양자 기계quantum power를 보호하고 제한할 것이다. 정부는 일반 대중에게 양자 기계를 공개하기 전에 발생할 수 있는 피해damage를 제한하고, 자국의 비밀을 적절하게 보호하고 싶을 것이다.

이 시나리오는 대부분의 국가가 핵무기를 취급하는 방식으로 볼 수 있다. 국가 차원에서 큰 비용으로 핵무기를 만들며, 만들고나서부터는 고도로 보호한다. '핵클럽 nuclear club'에 들어가려는 각 국가는 맞서 싸워야 하며, 일단 클럽에 들어가고 나면 클럽 회원 대부분이 미래의 회원 가입을 막으려고 노력한다. 핵무기를 승인받은 일급 기밀 정부기관 이외의 사람 손에 핵무기가 넘어가는 것을 막기 위한 법이 국가적으로 그리고 세계적으로 시행되고 있다.

양자 컴퓨팅을 핵무기와 동일시하는 것에 회의적일 수도 있지만, 많은 정부가 강력한 암호 시스템을 일급 국가기밀로 취급한다는 것을 명심해야 한다. 영국과 미국은 공개키 암호 시스템이 공공 영역에서 사용된 후 수십 년 동안 영국이 발명했다는 것을 공개하지 않았다. 오늘날에도 미국을 포함한 많은 큰 나라의 개인과 기업은 다른 나라에 강력한 암호 시스템을 수출하는 것을 막고 있다. 다른 나라의 사람들이 강력한 암호 시스템을 다운로드할 수 있도록 인터넷에 올리는 것조차 범죄가 될 수 있다. 강력한 암호 시스템은 '군수품'으로 간주돼 미국수출통제법에 따라 보호받고 있다. 국가 암호 시스템 수출에 관한 법률을 따르지 않는다면 반역으로 간주돼 사형 선고를 받을 수 있다.

과거에는 많은 사람이 소프트웨어 제품과 인터넷에서 널리 사용되고 있는 암호 알고리즘을 공유해 반역죄로 처벌받았다. 1990년대 초 필립 짐머만 Phillip Zimmerman(https://bit.ly/30A12cO, https://bit.ly/3fbesQJ)은 자유롭게 다운로드할 수 있는 PGP Pretty Good Privacy 소프트웨어 프로그램(https://bit.ly/2Alw5yx)에 공통 암호 표준을 사용했다는 이유로 미국 정부로부터 위협을 받은 국제 암호 순교자가 됐다.

만약 국가가 양자 컴퓨팅을 국가만 사용할 수 있다고 생각했다면 그렇게 할 것이라고만 말하는 것으로 충분하다. 정부가 양자 컴퓨팅을 허용할 가능성을 배제하는 것이 아니라 일반 대중이 전통 암호 시스템을 깰 수 있더라도 깨는 행위를 불법으로 만들 가능성이 있다. 정부는 양자 컴퓨팅 제조업체가 전통적인 공개키 암호 시스템을 깨는 데 자신들의 컴퓨터를 사용하는 것을 금지하는 법을 만들 수도 있다. 쇼어 알고리즘이 불법이 될 수 있을까? 쇼어 알고리즘이 불법이라면 쇼어 알고리즘을 구현한 혐의로 체포될 수 있을까?

다시 말하지만 여러분은 가능성에 대해 회의적일 수도 있겠지만 미국의 실제 화폐의 인쇄를 막기 위해 미국 정부가 프린터와 스캐너, 및 복사기(그리고 팩스와 사진 편집 소프트웨어와 같은 다른 장치)를 강제하고 있는 것과 관련해 이미 비슷한 일이 벌어지고 있다. 많은 사람이 모르는 사이에 대부분의 복사기와 프린터 및 스캐너(그리고 소프트웨어)에는 실제 화폐의 인쇄를 방지하는 부호^{coding}가 포함돼 있다. 지폐를 인쇄해보라고 말하고 싶지만 시도하는 것조차 불법이다.

> **NOTE** 미국에는 법정 화폐의 복사와 인쇄를 금지하는 많은 법률이 있다. 많은 사람들이 화폐 인쇄를 방지하기 위한 코드가 장치에 들어가 있다고 믿지만, 이는 널리 퍼진 가짜 소문이다. 최근에 내 '친구'가 다양한 기기에서 미국의 화폐를 복사하고 인쇄하려고 시도했다가 화폐의 꽤 현실적인 사본을 복사해 문서 파일로 저장할 수 있다는 것을 발견했지만 화폐를 100% 크기로 인쇄하려는 모든 시도가 막혀버렸다. 그는 큰 크기의 사본을 인쇄할 수 있었지만, 정식 크기로 인쇄하려고 시도하면 인쇄 오류가 발생하거나 인쇄가 거부되거나 사본이 절단돼 출력됐다. 모든 장치에 위조방지시스템(CDF, Counterfeit Deterrence System)이 적용되지 않았을 수도 있지만, 내 친구가 제한된 테스트에서 시도했던 모든 장치에서 위조방지시스템이 작동했다. 이와 관련된 자세한 내용이 담긴 유튜브 영상(https://bit.ly/2zlhEKg)을 참고하길 바란다.

대기업에서 사용하는 경우

양자 컴퓨팅 개발 비용으로 인해 국가만 양자 암호 해독을 하고 대규모 양자 컴퓨터를 만들거나 구입하거나 임대할 수 있는 충분한 자원을 가진 대기업만 사용할 수 있을 것이라는 주장이 있다. 쇼어 알고리즘으로 오늘날 가장 일반적인 길이의 공개키를 깨기 위해서는 4,000개 이상의 매우 안정된 큐비트를 가진 양자 컴퓨터가 필요하다. 이런 규모의 양자 컴퓨터는 방 크기의 본체와 심지어 수백만 개의 호스트 클라우드 가상머신보다 훨씬 많은 비용이 드는 가장 비싼 컴퓨터 중 하나가 될 것이다. 새롭고, 놀랍고, 매우 어려우면서 드물게 제작되는 모든 것의 순수 경제학으로 인해 대규모 양자 컴퓨팅은 수년 동안 엄청나게 비쌀 것이다.

물론 언젠가는 양자 컴퓨터(또는 프로세서)가 모든 사람의 책상 위에 놓일 수도 있지만 그런 특정한 현실은 분명 수십 년 뒤의 일이다. 최초의 전통적인 컴퓨터 마이크로프로세서(적어도 공급업체가 마이크로프로세서라고 부르는 것은) 1968년에 만들어졌다. 마이크로프로세서가 비싼 컴퓨터와 다소 비싼 계산기에 널리 사용되고 있었지만 세계 대부분 데스크톱 컴퓨터 마이크로프로세서에 대한 아이디어는 1990년대까지 나오지 않았다(그리고 많은 사람이 여전히 컴퓨터 마이크로프로세서가 전 세계적이지 않다고 말할 것이다).

따라서 순전히 경제적인 이유만으로 대기업은 대규모 양자 컴퓨터를 사용하지만 수십 년 동안은 자원이 거의 없는 회사와 개인은 거의 사용할 수 없는 이 상황이 현실적인 발생 시나리오다. 또한 대기업은 (화폐 인쇄로 인해 만들어진 것과 같은) 국가법으로 인해 양자 암호 해독 능력을 사전 허가된 기업으로만 제한될 수도 있다.

대량 확산

가장 합리적인 중기中期 발생 시나리오는 대량 확산mass proliferation이다. 이미 100여 대의 소규모 양자 컴퓨터로 소기업과 개인에게 무료 또는 시간당 요금으로 제한된 양자 계산 능력quantum computing power이 제공되고 있다. 법으로 금지되지만 않으면 기존의 제한된 양자 컴퓨팅 자원을 만들고 공유하는 기업들이 더 많아질 것이므로 대중이 양자 컴퓨팅을 사용하지 못하게 될 것 같지는 않다.

가장 가능성이 높은 발생 시나리오

과거를 돌이켜봤을 때 가장 가능성이 높은 발생 시나리오는 국가(그리고 국가가 지원하는 기관과 기업과 관련 대학)가 대규모 양자 컴퓨팅을 사용하는 최초의 개체entity가 되는 것이다. 구글이나 IBM, 알리바바 또는 마이크로소프트와 같은 거대 기업이 가장 먼저 달성할지도 모른다. 이 기업들이 정부보다 빨리 달성하더라도 정부는 아마 이 기업들의 주요 초기 고객이 될 것이며, 큰 조직들이 그 뒤를 따를 것이다.

그러면 수백 개의 다른 애플리케이션에 양자 컴퓨터를 사용하는 모든 규모의 기업들을 곧 보게 될 것이다. 시분할 양자 컴퓨터time-sharing quantum computer가 대기업과 대학에서 널리 사용될 것이다. 나는 이 모든 것이 양자우위 달성 후 몇 년 안에 일어날 것이라고 생각한다. 10여 년 안에 우리의 장치에서 일종의 양자 컴퓨팅 기능을 사용할 수 있을 것이다. 양자 컴퓨팅이 장치의 일부가 되거나 우리의 장치가 양자 컴퓨팅 서비스에 연결돼 우리의 장치와 문제가 양자 컴퓨팅을 필요로 할 때 양자 계산을 처리하고 전달할 것이다.

우리는 이전에도 기술의 도약점 직전에 가 본 적이 있다. 인터넷 그리고 전통 공개키 암호 시스템과 함께 기술 도약이 이루어졌었다. 그 모든 노력이 정부와 대기업에 혜택을 줬고, 그러고 나서 세계의 다른 곳에 혜택이 돌아가게 됐다. 정부는 강력한 암호 시스템을 다른 나라로부터 보호하려고 노력했다(그리고 계속 노력할 것이다). 지금까지 이런 전략은 오랫동안 효과가 없었다. 일단 이론 분야에서 강력한 암호 시스템의 구현이 알려지게 되면 곧 실질적인 현실이 됐기 때문이다. 강력한 암호가 세상에서 사용되는 것을 막으려고 하는 것은 통신을 막으려고 하는 것과 같다. 이런 기술 도약은 종종 같은 것이다. 특히 디지털 세계에서 더욱 그렇다.

요약

4장을 요약하면 양자우위와 양자 암호 해독이 언제 가능하게 될지 모르지만 많은 저명한 컴퓨터 과학자와 미국 정부는 지금부터 대비해야 한다는 것에 일반적으로 동의한다. 5장에서는 양자-이후 대비를 위해 양자-이후 세계의 모습을 포괄적으로 설명한다.

05

양자-이후의 세계는 어떤 모습일까?

양자우위와 다가오는 양자 암호 해독이 가능해지면 세상은 영원히 바뀌게 될 것이다. 이전의 세계사와 그 이후 세계의 놀라운 미래가 있을 것이다. 변화 대부분이 바로 바뀌지 않지만 대신 다양한 용도와 애플리케이션을 토대로 여러 시간대에 걸쳐 변화가 일어날 것이다. 어떤 변화는 몇 주나 몇 달 그리고 다른 변화는 몇 년에서 수십 년에 걸쳐 측정되는 시간대에서 일어난다. 그러나 광범위하고 중대한 변화가 다가오고 있다.

5장에서는 양자 컴퓨팅이 단기적으로 어떤 애플리케이션을 깨뜨릴 수 있는지(이 책의 초점) 그리고 뒤이어 양자 성질 때문에 우리가 보게 될 모든 새롭거나 개선된 장치와 애플리케이션에 집중함으로써 시작할 수 있는 가능성 있는 변화를 다룬다. 다른 이전의 중요한 기술 발전과 마찬가지로 변화는 선과 악 모두에 사용될 수 있으며, 사용될 것이다.

양자 컴퓨팅은 암호 비밀을 깨뜨리는 것뿐만 아니라 여러 면에서 우리에게 영향을 미칠 것이다. 이 장에서는 암호 시스템과 직접적으로 관련된 해독과 개선 사항을 다룬 후에 암호 문제를 넘어 우리가 보게 될 모든 멋진 새로운 발명품과 개선 사항을 살펴보도록 한다.

깨진 애플리케이션

이 책의 주된 이유는 양자 컴퓨팅으로 인해 약해지거나 완전히 깨질 현재의 기술과 알고리즘, 프로토콜 그리고 암호를 사용하는 모든 컴퓨팅 애플리케이션 때문이다. 여기에는 새로이 이용되는 양자 성질로 깨질 수 있는 것에 기반을 두고 보호를 받는 모든 애플리케이션이 포함된다. 양자-이후의 세계는 약해지고 완전히 깨진 암호 시스템(그리고 방어자의 도움으로 6장, '양자-내성 암호'와 7장, '양자 암호 시스템'에서 설명할 양자-내성 암호 시스템)으로 가득 차게 될 것이다.

4장에서 설명한 것처럼 여기에는 전통적인 이진 컴퓨터가 (그로버 알고리즘이 극복할 수 없는) 초고속 계산을 할 수 없거나 쇼어 알고리즘을 사용해 큰 소수를 포함하는 수학식을 인수분해하지 못하는 것에 의존하는 보호protection가 포함된다.

약해진 해시함수와 대칭키 암호

그로버 알고리즘은 본질적으로 양자 컴퓨터가 대부분의 기존 전통 대칭키 암호 시스템과 해시함수를 약화시킬 수 있음을 의미하며, 특히 작은 길이의 키를 사용할 때 더 그렇다. 양자 컴퓨터에서의 그로버 알고리즘은 본질적으로 대칭키 암호 시스템의 보안 강도를 절반[1]으로 줄인다. 128비트 암호는 64비트 암호와 같은 수준의 보호를 제공하게 되며, 256비트 암호는 128비트 암호와 같은 수준의 보호를 제공하게 된다. 양자 암호 해독이 가능해지면 128비트 대칭키 보호는 보호 수준이 그 즉시 떨어지지 않을 만큼 충분히 강하다

---

1 1/2이 아니라 지수적인 의미다. – 옮긴이

고 생각하겠지만 가까운 시일 내에 깨지게 될 것이다. 컴퓨터 프로세서의 전통적인 발전(즉, 무어의 법칙)을 감안하면, 128비트 대칭키는 수십 년이 아니라 몇 년 동안만 보호를 제공할 가능성이 높다.

256비트보다 작은 키 길이나 해시값을 사용하는 작은 대칭키 암호 시스템이나 해시함수는 장기적으로 보호할 수 있는 값을 제공할 것인지 의심스럽다(즉, 양자-취약quantum-susceptible이다). 더 긴 길이의 키를 사용하는 대칭키 암호 시스템은 양자-내성으로 간주되며, 규모로 말하자면 가장 작은 길이의 키 길이보다 긴 길이의 키를 사용하는 것이 양자적으로 안전quantum safe한 것으로 여겨진다.

대부분의 암호 관련 기관은 장기적으로 양자-기반 공격의 위협에 대응하기 위해서는 256비트나 (예를 들어 양자적으로 안전한) 더 긴 길이의 키를 지금부터 사용할 것을 권고했다. 기존 사고방식으로는 적절한 보안 요구 사항만 필요로 하거나 몇 년 동안만 비밀을 보호해야 하는 조직은 192비트 대칭키를 사용하면 됐지만, 높은 보안이나 몇 년 이상의 보안이 필요한 조직은 512비트 키를 사용해야 한다. 192비트에서 256비트 키는 더 긴 길이의 키가 대체할 수 있을 때까지 '징검다리' 역할로 사용할 수 있지만, 궁극적으로 모든 사람은 오랫동안 안전하게 보호하고자 하는 가장 중요하고 민감한 데이터에 더 긴 길이의 키를 사용해야 한다. 본질적으로 모스카 부등식을 따라 여러분의 계획을 수립하고 싶을 것이다. 여기에 대해서는 9장, '지금부터 대비하라'에서 자세히 설명한다.

> **NOTE** 암호학적 해시함수는 암호의 유형과는 관련이 없지만 대칭키 암호에 권장되는 키 길이와 같은 길이의 해시값을 사용해야 한다.

널리 신뢰할 수 있거나 '암호학적으로 강력한' 대칭키 암호와 해시함수라도 192비트보다 짧은 길이의 키와 해시값을 사용한다면 양자 컴퓨팅에 위협을 받을 수 있다고 간주된다는 것이 매우 중요하다. 예를 들어 현재 신뢰할 수 있다고 받아들여지는 SHA-2와 SHA-3 해시함수조차도 192비트보다 짧은 길이의 키 길이를 사용하면 양자-내성을 갖는다고 간주되지 않는다. 이는 양자 해독 시나리오에서 주된 약점은 보호를 위해 내재하는 키의 길이 때문이지 기본 알고리즘의 약점이 아니기 때문이다. 키 길이는 암호 알고리즘이나 해시함수가 제공하는 '보호의 비트 수'를 결정한다. 예를 들어 128비트 키를 사용하는 암호 알고리즘에 대해 (알고리즘에 전체 비트의 보호를 약화시킬 기본적인 암호학적 결함이 없다면) 공격자가 정답을 찾기 위해서는 2^{128}가지 경우의 수를 추측해야 한다.

대부분의 실제 시나리오에서 평균 추측 수는 128비트의 절반($2^{127}(=2^{128}\div 2=2^{(128-1)}$가지$)$)이다. 그 이유는 평균적으로 실제 추측 횟수의 절반은 2^{127}번보다 작으며, 나머지 절반은 2^{127}번보다 많을 것이기 때문에 많이 시도하면 평균적으로 2^{127}번이 된다. 키나 해시값에 대해 무차별 추측을 할 때 중요한 것은 추측해야 할 보호의 비트의 수다. 기본 알고리즘의 수학적 능력은 순수 추측 공격$^{pure\ guessing\ attack}$을 할 때 아무런 영향을 미치지 못한다.

NOTE NIST와 다른 기관들은 128비트 대칭키 암호 알고리즘을 '약한' 양자-내성이라고 생각한다. 나는 '약한' 보호를 원하면서 안전한 양자-내성 암호 시스템을 사용하려는 사람들을 알지 못한다. 따라서 나는 128비트 키가 진정으로 양자에 안전하다고 생각하지 않기 때문에 그런 방식으로 128비트 키에 관한 글을 쓰지 않는다.

표 5.1은 양자-이후$^{PQ,\ Post\text{-}Quantum}$ 세계에서 내성을 갖는다고 생각하거나 생각하지 않는 (즉, 취약하거나 내성을 갖는) 다양한 전통적인 해시함수와 암호 알고리즘의 예를 보여준다.

표 5.1 양자-이후 세계에서 약하거나 양자-내성인 전통적인 해시함수 및 암호 알고리즘

해시함수		대칭키 암호	
양자-취약	양자-내성 (192비트 이상의 해시값을 사용할 경우)	양자-취약	양자-내성 (192비트 이상의 키 길이를 사용할 경우)
MD4, MD5, SHA-1, LM, NT, SHAKE-128, RIPEMD (192비트보다 짧은 키 길이를 사용할 경우), PBKDF1, PBKDF2 (192비트보다 짧은 키 길이를 사용할 경우), BCRYPT	SHA-2, SHAKE, SHA-3, PBKDF2, RIPEMD, Argon2, Blake2	DES, 3DES, DESX, CAST, IDEA, SAFER Kuznyechik, Serpent -128 and -192, AES -128, Twofish(192 비트보다 짧은 키 길이를 사용할 경우)	AES, Blowfish, Two fish, Serpent-256 bits, ChachaSalsa 20

NOTE 양자-이후 세계에서 양자-내성에 관심을 두는 모든 조직은 256비트 이상의 키 길이를 사용하는 전통적인 대칭키 암호 알고리즘과 해시함수를 사용할 필요가 있으며, 최상의 보증을 위해서는 512비트 길이의 키를 사용해야 한다.

대칭키 암호 알고리즘이 깨지면 공격자는 보호되고 있는 내용을 읽을 수 있게 된다. 과거에 이런 일이 일어났었다. (64비트 길이의 키를 사용하지만 실제로 보호에 사용되는 키의 길이는 56비트에 불과한) DES 알고리즘은 기밀 정보를 보호하기에 충분히 강하다고 여겨졌다. 시간이 지남에 따라 계산 능력^{computational power}이 향상돼 DES 알고리즘은 기밀 정보를 보호할 수 없게 됐다. 오늘날 DES로 보호되는 정보는 몇 분 안에 해독될 수 있다.[2] 따라서 현재의 대칭키 암호 알고리즘 권장 사항은 256비트 이상의 키를 사용하는 AES를 사용하는 것이며, 장기간에 걸쳐 양자-안전을 원한다면 512비트 길이의 키를 사용해야 한다. AES-192는 매우 단기적인 어쩌면 몇 년 동안만 양자 보호를 위해서만 사용할 수 있다.

해시함수가 깨지면 공격자는 같은 해시값을 갖는 다른 불량 (공격자가 원래의 합법적인 콘텐츠라고 주장하는) 콘텐츠를 만들 수 있다. 이런 공격을 제2원상 공격^{second preimage attack}이라고 한다. 같은 해시값을 생성하는 두 개의 다른 콘텐츠는 사용 중인 해시 알고리즘을 완전히 무효화한다. 지난 2017년 구글 연구원들이 SHA-1 해시 알고리즘으로 가장 최근에 증명했던 것처럼 과거에도 몇 차례 이런 일들이 있었다. 구글은 같은 SHA-1 해시값을 갖는 두 개의 다른 문서를 만들어낼 수 있었다(그림 5.1). 첫 번째 성공적인 SHA-1 해시 '충돌^{collision}'에 관한 자세한 내용은 http://shattered.io/에서 확인할 수 있다.

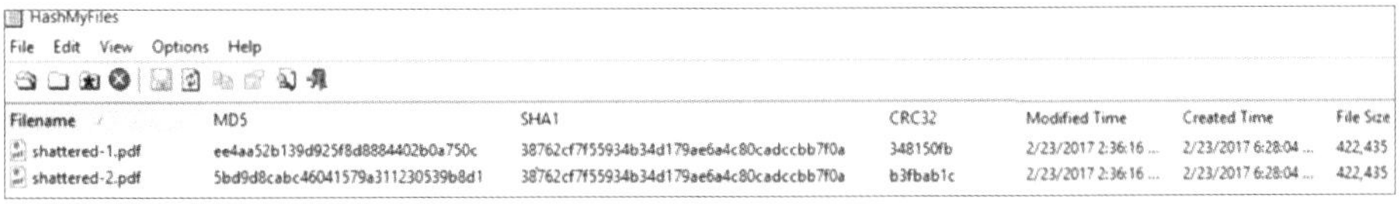

그림 5.1 두 개의 다른 문서가 같은 SHA-1 해시값을 갖는다는 것을 보여주는 예제 해시값과 다른 콘텐츠 문서의 속성

---

2   이와 관련된 정보는 전자 프론티어 재단(EFF, Electronic Frontier Foundation)의 DES 크래킹(Cracking DES) 홈페이지 (https://bit.ly/3ffmMPi) 참조 - 옮긴이

NOTE 흥미롭게도 그림 5.1에서 볼 수 있듯이 소위 약한 해시 알고리즘 MD5와 CRC32는 전혀 다른 값을 보여주지만 강한 것으로 알려진 SHA-1 해시값은 같은 값을 보여준다. 이는 두 개의 다른 문서가 SHA-1 해시 알고리즘의 결함을 이용하기 위해 특별히 구성한 것으로 연구원들은 다른 알고리즘에 대한 영향에는 관심이 없었기 때문이다. 실제로 MD5와 CRC32의 결함을 악용하는 것은 지수적으로 더 쉬우며, 이런 결함은 이미 몇 년 전에 악용됐다. 그러나 두 문서에 대해 세 개의 해시값이 같은 두 개의 문서를 만드는 것은 훨씬 더 어렵다. '문서'가 간단한 문서가 아니라 더 복잡한 실행 파일이라면 원래 악의적이지 않은 실행 파일과 같은 해시값을 갖는 악성 실행 파일을 만드는 것은 (더 이상은 아닐지라도) 지수적으로 더 어려울 것이다. 그러나 암호학에서는 간단한 시험에서 실패한다면 완전히 실패한 것으로 간주한다.

NOTE CRC32는 암호학적 해시함수가 아니다. 순환 중복 검사(CRC, Cyclic Redundancy Check)는 실제 암호 해시함수처럼 두 콘텐츠가 다른지를 보기 위해 두 개의 다른 콘텐츠를 빠르게 요약하고 비교하는 오류 탐지 코드(error-detecting code)이다. 그러나 CRC는 두 개의 다른 콘텐츠가 같은 해시값을 갖지 못하도록 보장하는 것과 같이 좋은 해시함수에 필요한 속성을 갖고 있지 않다. CRC는 수십 년간 '가난한 사람의 해시함수'였지만 이제는 애플리케이션 대부분에서 적당한 암호학적 해시함수로 대체됐다.

역사적 교훈은 약한 대칭키 암호 알고리즘과 해시 알고리즘은 악의적인 목적으로 공격자가 사용할 수 있다는 것이다. 약한 대칭키 암호 알고리즘은 승인받지 않고 내용을 읽는데 사용될 수 있으며 약한 해시 알고리즘은 두 개의 다른 콘텐츠가 같다고 부당하게 주장하는 데 사용할 수 있으므로 의심하지 않는 사용자를 속이는 데 사용될 수 있다. 약화된 비대칭키 암호 알고리즘은 의심하지 않는 피해자를 침해하기 위해 몇 차례 세간의 이목을 끄는 공격에 사용돼왔다.

깨진 비대칭키 암호 알고리즘

4장에서 설명한 것처럼 충분한 개수의 안정된 큐비트를 가진 양자 컴퓨터에서 쇼어 알고리즘(그리고 쇼어 알고리즘 위에서 개선된 다른 알고리즘들)을 실행할 수 있다면, 세 가지 수학 문제(정수 인수분해 문제나 이산대수 문제, 또는 타원곡선 이산대수 문제) 중 하나에 기반을 둔 비대칭키 암호 알고리즘은 사용할 수 없는 것으로 여겨질 것이다. 여기에는 다음과 같은 전통적인 비대칭키 암호 알고리즘이 있다.

- RSA
- 디피−헬만[DH]과 관련 기본 요소
- 타원곡선 암호 시스템[ECC]과 관련 기본 요소
- ElGamal

대칭키 알고리즘과 같이 비대칭키 암호 알고리즘의 키 길이가 비대칭키 암호 시스템이 약해지거나 깨지는지 여부에 영향을 미친다. 어떤 소수 방정식을 인수분해하기 위해 쇼어 알고리즘을 실행하려면 $(2 \times n)+3$개의 안정된 큐비트가 필요한 데 여기서 n은 깨고자 하는 비대칭키 암호의 키 길이 비트이다. 따라서 2048비트 RSA 키를 깨려면 $4,099(=2 \times 2,048+3)$개의 안정된 큐비트가 필요하며, 4096비트 RSA 키를 깨려면 $8,195(=2 \times 4,096+3)$개의 안정된 큐비트가 필요하다. 이론적으로 양자 컴퓨터에 추가되는 큐비트의 수보다 앞서기 위해서는 여러분의 비대칭키의 길이를 점진적으로 늘릴 수 있다. 그러나 양자 전문가 대부분은 여러분의 방어가 여러분이 통제할 수 없는 다른 수치보다 앞서는 것에 의존하지 않도록 양자−내성 비대칭키 암호 알고리즘으로 옮겨가는 것이 훨씬 더 좋은 전략이라고 생각한다.

> **NOTE** 양자−취약 키 교환 알고리즘 또한 약하거나 깨진다. 따라서 디피−헬만(DH)과 타원곡선 디피−헬만(ECDH)와 같은 전통적인 키 교환 알고리즘 대부분도 약하거나 깨진다.

약해지고 깨진 난수 생성기

컴퓨터 보안은 종종 운영과 보안의 많은 부분을 무작위로 생성된 숫자에 의존한다(여기에 대해서는 7장에서 자세히 설명한다). 이런 의존성으로 인해 소프트웨어 수준에서 대부분의 운영체제와 많은 애플리케이션이 난수 생성기[RNG, Random Number Generator]를 내장하고 있는 것처럼 컴퓨터 대부분에 하드웨어 수준의 난수 생성기가 탑재돼 있다. 아쉽게도 비양자 컴퓨터가 어떤 것에 대해 진정한 무작위적이 되는 것은 불가능하며 진짜 난수를 생성할 수가 없다. 그리고 전통적인 컴퓨터가 난수를 생성할 수 있다고 해도 생성된 특정 숫자가 진정한 무작위로 선택됐다는 증거를 제공할 수 없다. 대신 비양자 컴퓨터 난수 생성기는 (유사무작위성 pseudo-randomness이라고 하는) 진정 무작위성 true randomness에 근사하기 위해 최선을 다하는 데 이 무작위성은 진정한 무작위 random하지 않지만 보통 사람과 애플리케이션에게는 완벽하게 무작위로 보인다. 문제는 진정 무작위로 생성돼야 하는 모든 숫자가 진짜 난수가 아닐 때 잠재적인 취약점이 생긴다는 것이다. 이는 컴퓨터 초창기부터 컴퓨터 보안 산업을 뒤흔든 문제이다.

수십 년 동안 난수 생성기 대부분은 아니지만 많은 난수 생성기가 전통적인 방법을 사용하고 표준 계산 시간 standard computational time(즉, 지수 또는 로그 풀이 속도 향상이 합당한 시간 안에서 해를 찾을 필요는 없다)에서 발생하는 하나 이상의 취약점을 갖고 있는 것으로 밝혀졌다. 실패한 컴퓨터 보안 솔루션의 역사는 결함이 있는 난수 생성기의 예로 가득 차 있다. 기본적으로 공격자가 유사난수 생성기의 취약점(미래에 생성되는 숫자를 예측하기 위해 사용할 수 있는 반복)을 알아낼 수 있다면, 공격자는 취약점을 이용해 높은 수준의 암호 알고리즘이나 애플리케이션을 약화시키거나 깨뜨릴 수 있다.

이 때문에 가장 인기 있고 의존적인 난수 생성기는 시간이 지남에 따라 유사 난수성을 꾸준히 개선하고 있다. 정말로 나쁜 난수 생성기는 사용이 중단됐으며, 기존 난수 생성기는 눈에 띄는 결함을 줄이기 위해 더 공을 들였다. 오늘날 많은 비양자 난수 생성기가 진정한 무작위적이지는 않지만 거의 진정한 무작위적인 것처럼 보인다. 결함과 예측 가능한 패턴을 찾는 것은 심상치 않은 문제다. 여전히 많은 암호학 연구자들은 난수 생성기의 결함을 찾는 데 집중하고 있다. 무작위가 아니면서 반복 가능한 패턴을 찾는 것은 큰 소수 방정식을 인수분해하거나 대칭키를 크랙하는 것과 약간 비슷하다. 계산 능력이 많을수록 난수 생성기의 결함을 찾기가 쉬워진다.

(중첩과 그로버 알고리즘과 같은) 양자 성질과 알고리즘은 전통적인 난수 생성기의 결함을 더 빨리 발견할 가능성을 높일 것이다. 양자 컴퓨터가 모든 예측 가능하고 반복 가능한 고전

컴퓨터의 난수 생성기 패턴을 찾아 난수 생성기의 진정한 모든 결함을 드러내게 만들 가능성도 있다. 지금은 양자 컴퓨팅이 전통적인 난수 생성기를 깨뜨리지 못한다면 난수 생성기와 난수 생성기에 의존하는 모든 것을 깨지 못하더라도 영원히 약화시킬 수 있을 것이라고만 말해도 충분할 것이다. 전통적인 난수 생성기를 약화시키고 깨뜨리기 위한 가장 좋은 솔루션은 (7장에서 설명할) 양자-기반 난수 생성기를 사용하는 것이다.

약화되거나 깨진 종속 애플리케이션

분명히 양자-취약 해시 알고리즘이나 암호 알고리즘 또는 난수 생성기에 의존하는 모든 애플리케이션 또한 양자-취약한 것으로 여겨진다. 오늘날 취약하지 않은 애플리케이션보다 취약한 컴퓨터 보안 애플리케이션이 훨씬 더 많다. 다음은 이런 애플리케이션의 몇 가지 일반적인 예다.

TLS

인터넷의 많은 부분이 의존하고 있는 전송 계층 보안^{TLS, Transport Layer Security}과 관련된 암호 시스템을 깨뜨리는 것만으로도 양자 컴퓨팅 해독이 얼마나 큰 위협인지 알 수 있다. TLS는 양자-취약 PKI와 디지털 인증서, 디지털 서명, 비대칭 암호 알고리즘, 대칭키 그리고 해시 알고리즘에 의존하고 있다. 전송 계층 보안은 컴퓨터 호스트와 사용자가 다른 호스트와 사용자에게 자신을 인증하기 위해 비대칭 암호 알고리즘과 디지털 인증서를 사용한다. 또한 통신 참가자가 공유 세션 대칭키를 안전하게 생성해 인증된 당사자 간에 (독립적으로 생성된 공유 세션 대칭키를 사용해) 트래픽을 암호화할 수 있다.

2019년에는 인터넷 웹사이트의 70% 이상이 전송 계층 보안에 의존하는 HTTPS를 사용하고 있다(https://bit.ly/2B9TQd6). 또한 전송 계층 보안은 매우 빠른 속도로 거의 모든 가상 사설망^{VPN, Virtual Private Network} 구현에서 가상 사설망 보안의 일부분으로 채택되고 있다. 수십 년 동안 대다수의 VPN이 독자적인 보안 알고리즘과 방법을 사용했지만 이제는 시스코^{Sisco}와 팔로 알토^{Palo Alto}, 마이크로소프트 등 가장 크고 널리 사용되는 가상 사설망을 포함한 대부분의 가상 사설망 모두가 기본 보안의 최소한의 일부를 전송 계층 보안에 의존하고 있다. 몇 가지 다른 전송 계층 보안 버전(이 글을 쓰고 있는 현재 가장 최신 버전은 1.3이다)이 있으며, 전송 계층 보안이 양자-내성 암호 시스템을 사용하기 위해 업데이트될 수 있지만, 현재 구현된 거의 모든 버전은 양자-취약 버전을 사용한다. 역사적으로 볼 때 전송 계측 보안 구현을 양자-내성 형태로 업그레이드해야 한다고 하면, 대부분의 인터넷이 업그레이드될 때까지 몇 년이 걸릴 것이다. 전송 계층 보안은 과거에 심각한 취약점을 많이 겪었으며, 전송 계층 보안 구현의 대다수가 결함이 적은 버전으로 옮겨 가는 데 보통 3년에서 5년 정도 걸린다. 양자 해독이 가능해질 때까지 오래 걸리지 않기를 바라자. 그렇지 않다면 구현하는 사람들이 미리 양자-내성 버전으로 옮겨 갈 수 있기를 바라는 것이 더 좋다.

PKI와 디지털 인증서 애플리케이션

전송 계층 보안과 마찬가지로 PKI와 디지털 인증서를 사용하는 애플리케이션의 수가 지난 10년 동안 폭발적으로 늘었다. PKI가 수십 년 동안 널리 사용돼왔지만 주로 뒤에서 은밀하게 동작하는 방식으로 구현됐다. 사용자 대부분은 매일 PKI에 얼마나 의존하고 있는지 알지 못한다. 지난 10년 동안 PKI를 사용하는 조직에서 내부 애플리케이션의 수가 급속히 증가했다. 일상적인 업무의 중요한 기능을 사용하기 위해 PKI에 의존하지 않는 조직을 찾는 것은 거의 불가능하다.

양자 컴퓨터가 4096비트나 더 짧은 공개키-개인키 쌍을 인수분해할 수 있게 되면 현재 세계의 PKI 구현 대부분은 최상위 인증 기관^{root CA}부터 인증 기관과 그 하위 계층 종속 인증 기관^{subordinate dependent CA}이 발급한 모든 디지털 인증서까지 완전히 깨질 것이다. 현재 발행된 대부분의 디지털 인증서는 2048비트의 보호를 사용하며, 모든 디지털 인증서의 상당 부분은 여전히 1024비트를 사용하고 있다. 1024비트와 2048비트 인증서가 먼저 떨어져 나가겠지만 4096비트 암호 해독은 이 모두를 해독할 수 있다.

PKI 인증 기관과 많은 PKI 지원 애플리케이션은 덜 취약한 형태의 암호 시스템을 사용하도록 업데이트될 수 있다. 그러나 전송 계층 보안과 같이 거의 모든 이런 애플리케이션이 현재 양자-취약 형태를 사용하고 있으며, 양자-내성 형태로 옮겨 가는 데 몇 년이 걸릴 것이다. 이런 공개키 기반 구조 지원 애플리케이션에는 다음과 같은 것들이 있다.

- 디지털 인증서를 사용하는 호스트 식별과 인증 솔루션
- 공개키 암호 시스템을 사용하는 패스워드와 인증 솔루션
- 보안 복사 프로토콜SCP, Secure Copy Protocol의 보안 버전, 포스트 오피스 프로토콜POP, Post Office Protocol, 네트워크 뉴스 전송 프로토콜NNTP, Network News Transport Protocol, 간이 전자 우편 전송 프로토콜SMTP, Simple Mail Transfer Protocol, 인터넷 메시지 접속 프로토콜IMAP, Internet Message Access Protocol, 파일 전송 프로토콜FTP, File Transfer Protocol, 텔넷Telent, 하이퍼텍스트 전송 프로토콜HTTP, Hypertext Transfer Protocol, 보안 인터넷 라이브 회의 프로토콜SILC, Secure Internet Live Conference Protocol 등의 전송 계층 보안 TLS의 보안 버전secured version
- 스마트카드/가상 스마트카드
- 비대칭키 암호 알고리즘을 사용하는 다중 인증MFA, Multifactor Authentication
- 보안 셸SSH, Secure Shell
- PGPPretty Good Privacy
- 다목적 인터넷 전자우편 보안S/MIME, Secure/Multipurpose Internet Mail Extensions
- 단일 확장 펌웨어 인터페이스UEFI, Unified Extensible Firmware Interface: 컴퓨터 대부분이 사용하는 컴퓨팅 장치 부팅 프로토콜
- 도메인 네임 시스템 보안 확장DNSSEC, Domain Name System Security Extensions: 도메인 네임 시스템DNS 트랜잭션을 보호하기 위해 사용됨
- 도메인키 식별 전자우편DKIM, DomainKeys Identified Mail: 전자우편 도메인 스푸핑Email Domain Spoofing 방지에 사용됨
- 하드웨어 보안 모듈HSM, Hardware Security Module
- 802.1X 포트 보안(디지털 인증서를 사용하는 경우)

- 페일리어^{Paillier} 암호 시스템 (그리고 페일리어 암호 시스템의 역사적 선행 조건)
- YAK(공개키 인증 키 합의$^{authenticated\ key\ agreement}$ 프로토콜)
- 비대칭키 암호 알고리즘을 사용하는 차량 컴퓨터 시스템(대부분 사용)
- PKI와 디지털 인증서를 사용하는 거의 모든 다른 애플리케이션

지금은 양자 컴퓨팅이 인터넷이 의존하는 보안 대부분의 것을 깨뜨릴 수 있을 것 같다고 말해도 충분할 것이다. 깨지는 것보다 깨지지 않을 것을 찾는 것이 더 쉽다.

디지털 서명

디지털 서명은 PKI와 대칭키 암호 알고리즘과 해시값을 사용해 콘텐츠(문서, 프로그램, 데이터, 신분 등)를 인증한다. 디지털 서명 알고리즘$^{DSA,\ Digital\ Signature\ Algorithm}$과 타원곡선 디지털 서명 알고리즘$^{ECDSA,\ Elliptic\ Curve\ Digital\ Signature\ Algorithm}$을 포함해 현재 널리 사용되고 있는 모든 구현은 양자-취약 암호 시스템을 사용한다. 디지털 서명의 가장 큰 용도 중의 하나는 오픈 소스와 상업용 공급업체의 콘텐츠와 다운로드 파일에 서명하는 것이다. 공격자는 양자 암호 해독을 통해 같은 공개키-개인키 쌍을 생성해 새롭게 수정되거나 순수한 악성 콘텐츠에 서명하고 의심하지 않는 소비자에게 보낼 수 있다.

역사적인 실제 비대칭키 암호 알고리즘 공격 시간이 지남에 따라 크게 약화된 공개키 암호 시스템의 디지털 서명 인증서를 사용한 공격이 2012년 발생했다. Flame(https://bit. ly/2zAK7vW)으로 알려진 고급 악성 프로그램은 악성 프로그램 서명을 위해 가짜 마이크로소프트 디지털 서명 인증서(그림 5.2)를 만들었다. 위조는 다음과 같은 몇 가지 약점으로 인해 성공할 수 있었다.

- 관련된 비대칭키는 512비트 길이밖에 되지 않았다.
- 취약한 MD5 해시함수로 해시값을 만들었다.
- 부모 인증 기관$^{parent\ CA}$은 자식 인증서$^{child\ certificate}$에 디지털 서명의 목적을 포함하도록 허용했지만 인증 기관이 발행한 모든 인증서에 특정 목적을 허용할 이유

가 전혀 없었다. 이로 인해 공격자는 원래 비대칭키 쌍을 크랙하면 새로운 디지털 서명 인증서를 만들 수 있었다.

악의적인 공격자는 이런 모든 암호학적 약점을 사용해 실제 마이크로소프트 인증 기관이 사용하는 합법적인 공개키-개인키 쌍을 다시 만들어 추가 (가짜) 디지털 인증서에 서명할 수 있었다. 공격자는 새로운 가짜 디지털 서명 인증서를 만든 다음 자신들의 악성코드에 서명하는 데 사용했다. 그런 다음 악성코드를 가능한 피해자에게 보냈고, 관련된 프로그램이 마이크로소프트의 합법적인 프로그램이라고 피해자들을 쉽게 속일 수 있었다. 경우에 따라 디지털 서명을 통해 사용자가 설치에 동의하지 않더라도 악성코드를 설치할 수 있었다.

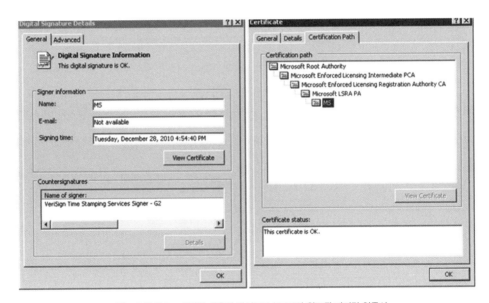

그림 5.2 악성코드 서명에 사용된 마이크로소프트의 위조된 디지털 인증서

이 사건은 유명 공급업체의 인증 기관 공개키-개인키 쌍을 허용되지 않은 콘텐츠의 악의적 서명에 사용하기 위해 공격자가 크랙한 최초의 사례였다. 악성코드 제작자들은 이전에 합법적인 공급업체에서 공개키-개인키 쌍을 훔친 다음, 훔친 인증서를 사용해 (스턱

스넷^{Stuxnet} 악성 프로그램에 했던 것처럼) 자신들이 만든 악성코드에 서명했지만, 새로운 (가짜) 디지털 서명 인증서를 만들기 위해 암호학적으로 크래킹한 것은 이번이 처음이었다. Flame 악성 프로그램에 관한 상세한 설명은 https://bit.ly/2AC43Pj를 참조하고, 이 문제에 관한 마이크로소프트의 공식적인 경고는 https://bit.ly/3fmQZMt에서 읽을 수 있다.

마이크로소프트는 (다양한 방법으로) 가짜 디지털 인증서를 취소하는 것으로 대응했으며, 이미 만료되거나 취소되지 않은 모든 마이크로소프트의 디지털 인증서를 전면 검토했다. 몇몇 다른 약한 디지털 인증서도 악의적으로 사용되기 전에 발견돼 제거되고 취소됐다. 또한 마이크로소프트는 1024비트 이하의 비대칭키를 가진 모든 디지털 인증서를 더 이상 수락하지 않도록 마이크로소프트 윈도우와 다른 관련 소프트웨어를 업데이트했다. 약화되거나 깨진 비대칭키 암호 알고리즘은 공격자가 악의적으로 쉽게 사용할 수 있다는 것이 교훈이다.

와이파이 네트워크 보안

와이파이^{Wi-Fi} 무선 네트워크 대부분은 WPA(와이파이 보호 접속^{Wi-Fi Protected Access})라고 하는 무선 보안 프로토콜을 사용해 보호된다. 현재 WPA와 WPA2 그리고 WPA3 세 가지 버전이 있다. 와이파이 네트워크 대부분은 현재 WPA2를 사용하고 있다. 2018년에 처음 사용된 WPA3는 여전히 널리 보급되지 않고 있다.

많은 기업 시나리오에서 WPA2 무선 보안은 디지털 인증서와 802.1X 포트 보안 그리고 대칭키 암호화^{symmetric encryption}를 사용한다. 대부분의 구현(가정이나 기업)에서 비대칭키 암호 알고리즘이 사용되지 않지만 대칭키 암호 알고리즘이 사용된다. 그리고 대부분의 경우, 대칭키 암호 알고리즘은 128비트 키 길이의 AES이다. (WPA3를 사용하는) 일부 새로운 구현은 192비트 대칭키를 사용하지만, 여전히 장기적인 양자-내성이 권장되는 최소 256비트 대칭키 길이보다 훨씬 짧다.

많은 와이파이 라우터router는 새로운 노드가 네트워크를 사용할 수 있도록 PSK(사전 공유키Pre-Shared Key)를 초깃값으로 사용한다. 이 초깃값이 와이파이 네트워크를 사용할 수 있도록 많은 사람들이 손님들에게 주는 '와이파이 패스워드'다. 오늘날 PSK는 적어도 16자리에서 20자리 이상의 문자로 무작위 생성돼야 하지만 실제로 이런 보안 권고를 따르는 와이파이 구현은 거의 없다. 전통적인 와이파이 네트워크 크래킹 도구는 종종 PSK를 추측해 올바른 PSK를 맞출 때까지 계속해서 네트워크 연결을 시도한다.

> **NOTE** 와이파이 무선 허브 대부분은 사전 공유키를 63자리 문자까지 설정할 수 있다.

클라이언트가 올바른 PSK(또는 802.1X 디지털 인증서)를 입력하면, WPA2는 PMK(쌍별 마스터키Pairwise Master Key)라고 하는 공유 세션 비밀키를 만들어 양자-취약 키 길이를 사용하는 PBKDF2-SHA1 해시 알고리즘을 사용해 해시값을 만든다. 양자 컴퓨터 속도 향상은 양자 컴퓨터가 더 빠르게 해시값을 깨고 PMK를 추측할 수 있게 한다.

따라서 PSK나 PMK, 해시값 또는 대칭키/비대칭키 알고리즘과 키를 공격해 무단 접속을 할 수 있는지 여부에 따라 오늘날 전통적인 와이파이 네트워크는 양자 컴퓨터가 암호학적으로 보호되는 통신에서 네트워크 접속을 할 수 있게 하거나 도청을 할 수 있는 많은 기회를 제공한다.

> **NOTE** 의욕적인 공격자는 이미 현재 보호되고 있는 상대방의 와이파이 네트워크 트래픽을 저장하고 있을 수 있으며, 양자 컴퓨팅을 사용해 트래픽을 복호화할 수 있는 날을 기다리고 있다. 무선 네트워크와 다른 유형의 도청에 대한 양자 암호 해독의 위협은 이미 위험이다.

마이크로소프트 윈도우

오늘날 널리 사용되는 대부분의 운영체제와 마찬가지로 마이크로소프트 윈도우는 해시 알고리즘과 대칭키 암호 알고리즘, 비대칭키 암호 알고리즘 그리고 난수 생성기를 포함해 많은 양자-취약 암호 시스템을 포함하고 있다. 윈도우의 주요 인증 프로토콜(커버로스Kerberos와 NTLMNew Technology LAN Manage)은 양자-취약이다. 두 프로토콜 모두 128비트

MD5 해시값을 사용한다. NT 해시는 네트워크와 로컬 로그온 인증^{local logon authentication} 시나리오뿐만 아니라 패스워드 해시값을 로컬과 액티브 디렉터리^{AD, Active Directory} 도메인 콘트롤러 모두를 저장하는 데에도 사용된다. 로컬로 캐시된 패스워드는 조금 더 내성이 있지만 여전히 취약한 PBKDF2 해시 알고리즘을 사용한다.

마이크로소프트의 새로운 인증 프로토콜인 비즈니스용 윈도우 헬로^{Windows Hello for Business}는 허용된 인증 메커니즘을 지원하기 위해 뒷단에서 하드웨어나 소프트웨어 공개키 암호화 또는 디지털 인증서를 사용한다. 윈도우 10(그리고 이후 버전)은 디지털 인증서와 공개키 암호 알고리즘에 기반을 둔 FIDO(파이도, Fast ID Online) 2.0 표준(https://fidoalliance.org/fido2)을 지원한다.

마이크로소프트는 해시값 계산에 (128비트) SHA-2를 사용하지만 이전 버전과의 호환성을 위해 많은 파일들이 SHA-1 해시값을 갖고 있다. 현재 윈도우는 대칭키 암호화에 AES 128비트 암호 알고리즘을, 비대칭키 암호화를 위해 기본값으로 2048비트 RSA 키를 사용하고 있지만 더 긴 길이의 키를 지원하며 쉽게 활성화할 수 있다.

마이크로소프트의 PKI 주력제품인 ADCS(액티브 디렉터리 인증서 서비스^{Active Directory Certificate Service})를 포함해 많은 마이크로소프트 애플리케이션이 기본값으로 양자-취약 암호 알고리즘을 사용한다. 마이크로소프트는 ADCS가 필요할 때 양자-내성 암호 알고리즘을 사용할 수 있도록 이미 성공적으로 테스트를 마쳤다.

윈도우에는 기본값으로 양자-내성 비대칭키 암호 알고리즘이 포함돼 있지 않기 때문에 비대칭키 암호 알고리즘을 사용하는 모든 마이크로소프트 애플리케이션 또한 양자-취약하다고 생각할 수 있다. (특히 192비트 이상의 긴 길이의 키를 사용하지 않는다면) 더 짧은 대칭키와 해시값을 사용하는 모든 마이크로소프트 기능이나 애플리케이션 또한 장기적으로는 취약하다. 2장, '양자 컴퓨터 입문'에서 설명한 것처럼 마이크로소프트는 주요 양자 연구자로 필요한 경우 자사의 모든 제품을 양자-내성 형태로 전환하는 방법을 배우기 위해 이미 다른 인기 있는 운영체제 공급업체보다 많은 연구와 투자를 하고 있다. 마이크로소프트의 자사 암호 권고 의견에 주목해야 한다. 마이크로소프트가 옮기라고 하면 옮겨야 한다.

암호화폐

양자 그룹에서의 흔히 볼 수 있는 질문은 암호화폐^{cryptocurrency}가 양자-취약인지 여부이다. 그렇다. 비트코인^{bitcoin}과 가장 인기 있는 구현 모두를 포함한 암호화폐 대부분은 어느 정도 취약하다. 관련된 기본 암호 시스템의 일부는 최소한 어느 정도 양자-취약이며, 가장 중요한 구성 요소 중 많은 부분이 절대적으로 양자-취약이다. 암호화폐 대부분이 블록체인^{blockchain}과 개인 사용자의 공개키-개인키, 관련된 네트워크의 보안 그리고 개인 사용자의 암호화폐 지갑 등 최소 네 가지 주요 관심사를 포함한다.

블록체인 취약성　블록체인부터 시작해보자. 블록체인은 관련된 모든 구성 요소 중에서 아마도 가장 덜 양자-취약일 것이다. 블록체인은 개별 트랜잭션을 추적하고 검증하기 위한 분산형 탈중앙화 원장^{distributed, decentralized ledger}(즉, 기록 데이터베이스)이다. 각각의 개별 추적 트랜잭션^{tracked transaction}은 별도의 트랜잭션 '블록^{block}'에 저장되거나 다수의 트랜잭션이 하나의 블록에 함께 저장될 수 있다. 블록당 저장되는 트랜잭션의 수는 구현에 따라 다르다. 개별 블록^{individual block}에는 트랜잭션 정보(필요한 트랜잭션 정보의 해시값을 포함해 애플리케이션이 정의하는 어떤 정보라도 될 수 있다)와 다른 필요한 정보와 함께 적어도 하나의 암호화 해시값이 들어 있다.

일반적인 블록체인의 블록 형식을 그림 5.1에 나타냈다. 블록체인의 '체인'은 이전 블록의 해시값이 다음 블록에 저장되고, 다시 이 블록의 해시값이 계속해서 그 후속 블록에 저장된다는 사실을 의미한다. 이는 블록체인의 모든 블록이 암호학적으로 서로 연결되는 방식으로 이전 블록의 해시값이 다음 블록에 '엮이게' 만든다. 또한 다음으로 연결되는 모든 블록을 수정하지 않고서는 어떤 블록도 쉽게 조작할 수 없다(조작된 블록의 해시값이 바뀌기 때문이다). 해시값을 보호할 수만 있다면 꽤 강력한 보호이다.

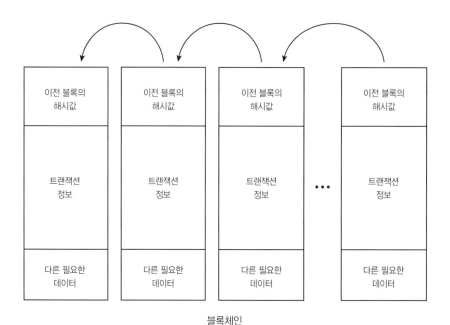

블록체인

그림 5.3 블록체인의 블록 형식

대부분의 블록체인에서 해시 알고리즘은 양자-내성으로 256비트 해시값을 사용한다. 장기적으로 512비트 해시 알고리즘이 양자에 안전하고 더 좋겠지만 적어도 블록체인 대부분은 128비트가 아니다. 또한 추가적으로 내재된 보완책도 있다. 첫째, 앞에서 설명했던 것처럼 블록체인의 모든 단일 블록을 악의적으로 조작하기 위해서는 모든 후속 블록의 정보와 해시값을 수정해야 하며, 모든 (또는 적어도 절반) 기본 참가자에게 탐지와 복구되지 않는 방식으로 조작해야 한다. 이는 매우 강력하며 기본적으로 내재된 보호다. 그래서 블록체인은 장기적인 무결성 보호가 필요한 트랜잭션에서 인기를 얻고 있다.

NOTE 소위 '51% 공격'이 현실에서 인기가 덜한 암호화폐에 대해 성공했었다. 공격 사례는 https://bit.ly/3daaq9Q에서 확인할 수 있다.

둘째, 해시값의 길이가 256비트밖에 되지 않지만 한 번에 여러 번 사용되거나 다른 해시 알고리즘과 함께 사용된다. 예를 들어 비트코인은 SHA-256과 RIPEMD-160 알고리즘을 사용한다. RIPEMD-160은 개별적으로 약한 양자-취약으로 여겨지지만 SHA-256과 함께 특히 SHA-256을 여러 번 사용하면 조금 더 강력해진다.

다른 암호화폐의 취약점 암호화폐가 양자-취약 공개키 암호 알고리즘을 사용하는 위치와 시점에 암호화폐가 더 양자-취약해진다. 개인 참여자와 암호화폐 블록체인 간의 인터넷 연결은 TLS로 보호되며, 각 개인 사용자는 블록체인을 수정하고 자신들의 개인 지갑을 보호하기 위해 양자-취약 공개키 암호 시스템을 사용한다.

개인 참여자와 암호화폐 블록체인 간의 인터넷 연결은 TLS에 의해 보호되며, 각 개인 사용자는 블록체인을 수정하고 개인 지갑을 보호하기 위해 양자에 취약한 공개키 암호를 사용한다. 사용자의 공개키-개인키 쌍을 알고 있는 사람은 누구나 사용자의 지갑에서 암호화폐를 훔칠 수 있으며 블록체인으로 가는 사용자의 트랜잭션을 악의적으로 조작할 수 있다.

비트코인이 아주 짧은 시간에 많은 사람을 백만장자로 만든 이후 개인 사용자 지갑이 계속해서 해킹을 당했다. 양자 암호 해독이 잠재적인 위험 상황의 일부로 여겨지기 전부터 수천억 원에서 수조 원이 도난당했을 가능성이 있다. 블록체인과 암호화폐는 개인이나 그룹 해커 외에 국가 차원의 공격을 받고 있다. 북한과 같은 일부 불량 국가들은 수천억 원의 암호화폐를 훔쳐 자국에 자금을 지원하는 것으로 알려져 있다.

암호화폐에 대한 양자 해킹과 관련해 두 가지 장점이 있다. 첫째, 양자 해독이 가능해지면 전 세계의 통화 시스템도 공격을 받게 될 것이다(통화 시스템 대부분은 TLS와 다른 양자-취약 암호 알고리즘으로 보호되고 있다). 따라서 암호화폐는 우리의 많은 우려 중의 하나에 불과할 것이다. 둘째, 암호화폐 대부분은 더 강한 양자-내성 요구 사항에 대한 암호화폐 구현을 '포크fork'(즉, 분할)[3]할 수 있다. 이 접근 방식은 자체적인 문제를 만들어내지만 다

---

3 포크(fork)라는 용어는 14세기 초부터 '여러 갈래로 나누고 개개의 길을 가다'라는 뜻으로 사용돼 왔는데, 소프트웨어 개발 과정에서 프로젝트 포크(project fork)는 개발자들이 하나의 소프트웨어 소스 코드를 통째로 복사해 독립적인 새로운 소프트웨어를 개발하는 것을 말한다. 오픈 소스 소프트웨어의 경우 소스 코드가 공개돼 있고, 프로젝트에서 소스 코드를 통째로 복사하는 것이 허용되는 라이선스를 채택한 경우, 원저작자에 의해 재사용을 허가받은 코드이기에 포크를 통한 새로운 소프트웨어 개발이 가능하다. 출처: 위키피디아(https://bit.ly/3hBmULa) – 옮긴이

른 보안 문제와 이슈에 대해서도 과거에 여러 차례 포크해왔다.

이미 양자-내성 암호화폐가 몇 개 있지만 소수少數이다. 대부분의 기존 암호화폐 안내 기관들은 미리 양자-내성 암호 알고리즘으로 전환하기 위한 암호화 제 경비cryptographic overhead를 조기 이전할 필요가 없다고 느끼고 있다. 대부분의 인기 있는 암호화폐는 양자 암호 해독이 임박했다는 뉴스를 들으면 덜 양자-취약한 암호 시스템으로 옮겨갈 계획을 갖고 있다. 암호화폐와 암호화폐의 양자 취약성에 관한 자세한 내용은 다음 사이트에서 확인할 수 있다.

- 양자 컴퓨팅과 비트코인Quantum Computing and Bitcoin(https://bit.ly/2YJCprS)
- 양자 컴퓨터가 비트코인을 깰 수 있을까?Can Quantum Computers break bitcoin?(https://bit.ly/3hzMosn)
- 깨진 암호 기반 기술을 사용하는 비트코인 보안에 관하여On Bitcoin Security in the Presence of Broken Crypto Primitives(https://bit.ly/37ArCEe)

블루투스와 근접 무선 통신

블루투스bluetooth는 매우 일반적인 근거리(보통 5미터 이내) 무선 표준으로 UHF 무선 주파수를 사용해 정보를 전송하고 무선 헤드폰과 스피커에 연결하기 위해 두 장치 사이에 주로 사용된다. 근접 무선 통신NFC, Near Field Communication은 약 10cm 정도의 매우 짧은 거리에 정보를 전송하는 데 사용된다. 근접 무선 통신은 주로 무선 결제 시스템과 비접촉식 인증 그리고 휴대폰과 같은 두 장치 간의 정보 전송에 사용된다.

블루투스와 대부분의 근접 무선 통신 프로토콜 모두 약한 양자-취약 암호 알고리즘에 기반을 두고 있다. 예를 들어 블루투스 보안은 사용되고 있는 프로토콜의 버전에 따라 다양한 수준과 상태mode를 제공하지만 최고 수준의 보안도 양자-취약이다. 블루투스 보안 수준 2는 AES 128비트 키를 지원한다. 최고 보안 수준인 수준 4는 타원곡선 디피-헬만 P-256을 지원한다. 아쉽게도 블루투스 사용자 대부분은 사용 중인 블루투스 제품에 어떤 버전이나 보안 기능이 사용되는지 알지 못한다. 블루투스 보안에 관한 자세한 내용은 https://bit.ly/2AB7nul과 https://duo.sc/3fAb3uO에서 확인할 수 있다.

보안 기능 측면에서 근접 무선 통신은 더 열악하다. 근거리 무선 통신 개발자 대부분은 근거리 무선 통신에 이용되는 짧은 거리가 보안 보호^{security protection}를 정의하는 것이라고 생각했다. 그리고 실제로 그렇다. 그러나 다른 무선 기술과 마찬가지로 해커들은 개발자의 의도보다 훨씬 더 많은 방법으로 무선 트랜잭션^{transaction}과 접속^{interface}하는 방법을 배울 것이다. NFC 구현 대부분은 무선 전송 수단으로서 근접 무선 통신을 사용하는 애플리케이션에 내장된 것 이상의 보안이 없다. 일부 전송 보안^{transmission security}을 가진 근접 무선 통신은 AES-128이나 양자-취약 공개키 암호 시스템 구현과 같이 가장 약한 암호를 주로 사용한다. 요약하자면 근접 무선 통신은 양자-취약이다.

> **NOTE** 전파 식별(RFID, Radio-Frequency Identification)은 근접 무선 통신의 한 유형이다. 신용 카드에서 무선 트랜잭션을 위해 무선 식별이 자주 사용되지만, 전송 보안이 내장돼 있지 않다. 적절한 거리 안에서 RFID 판독기를 갖고 있는 사람은 두 노드(node)[4] 사이에 전송되는 정보를 읽을 수 있다. RFID 도청 영상을 인터넷에서 찾아볼 수 있다. 그러나 그렇기는 하지만 전파 식별 범죄의 위험은 매우 낮으며 계속 낮아지고 있다. 자세한 내용은 https://bit.ly/2YShL93에서 확인할 수 있다.

IoT와 하드웨어 장치

기존 사물 인터넷^{IoT, Internet of Things}과 (전화기와 텔레비전, 카메라 그리고 가전제품 등과 같은) 다른 컴퓨팅 하드웨어 장치 대부분에는 양자-취약한 형태의 암호 시스템이 탑재돼 있다. 많은 사물 인터넷과 다른 주류 하드웨어 장치를 평균보다 더 높은 위험으로 만드는 것은 많은 소비자가 어떤 보안을 사용하는지 알지 못하며, 장치를 업그레이드하기 어려운 경우가 많다는 것이다. 그래서 양자 암호 해독이 가능해지면, 수십억 개의 양자-취약 사물 인터넷과 하드웨어 장치가 있을 텐데, 그중 많은 장치가 우리들의 집에 있을 것이다.

---

4 데이터 통신망에서 데이터를 전송하는 통로에 접속되는 하나 이상의 기능 단위로서 주로 통신망의 분기점이나 단말기의 접속점. 출처 : 단체표준 TTAK.KO-10.1164. - 옮긴이

많은 하드웨어 장치(예를 들어 블루레이 플레이어와 스테레오 그리고 스피커)는 소유자가 장치를 업그레이드할 수 있는 방법이 없다. 이 장치들은 오늘날 보안 결함을 갖고 있을 가능성이 높으며, 이 장치들이 갖고 있는 미래의 취약점은 결코 고쳐지지 않을 것이다. 일부 장치는 업데이트 방법을 내재하고 있지만 여러 가지 이유로 장치 소유자 대부분이 업데이트를 하지 않을 것이다. 많은 소유자가 자신들의 장치에 보안 업데이트를 해야 한다는 것도 모른다. 소비자 대부분은 처음 설치한 다음에 장치의 관리 콘솔management console 5에 들어가 패치를 적용해야 하는지 여부를 확인하지도 않는다. 장치는 소유자가 새로운 패치를 확인하고 적용하기를 기다리고 있지만, 장치 소유자는 그 프롬프트prompt 6를 보지도 않는다. 많은 소비자가 자신들이 구입하는 장치를 미래에 보안 업데이트해야 한다는 것을 알고 있지만, 장치를 업데이트할 만큼 위험에 대해서는 충분히 신경 쓰지 않는다. 이 것이 슬픈 사실이다.

NOTE 소유자가 업데이트해야 할 업그레이드 기능을 갖고 있는 장치의 비율은 장치의 유형에 따라 크게 다르다. 컴퓨팅 장치와 전화기는 업그레이드 비율이 (약 70% 이상으로) 높은 수준이다. 거의 모든 다른 유형의 장치는 업그레이드 규정 준수(upgrade compliance)가 매우 낮다. 와이파이 라우터와 인터넷에 연결된 보안 카메라는 규정 준수 비율이 거의 10% 미만이다. 일부 모델은 약 1%만 패치됐다. 모든 하드웨어 장치가 소유자와의 상호작용 없이 정기적으로 업데이트된다면 세상은 더 안전해질 것이다.

쉬운 약속을 조심하라

필요할 때 현재 양자-취약 표준과 애플리케이션을 업데이트하는 것이 어렵지 않다고 말하는 조직의 주장에 주의를 기울여야 한다. 나는 암호화폐 포럼과 사물인터넷 공급업체에서 이런 종류의 주장을 자주 읽는다. 의심할 여지없이 이런 말을 하는 조직의 참가자

---

5 컴퓨터 시스템의 관리자가 시스템의 상태를 알아보거나, 각종 업무를 처리하기 위해 사용하는 특수한 기능의 단말 장치. 이는 보통의 단말기와 유사하나 중앙처리장치(CPU)에 직결돼 여러 특수 기능을 수행하며, 대개 컴퓨터의 본체와 가까운 곳에 설치된다. 시스템 관리자는 이러한 단말기를 통해 현재 시스템의 동작 상태를 확인하고 작업을 조작하거나 시스템을 재시동하는 작업 등을 수행한다. 출처: 정보통신용어사전 – 옮긴이

6 시스템이 다음 명령이나 메시지, 다른 사용자의 행동을 받아들일 준비가 됐음을 사용자에게 알려주는 메시지. 출처: 정보통신용어사전 – 옮긴이

대부분은 대규모 업데이트 작업을 한 적이 없다. 이들은 경험을 해보지도 않고 말하는 것이다. 이들은 업그레이드 과정이 업그레이드 코드를 제공하면 사람들이 코드를 적용하는 것만큼 간단한 것이라고 생각한다. 이들은 다음과 같은 현실적인 도전을 진정으로 이해하지 못한다.

- 업데이트 필요성에 대해 듣지 못한 사용자 저변의 수
- 업데이트를 지원하지 않는 형태의 오래된 제품을 사용하는 사용자 저변의 수
- 사용자가 올바른 작업을 시도하더라도 '엄청나게 테스트한' 패치가 업데이트돼야 하는 장치에 올바르게 적용되지 않는 것
- 업데이트가 필요하더라도 업데이트를 바로 적용할 수 없는 제품의 소유자 수
- 업데이트의 어려움과 업데이트와 관련된 사람 심리의 영향력과 도전의 어려움

이전의 대규모 업데이트 작업에 참여했던 사람이라면 어느 누구도 다음 번 업데이트 작업이 원활하고 질서정연하게 이뤄질 것이라고 주장하지 않을 것이다. 양자-내성 소프트웨어로의 업그레이드 과정이 쉬울 것이라고 주장하는 사람을 경계해야 한다. 이런 말만으로도 그들이 '전문가'라는 것을 무시하기에 충분한 이유가 된다. 대규모 업그레이드 프로젝트를 진행해본 사람이라면 누구나 그 경험에 겸허한 느낌을 받으며 큰 기대를 바라지 않는다. 업그레이드는 우리가 상상한 것보다 어렵다.

우리의 컴퓨팅 세계의 많은 부분과 지능형 장치 대부분은 양자-취약 암호 시스템을 사용하고 있다. 양자-내성인 더 많은 컴퓨팅 장치와 서비스가 미래의 양자 공격에 취약하다. 이들 중 많은 것들이 때가 되면 양자-내성 알고리즘으로 업그레이드될 수 있을 것이다. 다른 것들은 영원히 양자-취약 상태라 남게 될 것이다. 9장에서 여러분과 여러분의 조직이 이러한 만일의 사태에 대비하고 계획을 세우는 방법을 설명한다.

양자 컴퓨팅

나는 이 책이 암울하고 불길하게 되는 것을 원하지 않는다. 이 책에서는 양자 컴퓨팅이 컴퓨터 보안에 위협이 된다는 것에 초점을 맞추고 있지만 양자 컴퓨팅은 우리가 현재 상상할 수 있는 것 또는 2장에서 설명한 것보다 더 긍정적인 것을 제공할 것이다. 여기서 조금 더 상세한 예측을 해본다.

양자 컴퓨터

이미 (2019년을 기준으로) 100대는 넘지 않더라도 수십 대의 양자 컴퓨터가 존재한다. 그 숫자는 양자우위 이전에도 꾸준하게 위를 향하고 있다. 양자우위에 도달하게 되면 양자 컴퓨터의 수가 지수적으로 증가할 것이다. 울타리에 앉아 양자우위가 실제로 일어날 것인지 지켜보고 있던 모든 대기업이 양자 컴퓨터를 매수할 것이다. 어떤 대기업도 더 나은 계산 능력을 가진 경쟁자가 자신들보다 수익을 더 많이 내는 것을 원하지 않는다. 누구도 더 느리고 '오래된' 기술의 컴퓨터를 갖고 싶어 하지 않는다. 양자가 무엇인지 그리고 이익이 무엇인지 진정으로 이해하지 못하는 기업과 공급업체도 양자 컴퓨터를 원할 것이다. 클라우드 컴퓨팅이나 인공지능 기술이 이전에 그랬던 것처럼 양자 컴퓨팅도 마케팅을 주도하는 '유행어buzzword'가 될 것이다.

2장에서 설명한 것처럼 십여 가지의 주된 유형의 양자 컴퓨터가 있다. 업계에서 가장 효율적인 편익을 가진 유형으로 정착함에 따라, 시간이 지나면서 주된 유형의 수가 줄어들 것으로 예상한다. 이진 개인 컴퓨터PC, Personal Computer 초기에는 (애플과 IBM, 알타이어Altair, 미크랄Mical, 왕Wang, 탠디Tandy, 싱클레이어Singclair, 닛폰 전기 회사NEC, Nippon Electric Company, 디지털 장비 회사DEC, Digital Equipment Corporation 그리고 선Sun을 포함해) 수십 개의 개별 PC 공급업체가 있었으며, 이 중 다수가 개인화된 공급업체 칩을 갖고 있었다. 결국 애플과 IBM 스타일 그리고 리눅스Linux PC가 지배적인 모델이 됐다(선 마이크로시스템도 수십 년 동안 주된 역할을 했다). 양자 컴퓨터가 무르익어 감에 따라 같은 통합이 일어날 가능성이 있다.

어떤 유형의 양자 컴퓨터와 공급업체가 이기든, 양자 컴퓨터는 시간이 지남에 따라 점점 더 작고 저렴해질 것이다. 1980년대 개인용 컴퓨터의 평균 가격은 수백만 원에 달했지만 단색 모니터와 두 대의 플로피 디스크, 매우 작은 용량(10에서 20메가바이트)의 하드디스크 그리고 1메가바이트 미만의 RAM으로 구성돼 있었다. 무게는 약 7kg에서 15kg 정도 됐으며, 책상의 대부분을 차지했다. 초기 외장 하드디스크는 무게가 약 50kg 정도에 파일 캐비닛 크기였다. 오늘날 1980년대의 슈퍼컴퓨터 성능에 해당한 1kg 미만의 컴퓨터를 수십만 원에 구입할 수 있다.

양자 컴퓨팅 분야에서도 같은 유형의 물리적 그리고 성능 통합이 발생할 가능성이 있다. 인간은 사물을 더 작게 만드는 데 뛰어나다. 양자 컴퓨터가 더 빠르고, 저렴하며 작은 폼 팩터form factor 7로 발전할 것으로 예상한다. 가장 큰 폼 팩터 제한 중의 하나는 양자 컴퓨터 대부분이 절대 0도에 가깝게 냉각해야 한다는 요구 사항이다. (잡힌 이온trapped ion과 같이) 극도로 낮은 온도를 필요로 하지 않는 양자 컴퓨터 설계가 적어도 몇 개는 있지만 초냉각 양자 컴퓨터도 더 작아질 것으로 예상한다. 아마도 양자 컴퓨터의 폼 팩터를 크게 줄일 수 있는 모델 중의 하나가 살아남게 될 것이다. 양자 컴퓨터가 오늘날 우리가 익숙한 폼 팩터(예를 들어 데스크톱 컴퓨터와 노트북, 패드 장치 그리고 스마트폰)로 작아질 것인지는 두고 봐야 한다. 그러나 우리는 거의 모든 다른 컴퓨팅 장치의 크기와 비용을 줄이면서 동시에 가격도 크게 낮춰왔다. 양자 컴퓨팅이 달라야 할 이유가 있을까?

양자 프로세서

이미 수십 가지 다른 유형의 양자 프로세서가 있다. 시간이 지남에 따라 유형과 가용성 availability 그리고 적당한 가격으로 구입할 수 있도록 감당할 수 있는 비용affordability도 증가할 것이다. 많은 예측 모델이 양자 코프로세서coprocessor 8의 아이디어를 언급한다. 개인용

---

7   컴퓨터 하드웨어의 크기나 구성, 물리적 배열을 의미한다. 보통 컴퓨터 케이스나 섀시, 도터 보드와 같은 내부 컴포넌트의 크기 및 배열을 말할 때 사용한다. 출처: 정보통신용어사전 – 옮긴이

8   컴퓨터 시스템에서 중앙처리장치(CPU)를 보조하기 위한 목적으로 사용되는 보조처리장치 – 옮긴이

컴퓨터 초기에는 대부분의 컴퓨터 메인보드 슬롯에 별도의 수학 연산용 '코프로세서' 칩을 추가해 업그레이드할 수 있었다. 수학 연산용 코프로세서는 개인용 컴퓨터의 일반 프로세서보다 복잡한 수학 연산을 더 빨리 처리하기 위해 특별히 만들어졌다. 부동 소수점 floating-point을 포함해 복잡한 수학 연산을 사용해야 하는 프로그램은 수학 연산을 코프로세서로 '오프로드offload[9]'시켜 필요한 계산을 한 다음, 수학 연산용 코프로세서가 없는 것보다 더 빨리 프로그램을 완료할 수 있도록 결과를 주 프로세서에 넘겨 줄 수 있다.

성능 테스트는 수학 연산용 코프로세서를 사용하는 컴퓨터의 성능이 수학 연산용 코프로세서가 없는 컴퓨터의 성능을 크게 뛰어넘는다는 것을 보여줬다. 얼마 되지 않아 소비자들은 자신들이 구입한 컴퓨터에 '선택적optional' 수학 연산용 코프로세서가 설치돼 있다고 주장했다. 마케팅의 관점에서 보면 수학 연산용 코프로세서는 그렇게 선택적이지 않기 시작했다. 수학 연산용 코프로세서에 대한 수요가 너무 커서 결국 주요 개인용 컴퓨터 프로세서 제조업체들은 고급 수학 연산 루틴을 일반 프로세서에 추가했다. 인텔이 486 계열의 프로세서를 출시할 무렵, 별도의 수학 연산용 코프로세서가 필요하다는 생각은 사라져버렸다. 오늘날 컴퓨터를 구입하는 모든 사람은 고급 수학 연산용 부품이 내장된 컴퓨터를 받는다.

많은 양자 컴퓨터 과학자들은 양자 컴퓨터에도 같은 일이 일어날 것으로 예상한다. 앞으로 많은 컴퓨터 애플리케이션이 모든 작업 수행을 위해 양자 계산을 필요로 하지 않을 가능성이 높다. 양자 전문가들은 당분간 양자 코프로세서가 문제가 될 것으로 예상하고 있다. 우리 컴퓨터는 기능 대부분을 위해 필요한 정상적인(예: 이진) 컴퓨팅을 하고 복잡한 양자 계산은 양자 프로세서로 오프로드해 처리한다. 양자 코프로세서는 컴퓨터의 주 프로세서에서 입력을 받아 양자 마법을 수행한 다음 결과를 해독해 컴퓨터의 주 프로세서로 넘겨준다. 시간이 지남에 따라 별도의 양자 코프로세서 개념은 과거의 수학 연산용 코프로세서와 같이 역사 속으로 사라질 수 있다. 많은 양자 전문가는 앞으로 10년 또는

---

9 급증하는 연산을 다른 프로세서로 분산해 처리하는 것으로 같은 연산을 분산 처리함으로써 빠르게 결과를 얻을 수 있다.
    – 옮긴이

수십 년 뒤가 되겠지만 우리의 모든 책상 위를 양자 컴퓨터가 차지하고, 우리가 소유한 모든 장치에 양자 컴퓨터가 들어갈 날을 고대한다.

양자 클라우드

이미 십여 개의 양자-기반 클라우드가 존재하며, 그중 일부는 (무료로) 공용으로 사용할 수 있다. 양자우위에 도달하면 무료와 상용 양자 클라우드의 수가 지수적으로 증가할 것으로 예상한다. 양자 클라우드는 '가상 양자 코프로세서'로 사용될 가능성이 높으며, 여기서 무거운 양자 컴퓨팅은 주 컴퓨터의 프로세서에서 오프로드되고 연산이 완료되면 양자 결과를 반환한다. 이 모델은 특히 양자 컴퓨터가 비싸고 상당한 (즉, 거의 절대 0도에 가까운) 환경 제어가 필요한 초기에 큰 의미가 있다.

아마도 양자 컴퓨팅 중기 모델은 클라우드-기반 양자 컴퓨터에 (프로그래밍 방식으로) 연결된 대다수의 전통적인 컴퓨터로 양자 컴퓨터를 완전히 감당할 수 없는 사람들에게 양자 컴퓨팅을 좀 더 비용 면에서 효율적인 것으로 만들어 줄 것이다. 양자 컴퓨터가 많이 필요한 조직도 개별 양자 자원이 충분치 않을 때 필요한 만큼 추가적으로 양자 컴퓨팅 자원을 바로 추가할 수 있다. 어느 쪽이든 양자 컴퓨터와 클라우드 모두 우리와 함께 할 것이며, 앞으로도 오랫동안 모든 사람이 이용할 수 있을 것이다.

양자 암호 시스템이 사용될 것이다

양자 컴퓨터의 광범위한 구현에 새롭고 많은 양자-내성 암호 알고리즘뿐만 아니라 양자-기반 암호 알고리즘도 사용될 것이다. 조직은 향후 50년 동안 양자-내성 및 양자-기반 알고리즘으로 옮겨 갈 것이다. 양자-내성 알고리즘은 6장에서 자세히 설명하고, 양자-기반 암호 알고리즘과 장치는 7장과 8장에서 자세히 설명한다.

양자 완벽 프라이버시

양자 암호 시스템의 한 가지 특별한 이점은 양자 암호 시스템이 완전 동형 암호^{FHE, Fully} Homomorphic Encryption 시스템(https://bit.ly/3ovUMgP)을 잘 만들어 완벽한 프라이버시를 보장할 수 있는가이다. 완전 동형 암호의 아이디어는 조직이 암호화된 콘텐츠를 제삼자에게 보내는 데 사용할 수 있으며, 제삼자는 암호화된 텍스트를 복호화하지 않고도 일부 승인되고 의도된 방식으로 암호화된 콘텐츠를 의도적으로 조작할 수 있게 한다는 것이다.

간단한 예로 어떤 회사가 대규모 판매 리드 레코드^{lead record}를 '정리^{cleanup} 클리어링 하우스^{clearinghouse 10}'로 보내 중복된 레코드[11]와 다른 유형의 개별 레코드를 찾아 제거하려한다고 생각해보자. 이는 수만 개의 판매 리드를 가진 많은 조직들이 정기적으로 하는 작업이다. 오늘날 원래의 조직은 모든 레코드를 암호화해야 한다는 보안 요구 사항을 가지고 있을 수 있으며, 조직은 어느 시점에 암호화된 레코드를 복호화해(또는 복호화 키를 공유해) 프로세서가 데이터를 검색하고 적절한 레코드를 제거할 수 있다.

완벽한 프라이버시 시스템에서는 레코드의 평문 콘텐츠를 공개하지 않거나 원래의 공유키를 공유하지 않고도 레코드가 암호화된 상태에서 리드 정리 프로세서^{lead cleanup processor}가 성공적으로 처리할 수 있다. 동형 암호 시스템의 또 다른 좋은 예로는 연구자들에게 어떠한 개인 데이터 정보를 누설하지 않고도 전 세계에서 연구를 수행하는 모든 사람과 잠재적으로 공유하는 것이다(예를 들어 구글은 기존의 치료하기 어려웠던 질병을 치료하기 위해 의료 정보를 크라우드소싱^{crowdsourcing 12}하고 있다).

---

10 서로 다른 시스템이나 서비스를 연결해 통합 서비스를 지원할 때 서로 다른 인증 방식이나 과금 방식을 처리하고 정산하는 서비스 혹은 정산소. 출처: 정보통신용어사전 – 옮긴이

11 일반적으로 하나의 단위(unit)로서 취급되는 데이터들의 그룹. 출처: 정보통신용어사전 – 옮긴이

12 군중(crowd)과 외부 용역(outsourcing)의 합성어로, 인터넷을 통해 일반 대중이 기업 내부 인력을 대체하는 것을 의미한다. 주로, 소셜 네트워킹 기법을 이용해 제품이나 지식의 생성과 서비스 과정에 대중을 참여시킴으로써 생산 단가를 낮추고, 부가 가치를 증대시키며 발생된 수익의 일부를 다시 대중에게 보상하는 새로운 경영 방법이다. 미국 잡지 「와이어드(Wired)」의 제프 하우(Jeff Howe)가 2005년에 만든 용어. 출처: 정보통신용어사전 – 옮긴이

대부분의 동형 암호 시스템에는 원래의 암호와 암호학적으로 연결돼 있는 추가적인 평가 알고리즘evaluation algorithm이 있으며, 제삼자 프로세서가 작업을 수행하는 데 평가 알고리즘을 사용할 수 있다. 동형 암호 시스템은 개인 정보를 노출하지 않고 필요한 트랜잭션을 발생시킬 수 있다. 이렇게 하면 원래의 호스트 회사와 프로세서 회사 그리고 고객을 승인받지 않은 데이터 유출로부터 보호할 수 있다.

동형 암호 시스템은 1970년대 공개키 암호 알고리즘이 발명된 이후 다양한 결과를 가정한 상태에서 만들어졌다. 대부분의 시도는 임시방편적인 솔루션으로 모든 상황에서 사용될 수 없었으며 이를 부분 동형partially homomorphic이라고 한다. 양자 이전 세계에서 제안된 완전 동형 암호 시스템이 십여 개 정도 있었지만, 구현보다는 이론에 더 가까웠다. 양자 컴퓨팅과 특히 얽힘의 양자 성질로 인해 실질적으로 좋게 구현된 솔루션이 더 많아질 것이다. 양자 얽힘은 완전 동형 암호가 기다리고 있던 핵심 요소다. 전 세계의 양자 암호학자들 일부가 양자 동형 암호QHE, Quantum Homomorphic Encryption를 사용하면서 이 문제에만 집중적으로 매달리고 있다. 최종적으로 양자 동형암호로 인해 데이터 침해는 거의 발생하지 않을 것 같다. 데이터가 절대로 해독되지 않는다면 악의적인 데이터 유출이 일어나기 어렵다.

양자 네트워크가 나온다

현재 양자 네트워킹quantum networking 산업은 초기 단계에 있다. 공급업체들은 1세대 기기를 테스트하면서 성공적으로 생산하고 있다. 양자 네트워킹은 강력한 프라이버시로 먼 거리에서 사용될 수 있는 능력 때문에 큰 잠재력을 가지고 있다. 양자 성질은 승인받지 않은 행위자가 승인된 관련 당사자들 모르게 보호된 네트워크 통신 스트림[13] 도청을 더 어렵게 만든다. 양자 네트워킹은 높은 보안 네트워크에서 사용된 다음에 일반 프라이버

---

13 데이터의 양이 한정돼 있지 않고 지속적으로 생성되고, 시간에 따라 값이 변하는 데이터의 흐름. 출처: 정보통신용어사전 – 옮긴이

시 요구 환경에서 더 일반적으로 사용될 것으로 예상한다. 양자 네트워킹에 관해서는 8장, '양자 네트워킹'에서 자세히 설명한다.

양자 컴퓨팅과 암호 시스템의 광범위한 가용성은 기존 양자-취약 암호 시스템을 위협하거나 깨뜨릴 것이며, 더 좋은 보안을 제공하는 새로운 양자 보호 시대를 열게 될 것이다.

양자 응용

양자 암호 시스템을 넘어 양자 컴퓨터는 완전히 새로운 산업을 창출하고 기존 기술을 획기적으로 변화시킬 준비를 하고 있다. 그로버 알고리즘과 얽힘 그리고 중첩과 같은 양자 성질 및 알고리즘을 사용해 이득을 볼 수 있는 애플리케이션은 양자 컴퓨팅으로 강화될 것이다. 고전 컴퓨터의 속도나 능력으로 인해 풀 수 없거나 최적화할 수 없는 수천 가지의 컴퓨터 문제가 존재한다. 양자 컴퓨팅으로 개선할 수 있는 몇 가지 애플리케이션은 다음과 같다.

더 나은 화학약품과 의약품

양자 발전quantum advancement의 목록 중에서 상위에 있는 것은 화학 물질과 의약품 개선이다. 이는 이미 양자 컴퓨터를 개발하고 있는 가장 큰 이유 가운데 하나다. 우리는 원자가 전자와 양성자, 중성자로 이루어져 있다는 것을 알고 있다. 그리고 양성자와 중성자는 쿼크라고 하는 다른 원소 입자로 이루어져 있다. 모든 것은 양자 수준에서 작용하고 반응한다. 개별 원소 원자elemental atom는 종종 같은 유형과 다른 유형의 원자와 화학적으로 결합해 더 큰 분자molecule를 형성한다. 예를 들어 두 개의 수소 원자가 한 개의 산소 원자와 결합해 H_2O 또는 물이 된다.

우리가 매일 매일 상호작용하는 거의 모든 물질은 분자로 이루어져 있다. 종종 이런 분자들은 수백 개에서 수천억 개의 원자와 화학적 결합으로 이루어져 있다. 각각의 결합은 무수한 방법으로 다른 원자나 분자와 상호작용할 수 있다. 원자와 분자가 상호작용하는 방법을 이해하고 예측하는 것이 화학약품과 의약품 연구의 초석이다. 화학약품과 의약품이 분자 반응을 더 잘 예측할수록 화학 화합물과 의약 화합물을 더 잘 만들 수 있다.

전통적인 고전 컴퓨터는 정보와 예측 능력을 잃기 전에 두 줌의 분자 결합을 제대로 추적할 수 있다. 그러나 우리의 삶을 더 좋게 만드는 분자 대부분은 그보다 더 많은 결합으로 구성돼 있으므로, 이는 더 나은 화학약품과 의약품을 만들려는 우리의 현재 이해력과 능력이 제한돼 있다는 것을 의미한다. 양자 컴퓨팅은 우리가 훨씬 더 많은 분자 상호작용을 추적하고, 이해하고, 예측할 수 있을 뿐만 아니라 더 긴 시간 동안 양자 수준에서 (양자 시뮬레이션을 사용하는 전통 컴퓨터보다 더 쉽게) 추적하고, 이해하고, 예측할 수 있게 해줄 것이다. 이는 더 나은 화학약품과 의약품을 의미한다. 양자 컴퓨터를 이용하면 부작용이 적으면서 우리의 특정 의학적 구조나 DNA 구조(즉, 생체의학biomedical)와 함께 작용하도록 맞춤화된 더 좋은 의약품을 얻게 될 것이다.

양자 효과quantum effect가 이미 자기공명영상촬영장치와 같은 최고의 진단 의료 장비에 사용되고 있지만, 나쁜 유전자 지표를 조기에 진단하고 질병을 더 잘 식별할 수 있게 해줄 것이다. 인간의 기억과 의식이 어떻게 작용하는지, 어떻게 실패하는지 그리고 관련된 약점과 질병을 어떻게 완화할 수 있는지를 더 잘 알아낼 가능성이 크다. 방사선 치료와 같은 응용 치료법의 정확도를 높여 치료 시간도 줄일 수 있다. 약물 상호작용의 나쁜 부작용을 더 잘 예측할 수 있다. 결국 양자 컴퓨팅은 인류에게 도움이 될 화학약품과 의약품을 크게 개선시킬 것이다. "화학을 통해 수준 높은 삶을Better living through chemistry14"이라는 지겨운 소리를 들어봤다면 이 말은 양자 컴퓨팅에도 확실히 적용된다.

---

14 듀폰사가 1935년부터 1982년까지 사용한 슬로건으로, 원래는 '화학을 통해 질 좋은 상품으로 수준 높은 삶을(Better Things for Better Living...Through Chemistry)'이다. - 옮긴이

더 나은 배터리

배터리에 에너지를 저장하는 과학은 수십 년 동안 큰 변화를 겪지 않았다. 노트북과 휴대폰의 배터리 수명은 여전히 시간이 지남에 따라 나빠지고 있다. 배터리보다 기기의 에너지 사용을 개선해 수명을 늘릴 수 있을까? 배터리는 자연적으로 사용하기에 충분한 충전량을 가지고 있지 못하며, 화재를 유발하며, 위험한 화학물질을 함유하고 있다. 전기 자동차에서 배터리는 가장 무거우면서 비싼 구성 요소로 처음부터 전기 자동차를 보유하는 데 따른 전반적인 탄소−편익을 줄인다. 수백 개의 회사가 더 오래 지속되고 가벼운 배터리를 만들기 위해 노력하고 있다. 이 목표를 위해 많은 자동차 회사와 배터리 제조업체가 이미 분자 수준에서 배터리를 더 잘 이해하기 위해 특히 리튬수소와 탄소 분자 사슬이 어떻게 작동하고 고갈되는지 알기 위해 오늘날의 초기 양자 컴퓨터를 사용하고 있다(관련 사례는 https://bit.ly/3euBKB0에서 확인할 수 있다). 다른 연구자들은 고속 충전이 되는 배터리를 만들기 위해 양자 얽힘을 사용하고 있다(https://bit.ly/2B2RlcJ[15]). 양자 컴퓨팅은 더 작은 공간에 더 많은 에너지를 저장할 수 있는 새로운 화학 분자 상호작용을 찾는 데 중심 역할을 하게 될 것이며, 이는 모든 배터리 응용 분야에 도움이 될 것이다.

진정한 인공지능

컴퓨터 세계에서 가장 많이 사용되는 문구 중 하나는 인공지능[AI]과 머신러닝[ML] 관련 분야다. 인공지능의 개념은 인간처럼 자기 학습[self-learning]을 할 수 있는 방식으로 프로그래밍할 수 있는 컴퓨터로 그 능력과 매우 빠른 속도로 인간이 풀 수 없었던 문제를 풀 수 있다는 것이다. 인공지능은 컴퓨터의 최종 목표다. 인간의 고도로 복잡한 사고 과정을 컴퓨터로 시뮬레이션할 수 있을 것인가에 관해서는 많은 논쟁이 있다.

오늘날 우리는 진정한 인공지능에 가깝게 다가가지 못했지만, 그렇다고 수천 개의 컴퓨터 공급업체가 진정한 인공지능 수준에 도달했다고 주장하는 것을 막지 못한다. 양자 수

---

15 관련 기사 https://bit.ly/3dvYTBQ 참조 − 옮긴이

준에서 모든 물질을 더 정확하게 예측하는 양자 컴퓨팅이 진정한 인공지능에 더 가깝게 비슷한 것을 가져다줄 수 있을지도 모른다. 더 나은 인공지능이 (인공지능이 없는) 양자 컴퓨터가 할 수 있는 만큼 많은 방법으로 우리 세계를 개선해야 한다. 컴퓨터가 사람 뇌의 모든 복잡도로 생각할 수 있는 진정한 인공지능이 게임 체인저game changer[16]가 돼야 한다. 우리가 하는 거의 모든 것이 개선되고 최적화될 것으로 보인다.

일반적으로 언급되는 예가 자율주행 자동차다. 자동차는 이미 스스로 움직일 수 있다. 아마도 10년 이내에 사람이 운전하는 자동차보다 자율주행 자동차가 더 많아질 것이다 우리의 아이들, 특히 우리의 손자들은 운전면허증이나 자동차를 가지고 있지 않을 것이다. 사회는 사람들이 출근하거나 심부름을 하거나 여행을 가야 할 때 단순히 차량을 빌리는 상황으로 바뀔 것이다.

양자 컴퓨팅은 자율주행 자동차가 포함된 더 나은 교통 관리에 도움이 될 것이다. 양자 컴퓨터는 관련된 모든 자율주행 자동차와 자동차의 위치와 속도를 처리할 수 있으며, 모든 자동차의 속도와 방향을 최대화하기 위해 속도와 회전을 변경하는 방법을 알아낼 수 있다. 자율주행 자동차가 교차로에서 멈추지 않도록 만드는 것이 목표다. 자율주행 자동차는 속도와 경로를 변경해 교차로를 계속 주행할 수 있으며 과거의 유산이 될 정지 신호나 신호등에서 멈추지 않아도 될 것이다. 이로 인해 에너지가 절약되고, 오염이 줄 뿐만 아니라 관련된 모든 사람의 시간이 절약될 것이다.

사이버 보안cybersecurity도 인공지능으로 인해 큰 영향을 받을 것이다. 우리는 이미 공격자가 공격을 전환할 때 공격자를 과거의 방어선으로 옮기거나 나쁜 행위자를 막는 데 사용되는 머신러닝의 초기 구현을 보고 있다. 컴퓨터 보안의 미래는 자율적인 인공지능-학습 보안과 고급 알고리즘을 기반으로 공격하고 방어하는 공격 봇attack bot에 의해 주도될 것이다. 영화 〈터미네이터〉에 나오는 스카이넷이 자각self-aware해 자신들을 만든 인간을 공격하는 것을 볼 수 있을지는 모르겠지만, 일론 머스크Elon Musk를 포함한 많은 명석한 사

---

16   상황 전개를 완전히 바꿔 놓는 사람이나 아이디어, 또는 사건 - 옮긴이

람들이 이 시나리오에 대해서 걱정하고 있다(https://bit.ly/2NmYRBK[17]). 인공지능이 있는 곳마다 바로 그 옆에 양자 컴퓨터가 있을 것이다.

공급망 관리

기업들은 오래전부터 공급망을 최적화해 제품이 필요할 때, 즉 고객과 거래하기 위해 제품이 필요한 시기보다 더 빠르거나 늦지 않도록 제품을 정확히 얻고 싶어 했다. 재고는 단지 돈과 공간 그리고 다른 자원을 낭비하는 것이다. 오늘날 아마존Amazon과 페덱스 FedEx, 미국 우편 공사USPS, United States Postal Service 등 공급망 관리가 거의 완벽에 가까워지고 있는 것처럼 보이는 회사들이 많다. 모든 소매업체도 공급망을 더 잘 확보하기 위해 이들의 선례를 따르고 있다. 심지어 비소매업체들도 수집과 유통을 최적화하려고 노력하고 있다. 에너지 그리드 관리next-generation energy grid는 에너지 낭비를 줄이고, 비용을 절감하며, 정전을 막고, 소비자를 행복하게 만드는 것이 핵심이다. 세계 최대의 소매업체와 에너지 기업 중 상당수가 이런 목적으로 양자 컴퓨팅에 투자하고 있다.

양자 금융

누군가 양자 컴퓨팅으로 돈을 벌 수 있다면 말할 필요도 없이 그들은 그렇게 할 것이다. 투자자는 양자 컴퓨팅으로 투자 포트폴리오를 더 잘 관리하고 금융에 영향을 미치는 여러 요소를 더 잘 이해할 수 있을 것이다. 양자 컴퓨팅은 주식 거래와 파생상품 창출 및 거래, 시장 예측, 원자재 거래 그리고 오늘날 세계에서 거래되고 있는 다른 모든 것에 영향을 미칠 것이다. 그리고 사이버 보안 예측과 마찬가지로 대부분이 자동화된 알고리즘 봇은 다른 기업의 봇이 아직 발견하지 못해 행동하지 않은 기술적 이점을 찾으려고 노력할 것이다. 이런 기술의 시초가 전체 주식 거래의 40%를 차지하는 자동화된 고주파 거래

---

high-frequency trading이다. 양자 컴퓨팅은 이런 추세를 가속화할 뿐이다. 이미 양자-중심의 금융 웹사이트인 'Quantum for Quants퀀트를 위한 양자(http://www.quantumforquants.org/)' 가 있다.

향상된 위험 관리

금융 투자는 실제로 포트폴리오 위험 관리, 즉 투자 대상과 시기에 관한 모든 것이다. 양자 컴퓨터는 모든 산업의 위험 관리 계산을 향상시킬 것이다. 양자 컴퓨터는 보험업계가 보험 회계 오즈[18]actuarial odds를 더 잘 결정하고, 보험 사기를 더 잘 적발하며, 정상을 사기로 적발하는 오탐지false positive도 줄이는 데 도움이 될 것이다. 양자 컴퓨터는 컴퓨터 보안 방어자가 해야 할 것과 하지 말아야 할 것을 더 잘 결정하는 데 도움이 될 것이다. 위험 관리 문제를 푸는 것은 장기판에서 말들을 움직이는 것과 같으며 양자 컴퓨터는 많은 요소로 복잡한 문제를 푸는 데 능숙하다.

양자 마케팅

우리 시대의 최고 기술 발명품 대부분이 광고와 마케팅으로 추진돼 자금을 지원받았다. 광고는 라디오와 텔레비전, 케이블 TV를 통해 이뤄졌다. 인터넷은 광고 게임ad game을 강화했고, 광고주는 인터넷을 통해 특정 제품을 구매할 가능성이 높은 특정 그룹의 사람들에게 마케팅을 할 수 있게 됐다. 이에 관한 농담은 구글이 배우자보다 우리의 진정한 자아에 대해 더 많이 알고 있다거나 우리 자신이 스스로에게 인정하려고 하는 것을 더 잘 알고 있다는 것이다. 인터넷은 모든 것을 알고 있다. 양자 컴퓨팅은 더 작은 하위 그룹에 관해 더욱 구체적인 마케팅을 가능하게 하며 연관성이 없어 보이는 소비자 선택의 복잡한 상호작용을 더 잘 이해할 수 있게 해줄 것이다. 이를테면 애견가들이 스파게티를 더

---

18   오즈는 실패할 확률에 비해 성공할 확률의 비, 즉 (실패할 확률)/(성공할 확률)을 의미한다. – 옮긴이

많이 구매한다고 하자. 그러면 애견 제품을 구매하는 누군가에게 새로운 스파게티 소스 할인 쿠폰을 보여줄 수 있다. 양자 컴퓨팅이 분자 상호작용에 대한 더 나은 이해를 제공하는 것과 마찬가지로 양자 계산 능력도 마케팅에 사용될 것이다. 나는 이것을 선으로 구분해야 할지 악으로 구분해야 할지 잘 모르겠다.

더 나은 기상 예측

더 나은 기상 예측weather prediction은 양자 컴퓨팅에 대한 초기 자금 지원의 또 다른 주요 원인이다. 기상을 더 정확하게 예측할 수 있다는 것은 세상의 모든 사람들에게 영향을 미친다. 기상 예측은 거친 날씨로부터 사람들을 보호하는 데 도움이 될 뿐만 아니라 위험 상황criticality과 가능도likelihood 그리고 경로 예측을 향상시킨다. 더 정확한 기상 예측으로 인해 농부들은 무엇을 언제 심을지 결정할 수 있다. 양자 컴퓨팅은 지구의 기후가 무엇 때문에 어떻게 변할 것인지 등과 같은 지구 기후 환경과 사람이 미치는 영향을 더 잘 모델링함으로써 기후 변화의 영향을 감시하고 완화하는 데 도움이 될 것이다.

양자화폐

양자화폐quantum money는 본질적으로 전통적인 블록체인을 진기한 것처럼 보이게 하는 매우 보호적이며 양자-기반의 위조 방지 기능을 가진 암호화폐다. 양자화폐 시스템에 대해 몇 가지 제안이 있었고, 이 중 일부는 40년 전으로 거슬러 올라가는데 보호적인 양자 성질protective quantum property로 인해 보편적이면서도 위조할 수 없으며, 도난당할 수 없는 암호화폐를 만드는 데 사용될 수 있다는 것을 인식하고 있었다. 몇 가지 유형의 양자화폐는 다른 이론으로 제안됐지만, 대부분은 중앙은행/검증자verifier만 알 수 있는 공유되지 않은 양자 성질을 내장한 고유 일련번호의 개념을 가지고 있다. 따라서 범죄자들은 같은 일련번호를 사용해 화폐의 새로운 복제본을 만들 수 있겠지만 추가적으로 내장된 양자 성질의 상태를 알지 못하므로 은행의 검증 과정을 통과할 수 있도록 완벽하게 복제된 통화를 만들 수가 없다. 자세한 내용은 다음 사이트에서 확인할 수 있다.

- 새로운 유형의 "양자화폐"는 우주 규모의 거래를 가능하게 할 수 있다^{New Type of} "Quantum Money" Could Enable Galactic-Scale Commerce(https://bit.ly/3dy2TBQ)
- 양자화폐^{Quantum Money}(https://bit.ly/2B5m9cQ)
- 양자 복사 방지 및 양자화폐^{Quantum Copy-Protection and Quantum Money}(https://bit.ly/ 3extfFr)

물론 오늘날의 암호화폐 시스템은 양자-취약 암호 알고리즘 대신 양자-내성 암호 알고리즘을 사용할 수 있으며, 이 또한 '양자화폐'라고 생각할 수 있다. 많은 암호화폐 사용자는 중앙집중식 검증자 대신에 분산 (그리고 때로는 익명) 블록체임을 사용하는 양자-기반 암호화폐를 사용하는 것을 핵심 요구 사항이라고 생각한다. 양자를 사용하면 두 세계 모두를 최대한으로 이용할 수 있으며, 여러분과 여러분의 목적에 가장 잘 맞는 시스템을 선택할 수 있다.

양자 시뮬레이션

양자 성질에 기반을 둔 양자 컴퓨터를 사용하면 자연 우주를 더 잘 탐험할 수 있을 것이다. 양자역학의 원리와 이유를 알아낼 수 있을 뿐만 아니라, 양자역학과 반드시 연관시킬 수는 없지만 양자역학에 의존하는 모든 것들의 양자 상호작용을 알아낼 수 있을 것이다. 양자 컴퓨터는 우리의 물리적 우주에 얼마나 많은 차원이 존재하는지 그리고 암흑물질^{dark matter}이 무엇인지와 같은 오늘날 우리가 직면하고 있는 많은 거대한 물리학 문제에 대한 답을 찾는 데 도움이 될 것이다. 양자 컴퓨팅은 고전 컴퓨터로는 불가능한 방법으로 우리 주변의 우주(또는 다중우주)를 이해하는 데 도움을 줄 것이다.

더 정밀한 군사와 무기

또한 양자 컴퓨터를 사용해 발명하고 향상시키는 멋지고 새로운 많은 것이 세계의 다양한 군사력을 향상시키는 데 도움이 될 것이라는 점도 말할 필요가 없다. 이는 많은 기술적 개선으로 인해 일어나는 일이다. 이것이 우리가 인터넷을 갖게 된 방법이다. 그리고 더 나은 기상 예측과 같이 단순하고 무해한 것들이 전투 계획에 사용될 것이다. 이는 당연한 것이다.

양자 원격 이동

아마도 가장 많이 언급되고 흥미로운 양자 발명품 중의 하나가 양자 원격 이동quantum teleportation일 것이다. 양자 원격 이동을 사용하면 두 위치가 공간의 큰 비어 있는 틈으로 분리된 것을 포함해 아무리 멀리 떨어져 있어도 물체(또는 그 상태)를 두 번째 (수신) 위치에서 정확하게 다시 만들 수 있다.

나를 포함한 많은 사람이 공상과학 텔레비전과 영화 시리즈 〈스타 트렉Star Trek〉과 그 허구의 '트랜스포터transporter(https://bit.ly/3evko7h)'를 세련되지 않게 언급하면서 양자 원격 이동에 대한 설명을 시작했다. 일반적으로 원격 이동의 전반적인 개념을 빠르게 전달하기 위해 이런 비유를 들지만 양자 원격 이동은 원격 이동보다 복사 또는 팩스를 보내는 것과 더 비슷하다. 많은 물리학자는 원격 이동이라는 단어가 종종 사람들의 마음에서 아주 다른 것을 나타내는 경우가 많아 원격 이동이라는 단어 사용을 안타까워해 왔다.

허구의 〈스타 트렉〉 원격 이동기teleporter와 양자 원격 이동 간에는 몇 가지 주된 차이가 있다. 첫째, 〈스타 트렉〉의 원격 이동기는 물체의 입자 자체를 두 위치 사이에 보내는 반면, 양자 원격 이동은 (입자를 모방할 수 있도록) 물체의 입자에 대한 정보만 보내고 입자 자체는 보내지 않는다. 둘째 그리고 가장 중요한 것은 양자 원격 이동은 실제로 동작하지만 지금까지 거대 분자$^{macro\ molecule\ 19}$보다 큰 것은 없다.

NOTE 〈스타 트렉〉의 원격 이동기가 사람 전체를 중간에 끊임없이 전송할 수 있는 능력은 오랫동안 실제 우리의 능력을 넘어서 있을 것이다. 허구의 원격 이동기나 실제 양자 원격 이동을 사용해 사람 전체를 전송하는 일은 사람이라는 것을 의미하는 모든 세포와 원자 그리고 쿼크 성질 외에도 능동적인 기억과 의식(그리고 무의식적인 생각과 행동)을 나타내기 위해 필요한 모든 것을 이해하고, 식별한 다음, 부호화해야 한다. 우리는 알려진 어떤 물리적 표현을 사용해 원격 이동을 할 수 있는지 확신조차 할 수 없으며, 전송해야 하는 입자와 상태의 수는 알려진 우주에 있는 모든 별의 수보다 많을 것이다.

원격 이동 프로토콜

양자 원격 이동은 1990년대 초에 이론으로 정립됐고, 최근에는 수십 번의 (광자와 원자 그리고 분자를 사용한) 실험실 내에서의 실험과 (양자-기반 인공위성을 사용한) 지구와 우주 사이의 실험을 통해 양자 원격 이동이 입증됐다. 양자 입자의 직접적인 복사가 불가능하다는 복제 불가 정리$^{no\text{-}cloning\ theorem}$처럼 허구의 〈스타 트렉〉 원격 이동기와 같이 간단한 입자-전송 장치를 만드는 데는 현실적인 어려움이 많다. 이런 이유로 양자 원격 이동기 $_{quantum\ teleporter}$는 검증된 프로토콜로 표현할 수 있는 간접 논리법을 사용해 실제 원격 이동을 할 수 있다. 그러나 양자 원격 이동은 앞으로 다가올 많은 양자 개발과 장치들이 나온 다음의 일이므로 양자 원격 이동이 어떻게 작동하는지 이해하는 것이 중요하다. 즉, 양자-기반 네트워크 장치가 어떻게 작동하는지 알아야 한다. 이미 양자 원격 이동기가 있으며, 8장에서 자세히 설명한다. 그래서 원격 이동은 공상과학 팬들만을 위한 것이 아니다. 머지않은 미래에 작동하는 방식인 것이다.

양자 원격 이동에는 원격 이동시킬 물체와 두 개의 얽힌 큐비트, 원격 이동시킬 물체에 관한 정보의 각 큐비트의 상태를 나타내는 이진수 비트 두 개 등 최소 5가지가 필요하다. 원격 이동 프로토콜을 단순하게 표현하면 다음과 같다(그림 5.4 참조).

---

19 지름이 약 100~1만Å이고 분자량이 약 1만 이상인 매우 큰 분자. 화학 결합에 의해 생긴 하나의 원자단이 극히 다수의 원자로 이루어진 분자. 출처: 사이언스올 과학백과사전(https://bit.ly/37UWqzV)

1. 원격 이동시킬 물체$(X1)$에 대해 필요한 정보의 각 큐비트에 대해 두 개의 얽힌 큐비트$(A와 B)$를 만든다. 최종 상태가 바뀔 때까지 동기화된 상태를 유지하기 위해 두 개의 큐비트가 모두 필요하기 때문에 얽힘은 매우 중요하다.

2. 얽힌 큐비트의 한 쪽을 물체를 원격 이동시킬 위치(즉, 송신소$^{sending\ station}$)로 옮긴다.

3. 얽힌 큐비트의 다른 쪽을 수신 위치로 옮긴다(여러분은 이것을 원할 것이다).

4. 송신소에서 물체의 큐비트 상태와 얽힌 큐비트의 송신 측이 서로 상호작용하도록 하고 물체의 큐비트 성질 상태와 현재 얽힌 큐비트 상태 간의 차이를 관찰하고 기록한다. 이 차이는 (서로 비교되는 두 개의 큐비트에 대해) 4개의 가능한 답, 즉 1, 2, 3, 4중의 하나로 정확하게 표현할 수 있다.

5. 두 개의 이진수(즉, $2^2=4$)를 사용해 비교 차이값$^{comparison\ difference\ answer}$을 표현한다.

6. 이제 이진수로 표현된 차이값을 고전적인 수단을 사용해 목적지로 전송한다. 이외에도 편지나 전화를 포함해 차이값을 전달할 수 있는 모든 통신 수단을 사용할 수 있지만, 가장 빠른 방법은 어떤 유형의 기본적인 디지털 비트 전송일 것이다.

7. 수신한 이진 차이값$^{binary\ difference\ answer}$ 정보를 사용해 4번째 단계에서 측정한 원래 물체의 큐비트 (상태)를 정확하게 반영하는 방식으로 목적지의 큐비트를 수정한다.

8. 목적지 큐비트에서 물체$(X2)$를 정확하게 재생하기 위해 필요에 따라 반복한다.

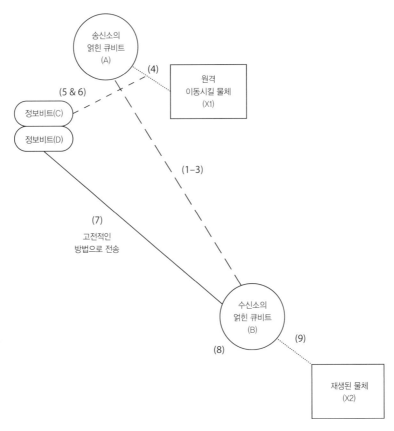

그림 5.4 기본 양자 원격 이동 물체 및 단계

이제 부정적인 면에서 보면 원격 이동 행위는 원래의 얽힘을 깨고 원래의 물체^{original object}를 파괴한다(또는 윤리적인 이유로 파괴해야 할 수도 있다). 예를 들어 살아 있는 사람을 원격 이동시킨다고 생각해보자. 이제 같은 생각과 기억을 가진 사람 두 명(한 명은 원래의 사람이고 다른 한 명은 복제된 사람이다)이 두 개의 다른 장소에 있게 된다. 이 둘은 모두 자신들이 진짜 원래의 사람이라고 생각할 것이다. 이 두 사람 중 한 명은 파괴돼야 한다. 그렇지 않으면 모든 종류의 부정적인 이상한 일이 일어나기 시작한다. 예를 들어 두 명 모두 같은 사람과 결혼을 했고, 부모가 같으며, 같은 직업을 갖고 있다고 생각할 것이다. 새롭게 복제된 사람이 완전한 삶을 사는 동안(또는 다음 원격 이동이 있기 전까지) 그 과정에서 파괴되

거나 살해될 가능성이 있다는 것을 아는 상태에서 양자 원격 이동을 사용하고 싶은 사람이 있을까? 다행히도 일반적인 디지털 데이터를 원격 이동시키려 할 때에는 이런 종류의 윤리적 문제를 신경 쓰지 않아도 되므로 양자 원격 이동은 주로 디지털 데이터에 사용될 것이다.

NOTE 텔레비전과 영화의 〈스타 트렉〉 원격 이동기의 예는 원격 이동된 사람의 자리에 다채로운 입자가 천천히 사라지는 것을 보여준다. 영화에서는 이 과정에서 원래의 사람이 파괴되는 것을 보여주지 않는다. 영화는 살인을 매우 유쾌하고 다채롭게 보여주기만 한다.

양자 원격 이동에 관한 자세한 내용은 다음 사이트에서 확인할 수 있다.

- 양자 원격 이동Quantum teleportation(https://bit.ly/2Cylm4s)
- 양자 원격 이동은 어떻게 작동하는가?How does quantum teleportation work?(https://bit.ly/2Z6E9vh)
- 사람의 순간이동? 양자 얽힘. 먼 거리에서의 이상한 행동Human Teleportation? Quantum Entanglement. Spooky Action At A Distance(https://bit.ly/33C6TOG)
- 강의 10. 2월 16일 목요일: 원격 이동, 얽힘 교환, GHZ, 모노감Lecture 10, Thurs Feb 16: Teleportation, Entanglement Swapping, GHZ, Monogam(https://bit.ly/2Vcw9YA)
- 순간 이동과 양자 원격 전송/YTN 사이언스(https://bit.ly/2YtU1ZR)

양자 원격 이동은 물체를 비상식적으로 원격 이동시키는 어떤 고유한 방법이 아니라는 것이다. 이미 전통적인 기술을 사용해 항상 원격 이동을 하고 있다. 우리는 종종 물체에 대한 정보를 부호화해서 대표 정보를 다른 목적지로 전송한 다음, 목적지에서 원래의 물체를 재생한다. 팩시밀리(팩스)와 복사기, 스캐너 그리고 인터넷 파일 전송이 매일 원격 이동을 수행한다. 양자 원격 이동은 정보의 양자-수준 비트를 올바르게 전송하고, 또는 비트를 최고 수준의 보안으로 전송하는 것을 보장하는 방법이다. 비양자 원격 이동nonqunatum teleportation은 양자-수준의 정보를 전송하는 데 더 많은 시간이 걸릴 것이다.

양자 원격 이동에 관한 또 다른 중요한 경고. 사람들은 종종 가짜 공상과학 버전을 상상하기 때문에 눈 깜짝할 사이에 먼 곳, 심지어 은하계까지 물체와 사람을 전송할 수 있다고 상상한다. (위에서 설명한) 양자 원격 이동의 6단계는 고전적인 정보 전송이 필요하며, 이는 빛보다 빠른 원격 이동은 일어날 수 없다는 것을 의미한다. 이는 놀랄 일이 아니다. 빛의 속도보다 빨리 전달될 수 있는 것은 없지만(양자 얽힘이 어떻게 빛의 속도로 일어나는지 아직 밝혀내지 못했지만), 차이 정보differencing information의 전송은 고전적인 방법으로 이루어져야 한다. 이는 나쁘지 않다. 많은 고전적인 방법, 심지어 단순히 전기를 사용하는 방법조차도 빛의 속도에 가깝기 때문에 고전적인 방법을 포함시켜도 여전히 매우 빠르게 원격 이동이 이루어질 수 있다는 것을 의미한다. 단지 빛의 속도보다 빠르지 않을 뿐이다.

이런 모든 양자 응용의 사용과 개선이 '그림의 떡'처럼 보일 뿐만 아니라 여러분이 회의적이라면, 이진 컴퓨터와 메모리 저장 장치가 불과 몇 십 년만에 우리의 개인 컴퓨터 이전의 세계를 어떻게 변화시켰는지 생각해보라. 초기 컴퓨터는 거대했으며 건물의 전체 층을 다 차지했다. 초기 컴퓨터는 군사용으로 제한됐으며 가장 큰 기업들만 사용했다. 결국 컴퓨터는 유비쿼터스ubiquitous 20화됐고, 상당히 저렴하고 매우 작아졌다. 오늘날 우리는 손목에 컴퓨터를 착용하고 있으며, 불과 몇 십 년 전의 크레이Cray 슈퍼컴퓨터보다 더 좋은 계산 능력을 가진 스마트폰을 가지고 있고, 손끝만한 크기의 메모리 저장 장치에 우리가 수집한 모든 음악과 함께 우리가 작성한 모든 문서를 저장할 수 있다. 몇 초 안에 사실을 증명하거나 어떤 것을 배울 수 있다. 전문가가 하는 것처럼 거의 모든 것을 하는 방법을 비디오로 볼 수 있다. 뉴스는 몇 초 만에 지구 곳곳에 전달된다. 양자 컴퓨터는 차세대 환상적인 발명과 개선이 가져다줄 것을 우리에게 보여줄 준비를 하고 있다. 그리고 그것은 틀림없이 경이로울 것이다.

---

20   시간과 장소에 구애받지 않고 언제나 네트워크에 접속할 수 있는 통신 환경. 라틴어의 유비쿼터스는 '언제나 어디에나 존재한다'는 뜻을 가지고 있으며, 정보 통신 분야에서는 시간, 장소를 초월한 통신 환경을 목표로 한다. 예를 들면 전화 또는 인터넷으로 가정에 있는 보일러를 켜고 끌 수 있으며, 해외 공장에 있는 기계를 자기 자리에서 원격으로 제어할 수 있다. 유비쿼터스는 이러한 여러 가지 기기나 사물에 컴퓨터를 집어넣어 사용자와의 커뮤니케이션을 쉽게 해주는 정보 기술 환경 또는 정보 기술 패러다임을 뜻한다. 출처: 정보통신용어사전

요약

양자 컴퓨터와 성질은 해시 알고리즘과 대칭키 알고리즘 그리고 비대칭키 알고리즘을 포함하는 전통적인 암호 시스템을 약화시키거나 깨뜨릴 것이다. 어떤 경우에는 긴 키 길이를 사용하는 것이 양자-내성이 되는 해답이 될 수 있다. 다른 시나리오에서 양자-취약 암호 알고리즘을 양자-내성 또는 양자-안전 암호 알고리즘으로 완전히 대체해야만 한다. 앞으로 몇 년 안에 우리 모두는 더 많은 양자-내성 암호로 옮겨 갈 것이다.

또한 양자 컴퓨팅은 새롭고 더 좋은 암호 시스템과 네트워킹, 완벽 프라이버시 그리고 새롭거나 개선된 응용들을 가져다줄 것이다. 우리는 더 나은 화학약품과 의약품, 배터리, 기상 예측 그리고 군사 무기를 갖게 될 것이다. 기술에서의 모든 양자 도약은 선과 악을 함께 가져올 것이다. 양자 컴퓨팅도 다르지 않다. 양자-이후의 세계에 온 것을 환영한다.

6장, '양자-내성 암호 시스템'에서는 수십 개의 양자-내성 암호 시스템을 설명하며, 그 중 일부는 머지않아 여러분 조직의 애플리케이션에 사용해야 한다.

양자 해독 대비

06

양자-내성 암호 시스템

양자-이후 세계에서 사용하게 될 암호 시스템은 양자-내성과 양자-기반 암호 시스템이 결합된 것이다. 양자-내성 암호 시스템은 알려진 양자 공격에 내성을 가진 전통적이며 이진수-기반의 암호 알고리즘이다. 양자 암호 알고리즘quantum cryptographic algorithm은 정보를 보호하기 위해 양자 컴퓨팅과 양자 성질을 이용하는 암호 시스템이다. 6장에서는 양자-내성 암호 시스템을 설명하고 7장에서는 양자-기반 암호 시스템을 설명한다.

6장은 암호 기술과 고급 수학 용어가 많다. 일반 컴퓨터 보안 독자들은 특정 알고리즘의 배경이 된 모든 기술의 세부 사항에 관심을 가져야 하는 이유에 대해 궁금해할 것이다. 또한 자신들의 업무를 수행하기 위해 정말로 알아야 할 것은 양자-이후 알고리즘의 이름이라고 생각할 수도 있다. 아마도 그렇게 생각할 것이다.

그러나 암호학의 기초를 이해하는 것이 암호 시스템을 구현하는 모든 사람에게 큰 도움이 될 것이다. 6장에서는 20개가 넘는 양자-내성 알고리즘에 대한 기본적인 개요를 설명하고, 이미 큰 소수의 의미를 이해한 것과 같은 방식으로 이 알고리즘들을 이해할 수 있을 것이다.

6장은 20개가 넘는 양자 내성 알고리즘에 대한 기본적인 개요를 제시해, 큰 소수가 RSA 와 디피–헬만 암호 알고리즘에 고유한 보호를 제공하며, 큰 소수에 의존하는 것이 양자 공격에 취약해지는 이유를 이해한 것과 같은 방식으로 6장에서 소개하는 알고리즘을 더 잘 이해할 수 있을 것이다. 암호 알고리즘의 이름 이상의 것을 안다는 것은 최종 사용자 든 상사든 누군가가 여러분의 양자–이후 구현 계획에 대해 더 구체적인 질문을 할 때에 도움이 될 수 있다. 게다가 여러분의 동료들과 양자–이후에 대해 논의할 때 더 자신감을 갖게 될 것이다. 특정 알고리즘에 관한 모든 세부 사항을 이해할 필요까지는 없지만, 해 당 알고리즘이 어떻게 작동하는지 일반적인 생각을 갖는 데 도움이 된다.

> **NOTE** 6장에서는 저자가 말한 것처럼 암호학에서 사용되는 용어가 많다. 이 용어를 이해하기 위해서 는 암호학에서 요구하는 암호 시스템의 안전성에 관한 개념이 필요하기에 옮긴이가 간략히 설명하고자 한다.
>
> 어떤 암호 시스템이 주어졌을 때, 공격자는 주어진 암호 시스템을 사용할 수는 있지만 어떤 암호화키 (대칭키 암호 시스템에서는 비밀키, 비대칭키 암호 시스템에서는 개인키)를 알지 못한다고 가정을 한 다. 이 상태에서 공격자가 암호 시스템을 깨뜨린다고 하는 것은 공격자가 사용할 수 있는 모든 자원을 사용해 해당 암호 시스템의 암호화키(즉, 비밀키나 개인키)나 해당 암호 시스템으로 암호화한 암호문을 복호화한 평문에 대한 정보를 알아내는 것을 의미한다. 따라서 주어진 시나리오에서 암호 알고리즘이 안전하다고 하는 것은 특정 능력을 가진 어떤 공격자도 주어진 암호 알고리즘을 깰 수 없다는 것을 의 미한다.
>
> 현대 암호학에서는 이런 시나리오를 암호학적인 문제로 만들어 안전성을 입증하는 데 세 단계를 거쳐 문제를 해결한다. 첫 번째 단계가 안전성에 대한 개념을 명확하게 정의하는 것이다. 두 번째 단계는 암 호학적 모델의 안전성이 어떤 가정(즉, 공격자의 능력이나 공격자가 사용할 수 있는 자원으로 예를 들 면 뒤에서 설명하는 암호문이나 평문을 선택할 수 있다는 가정이나 양자 컴퓨팅을 사용할 수 있다는 것과 같이 계산 능력을 가지고 있다는 가정)에 기반을 두고 있다면, 그 가정을 반드시 명시해야 하며, 해당 가정은 가능한 최소화해야 한다. 마지막 세 번째는 첫 번째 단계에서 정의한 안전성의 개념에 따 라 안전성을 증명한다. 이때 두 번째 단계의 가정도 함께 명시를 한다.
>
> 주어진 시나리오에서 사용되는 암호 시스템에 대해 공격자의 능력에 따른 안전성을 입증하게 되면 해당 암호 시스템을 안전하다고 하며, 양자 컴퓨팅에 대해 안전성을 입증할 수 있다면 양자–내성이라고 할 수 있다. 이런 개념을 염두에 두고 6장을 읽어 나간다면 큰 어려움 없이 내용을 이해할 수 있을 것이다.

NIST의 양자-이후 공모전

이미 수십 개의 양자-내성 암호 알고리즘과 디지털 서명이 있으며, 전 세계의 다양한 암호 전문가와 그룹이 수년에 걸쳐 이런 알고리즘 대부분을 평가해왔다. 2015년 유럽전기통신표준협회ETSI, European Telecommunications Standards Institute는 전 세계의 과학자와 연구자들과 함께 양자-내성 암호 알고리즘을 진지하게 살펴본 첫 번째 대규모 공공단체였으며, 이후 미국을 포함한 다른 나라의 많은 단체들이 그 뒤를 이었다.

NIST는 기존 약화된 암호 시스템을 대체하기 위해 다양하고 새롭게 제안된 암호 시스템을 평가하기 위해 수년 간 '경쟁과 같은' 공개 공모전를 진행해왔다. 공모전에서 우승한 알고리즘은 미국의 새로운 암호 표준이 되며, 우승자는 자신들의 암호 알고리즘이 무료로 사용되는 것에 동의한다.

이전의 NIST 공모전에서는 미국가안보국NSA의 긴밀한 협력과 참여를 바탕으로 새로운 해시 표준으로 SHA-3를 그리고 새로운 대칭키 암호 표준으로 AES를 선정했다. 전반적으로 이런 이전의 공개키 암호 공모전은 큰 성공으로 여겨졌다. 자격을 갖춘 많은 후보 알고리즘이 제안됐고 공개적으로 평가됐을 뿐만 아니라, 대부분은 공모전과 우승자들이 적절하다고 느꼈다(모든 NIST/NSA 암호 평가가 항상 적절하지는 않았다. 하단의 '의심스러운 NIST/NSA 공모전' 참조).

의심스러운 NIST/NSA 공모전

오늘날 NIST/NSA 공모전은 이해당사자 대부분이 상대적으로 신뢰하고 있지만, NSA가 쉽게 암호를 깨기 위해 약화된 암호 표준을 선택한 것으로 보이는 사례가 두 건 있었다. 첫 번째는 수십년 전인 1977년에 DES(데이터 암호 표준, Data Encryption Standard) 대칭키 암호를 선택한 것이다. NSA는 (루시퍼(Lucifer) 암호로 알려진 DES의 개발자인) IBM을 설득해 제안된 보호키 길이를 64비트에서 56비트로 줄였으며, 48비트로 줄이려고 했다. IBM은 64비트 키를 사용하려고 했지만, 대부분의 보호는 실제로 56비트였다.

NSA는 2006년 모든 컴퓨터 제조업체(는 가장 큰 소매자인 미국 정부에 판매)가 Dual_EC_DRBG로 알려진 새롭지만 매우 취약한 난수 생성기(RNG)를 탑재하도록 요구하면서 다시 비판을 받았다. 이 난수 생성기에는 난수 생성기에 의존하는 모든 암호 시스템에 비밀 백도어를 만든 수학적 결함이 있었다. 물론 NIST와 NSA는 백도어가 있다고 알리지도 않았으며, 누구도 그 결함이 고의적이었다는 것을 증명할 수 없었다. 그러나 결함이 발견된 후에도 NIST는 해당 난수 생성기가 미국 정부에 판매되는 모든 컴퓨터에 Suite B로 알려진 암호 도구(cryptographic collection)의 일부로 포함돼야 하며, 나아가 (컴퓨터를 한 버전으로 만드는 것이 더 쉽게 때문에) 비정부(nongovernment) 고객에 판매되는 거의 모든 컴퓨터에 포함될 것이라고 말했다. 공급업체가 해당 난수 생성기를 컴퓨터에 포함시켰음에도 세상 사람의 대부분은 해당 난수 생성기를 사용하지 않았다.

여기서 멈추지 않고, NSA는 심지어 매우 인기 있는 컴퓨터 장치 공급업체가 버그가 있는 난수 생성기를 사용하도록 비밀리에 돈을 지불하기도 했는데, 이는 해당 장치를 사용하는 모든 고객은 (알지도 못한 채) 매우 취약한 보호를 사용하고 있다는 것을 의미한다. 이는 암호 악몽(cryptographic nightmare) 시나리오가 실현된 것이었다. 응용 암호 시스템 세계의 큰 미스터리 중의 하나는 이 공급업체들이 미국 정부의 뇌물을 받아 고객에게 백도어가 있는 난수 생성기를 심는 것이 적발됐을 때, 왜 더 많은 대중의 반발을 사지 못했는가이다.

브루스 슈나이어(Bruce Schneier)는 2007년에 이 문제가 불거졌을 때 자신의 블로그(https://bit.ly/2BSzyVu)에 좋은 글을 남겼다. 2013년 의도적으로 버그가 많은 난수 생성기와 사람들에게 적극적으로 밀어붙이려는 NSA의 음모에 관한 이전의 모든 의혹은 CIA 정보 유출자 에드워드 스노든(Edward Snowden)에 의해 밝혀졌다.

두 사건 모두 당연히 미국 정부가 진정으로 안전한 암호 표준을 선택하는 것에 관련된 많은 당사자들의 신뢰에 커다란 손상을 입혔다. 이는 시민들을 보호하고 감시해야 하는 이중적인 책임을 가진 정부 기관들이 종종 더 나은 보호를 위해 약한 암호 시스템을 허용할 것이라는 것을 보여주었다. 심각하고 그에 따른 불신을 유발한 두 사건에도 관찰자들은 최근 새로운 암호 표준(즉, SHA-2와 SHA-3, AES 그리고 양자-이후 암호)을 선정하기 위한 NIST/NSA 공모전을 신뢰할 수 있다고 생각한다.

2016년 2월부터 NIST는 공개키 교환public-key exchange과 디지털 서명digital signature을 위한 양자-이후(즉, 양자-내성, 양자-안전) 암호 알고리즘 표준을 채택하기 위해 NIST 양자-이후 암호 시스템 표준화 절차^{NIST Post-Quantum Cryptography Standardization Process}(https://bit.ly/3eLy9yL)라는 새로운 공모전을 개최했다. 2017년 11월까지 1차 후보를 모집했다. NIST는 82개의 알고리즘을 제출받아, 이 중 69개를 공식적인 '1라운드'로 선정했다. 이 중 17개의 비대칭키 암호 알고리즘과 9개의 디지털 서명 기법이 2019년 1월에 '2라운드' 후보로 선정됐다(https://bit.ly/2NDwFL1). 2020년이나 2021년에 공식적으로 3라운드 후보가 선정될 것으로 예상된다.[1] 새로운 최종 양자-이후 암호 시스템 표준은 2022년이나 2024년 사이에 선정될 것으로 예상된다. 6장에서는 2라운드에 공식적으로 선정된 모든 후보 알고리즘을 요약한다.

NIST/NSA 공모전 우승자는 보통 NIST 연방 정보 처리 표준^{FIPS, Federal Information Processing Standards} 간행물 문서를 통해 미국 연방 정부의 공식 표준이 된다. 이 표준은 미국 정부가 구매해 사용하는 모든 정부의 컴퓨터와 장치뿐만 아니라 모든 정부 하청업체도 따라야 한다. 이는 미국 정부가 컴퓨팅 장치의 가장 큰 구매자이기 때문에 미국에서 판매되는 모든 장치와 컴퓨터가 이 표준을 포함하고 사용하도록 하는 데 영향을 미칠 수밖에 없다. 컴퓨팅 장치와 소프트웨어 공급업체는 정부와 비정부 버전을 따로 만드는 것보다 미국 연방 표준을 자신들이 만드는 모든 장치에 적용하는 것이 더 쉬우며, 비용 면에서 효율적이라고 생각한다. 미국이 세계에서 가장 큰 경제 규모를 가지고 있기 때문에, (러시아나 중국과 같이 큰 많은 나라들이 자국 표준을 만들어 사용하고 있지만) 미국의 표준이 사실상의 세계 표준이 되는 경우가 많다. 이런 이유로 NIST/NSA 암호 표준 공모전이 매우 중요하다. 공모전의 결과가 우리가 사용하는 많은 컴퓨터와 소프트웨어에 영향을 미치기 때문이다.

NIST 암호 공모전에 제안된 각각의 알고리즘에 관심이 있다면 https://bit.ly/2BRS4gJ[2]에 있는 알고리즘 제안자의 제안 문서를 다운로드해볼 것을 강력히 권장한다. 가장 좋은

---

1   NIST는 2020년 7월 22일 7개 외 최종 후보('첫 번째 트랙')와 8개의 대체 알고리즘('두 번째 트랙')을 발표했다. 관련 내용은 위키피디아(https://bit.ly/3kG3k3A) 참조 – 옮긴이

2   해당 링크는 2라운드에 제출된 알고리즘의 목록이며, 3라운드에 제출된 알고리즘은 https://bit.ly/31T8Itt에서 확인할 수 있다. – 옮긴이

세부 사항 대부분은 각 팀의 zip 파일 안에 있는 **Supporting_Documentation** 폴더 안에 있는 PDF 문서에 포함돼 있다. NIST는 각 암호 알고리즘 제안에 대해 알고리즘의 작동 방식과 약점, 강점, 공격에 대한 내성력^{attack resiliency}, 입증된 성능 통계, 코드 예제, NIST 보안 강도-수준 권고 사항^{security strength-level recommendation}(이에 대해서는 뒤에서 더 자세히 설명한다) 등을 포함한 많은 관련 정보도 함께 제출할 것을 요구한다. NIST 공모전 제안 웹사이트에서 지지자들과 비평가들의 검토 평가를 읽을 수 있을 뿐만 아니라 암호 전문가들이 알고리즘을 검토하는 방법에 관한 일반적인 의미를 알 수 있다.

NIST 보안 강도 분류

NIST 양자-이후 공모전에 제안된 모든 알고리즘은 표 6.1과 같이 현재 존재하는 양자-내성 대칭키 암호 알고리즘과 해시 알고리즘으로 표현되는 특정 보호 강도에 따른 특정 구현을 포함해야 한다. NIST 보안 수준 번호가 높으면 보호 수준도 올라간다(예: NIST 보안 수준 4는 보안 수준 3보다 더 많은 보호를 제공한다).

표 6.1 NIST 보안 강도 분류와 강도에 따른 보호

NIST 보안 수준	보안 수준에 해당하는 보안	양자 내성
1	AES-128	약하다
2	SHA-256/SHA3-256	강하다
3	AES-192	더 강하다
4	SHA-384/SHA3-384	매우 강하다
5	AES-256	가장 강하다

NIST는 양자-내성을 모두 다섯 가지 수준으로 분류하고 있지만, 보안 수준 1은 "예상보다 빠르게 양자 컴퓨터가 개선되지 않는 한 가까운 미래까지 안전할 것 같다"고 설명한다. 그로버 알고리즘을 이용한 양자 컴퓨터가 AES-128의 보호 강도를 64비트로 효과

적으로 줄일 수 있기 때문이다. 현재 AES를 64비트의 강도로 깨뜨릴 수 있는 공격이 알려지진 않았지만 그리 머지않은 미래에 깨뜨릴 수 있는 공격이 나올 것이다. 따라서 많은 암호 전문가는 NIST 보안 수준 1을 간신히 충족하는 암호 구현을 장기적으로 양자-내성이라고 생각하지 않는다. 그러나 NIST는 현재 보안 수준 1을 받아들일 수 있는 것으로 보고 있으며, 보안 수준 1을 시간과 자원이 허용하는 한 더 내성이 있는 암호 시스템을 사용하기 위한 '가교'로 보고 있다.

NIST는 보안 수준 2와 3을 "가까운 미래까지 안전할 것 같다"고 그리고 수준 4와 5는 "과도할 것 같다"고 생각한다. 암호학자들은 '과도할 것 같은' 내성 암호 시스템을 신뢰하지만, 성능과 구현 고려 사항으로 인해 현재 적용되지 못할 수 있다. 예를 들어 현재의 많은 소프트웨어 프로그램과 장치는 기본적으로 AES-128을 사용하며, AES-256 이상은 (아직) 사용할 수 없다.

NIST 경쟁자 대부분은 NIST 보안 수준 1과 3, 5를 충족하는 알고리즘을 구현해 제출했으며, 대부분은 보안 수준 2와 4를 건너뛰었다. 예외도 있었다. NTRUPrime은 보안 수준 1과 5를 제출하지 않았다. ThreeBears는 NIST 보안 수준 1과 3의 암호를 제출하지 않았지만 보안 수준 2와 4를 제출했다. SIKE는 NIST 보안 수준 2의 예를 제출했으며, NTRUPrime은 보안 수준 2와 4를 제출했다. CRYSTALS-Dilithium과 MQDSS는 보안 수준 5의 예를 제출하지 않았다. FALCON은 보안 수준 2와 3, 4의 구현을 제출하지 않았다. LUOV는 보안 수준 1이나 3의 표본을 제출하지 않았다. NIST 보안 강도 분류에 관한 자세한 내용은 다음 NIST 문서의 4.A.5절 보안 강도 범주^{Security Strength Categories}를 참조한다.

- 양자-이후 암호 시스템 표준을 위한 제출 요건 및 평가 기준^{Submission Requirements and Evaluation Criteria for the Post-Quantum Cryptography Standardization Process}(https://bit. ly/3oBxohZ)

NIST 프로젝트 웹사이트(https://bit.ly/2YG83aT)와 프라이버시 뉴스 온라인^{Privacy News Online}(https://bit.ly/3icztgi) 그리고 위키피디아(https://bit.ly/2ZnfF0S)를 포함한 다른 많은

출처에서 각 알고리즘에 관한 요약을 찾아볼 수 있다.

다음 절에서 NIST 2라운드 후보를 간략히 요약한다. 각 암호 알고리즘이 하는 일과 관련된 기본 원칙, 때로는 보증된 경우 알고리즘에 관한 약간의 이력 그리고 각 제안 팀 국가의 구성에 관해 설명한다. 팀 구성은 종종 다국적 구성을 보여주기 위해 포함됐다. 암호 알고리즘과 기법scheme을 설명하기 전에 관련된 용어와 유형을 먼저 정의한다.

> **NOTE** 6장에서 다루는 많은 알고리즘은 공개 양자 안전(Open Quantum Safe) 프로젝트(https://openquantumsafe.org/)의 일부이기도 하다. 공개 양자 안전 프로젝트는 양자−이후의 세계를 대비하는 데 도움이 되는 코드 저장소(code repository)와 조직이다. 어떤 암호 구현이 프로젝트에 참여한다고 기록됐다는 것은 조직이 오늘날 테스트와 실제 시나리오에서 특정 양자−이후 알고리즘을 구현하고, 이전에 구현했던 사람들의 교훈과 정보를 사용하며, 도전 과제와 학습한 새로운 교훈을 공유할 수 있다는 것을 의미한다.

공개키 암호 대 키 캡슐화 방식

공개키 암호PKE, Public Key Encryption라고도 하는 전통적인 공개키 암호 시스템public key cryptography은 대칭 암호키symmetric encryption key를 전송하는 데 주로 사용되며, 대칭 암호키는 암호 보호가 필요한 원래 의도된 일반 평문plaintext을 암호화하는 데 사용된다. 대칭키 알고리즘은 비대칭키 알고리즘보다 (짧은 키 길이에 대해) 빠르고 강하므로 공개키 암호는 주로 모든 직접적인 암호화 작업을 수행하는 대칭키를 안전하게 전송하기 위한 수단으로만 사용되는 경우가 많다. 공개키 암호는 수십 년 동안 훌륭하게 작동해왔지만 적어도 한 가지 큰 내재적 결함을 가지고 있다.

공개키의 길이가 암호화되는 콘텐츠(예: 키 교환에서 대칭키를 사용하는 경우)보다 길면 공격자는 원래의 개인키를 쉽게 추출할 수 있다. 이런 시나리오를 방지하기 위해 암호화될 메시지 콘텐츠(예: 대칭키)가 암호화에 사용되는 비대칭 개인키보다 짧을 때, 공개키 암호는 취약점vulnerability을 제거하기 위해 암호화될 메시지(예: 대칭키)에 추가적으로 '패딩$^{padding 3}$'을 한다. 아쉽게도 패딩을 무작위로 생성하는 것은 종종 공개키 암호 시스템에서 약한 연결 고리가 된다. 공개키 암호 공격자는 주로 패딩의 논리적 결함에 집중해 취약점을 찾는 경우가 많다. 대칭키의 길이는 양자 공격의 개선을 완화하기 위해 더 길어질 가능성이 높다. 이는 잠재적이며 지속적인 위험을 제공한다.

키 캡슐화 기법$^{key \ encapsulation \ scheme}$이라고 하는 키 캡슐화 방법$^{KEM, \ Key \ Encapsulation \ Method}$은 대칭키의 안전한 전송(또는 생성)을 개선하기 위해 고안된 비대칭키 암호화 기술의 한 유형으로 짧은 길이 메시지의 보안을 유지하기 위해 패딩을 추가할 필요가 없다. 많은 양자-이후 알고리즘은 특히 키 캡슐화 방법을 만드는 데 도움이 되며, 양자-이후 알고리즘은 종종 더 긴 길이의 대칭키를 가지므로 많은 양자-내성 팀이 공개키 암호 대신에 키 캡슐화 방식을 제공한다. 이런 경우 FrodoKEM과 NTS-KEM과 같이 알고리즘의 이름에 KEM을 사용해 키 캡슐화 방식을 사용한다는 것을 표시한다. 일부 양자-이후 암호 알고리즘은 PKE와 KEM 버전을 모두 제공할 것이다.

형식적 구별 불가능성 보증

일부 암호 알고리즘 이름과 설명에서 볼 수 있는 CPA와 CCA 문자는 암호문 구별 불가능성이라고 하는 암호학적 성질을 나타내기 위해 사용된다. 암호문 구별 불가능성$^{ciphertext \ indistinguishability}$은 결과로 나온 암호문이 너무나 무작위인 것처럼 보여서 공격자가 관련 암호화키에 대한 더 쉬운 공격을 찾기 위해 암호문을 사용할 수 없다는 것을 의미한다. CPA 용어는 공격자가 선택한 평문$^{chosen \ plaintext}$을 제공해 그 결과로 나온 암호문을 볼 수 있지만(평문 선택 공격$^{chosen \ plaintext \ attack \ 4}$) 여전히 관련된 비밀 암호화키에 대한 단서를

---

3 입력 데이터의 길이를 내부 처리 단위 길이의 배수가 되도록 만들기 위해 특정 형태의 비트열을 덧붙이는 것. 출처: 정보통신 용어사전 – 옮긴이

4 일반적으로 선택 평문 공격이라고 하지만, 공격자가 공격을 위해 평문을 선택해 암호 시스템에 넣고 그 결과로 나온 암호문을 보고 암호 시스템의 취약점이나 암호 시스템에 사용된 암호화키에 관한 정보를 얻어내야 한다는 암호 공격 모델의 의미를 정확히 전달하기 위해 평문 선택 공격으로 옮겨 적었다. 암호문 선택 공격(CCA, Chosen Ciphertext Attack)과 평문 선택 공격(CMA, Chosen Message Attack)도 마찬가지다. – 옮긴이

얻을 수 없다는 것을 의미한다. CCA 용어는 공격자가 특정 암호문을 선택하면 암호문을 복호화한 평문을 얻을 수 있지만(암호문 선택 공격chosen ciphertext attack) 여전히 관련된 비밀 암호화키에 대한 단서를 얻을 수 없다는 것을 의미한다. 상세한 설명은 https://bit.ly/38oJWRr을 참조한다.

디지털 보안 시스템의 보안은 때때로 EUF-CMA 또는 SUF-CMA로 설명되기도 하는데, 기본 비대칭 암호 시스템 보안을 요약하는 데 사용되는 CPA 및 CCA 용어와 다소 비슷하다고 할 수 있다. EUF-CMA는 메시지 선택 공격에 따른 위조 가능성의 존재Existential Unforgeability under Chosen Message Attack를 의미하며, SUF-CMA는 메시지 선택 공격에 따른 강한 위조 가능성의 존재Strong Existential Unforgeability under Chosen Message Attack를 의미한다.

두 용어 모두에서 공격자는 모든 콘텐츠에 대해 서명을 요청하고 서명을 받을 수 있지만 여전히 콘텐츠를 서명하는 데 사용된 개인키를 알 수 없다. 보안이 더 강화된 SUF-CMA에서 공격자는 다른 디지털 서명을 받을 수 없으며, 여전히 같은 콘텐츠와 같은 개인키를 사용하는 원래의 디지털 서명 기법으로 검증한다(즉, 동일한 콘텐츠에 대해 같은 디지털 서명 기법을 사용해 두 개의 다른 유효한 서명을 생성하는 것은 좋지 않은 형태가 될 것이다). 그러나 이런 성질을 가지고 있다는 것과 알고리즘이 절대적으로 이런 성질을 가지고 있다는 것을 증명하는 것은 안전성 모델 디스크립터descriptor[5] 한 개나 두 개 모두를 주장할 수 있다는 것의 차이이다. EUF-CMA와 SUF-CMA에 대한 상세한 설명은 https://bit.ly/2YHZ6xE을 참조한다.

좋은 PKE와 KEM 모두는 주로 CPA-안전과 CCA-안전 요구 사항을 충족시키려고 하며, 디지털 서명은 주로 EUF-CMA-안전하도록 노력할 것이다. 이러한 용어를 사용하기 위해서는 먼저 암호 알고리즘에 대해 보안 저항성을 이론적으로 증명해야 하며, 시간이 지남에 따라 지속적인 공격을 견뎌내야 한다. NIST는 성공적인 암호 알고리즘 후보가 암호 알고리즘의 유형에 따라 CPA-안전과 CCA-안전 또는 EUF-CMA-안전해야 할 것

---

5   분류, 검색, 색인을 목적으로 특징을 표현하는 서술자. 출처: 정보통신용어사전 – 옮긴이

을 요구했다. NTRUPrime과 NTS-KEM은 CPA 목표를 충족했다는 것에 대해 명확하게 밝히지는 않았지만 제안된 알고리즘 대부분은 제안 문서에서 이런 보안 보증 목표^security assurance objective를 충족한다고 명확히 명시했다.

키와 암호문의 길이

모든 비대칭키 암호 알고리즘은 비밀키와 공개키 두 유형의 관련 암호키를 가진다. 비밀키^secret key(개인키^private key라고도 함)는 콘텐츠를 서명하는 데 사용되며 키 쌍의 소유자만 알고 있어야 한다. (CRYSTALS-Dilithium와 SPHINCS+ 그리고 LUOV와 같이) 일부 양자-이후 알고리즘에서 비밀키는 실제 작업을 하는 다른 키를 생성하는 데 사용되는 시드^seed 6 값으로만 사용된다. 이런 구현에서 비밀키는 일반적으로 짧으며(16바이트에서 64바이트), 보안 강도 구현에 대해서는 일정한 길이이다. 이런 경우, 대개 관련된 공개키도 매우 짧다. 양자-내성 알고리즘은 다른 강도 수준뿐만 아니라 다른 구현 의도(예를 들어 더 빠르지만 덜 안전한 구현)에 따라 가변 길이의 키를 가질 수 있다.

공개키는 콘텐츠를 암호화하고 관련 개인키로 서명된 콘텐츠를 검증하는 데 사용된다. 공개키는 이론적으로 전 세계에 알려지고 사용될 수 있지만 여전히 보호된 비밀키는 비밀로 유지된다. 공개키는 모든 사람이 사용하게 돼 있다. 이것이 비대칭키 암호 알고리즘이 작동하도록 의도된 방식이다. 비대칭키 암호 알고리즘에서 관련된 공개키는 개인키로 생성한다.

암호문은 일반적으로 암호화된 모든 콘텐츠를 가리키지만, 제안된 다른 암호 알고리즘을 서로 비교하는 맥락에서 암호문은 가장 작게 암호화된 평문이 암호화됐을 때 얼마나 커질 것인지를 가리킨다. 예를 들어 현대 암호 알고리즘으로 문자 A만 암호화하면 일반적으로 암호화 결과로 얻은 암호문은 단일 문자보다 훨씬 더 길어진다.

---

6   암호 함수 또는 암호 연산의 초기화를 위해 사용되는 값으로 엔트로피 소스라고 하기도 한다. 출처: 정보통신용어사전 – 옮긴이

디지털 서명은 해시된 콘텐츠의 유일한 결과물이다. 디지털 서명 기법에서 공개키와 디지털 서명의 길이는 수학적으로 반비례한다. 즉, 공개키의 길이를 줄이면 디지털 서명의 길이는 길어지며, 그 반대도 마찬가지다. 따라서 양자-이후 디지털 서명 제안 대부분에서 짧은 길이의 공개키를 보면 긴 길이의 디지털 서명을 볼 수 있으며, 그 반대도 마찬가지이다.

NIST는 모든 암호 알고리즘 제안자가 각 NIST 보안 수준 선언에 대해 이런 각 변수들의 길이를 선언하도록 요구했다. 비대칭키 암호 알고리즘에 대해서는 암호문의 최소 길이를 제출해야 했다. 디지털 서명 기법에 대해서는 디지털 서명 결과의 길이를 제출해야 했다. 이런 길이가 중요한 이유는 매우 긴 길이는 종종 (짧은 길이의 경쟁 알고리즘과 비교했을 때) 성능performance과 저장storage 문제가 있는데 일반적으로 메모리 공간과 저장 공간 그리고 네트워크 대역폭bandwidth을 더 많이 사용하기 때문이다. 그러나 특정 알고리즘의 계산 복잡도computational complexity가 전체 암호 성능에 훨씬 더 큰 영향을 미치는 경우가 많다.

많은 알고리즘은 특정 NIST 보안 강도 수준을 충족시키기 위해 제안된 것보다 더 다양한 키 길이를 가진 잠재적인 구현을 가지고 있다. 일부 알고리즘은 구현하는 사람이 원하는 보안 대 성능 요구 사항에 따라 (일정 범위 내에서) 모든 키 길이를 사용할 수 있다.

양자-이후 알고리즘의 유형

다른 양자-이후 알고리즘을 설명할 때, 알고리즘의 주요 유형을 이해하고 양자-기반 공격에 대한 보호 방법을 요약하는 것이 도움이 된다.

코드-기반 암호 시스템

코드-기반 암호 시스템code-based cryptography(또는 대수적 코딩algebraic coding 또는 오류 정정 부호

화_{ECC, Error Correcting Codes}라고도 함)은 원래 콘텐츠를 모호하게/암호화하는 방식으로 '오류 error'(즉, 암호)의 평문 콘텐츠^{plaintext content}를 의도적으로 계산하는 수학적 알고리즘에 기반을 둔 오랫동안 알려져 있고 공격에 내성을 가진 암호 시스템과 전자 서명 암호 시스템의 집합이다. 여기에 해당하는 '오류 정정^{error-correcting}' 코드/알고리즘을 사용해 '오류'를 제거하고 암호화된 콘텐츠를 원래의 평문 표현으로 되돌릴 수(즉, 복호화할 수) 있다.

간단한 예로, 송신자가 암호화한 평문이 1111이라고 생각해보자. 콘텐츠에 의도적으로 '오류'를 유발해 011101을 수신자에게 보냈다고 하자. 수신자 측에서 '오류 정정' 과정을 거쳐 '오류'를 제거해 안정적으로 원래의 콘텐츠 1111로 복원할 수 있다.

코드-기반 암호 시스템은 관련된 키를 알지 못하면 이 방법을 깨기 위해 '오류'를 해결하는 것이 너무나 어려울 정도(즉, 자명하지 않을 정도)로 복잡한 오류 정정 부호화^{ECC}와 같은 방법에 기반을 두고 있다. 1970년대와 1980년대의 러시아/소련의 수학자 발레리 데니소비치 고파^{Valery Denisovich Goppa}가 기하학적인 모양과 조합을 ECC에 적용했다. 오늘날 이런 코드를 고파 코드^{Goppa code}라고 하며, 암호학자들이 채택했다. 가장 성공적인 코드-기반 암호 알고리즘 중의 하나는 (6장의 뒷부분에서 설명할) McEliece로 대부분의 일반적인 코드-기반 암호 알고리즘처럼 이진 고파 코드에 기반을 두고 있다. NIST에 제안된 비대칭키 암호 알고리즘 중에서 두 번째로 인기 있는 유형은 코드-기반 암호 알고리즘이다. 제안된 코드-기반 암호 알고리즘에는 BIKE와 Classic McEliece, HQC, LEDAcrypt, NTS-KEM, Rollo 그리고 RQC가 있다.

코드-기반 암호 시스템에는 두 가지 큰 기술적 도전 과제가 있다. 첫째, ECC 암호 시스템은 데이터를 암호화하기 위해 (다른 암호 유형과 비교했을 때) 일반적으로 훨씬 더 긴 길이의 키비트를 사용한다. 코드-기반 암호 시스템의 키, 특히 공개키는 30만비트 이상이 될 수 있다. 긴 키 길이는 McEliece가 처음 소개된 1970년대와 1980년대에는 큰 문제였지만 오늘날에는 계산상의 장애물이 될 만큼 크지는 않다. 또한 많은 코드-기반 암호 알고리즘은 키의 길이를 충분히 줄일 수 있어야 한다(예를 들어 많은 알고리즘이 40바이트 비밀키를 사용한다). 그러나 비대칭키 암호 알고리즘과 관련해 키의 길이가 절대적으로 긴 경우,

해당 알고리즘은 코드-기반일 가능성이 높다.

둘째, ECC는 예상된 '오류'를 정정하므로, 설계를 제대로 하지 않으면 '오류'를 그냥 지나칠 가능성이 항상 있으며 이는 올바른 복호화키를 사용하더라도 합법적인 복호화가 실패할 수 있다는 것을 의미한다. 이는 복호화를 한 번 이상 추가로 수행해야 할 수 있음을 의미하며, 특정 ECC 복호화 인스턴스가 작동하지 않거나, 심지어 일시적으로 자체 유도된 서비스 거부 반복 이벤트에 갇힐 수도 있다. 대부분의 ECC 암호 알고리즘은 이런 종류의 잠금^{lockout}을 방지하려고 하며 잠금은 0에 가깝게 거의 발생하지 않는다. 그러나 '0이 아닌' 복호화 실패율$^{failure rate}$을 가진 ECC 암호 알고리즘(예: HQC)에 관한 내용을 읽는다면 적어도 이론적인 가능성에 대해 인지하고 있어야 한다. ECC와 고파 코드에 관한 좋은 요약 설명은 다음 사이트에서 확인할 수 있다.

- 고파 코드와 McEliece 암호 시스템에서의 고파 코드 사용법(https://bit.ly/2N GIDDH)

해시-기반 암호 시스템

해시-기반 암호 시스템$^{hash-based cryptography}$은 이름이 암시하는 바와 같이 암호학적 해시 알고리즘에 기반을 두고 있으며 일반적으로 디지털 서명 기법에 사용된다. 앞 장에서 설명한 바와 같이 해시 알고리즘은 해시된 콘텐츠$^{hashed content}$를 비트의 대표 집합(해시나 해시값, 서명 또는 메시지 다이제스트$^{message digest}$라고 하며, 고유한 콘텐츠에 대해 고유한 값이 된다)으로 변환하는 일방향 함수다. XMSS$^{eXtended Merkle Signature Scheme}$(확장 머클 서명 기법)과 LMS$^{Leighton-Micali Signature}$(레이턴-미칼리 서명), BPQS$^{Blockchained Post-Quantum Signature}$(블록체인 양자-이후 서명), SPHINCS 그리고 SPHINCS+는 해시-기반 암호 시스템에 기반을 둔 디지털 서명 기법이다. SPHINCS+는 NIST 공모전 2라운드를 통과한 유일한 해시-기반 디지털 서명이다.

랄프 머클Ralph Merkle은 실질적으로 암호학적 해시 분야를 발명했으며, 1970년대 후반에 처음으로 공개된 공개키 암호 시스템 구현에 윗필드 디피Whitfield Diffie와 마틴 헬만Martin Hellman과 함께 참여했다. 이런 이유로 해시-기반 암호 시스템을 설명할 때 머클 트리 Merkle tree(즉, 해시 트리hash tree)와 머클 상자Merkle box 그리고 퍼즐에 관해 자주 듣게 될 것이다. 머클 트리는 원래 콘텐츠를 해시하는 다른 해시값을 해시하는 해시값의 계층적 수열이다. 머클 트리에 관한 자세한 내용은 위키피디아(https://bit.ly/31APmay)를 참조한다.

해시-기반 암호 시스템은 해시 알고리즘이 그로버 알고리즘에 취약하지만 쇼어 알고리즘에는 취약하지 않기 때문에 양자-내성으로 여겨진다. 양자 컴퓨터에서 그로버 알고리즘은 해시값 크래킹과 같은 특정 유형의 문제를 풀 때, 이진 컴퓨터에 비해 계산량이 제곱근으로 개선된다. 이는 모든 해시-기반 암호 시스템의 강도를 효과적으로 절반으로 줄인다. 또한 해시 알고리즘의 키 길이를 두 배로 늘이면 그로버 알고리즘과 양자 컴퓨팅으로 얻을 수 있는 공격 이점attack benefit을 상쇄할 수 있다는 것을 의미한다.

NOTE　기본 해시 알고리즘은 안전하면서 좋은 해시함수의 모든 속성을 준수하는 것이 매우 중요하다. 해시 알고리즘이 시간이 지남에 따라 '좋은 해시 알고리즘'이 되지 못한다면, 해당 해시 알고리즘에 기반을 둔 모든 암호 시스템은 명시된 키 강도에 훨씬 못미치는 수준에서 양자 컴퓨팅뿐만 아니라 이진 컴퓨팅에도 취약해질 것이다.

모든 해시값은 해시할 수 있는 가능한 모든 고유한 입력에 대해 해시 결과가 (너무 일찍) 중복되기 전에 보호할 수 있는 메시지의 수에 제한된다. 예를 들어 이 글을 쓰는 시점에서 모든 마이크로소프트 윈도우의 로그온 패스워드password는 NT 해시값으로 변환된다. 윈도우에서 수천조 개(약 2^{65535}개의 다른 조합)의 가능한 고유한 암호를 만들 수 있지만, 해시값과 해시 알고리즘의 키 공간key space(즉, 가능한 모든 선택)의 고유한 제한 때문에 다른 암호가 같은 NT 해시값을 가질 수 있다(해시 공격 이론에서는 이런 경우를 제2원상 충돌second

해시-기반 암호 시스템이 두 개의 다른 입력에 대해 같은 일회용 키onetime key를 '우연히' 반복한다면 공격자는 개인키에 관한 강한 통찰력을 얻을 수 있다. 이런 이유로 해시 알고리즘이나 해시-기반 암호 시스템 개발자는 일회용 키가 반복되는 것을 막기 위해 많은 노력을 기울이고 있다. 이를 완화하는 몇 가지 다른 방법이 있다.

이 위험을 해결할 수 있는 한 가지 방법은 고유한 콘텐츠를 구별하기 위한 해시 알고리즘의 정확도를 높이는 것이다. 해시 알고리즘이 항상 고유한 해시값을 만든다면 반복되는 문제가 사라진다. 그러나 해시 알고리즘의 키 공간(치역)이 해시하려는 잠재적인 대상(정의역)보다 항상 작기 때문에 이 문제를 푸는 것이 어려울 수 있다. 이런 위험을 상쇄하기 위해 해시 알고리즘 개발자는 결과로 초래되는 디지털 서명의 크기를 늘릴 수도 있다(즉, 키 공간(치역)을 더 크게 만드는 것이다). 디지털 서명의 길이가 더 길어지면, 가능한 해시값의 결과도 많아진다. 따라서 128비트 해시 결과를 갖는 해시 알고리즘은 64비트 해시 결과를 갖는 해시 알고리즘보다 더 정확할 것이다. 매우 긴 디지털 서명은 지나치게 길고 다루기 어려워져 성능과 저장 문제를 만들 수 있다. 암호 전문가 대부분은 고유한 알고리즘 정확도를 사용하는 좋은 해시 알고리즘이 매우 긴 길이의 디지털 서명으로 이어져서는 안 된다고 생각한다. 다른 사람들은 긴 길이의 디지털 서명만이 내장된 해시 결과의 중복이 없는 정확한 해시 알고리즘을 보증할 수 잇는 유일한 방법이라고 믿고 있다. 어느 쪽이든 매우 짧은 길이의 디지털 서명과 긴 길이의 디지털 서명을 매우 사려 깊게 다뤄야 한다.

---

7 해시 알고리즘은 가능한 모든 길이의 비트열을 입력으로 받을 수 있지만 해시 알고리즘의 결과인 해시값 비트열은 길이가 정해져 있다. 이론적으로 해시 알고리즘은 고유한 입력값에 대해 고유한 해시값으로 대응시키는 일대일 대응 함수가 돼야 한다. 즉, 일대일 대응 함수가 되려면 입력값의 집합인 정의역의 크기와 해시값의 집합인 치역의 크기가 같아야 한다. 그러나 모든 해시 알고리즘은 해시값의 길이가 정해져 있으므로 치역의 크기가 정의역의 크기보다 작을 수밖에 없다. 그러므로 정의역에 있는 많은 원소들이 공역에 있는 어떤 원소에 중복으로 대응시키는 전사 함수가 될 수밖에 없다. 예를 들어 정의역에 5개의 원소가 있고, 치역(이 경우 공역과 치역이 같음)에 3개의 원소가 있다면 해시 알고리즘의 성질에 의해 정의역에 있는 원소 3개는 치역에 있는 3개의 원소에 일대일로 대응되겠지만, 정의역에 있는 나머지 2개의 원소는 공역에 있는 원소에 중복돼 대응될 수밖에 없는데 이런 경우를 제2원상 충돌이라고 한다. - 옮긴이

키 반복을 막는 다른 일반적인 방법은 해시 알고리즘을 상태 기반^{stateful}(대 무상태^{stateless})으로 만드는 것이다. 상태 기반 해시 알고리즘은 사용했던 모든 일회용 비밀키를 추적해 다시 사용되지 않도록 한다. 전통적인 서명-기반^{signature-based} 해시 알고리즘은 상태 기반이다. 반복되는 키를 탐지하면 다른 고유한 일회용 키를 생성하기 위해 알고리즘이 다시 실행되거나 다른 키를 선택하기 위해 더 긴 길이의 키 스트림^{keystream}에서 다른 일부를 선택한다.

상태 기반과 무상태 해시 알고리즘 모두 장단점을 가지고 있다. 무상태 해시 알고리즘은 고유한 키를 만들 수 없지만 일반적으로 키의 길이가 더 길다. 상태 기반 해시 알고리즘은 일반적으로 키의 길이가 더 짧지만 '상태 표^{state table}'를 저장해야 하므로 자원과 저장 그리고 보안 관점에서 해야 할 일이 많다. 또한 상태 기반 해시 알고리즘은 데이터 복원 이벤트^{data restore event} 과정에서 중요한 문제를 일으킬 수 있다. 충분히 주의하지 않고 사용한다면 복원된 상태 기반 구현은 이전 상태 표를 덮어쓸 수 있다. 즉 이전에 사용된 키의 이력을 지워 해당 해시 알고리즘이 우연히 미래의 암호학적 행위에 같은 키를 다시 사용할 수 있다. 상태 표가 덮어쓰기된 것을 알고 있는 공격자는 반복된 키의 징후를 찾아 암호 공격^{cryptographic attack}에 사용할 수 있는 이점을 얻을 수 있다. 이는 상당히 낮은 위험성으로 거의 발생하지 않을 것 같은 이벤트지만 암호학자가 이론적인 약점을 발견한다면, 그것은 큰 약점으로 여겨진다. 따라서 NIST는 상태 기반의 해시-기반 암호학적 알고리즘 제안을 받아들이지 않아 몇몇 다른 강력한 경쟁자들이 제외될 것이다.

격자-기반 암호 시스템

격자^{lattice}는 공간에서 물체나 점과 같은 것의 차원이나 분포 또는 반복적인 기하학적 배열/패턴이다. 격자는 분자나 결정^{crystal}과 같은 자연 전체에 걸쳐 발생하며 사람들이 그물이나 울타리 또는 짜임^{weave} 패턴을 포함해 더 큰 물체를 만드는 데 주로 사용한다. 많은 수학 공식과 알고리즘이 격자를 만든다. 기본적으로 분해하기 어려운 격자-기반 공식과 결과(계산 격자 문제^{computational lattice problem}라고 한다)가 만들어졌다. 암호학에서 가장 많이 사용되는 격자 문제는 오류 수반 학습^{LWE, Learning With Error}과 오류 수반 환 학습^{RLWE, Ring Learning With Error}, 오류 수반 모듈 학습^{MLWE, Module Learning With Error}, 반올림 학습^{LWR, Learning With Rounding} 그리고 수십 가지의 변형이다. 각각의 문제 유형마다 장단점이 있다. 일반적으로 환^{ring}을 포함하는 LWE는 고전 LWE보다 더 빠르고 키의 길이도 더 짧지만 시간이 지남에 따라 완전히 테스트되지 않은 새로운 수학 구조도 포함하고 있다.

> **NOTE** 암호 시스템, 특히 양자-이후 암호 시스템을 배울 때 '환'과 관련된 것을 많이 읽게 될 것이다. 환은 추상대수학(abstract algebra)에서 사용되는 기본적이고 복잡한 수학 구조[8]를 의미한다. 자세한 내용은 https://bit.ly/2VHePLH를 참조한다.

이렇게 매우 풀기 어려운 격자 문제가 이진 컴퓨터와 양자 컴퓨터 모두에 내성이 있는 공개키 암호 알고리즘과 디지털 서명 기법을 만드는 데 사용됐다. 격자-기반 암호 시스템에서 복잡한 격자 함수를 사용해 개인키를 만든다. 공개키는 원래의 격자를 수정한 버전으로 만들어진다. 콘텐츠는 수정된 버전(공개키)을 사용해 암호화되며, 원래의 격자 버전(개인키) 소유사만 암호화된 메시시를 원래의 평문 상태로 쉽게 복구할 수 있다.

기본적으로 격자-기반 암호 시스템은 큰 소수 인수분해에 필요한 작업량과 비슷하거나 더 많은 수학 작업량 문제를 만들었지만 보호를 위해서는 큰 소수를 필요로 하지 않는다. 따라서 격자-기반 암호 시스템은 쇼어 알고리즘이나 모든 소수 인수분해 양자 알고리즘에 취약하지 않은 것으로 여겨진다.

부정적이고 이론적인 관점에서 격자-기반 암호 시스템은 다른 유형의 암호 시스템에 비해 상대적으로 긴 길이의 키를 필요로 하지만 더 중요한 것은 이것이 CRYSTAL-Kyber, LAC, NewHope, NTRU, NTRU, NTRUPrime, Round5, SABER, ThreeBears를 포함해 NIST에 제안된 격자-기반 후보 대부분에 대해서는 사실이 아니라는 것이다. FRODO-KEM만이 상대적으로 긴 길이의 키를 사용하며 몇몇 코드-기반 알고리즘의

8　추상대수학에서는 정수의 집합처럼 덧셈 연산에 닫혀 있고 덧셈에 대한 항등원과 역원이 존재하며, 곱셈에 대해서도 닫혀 있고 결합법칙과 분배법칙이 성립하지만 곱셈에 대한 항등원이나 역원이 존재하지 않는 집합을 환이라고 한다. - 옮긴이

키의 길이보다도 길다.

최초의 격자-기반 암호 알고리즘은 NTRU로 1998년에 나왔으며, 그 뒤로 LWE와 RLWE 수학 문제에 기반을 둔 여러 암호 알고리즘이 나왔다. 오늘날 격자-기반 암호 알고리즘은 NIST에 제안된 양자-이후 암호 알고리즘 중 가장 인기 있는 유형이다. 또한 2009년 크레이그 젠트리Craig Gentry는 자신의 박사 학위 논문(https://stanford.io/3eRU1ss)에서 격자-기반 암호 시스템을 사용해 최초의 실제 동형 암호 시스템을 만들었는데, 동형 암호 시스템을 사용하면 5장에서 설명한 것처럼 제삼자가 암호화된 데이터를 먼저 복호화하지 않고도 암호화된 데이터를 제대로 조작할 수 있다.

> **NOTE** 대부분의 격자-기반 암호 알고리즘과 이와 관련된 문제는 문제를 푸는 데 최소 초지수 시간(super-exponential time)이 필요한 최단 벡터 문제(SVP, Shortest Vector Problem)에 기반을 두고 있다. 아쉽게도 최단 벡터 문제가 제공하는 전반적인 보안을 제대로 이해할 수 없으며, 일부 이론적인 공격이 최단 벡터 문제의 보안을 크게 약화시켰다. 이런 이유로 모든 격자-기반 암호 시스템(과 특히 완화를 상쇄하지 않은 최단 벡터 문제에 기반을 둔 격자-기반 암호 시스템)을 완전히 신뢰할 수 없으며 미래에는 이전에 이해했던 것보다 더 약한 것으로 드러날 수 있다. 이는 (NIST에 제안된) 양자-이후 암호 알고리즘 대부분이 격자-기반 암호 알고리즘이라는 사실과 견주어 볼 때 문제가 될 수 있다.

다변량 암호 시스템

다변량multivariate은 단순히 '다중변수multiple variable'를 의미한다. 다변량 암호 시스템multivariate cryptography은 암호학적 기본 요소cryptographic primitive를 구성하기 위해 $x + y + z = n$과 같은 다변량 다항 수학 방정식에 기반을 둔 비대칭키 암호 알고리즘과 서명 기법을 의미한다. 또한 다변량 다항식 수학에 기반을 암호 시스템을 다변량 이차MQ, Multivariate Quadratic 다항 방정식 암호 시스템polynomial equation cryptography이라고도 한다. 이는 변수 중 적어도 하나가 제곱으로 표현(예: $x^2 + y + z = n$)된다는 것을 의미한다. 제대로 만들어진 다변량 암호 시스템은 다항식 시간 안에 풀 수 없으며 보호를 위해 큰 소수에 의존하지 않는다. 따라서 다변량 암호 시스템은 양자-내성으로 여겨진다. 또한 다변량 암호 시스템의 고유한 특징으로 인해 주문형 반도체^{ASIC, application-specific integrated circuit}와 필드 프로그래머블 게이트 어레이^{FPGA, Field-Programmable Gate Array}와 같은 하드웨어 구현을 위한 좋은 성능 후보가 된다.

다변량 암호 시스템에는 HFE와 Gui, Balanced Oil & Vinegar(균형 잡힌 기름과 식초), Unbalanced Oil & Vinegar(불균형 기름과 식초)(몇몇 알고리즘의 이름은 고의적으로 익살스럽게 지었다) 그리고 Tame Transformation Signature(말 잘 듣는 변환 서명) 등이 있다. 제안된 다변량 디지털 서명 기법으로는 GeMSS와 LUOV, MQDSS 그리고 Rainbow(무지개)가 있다. Rainbow는 Unbalanced Oil & Vinegar의 다층 구현^{multilayered implementation}이다.

초특이 타원곡선 아이소제니 암호 시스템

초특이 타원곡선 아이소제니 암호 시스템^{supersingular elliptic curve isogeny cryptography}(간단히 아이소제니 암호 시스템)은 암호 보호를 위해 초특이 타원곡선과 아이소제니 그래프를 만드는 수학 방정식에 기반을 두고 있다. 타원곡선^{elliptic curve}은 자기교차하지 않는(비특이 ^{nonsingular}라고도 하는) 대수 곡선^{algebraic curve}을 표현하는 수학 공식으로 만들어진다. 모든 초특이 곡선은 비특이이며, '초^{super}'라는 용어는 비정상적으로 큰 환^{ring}을 의미한다. 아이소제니^{isogeny}는 서로 관련된 값의 교집합을 공유하는 서로 다른 대수군^{algebraic group}을 의미한다. 간단한 예로, 어떤 군에 숫자 1, 2, 3, 4가 있고, 다른 군에 문자 A, B, C, D가 있으며, 각 숫자는 대응문자와 관련돼 있다고 생각해보자. 이들은 서로에 대해 동종^{同種, isogenic}이다. 동종곡선^{isogenic curve}은 사상시킬 수 있는^{mapping} (수학적으로 표현되는) 두 곡선이 될 것이다.

아이소제니 암호 시스템 세계에서 서로 다른 두 개의 알고리즘 방정식은 암호화와 복호화에 사용할 수 있는 동종 연결^{isogenic linkage}을 만든다. 공개키는 한 쌍의 타원곡선이며, 개인키는 이 타원곡선 쌍 간의 아이소제니다. 초특이 타원곡선 쌍이 주어졌을 때 이 아이소제니를 찾는 것은 풀기 매우 어려운 문제로 여겨진다. 이 내용이 어렵게 느껴진다면 초특이 타원곡선 아이소제니 방정식이 지금까지 만들어진 수학 문제 중에서 가장 어렵지만 이 방정식의 강도와 약점을 충분히 인식할 수 있을 정도로 충분히 연구됐다는 것만 알고 있으면 된다.

2012년 중국 연구진이 초특이 타원곡선 아이소제니와 다변량 암호 시스템에 기반을 둔 최초의 양자 안전 디지털 서명을 만들었다(https://bit.ly/3wR43E1). 아이소제니 암호 시스템의 키 길이는 매우 짧으면서도 쉽게 완전 순방향 보안성perfect forward secrecy[9]을 제공한다. 완전 순방향 보안성은 세션키를 자주 변경하는 것과 관련된 암호학적 보호로 미래의 키를 다른 키로 사용하기 때문에 미래의 키를 쉽게 크랙할 수 없다. 완전 순방향 보안성은 일반적으로 원하는 암호 시스템의 특성이지만 충족시키기 쉽지 않다. 아이소제니 암호 시스템은 완전 순방향 보안성을 충족할 수 있다. 단점으로는 아이소제니 암호 시스템이 비교적 새로운 것이기 때문에 다른 양자-이후 암호 시스템 유형만큼 테스트나 공격을 받지 않았다는 것이다. 초기 아이소제니 암호 시스템 구현이 침해됐지만 비특이 곡선 대신 초특이 아이소제니를 사용하는 것만으로도 알려진 공격을 막을 수 있었다. NIST가 2라운드 평가를 위해 선정한 아이소제니 암호 알고리즘은 SIKE가 유일하다.

영지식 증명

영지식 증명ZKP, zero-knowledge proof 또는 영지식 프로토콜zero-knowledge protocol은 (증명자prover 라고 하는) 한 당사자가 (검증자verifier라고 하는) x를 알고 있다는 사실을 다른 당사자에게 증명하는 규약으로 증명자는 실제로 값 x를 제공하거나 필요치 않은 추가 정보를 유출하지 않으면서 값 x를 실제로 알고 있다는 사실을 제외한 어떤 정보도 전달하거나 증명할 필요가 없다.[10]

---

9 비밀키가 노출되더라도 그 후의 키 분배 과정에서 얻는 세션키의 안전성에는 영향을 미칠 수 없어야 한다는 성질. 디피-헬만 알고리즘이 응용되는 것으로, 새로운 키 정보가 수학적으로 예전의 키 정보와 관련이 없기 때문에 누군가 예전 세션키를 탐지하더라도 그 키를 사용해서 새로운 세션키를 추측할 수 없다. 출처: 정보통신용어사전 - 옮긴이

10 영지식 프로토콜에서는 어떤 정보를 알고 있다는 사실 외에 다른 어떤 정보도 알 수가 없기 때문에 영지식 증명이라고 한다. - 옮긴이

일반적인 영지식 증명 시스템의 예로는 현대의 '시도-응답' 인증challenge-response authentication 시스템에 사용되는 로그온 패스워드logon password이다. 사용자가 유효한 패스워드를 사용해 서버에 로그온하려 하지만 동시에 서버가 평문 패스워드를 알거나 저장할 수 없도록 한다고 생각해보자(그래야만 패스워드가 도난당하지 않거나 침해되지 않을 것이다). 사용자가 올바른 패스워드 자체를 서버에 제공하지 않고도 올바른 패스워드를 알고 있고 사용할 수 있다는 것을 서버에 어떻게 증명할 수 있을까?

한 가지 영지식 증명의 해결 방안은 패스워드에 기반을 두지만 실제 패스워드를 사용하지 않는 암호학적 시도-응답 해시값을 사용하는 것이다. 예를 들어 사용자의 일반 평문 패스워드가 frog개구리라고 생각해보자. 사용자가 처음 패스워드를 만들 때, frog의 평문 패스워드의 해시값을 바로 계산하고 그 해시값이 1234라고 생각해보자. 해시된 결과가 서버로 전송되고 저장되는 패스워드의 유일한 버전이다. 서버는 원래의 평문 패스워드를 알 수 있는 방법이 없다.

사용자가 서버에 로그온하려 할 때, 서버와의 연결을 시작한다. 서버는 9876과 같은 무작위 값을 생성해 사용자에게 보낸다(이 과정을 시도challenge라고 한다). 사용자는 9876에서 패스워드의 해시값 1234를 뺀 결과 8642를 구해 서버로 다시 보낸다(이 과정을 응답 response라고 한다). 서버는 저장된 사용자의 패스워드 해시 1234를 사용해 무작위로 생성된 숫자(9876)에 대해 같은 뺄셈 연산을 수행한다. 이렇게 함으로써 서버는 같은 결과(8642)를 얻을 수 있으며, 이 값을 사용자가 보낸 결과와 비교한다. 원래의 패스워드 frog를 알고 있는 사용자만이 정확한 해시값 1234를 알 수 있으며 무작위로 생성된 값 9876에서 패스워드의 해시값을 빼는 계산을 했을 때 정확한 결과를 얻을 수 있다. 따라서 사용자는 평문 패스워드를 밝히지 않고도 서버에 원래의 올바른 패스워드를 성공적으로 증명할 수 있다. 마이크로소프트 윈도우 패스워드를 포함한 현대의 인증 시스템 대부분은 (더 복잡하지만) 비슷한 기법을 사용한다.

많은 컴퓨터 공급업체가 영지식 증명을 구현했다고 주장한다. (인공지능AI이나 블록체인과 같은) 다른 컴퓨터 보안 유행어처럼 영지식 증명도 과도하게 사용된다. 많은 공급업체가 실제로 영지식 증명을 사용하는 것보다 훨씬 더 많은 상품을 부정확하게 설명하기 위해 잘못 사용하고 있다. 따라서 영지식 증명ZKP 문구를 사용하는 공급업체를 볼 때마다 처음에는 의심을 품어야 한다. 그렇긴 하지만 암호학자들은 꽤 진지하고 진실한 사람들이다. 암호 시스템이 영지식 증명을 사용한다고 하면, 암호학자들은 일반적으로 가볍게 또는 지원하지 않으면서 영지식 증명을 사용한다고 말하지 않는다.

영지식 증명 암호 시스템은 일반적으로 함수 자체를 드러내지 않고 이산로그 함수와 같은 어떤 암호학적 지식을 증명하는 것을 포함한다. 암호학 그룹에서 시그마 프로토콜sigma protocol 또는 (3단계three-step 또는 3메시지three-message) 증명proof이라고도 하는 '증명과 검증' 단계를 들 수 있다. 제안된 양자-내성 알고리즘 중에서 영지식 증명을 사용하는 유일한 알고리즘은 Picnic 디지털 서명 기법이다.

대칭키 양자 내성

대칭키 양자 내성symmetric quantum resistance은 양자 공격에 견딜 수 있는 전통적인 대칭키 암호와 인증 알고리즘의 고유한 능력을 의미한다. 앞에서 설명했던 것처럼 대칭키 암호 알고리즘은 쇼어 알고리즘에 취약하지 않지만 그로버 알고리즘은 대칭키 암호 알고리즘의 보호를 반으로 줄인다. 그러므로 어떤 의미에서 대칭키 암호 알고리즘은 그로버 알고리즘 공격을 막기에 충분한 길이의 키를 사용하는 한 이미 양자-내성이다. 오늘날 이는 장기적인 보호를 위해 256비트 이상의 키 길이 대칭키 암호 알고리즘을 사용하는 것을 의미한다. NIST 등은 128비트 대칭키 암호 알고리즘은 약한 양자-내성으로, 192비트 대칭키 암호 알고리즘은 적당히 양자-내성이 있다고 여긴다. 따라서 대칭키 암호 알고리즘은 NIST의 최근 양자-이후 공모전에 포함되지 않는다.

제안된 모든 알고리즘은 구현의 일부로 전통적인 대칭키 암호와 해시 알고리즘을 사용한다. 오늘날 세계에서 가장 널리 사용되는 대칭키 암호 알고리즘은 AES(고급 암호화 표준Advanced Encryption Standard)로 양자-내성 암호 알고리즘으로도 여겨진다. 대부분의 양자-내성 암호 알고리즘은 AES를 사용한다.

SNOW 3G 양자-내성 대칭키 암호 알고리즘도 있지만 인기가 덜하며 제안된 모든 암호 알고리즘도 이 알고리즘을 사용하지 않는다. SNOW는 스웨덴 룬드대학교^{Lund University}의 토마스 요한슨^{Thomas Johansson}과 패트릭 에크달^{Patrik Ekdahl}이 개발한 단어-기반의 동기식 스트림 암호^{word-based, synchronous stream cipher} 알고리즘이다. SNOW(버전 1)와 SNOW 2.0 그리고 SNOW 3G(이동망에 적용됨)는 여러 제품과 애플리케이션에서 구현됐다. SNOW 와 SNOW 3G에 관한 자세한 내용은 https://bit.ly/2VOgY86에서 확인할 수 있다.

전통적인 해시 알고리즘을 사용한 제안된 모든 암호 알고리즘도 대칭키 암호 알고리즘 처럼 쇼어 알고리즘에 취약하지 않다. 제안된 대부분의 알고리즘이 (NIST 다른 표준인) SHA-3를 사용하지만 많은 알고리즘이 SHA-3에 사용된 스트림 암호인 SHAKE도 사용한다. 양자-내성 암호 알고리즘은 양자-내성을 유지하기 위해 이런 적절한 키 길이의 전통적인 암호 알고리즘을 사용해야 하며, 특정 구현에서 제안자가 사용한 키 길이는 NIST의 보안 수준을 충족하기 위해 변경되는 경우가 상대적으로 많다.

표 6.2는 암호 시스템의 유형에 따른 NIST 2라운드 알고리즘의 이름을 보여준다.

양자-내성 암호 시스템을 만들기 위해 이런 모든 유형의 알고리즘이 사용됐으며, 각 알고리즘은 다음 절에서 요약 설명한다.

표 6.2 NIST 2라운드의 암호 시스템 유형

대칭키 암호/KEMs	유형	서명	유형
CRYSTAL-Kyber	격자	CRYSTALS-Dilithium	격자
FrodoKEM	격자	FALCON	격자
LAC	격자	qTESLA	격자
NewHope	격자	SPHINCS+	해시
Three Bears	격자	GeMSS	다변량
NTRU	격자	LUOV	다변량
NTRU Prime	격자	MQDSS	다변량
SABER	격자	Rainbow	다변량

대칭키 암호/KEMs	유형	서명	유형
Round5	격자	Ricnic	영지식 증명
Classic McElice	코드		
NTS–KEM	코드		
BIKE	코드		
HQC	코드		
LEDAcrypt	코드		
Rollo	코드		
RQC	코드		
SIKE	아이소제니		

양자–내성 비대칭키 암호화 알고리즘

양자–내성 암호 알고리즘은 양자–기반 알고리즘, 특히 쇼어 알고리즘(또는 큰 소수 방정식을 매우 빠르게 인수분해할 수 있는 모든 양자 알고리즘)을 실행하는 양자 컴퓨터에 지나치게 취약하지 않은 암호 알고리즘이다. 이 알고리즘은 공격을 막기 위해 양자–기반 성질을 사용하지 않는다. 양자–내성 암호 알고리즘이 수십 개가 있지만 NIST의 2라운드에 오른 17개의 비대칭키 암호 암호알고리즘 후보 중 하나 이상이 NIST 연방 표준 중 하나가 될 것이다. NIST 2라운드의 비대칭키 공개키 암호 알고리즘[PKE]과 키 캡슐화 방법[KEM] 후보는 다음과 같다(알파벳 순서).

- BIKE
- Classic McEliece
- CRYSTALS–Kyber
- FrodoKEM
- HQC

- LAC

- LEDAcrypt

- NewHope

- NTRU

- NTRU Prime

- NTS-KEM

- ROLLO

- Round5

- RQC

- SABER

- SIKE

- ThreeBears

이 17가지 암호 알고리즘 중 일부는 1차 공모전에 별도로 제안된 여러 암호 알고리즘의 조합으로 비슷한 특성을 가진 단일 암호 알고리즘 계열로 결합한 것이다. 예를 들어 HILA5와 Round2가 결국 Round5가 됐다.

> **NOTE** 알고리즘의 이름은 개발자의 원래 용도에 따라 모두 대문자이거나 첫 글자만 대문자다. 보통 모두 대문자로 된 이름은 더 긴 전체 단어 이름을 나타내는 약자다.

> **NOTE** 이 목록에는 모든 강한 양자-이후 비대칭키 알고리즘이 포함돼 있지 않다. 기존의 많은 양자-이후 (비대칭키와 디지털 서명) 암호 알고리즘은 개발자가 자신들의 알고리즘을 공개적으로 무료로 사용하는 것을 바라지 않은 것을 포함해 여러 이유로 제안되지 않았다. 많은 알고리즘(22개)이 제안 후 공격을 받아 깨졌으며, 많은 알고리즘의 제안 문제가 약하거나 NIST의 수용 기준을 충족하지 못했다(예: XMSS와 LMS 그리고 BPQS). 원래 1라운드에 제안했지만 2라운드에 진출하지 못한 알고리즘은 다음과 같다. BIG QUAKE와 CFPKM, Compact LWE, DAGS, DME, DRS, DualMode MS, Edon-K, EMBLEM/R.EMBLEM, Giophantus, Guess Again, Gui, HiM-3, HK17, KCL, KINDI, Lepton, LIMA, Lizard, LOTUS, McNie, Mersenne-756839, pqNTRUSign, Odd Manhattan, Post-quantum RSA-Encryption, Post-quantum RSA-Signature, QC-MDPC

KEM, RaCOSS, Ramstake, RankSign, RLCE-KEM, RVB, SRTPI, Titanium 그리고 Walnut DSA. 이외에도 GGH와 XMSS 그리고 UOWHF를 포함해 제안되지 않은 수십 개의 양자-내성 알고리즘이 있다. 이런 암호 알고리즘은 다른 표준 기구와 국가가 채택했거나 채택할 수 있다.

BIKE

비트 플리핑 키 캡슐화^{BIKE, Bit Flipping Key Encapsulation}는 코드-기반 KEM 제품군이다. (대부분 프랑스 사람이지만 독일과 이스라엘 그리고 미국 사람으로 구성된) 다국적 팀이 만든 이 알고리즘은 BIKE-1과 BIKE-2 그리고 BIKE-3라고 하는 세 가지 다른 변형이 있다. BIKE는 McEliece 암호 알고리즘과 준순환 중밀도 패리티 검사^{QC-MDPC, Quasi-Cyclic Moderate Density Parity Check}, CAKE, Ouroboros(NIST의 1라운드 후보였지만 2라운드에는 진출하지 못했다) 그리고 임시 키^{ephemeral key}에 기반을 두고 있다. 임시 키는 정적인 단일 키를 사용하는 대신에 키 설정^{key establishment} 과정의 각 실행에서 생성되는 암호키^{cryptographic key}다. 암호 알고리즘은 임시 키를 사용해 완전 순방향 보안성을 제공한다.

BIKE는 격자-기반 암호 시스템과 비슷한 성능과 키 길이를 가진다. NIST 필수 보안 구현을 위한 2라운드 시작에서 비밀키 길이의 범위는 1,988~4,110바이트이며, 공개키 길이의 범위는 20,326~65,498바이트 그리고 암호문 길이의 범위는 20,326~65,498바이트다. BIKE는 제안된 모든 후보 중에서 공개키와 암호문의 길이가 가장 길지만 비밀키의 길이는 평균 수준이다. 다른 일부 양자-이후 암호 알고리즘들의 공통된 상당히 흥미로운 특징 중 하나는 BIKE로 암호화된 데이터를 인식하고 조작하기 위해 공격자와 보안 통제^{security control}가 인식할 수 있는 '시그니처^{signature 11}'를 가지고 있다는 것이다. 일반적으로 모든 공격을 어렵게 만들기 위해 대부분의 암호화에 어떤 암호 알고리즘을 사용했는지 밝히지 않는다. BIKE는 그렇지 않다. BIKE는 공개 양자 안전^{Open Quantum Safe} 프로젝트의 일환이다.

11　데이터 통신에서 자신임을 나타내는 특정 문자열. 출처: 정보통신용어사전 - 옮긴이

BIKE에 관한 자세한 내용은 https://bikesuite.org/에서 확인할 수 있다.

Classic McEliece

로버트 J. 매켈리스Robert J. McEliece는 1978년에 40년 넘게 공격을 견뎌낸 공개키 암호 알고리즘을 만들었다. Classic McEliece는 고파 코드를 사용하는 코드-기반 암호 알고리즘이다. McEliece 공개키 암호 알고리즘을 소개한 매켈리스의 1978년 논문은 https://go.nasa.gov/3dZHOAJ에서 볼 수 있다.

NOTE McEliece가 사용되는 곳에서 관련 Niederreiter 암호 시스템을 자주 보게 될 것이다. Niederreiter 암호 시스템은 훨씬 더 빠르고 디지털 서명에 사용될 수 있다.

원래의 McEliece는 (RSA에 비해) 빠르며 양자-내성이지만 키의 길이가 길다(300KB 이상으로 종종 1MB가 넘는다). 수년에 걸쳐 여러 팀이 필요한 키의 길이를 줄이려고 노력했지만 궁극적으로 거의 모든 새로운 구현이 원래의 알고리즘보다 안전하지 않은 것으로 밝혀졌다.

매우 유명한 암호학자이자 시큐어 코딩secure coding[12] 소프트웨어 개발자인 다니엘 J. 번스타인Daniel J. Bernstein을 포함한 NIST 제안 팀은 복호화 실패가 없이 양자-내성을 유지하면서도 짧은 키를 사용할 수 있도록 McEliece를 수정하는 데 성공했다.

NIST 필수 보안 구현을 위한 2라운드 시작에서에서 비밀키 길이의 범위는 6,452~13,892 바이트이며, 공개키 길이의 범위는 261,120~1,044,992바이트 그리고 암호문 길이의 범위는 128~240바이트이다. Classic McEliece의 공개키는 NTS-KEM에 이어 두 번째

---

[12] 개발하는 소프트웨어가 복잡해짐에 따라 보안상 취약점이 발생할 수 있는 부분을 보완해 프로그래밍하는 것을 의미한다. 시큐어 코딩에는 안전한 소프트웨어를 개발하기 위해 지켜야 할 코딩 규칙과 소스 코드 취약 목록이 포함된다. 미국은 2002년 연방정보보안관리법(FISMA)을 제정해 시큐어 코딩을 의무화했고, 마이크로소프트는 윈도우 비스타(Windows Vista)를 개발할 때 시큐어 코딩을 도입했다. 우리나라에서는 2012년 12월부터 '소프트웨어 개발 보안' 제도를 시행해 시큐어 코딩을 의무화했다. 출처: 정보통신용어사전 – 옮긴이

로 길다. 그러나 두 알고리즘 모두 암호문의 길이는 가장 짧다. 여전히 전통적인 공개키 암호 알고리즘과 대부분의 양자-이후 경쟁 알고리즘보다 키의 길이가 길지만 오늘날의 컴퓨터와 네트워크를 사용하면 매우 쉽게 관리할 수 있다. Classic McEliece는 암호문의 길이가 매우 짧으며 하드웨어-기반 구현에서 매우 빠르다는 추가적인 이점을 가지고 있다.

Classic McEliece에 관한 자세한 내용은 https://classic.mceliece.org/에서 확인할 수 있다.

> **NOTE** 암호학이나 시큐어 코딩에 관심이 있다면 다니엘 J. 번스타인의 모든 코드나 배포가 널리 존중받고 있다는 것을 알고 있을 것이다. 그는 수백 번의 강연을 하고 많은 논문을 썼으며, 다양하고 매우 안전하며, 버그가 적은 프로그램을 많이 개발했다. 또한 양자-이후 암호 시스템(post-quantum cryptography)이라는 용어를 만들었으며, 세계 여러 나라들이 다가오는 문제에 대해 인식할 수 있게 만든 초기 선도자 중의 한 명이었다. 그의 개인 웹사이트인 https://cr.yp.to를 방문해볼 것을 권한다.

CRYSTALS-Kyber

대수 격자를 위한 암호 제품군CRYSTALS, Cryptographic Suite for Algebraic Lattices은 두 개의 암호 기본 요소, CCA-안전 KEM인 Kyber와 강력한 EUF-CMA 안전 디지털 서명 알고리즘인 Dilithium을 포함한다. CRYSTALS-Kyber는 이전 MLWE-기반 암호화 문제에 기반을 두고 있지만 정수가 아닌 다항식환polynomial ring과 함께 직사각행렬rectangular matrix이 아닌 정방행렬square matrix을 공개키로 사용한다. 이 알고리즘은 성능이 좋으며 긴 길이의 키가 필요할 때 쉽게 확장할 수 있다.

다국적 개발팀에 따르면 Kyber-512는 AES-128(NIST 보안 수준 분류 1)에 해당하는 보안 보호security protection를 가지며, Kyber-768은 AES-192(NIST 보안 수준 분류 3)와 엇비슷한 보안을 갖고, Kyber-1024는 AES-256(NIST 보안 수준 분류 5)과 엇비슷한 보안을 가진 것으로 알려져 있다. NIST 필수 보안 구현을 위한 2라운드 시작에서 비밀키 길이의 범위는

1,632~3,168바이트이며, 공개키 길이의 범위는 800~1,568바이트, 암호문 길이의 범위는 736~1,568바이트이다. CRYSTAL-Kyber는 평균적으로 짧은 길이의 키로 등급이 매겨진다. 이 알고리즘 또한 공개 양자 안전 프로젝트의 일부이다.

CRYSTALS에 관한 자세한 내용은 https://pq-crystals.org/와 https://bit.ly/38vtQoY 에서 확인할 수 있다.

FrodoKEM

FrodoKEM은 보호를 위해 LWE 문제를 푸는 어려움에 기반을 둔 CCA-안전 및 CPA-안전 격자-기반 암호 시스템이다. (LWE 환에 기반을 둔) 다른 격자-기반 알고리즘에 비해 키의 길이가 길며 성능도 느리다. 이 알고리즘은 세 종류의 키 길이를 사용한다.

- FrodoKEM-640은 AES-128에 해당하는 보안을 가진 것으로 알려져 있다.
- FrodoKEM-976은 AES-192에 해당하는 보안을 가진 것으로 알려져 있다.
- FrodoKEM-1344는 AES-256에 해당하는 보안을 가진 것으로 알려져 있다.

NIST 필수 보안 구현을 위한 2라운드 시작에서 비밀키 길이의 범위는 19,888~43,088바이트, 공개키 길이의 범위는 9,616~21,520바이트, 암호문 길이의 범위는 9,720~21,632바이트다.

FrodoKEM은 공개키와 암호문의 길이가 가장 긴 알고리즘 중의 하나다. FrodoKEM 팀에는 마이크로소프트와 구글의 직원들이 많이 있다. 이들은 임시 키 교환 기법인 Forodo CCS를 개선해 IND-CCA-KEM을 충족시켰다. FrodoKEM은 간단한 버전으로 코드가 상대적으로 짧다. 이는 공격에 대해 더 신뢰할 수 있고 내성을 갖게 한다. 그리고 결함이 발견되면 더 쉽게 고칠 수 있다. 이 알고리즘 또한 공개 양자 안전 프로젝트의 일부이다.

현재 FrodoKEM 또한 최종적으로 '상수-시간constant-time'이다. 특정 유형의 도청 공격을 방지하기 위해 보안을 다시 최적화할 필요는 없다. 상수-시간은 많은 유형의 부채널 타이밍 공격side-channel timing attack[13]을 완화하기 위해 설계된 암호학적 보호 성질cryptographic protection property이다. 요컨대, 다양한 이유로 인해 많은 암호 알고리즘과 이들의 초기 구현은 암호 알고리즘과 관련된 것(즉, 암호화키 평가)에 직접적으로 관련해 CPU 지연이 생긴다. 조사한 일부 변수의 길이와 관련해 처리 시간을 변경하는 암호화 과정은 측정 가능하고 예측 가능한 타이밍 차이timing difference를 만들 수 있어 공격자에게 비밀 정보에 관해 많은 통찰력을 제공할 수 있다. 공격자는 이 정보를 통해 공격을 촉진할 수 있는 가정을 세울 수 있다. 암호학 세계에서는 이렇게 얻어진 정보의 유형을 크립crib[14]이라고 한다. 타이밍 부채널 공격에 대한 기본적인 설명은 내용은 https://bit.ly/38wBijK에서 확인할 수 있다. FrodoKEM에 관한 자세한 내용은 https://frodokem.org/에서 확인할 수 있다.

> **NOTE** 조페 W. 보스(Joppe W. Bos)는 벨기에 루벤에 있는 NXP 반도체 회사의 암호학 연구자로 FrodoKEM과 CRYSTALS-Kyber 그리고 NewHope의 세 가지 양자-이후 암호 알고리즘을 제안했다.

HQC

해밍 준순환HQC, Hamming Quasi-Cyclic은 무작위 준순환random quasi-cyclic 코드를 복호화하는 어려움에 기반을 둔 코드-기반 공개키 암호화 기법으로, 반복 코드로는 보스Bose-차우드후리Chaudhuri-오껭겜Hocquenghem(BCH) 코드를 사용한다. BCH 코드는 1959년과 1960년에 발명됐으며, 바로잡을 수 있는 어떤 '오류'를 제어하는 것이 간단하다고 여겨져 올바른 키를 가지고 있다면 쉽게 복호화할 수 있다. BCH 코드는 수십 년간 CD와 DVD, 바코드 그리고 컴퓨터 저장 장치에 사용되고 있다. HQC는 '복호화가 쉬운' BCH 코드를 사용하

---

13 공격 대상 통신 기기가 작동하고 있을 때 사용하는 소비 전력 또는 발사되는 전자파 정보 등을 이용해 통신 기기 내부에 있는 암호키와 같은 중요한 정보를 알아내는 공격이다. 단순 전력 분석(SPA, Simple Power Analysis) 기법과 차분 전력 분석(DPA, Differential Power Analysis) 기법, 전자기(EM, Electro-Magnetic) 공격 등이 있다. 출처: 정보통신용어사전 - 옮긴이

14 시험 때 이용하는 커닝 쪽지라는 의미 - 옮긴이

지만 복호화 실패가 '0이 아닐' 가능성이 있다(그러나 여전히 믿을 수 없을 정도로 드물다).

HQC는 임의의 특정 복호화 라운드에서 원래의 평문 콘텐츠로 복호화되지 않을 확률이 2^{-128}이다. 일반적으로 컴퓨터는 발생 가능성이 더 높은 다른 일반적인 오류를 많이 가지고 있는데 우리는 이런 컴퓨터를 사용하는 것을 아주 잘 받아들인다. 복호화 실패는 복호화 성공을 위해 추가적인 복호화 라운드가 필요할 수도 있다는 것을 의미하지만 이런 추가 라운드는 매우 빨리 실행돼 거의 알아차리지 못할 것이다. 하지만 확률이 0이 아니기 때문에 주목을 받는다. 암호학자들은 엄격한 보고 기준reporting standard을 고수한다. NIST 필수 보안 구현 모두에 대해 HQC의 비밀키는 40바이트다(제안된 세 개의 알고리즘 중에서 두 번째로 짧다). NIST 필수 보안 구현을 위한 2라운드 시작에서 HQC의 공개키 길이의 범위는 3,125~8,897바이트이며, 암호문 길이의 범위는 6,234~17,777바이트다. BIKE와 마찬가지로 HQC는 HQC로 암호화된 트래픽을 식별하는 데 사용할 수 있는 마커를 가지고 있으며, 임시 키를 사용해 완전 순방향 보안성을 제공한다. HQC 팀은 다국적 구성으로 이 팀의 많은 사람들이 NIST 공모전에 다른 알고리즘을 제안했다(예를 들어 프랑스 사람인 필레피 가보리트Philippe Gaborit는 BIKE와 HQC, RQC 그리고 ROLLO에도 참여했다).

HQC에 관한 자세한 내용은 https://pqc-hqc.org/에서 확인할 수 있다.

LAC

CPA-안전 및 CCA-안전 격자-기반 암호 시스템LAC, Lattice-based Cryptosystem은 환ring에서 오류를 가진 다항식 학습poly-LWE, polynomial Learning With Error에 기반을 둔 네 개의 다른 LAC 관련 기본 요소를 포함한다. LAC 암호 알고리즘의 기본 요소는 다음과 같다.

- LAC.CPA: 보안 공개키 암호화 기법secure public key encryption scheme으로 다른 세 가지 구현의 토대이기도 하다.
- LAC.KE : 보안 키 교환 프로토콜secure key exchange protocol로 LAC.CPA에서 직접 변환된다.

- LAC.CCA: 보안 키 캡슐화 메커니즘 secure key encapsulation mechanism으로 LAC.CPA 와 관련돼 있다.
- LAC.AKE: 인증된 키 교환 프로토콜 authenticated key exchange protocol

LAC는 (다른 경쟁 알고리즘 대부분과 같이) 인텔과 ARM 프로세서에서 모두 실행될 수 있으며 상대적으로 짧은 키를 사용하며 성능도 좋다. NIST 필수 보안 구현을 위한 2라운드 시작에서 비밀키 길이의 범위는 512~1,204바이트이며, 공개키 길이의 범위는 544~1,056 바이트이고, 암호문 길이의 범위는 712~1,424바이트다. NIST 경쟁 알고리즘 중에서 네 번째로 짧은 결합된 키 길이와 암호문 길이이다.

LAC 보안과 관한 NIST 공모전 심사위원들의 질문 수는 이 질문(https://bit.ly/38CAr0W)을 포함해 평균보다 높은 것으로 보이지만 지금까지 어떤 질문도 중대한 공격이라고 주장하지는 않고 있다.

LAC 팀은 중국 암호학자들로 구성돼 있다. 중국 암호학자들은 많은 양자-내성 알고리즘과 NIST에 대한 제안 알고리즘에 관여하고 있다. 중국은 양자 컴퓨터와 장치, 양자-기반 암호 시스템 그리고 방어에 관한 연구의 선두에 있기에 자연스러운 현상이다.

LAC에 관한 자세한 내용은 https://bit.ly/3cheSpg에서 확인할 수 있다. LAC 팀에는 공개 웹사이트가 없지만, 이 zip 파일에는 관련 정보가 많다.

LEDAcrypt

저밀도 패리티 검사 코드-기반 암호 시스템 LEDAcrypt, Low-dEnsity parity-check coDe-bAsed cryptographic system은 준순환 저밀도 패리티 검사 QC-LDPC, Quasi-Cyclic Low Density Parity Check 코드와 임시 키에 기반을 둔 비대칭키 암호 알고리즘이다. 이는 LEDAkem/LEDApkc를 병합해 만들어졌는데, NIST 제안을 통해 많은 개선이 이루어졌다.

LEDAcrypt는 Niederreiter 암호 시스템의 수정된 버전이다. QC-LDPC 코드는 고속 복호화와 짧은 길이의 키 쌍을 제공한다. NIST 필수 보안 구현을 위한 2라운드 시작에서 비밀키 길이의 범위는 452~1,092바이트이며, 공개키 길이의 범위는 1,872~8,520바이트이고, 암호문 길이의 범위는 1,872~4,616바이트다. LEDAcrypt는 완전 순방향 보안성을 제공할 수 있으며, 해시함수로 SHA-3(256~512비트)를 사용하지만 다른 많은 코드-기반 기법과 같이 복호화 실패^{decryption failure}에 취약하다. LEDAcrypt는 완벽한 순방향 보안성을 제공할 수 있으며 해시 기능에 SHA-3(256~512비트)를 사용할 수 있지만 다른 많은 코드 기반 기법과 마찬가지로 암호 해독 실패에 취약하다. LEDAcrypt 팀은 이탈리아에 기반을 두고 있다.

LEDAcrypt에 관한 자세한 내용은 https://ledacrypt.org에서 확인할 수 있다.

NewHope

NewHope는 오류를 가진 환-학습^{ring-LWE, ring-Learning With Error} 문제에 기반을 둔 CCA-안전 및 CPA-안전 격자-기반 키 교환 방식이다. 이 알고리즘은 네 가지 버전이 있다.

- NewHope512-CPA-KEM
- NewHope1024-CPA-KEM
- NewHope512-CCA-KEM
- NewHope1024-CCA-KEM

512 환-차원^{ring-dimension} 버전은 AES-128과 같거나 이상이라고 알려져 있으며, 1024 링-차원 버전은 AES-256과 같거나 이상이라고 알려져 있다. NIST 필수 보안 구현을 위한 2라운드 시작에서 CCA 버전 비밀키 길이의 범위는 1,888~3,680바이트이며, 공개키 길이의 범위는 928~1,824바이트이고, 암호문 길이의 범위는 1,120~2,208바이트다. NewHope는 상대적으로 성능이 좋으며, 구글은 꽤 많은 연구를 했다. 이 알고리즘 또한 공개 양자 안전 프로젝트의 일부다.

NewHope에 관한 자세한 내용은 https://newhopecrypto.org/에서 확인할 수 있다.

NTRU

N번째 차수 절단 다항식 환[NTRU, N-th degree Truncated Polynomial Ring]은 (1996년에 만들어져 잘 연구되고 있는) NTRU 암호화 기법에 기반을 둔 빠른 격자 KEM이다. NTRU는 (McEliece 이후로) 인수분해나 이산대수 문제에 기반을 두지 않은 최초의 공개키 암호 시스템 중의 하나로 쇼어 알고리즘에 취약하지 않은 것으로 확인된 최초의 비대칭키 암호 알고리즘이었다. NIST 2라운드에 제안된 NTRU는 1라운드에 별도로 제안된 NTRUEncrypt와 NTRU-HRSS-KEM을 병합한 것이다. NTRU의 기본 암호 알고리즘은 특허를 받았지만 2013년에 공개됐다.

실제 암호학 용어로 NTRU는 평균 격자보다 '구조[structure]'가 더 많은 격자를 사용하는데, 이 격자는 RSA와 ECC와 같은 전통적인 공개키 암호 시스템보다 훨씬 더 빠르게 보안 키[secure key]를 암호화하고 생성할 수 있으며 1라운드 제안 알고리즘 대부분(전부는 아니다)보다 빠르다. NIST 필수 보안 구현을 위한 2라운드 시작에서 비밀키 길이의 범위는 935~1,590바이트이며, 공개키와 암호문 길이의 범위는 699~1,230바이트다. 다국적 팀이 NTRU를 NIST 공모전에 제안했다. 이 알고리즘 또한 공개 양자 안전 프로젝트의 일부이다.

NTRU에 관한 자세한 내용은 https://bit.ly/3gPQc7N에서 확인할 수 있다.

NTRU Prime

NTRU Prime 공개키 암호 시스템은 NTRU Prime 팀이 'NTRU Classic'이라고 부르는 알고리즘에 더 많은 보호를 추가한 NTRU의 전문가 '수정[tweaked]' 버전으로 만들어졌다. NTRU Prime 팀은 격자-기반 암호 시스템과 NTRU Classic의 가능한 모든 보안 문제를 논의(https://bit.ly/3iFNMKz)한 다음 다른 유형의 환[ring]을 사용했다. NTRU Prime 팀은 자신들의 암호 알고리즘을 '높은 보안 소수 차수의 큰 갈루아 군 불활성 계수 아이디얼 격자-기반 암호 시스템[high-security prime-degree large-Galois-group inert-modulus ideal-lattice-based cryptography의 효율적인 구현'이라고 하지만 다른 사람들은 '기약 비원분 다항식 irreducible, non-cyclotomic polynomial'이라고 한다. 어느 쪽이든 대부분의 비수학 전공자들에게는 상당히 이질적이며, 설명을 위해서는 여기서의 논의에 적합한 것보다 훨씬 더 많은 수학이 필요하다. NIST 필수 보안 구현을 위한 2라운드 시작에서 비밀키 길이의 범위는 1,518~1,999바이트이며, 공개키 길이의 범위는 994~1,322바이트이고, 암호문 길이의 범위는 897~1,312바이트다.

NTRU Prime은 NTRU Classic의 좀 더 명백한 약점의 일부를 줄이고 일정 시간 내에 일부 타이밍 부채널 공격을 완화한다. NTRU Classic 팀도 NTRU Classic의 '개선된 버전'을 제안했지만 NTRU Prime 팀은 여전히 자신들의 알고리즘을 포함한 모든 격자-기반 암호 시스템을 완전히 신뢰하지 말 것을 경고하고 있다. 다니엘 번스타인[Daniel Bernstein]이 포함된 다국적 팀이 NTRU Prime을 NIST에 제안했다.

NTRU에 관한 자세한 내용은 https://ntruprime.cr.yp.to에서 확인할 수 있다.

NTS-KEM

NTS-KEM은 McEliece와 Niederreiter 공개키 암호화 기법의 코드-기반 KEM 변형이다. 많은 코드-기반 암호 알고리즘과 같이 긴 길이의 공개키가 필요하지만 초기 알고리즘과는 달리 CCA-안전 구별 불가능성을 보증할 수 있다. NTS-KEM은 SHA3-256을 사용한다. NIST 필수 보안 구현을 위한 2라운드 시작에서 비밀키 길이의 범위는 9,248~19,922바이트이며, 공개키 길이의 범위는 319,488~1,419,704바이트이고, 암호문 길이의 범위는 128~253이다. NTS-KEM은 다른 경쟁 알고리즘에 비해 공개키의 길이는 가장 길지만 암호문의 길이는 가장 짧다. Classic McEliece만이 이 알고리즘에 가깝다.

이 팀은 영국에 기반을 두고 있으며 영국과 미국에서 특허를 신청했었지만 공모전에 참여하기 위해 특허를 포기했다. 현재 버전은 상수-시간이 아니다. 다니엘 번스타인이 이

끄는 팀은 NTS-KEM 개발자에 대한 반박으로 NTS-KEM보다 Classic McEliece가 더 나은 이유를 문서(https://bit.ly/3eaUpkr)를 통해 주장해왔다.

NTS-KEM에 관한 자세한 내용은 https://nts-kem.io에서 확인할 수 있다.

ROLLO

ROLLO(Rank-Ouroboros와 LAKE 그리고 LOCKER)는 NIST 1라운드의 다른 세 개의 코드-기반 암호 알고리즘 LAKE와 LOCKER 그리고 Ouroboros-R을 병합한 것에 기반을 둔 낮은 차수의 패리티 검사$^{LRPC, Low-Rank Parity Check}$ 코드-기반 암호 알고리즘 그룹이다. LAKE(현재는 ROLLO-I이라고 함)는 CPA-안전 KEM이며, LOCKER(ROLLO-II)는 CCA-안전 PKE이고, Rank-Ouroboros(ROLLO-III)는 KEM이다.

LRPC는 차수 계량$^{rank metric}$에 기반을 둔 새로운 유형의 코딩으로 성능이 빠르며 키의 길이도 더 짧다. LRPC에 관한 자세한 내용은 https://bit.ly/38ADbfi에서 확인할 수 있다. ROLLO 암호 알고리즘은 더 짧은 길이의 키를 사용하며 빠르다. NIST 필수 보안 구현을 위한 2라운드 시작에서 비밀키 길이는 항상 40바이트이며, 공개키와 암호문 길이의 범위는 465~947바이트다. ROLLO는 다른 경쟁 알고리즘 중에서 SIKE와 함께 키와 암호문의 길이가 가장 짧다. 부정적인 측면으로는 LRPC 코드에 기반을 둔 암호 알고리즘에 대해 연구가 제대로 진행되지 않았으며 다른 메커니즘만큼 신뢰받지 못하고 있다. ROLLO는 프랑스 팀이 제안했다.

ROLLO에 관한 자세한 내용은 https://pqc-rollo.org/에서 확인할 수 있다.

Round5

Round5는 보호를 위해 많이 연구된 반올림하는 학습$^{LWR, Learning-With-Rounding}$과 반올림하는 환-학습$^{RLWR, Ring-Learning-With-Rounding}$ 격자 문제를 통합하기 위해 반올림하는 일반적인 학습GLWR, General-Learning-With-Rounding 문제에 기반을 둔 격자-기반 암호 알고리즘의 그룹이다. Round5는 두 개의 별도 NIST 1라운드 후보 Round2와 Hila5를 병합한 것이다. R5_CPA_KEM은 CPA-안전 KEM이며, R5_CCA_PKE는 CCA-안전 공개키 암호화 알고리즘이다. 암호화 알고리즘과 알고리즘의 구별 불가능성 주장은 일부 심사위원들을 다소 놀라게 했는데 대부분의 양자-이후 제안 KEM은 일반적으로 CCA-안전(즉, 암호문 선택 공격 내성)이지만 CPA-안전(평문 선택 공격 내성)은 아니기 때문이다.

Round5는 다른 LWR-기반 암호 알고리즘과 RLWR-기반 암호 알고리즘에 비해 낮은 대역폭으로 좋은 성능을 제공한다. 키의 길이와 암호문의 길이가 모두 짧다. NIST 필수 보안 구현을 위한 2라운드 시작에서 비밀키 길이의 범위는 16~32바이트이며, 공개키 길이의 범위는 634~1,117바이트이고, 암호문 길이의 범위는 682~1,274바이트다. Round5는 ROLLO와 LAC 그리고 SIKE에 이어 네 번째로 짧은 결합 길이combined size를 가지고 있다. Round5 팀 대부분은 네덜란드와 필립스 출신으로 영국인과 미국인도 각각 1명씩 있다.

Round5에 관한 자세한 내용은 https://round5.org/에서 확인할 수 있다.

RQC

차수 준순환RQC, Rank Quasi-Cycle는 무작위 차수 코드random rank code와 함께 동작하는 준순환 차수 신드롬 복호화quasi-cycle rank syndrome decoding 문제를 푸는 난이도에 기반을 둔 코드-기반 양자-이후 공개키 암호화 알고리즘이다. RQC는 (암호학 그룹과 수학 그룹 내에서) 잘 알려진 복호화 리드Reed-솔로몬Solomon 코드를 일반화한 가비둘린Gabidulin 코드를 사용한다. 신드롬 복호화syndrome decoding는 잡음 채널에서 발견되는 오류를 복호화하기 위한 잘 이해되고 매우 효율적인 방법으로 여겨지거나 일반인의 관점에서 코드-기반 암호 시스템을 부호화encode하고 복호화decode하는 좋은 방법으로 여겨진다. NIST 필수 보안 구현을 위한 2라운드 시작에서 비밀키 길이는 항상 40바이트이며, 공개키 길이의 범위는 853~2,284바이트이고, 암호문 길이의 범위는 1,690~4,552바이트다. RQC는 실패율 0

인 최저치를 가지고 있다.

RQC 팀은 프랑스에 기반을 두고 있으며 암호 알고리즘은 프랑스 DGA(프랑스 정부 방위 조달청)의 자금 지원을 부분적으로 받았다.

RQC에 관한 자세한 내용은 https://pqc-rqc.org/에서 확인할 수 있다.

SABER

SABER는 격자-기반 CPA-안전 암호 알고리즘 및 CCA-안전 KEM 제품군으로 보호는 반올림하는 모듈 학습MLWR, Module-Learning-With-Rounding 문제를 푸는 난이도에 기반을 두고 있다. SABER는 세 가지 보안 수준을 제공한다.

- LightSABER : AES-128과 비슷한 수준의 양자-이후 보안 수준
- SABER : AES-192와 비슷한 수준의 양자-이후 보안 수준
- FiresaBER :AES-256과 비슷한 수준의 양자-이후 보안 수준

NIST 필수 보안 구현을 위한 2라운드 시작에서 비밀키 길이의 범위는 832~1,664비트이며, 공개키 길이의 범위는 672~1,312바이트이고, 암호문 길이의 범위는 736~1,472바이트다. SABER는 성능이 좋으며, 유연하고 낮은 대역폭을 가지며 보안에 필요한 임의성randomness도 더 적다. SABER의 암호 알고리즘은 디지털 서명에 사용할 수 없다. SABER의 제안 팀은 벨기에에 기반을 두고 있다.

SABER에 관한 자세한 내용은 https://bit.ly/3fbA7J7에서 확인할 수 있다.

SIKE

초특이 아이소제니 키 캡슐화SIKE, Supersingular Isogeny Key Encapsulation는 NIST 공모전에 제안된 유일한 아이소제니-기반 암호 알고리즘(제품군)이다. SIKE.PKE는 CCA-안전 공개키 암호화 기법이며 SIKE.KEM은 CPA-안전 KEM이다. SIKE는 초특이 아이소제니 디피-

헬만^{SIDH, Supersingular Isogeny Diffie-Hellman}이라고 하는 아이소제니 키 교환 구조에 기반을 두고 있다. NIST 필수 보안 구현을 위한 2라운드 시작에서 비밀키 길이의 범위는 40~80바이트이며, 공개키 길이의 범위는 330~564바이트이고, 암호문 길이의 범위는 346~596바이트다. SIKE의 공개키 길이는 가장 짧으며 개인키의 길이도 가장 짧은 축에 속한다. 세 가지 길이를 모두 합한 것을 고려한다면 SIKE의 길이는 모든 경쟁 알고리즘 중에서 가장 짧다.

아이소제니 암호 알고리즘은 다른 암호 알고리즘의 유형에 비해 상대적으로 새롭고 연구가 덜 돼 있지만 SIKE의 개발자들은 1990년대부터 (유한체^{finite field} 위에서의) 타원곡선 간의 아이소제니 계산에 관한 연구가 진행되고 있다는 점을 강조했다. 일반적으로 아이소제니 암호 알고리즘은 상대적으로 짧은 길이의 키로 큰 잠재력을 가지고 있지만 특히 보안과 성능에 대해서는 여전히 뜨거운 논쟁이 벌어지고 있다. NIST의 SIKE 심사위원들의 논평(https://bit.ly/2O41uJ0)을 읽어본다면 SIKE와 다른 아이소제니 암호 알고리즘에 대한 논쟁을 맛볼 수 있다. 초특이 아이소제니 암호 시스템이 시간이 지남에 따라 공격을 견뎌낸다면 더 인기 있는 미래의 양자-내성 암호 알고리즘 중의 하나가 될 것이다. SIKE는 다국적 팀이 제안했으며 공개 양자 안전 프로젝트의 일부이다.

SIKE에 관한 자세한 내용은 https://sike.org/에서 확인할 수 있다.

ThreeBears

ThreeBears는 MLWE의 변형을 사용해 만들어진 격자-기반 비대칭 공개키 교환 암호 알고리즘이다. ThreeBears는 CPA에 대해서만 안전한 모드를 제공하며 CPA와 CCA 모두에 대해 안전한 다른 모드를 제공한다. 기초가 되는 수학 환은 유사-메르센 소수^{pseudo-Mersenne prime}로 알려진 것을 사용한다. 메르센 소수는 프랑스 수학자의 이름을 딴 것으로 2의 거듭제곱보다 1이 작은 소수(즉, $2^n - 1$의 형태로 나타낼 수 있는 소수)다. 메르센 소수는 전통적인 타원곡선 암호 시스템에서도 자주 사용된다. 메르센 소수에 관한 자세한 내용은 https://bit.ly/2O5Wwvv에서 확인할 수 있다. 유사-메르센 소수는 뺄셈 성분이 0보다 큰 작은 수(단, 1은 아니다)가 될 수 있는 추가적인 특성을 가진 메르센 숫자이다. 개발자에 따르면 ThreeBears는 유사−메르센 소수가 Goldilocks로 알려진 이전 암호 알고리즘이 사용한 것과 같은 수학적 구조를 가지고 있으며, BabyBear와 MamaBear 그리고 PapaBear라는 세 가지 다른 매개변수를 가지고 있기 때문에 ThreeBears라는 이름을 지었다고 한다.

또한 ThreeBears는 오류 정정 코드에 기반을 두고 있으며 상당히 빠르며 경쟁 알고리즘에 비해 기대 키 교환 실패expected key exchange failure 건수가 가장 낮은 것 중의 하나다. NIST 필수 보안 구현을 위한 2라운드 시작에서 비밀키 길이의 범위는 40바이트이며(다른 세 개의 암호 알고리즘에서 두 번째로 짧다), 이 비밀키가 시드 값seed value[15]으로 사용된다. 공개키 길이의 범위는 804~1,584바이트이고 암호문 길이의 범위는 917~1,697바이트이다.

ThreeBears에 대해 알려지지 않은 가장 핵심적인 내용은 유사−메르센 소수에 기반을 둔 격자가 다른 격자−기반 암호 알고리즘에 비해 암호 공격에 얼만 큼 내성을 갖고 있는지 여부인데 이는 개발자인 스탠포드대학교와 하버드대학교의 마이크 함부르크Mike Hamburg도 인정한 사실이다. ThreeBears는 Rambus, Inc.가 지원하고 있다.

ThreeBears에 관한 자세한 내용은 https://bit.ly/2ZbSUOJ 또는 https://bit.ly/3faMdC6에서 확인할 수 있다.

이런 NIST 2라운드 공식 후보 중 한 개 이상의 알고리즘이 몇 년 안에 미국의 양자−이후 비대칭 암호 알고리즘 표준이 될 것이다. 표 6.3에 가장 인기 있는 NIST 보안 수준 분류 제안(즉, 수준1과 3, 5)에 대해 다양한 양자−이후 비대칭 공개키 교환과 KEM 알고리즘 그리고 알고리즘의 키와 암호문 길이를 요약했다.

표 6.3의 값은 NIST에 제안된 암호 알고리즘의 문서에서 가져왔거나 제안 팀 구성원에게 확인했다. 더 많은 버전이 표에 있더라도 이는 한 개 이상의 암호 알고리즘 버전을 반

---

15 암호 함수 또는 암호 연산의 초기화를 위해 사용되는 값으로 엔트로피 소스라 하기도 한다. 출처: 정보통신용어사전 – 옮긴이

영한 것이다. 이 표에 나열된 값은 암호 알고리즘의 특정 버전에 대해 특정 항목의 가장 크거나 작은 값을 반영하지 않을 수 있지만 적어도 다른 가능한 값을 충분히 대표하도록 선택했다. 일부 버전의 극값$^{extreme\ value}$은 적절하게 표현되지 않을 수 있다. 일부 사례에서 비밀키의 길이가 공개키 길이에 포함될 수 있다. 다시 말하면 문서에서 비밀키의 길이가 명백하게 구분되지 않았을 수 있다.

표 6.3 NIST 2라운드의 PKE와 KEM 알고리즘 그리고 NIST의 보안 분류 수준 1과 3, 5에 따른 키와 암호문의 길이

알고리즘	AES-128에 대응하는 NIST 보안 분류 수준 1			AES-192에 대응하는 NIST 보안 분류 수준 3			AES-246에 대응하는 NIST 보안 분류 수준 5		
	비밀키 길이	공개키 길이	암호문 길이	비밀키 길이	공개키 길이	암호문 길이	비밀키 길이	공개키 길이	암호문 길이
BIKE	1,988	20,326	20,326	3,090	39,706	39,706	4,110	65,498	65,498
Classic McEliece	6,452	261,120	128	13,568	524,160	188	13,892	1,044,992	240
CRYSTAL-Kyber	1,632	800	736	2,400	1,184	1,088	3,168	1,568	1,568
FrodoKEM	19,888	9,616	9,720	31,296	15,632	15,744	43,088	21,520	21,632
HQC	40	3,125	6,234	40	5,884	11,749	40	7,989	16,984
LAC	512	544	712	1,024	1,056	1,188	1,024	1,056	1,424
LEDAcrypt	452	1,872	1,872	644	3,216	3,216	764	4,616	4,616
NewHope	1,888	928	1,120	–	–	–	3,680	1,824	2,208
NTRU	935	699	699	1,234	930	930	1,590	1,230	1,230
NTRU Prime	–	–	–	1,763	1,158	1,039	–	–	–
NTS-KEM	9,248	319,488	128	17,556	929,760	162	19,992	1,419,704	253
ROLLO	40	465	465	40	590	590	40	947	947
Round5	16	634	682	24	909	981	32	1,178	1,274
RQC	40	853	1,690	40	1,391	2,766	40	2,284	4,552
SABER	832	672	736	1,248	992	1,088	1,664	1,312	1,472
SIKE	44	330	346	62	462	486	80	564	596
ThreeBears	–	–	–	–	–	–	40	1,584	1,697

* 모든 값은 바이트 크기이다. 참고: 표는 각 암호 알고리즘 제품군에서 특정 암호 알고리즘 구현을 나타낸다.

PKE와 KEM 키 그리고 암호문 길이에 관한 일반적 관찰

이 절에서는 표 6.3에 나타낸 다양한 PKE와 KEM 그리고 암호문 길이에 관한 일반적인 비교 관찰을 설명한다.

- 어떤 특정 알고리즘의 암호화 유형(코드와 격자, 다변량)도 클래스^{class} 단위로 일관되게 가장 길거나 가장 짧은 길이를 갖는 것으로 입증되지 않았다.
- 각 클래스 단위의 길이에 대한 표현에서 가장 짧거나 가장 긴 길이가 거의 항상 있으며, 대부분은 중간 길이를 가진다.
- 이는 다양한 유형의 암호 알고리즘이 일관되게 길거나 짧은 길이의 키를 갖는다는 많은 이론적 토론이 예측한 것과는 배치된다.
- 이론적 주장을 뒷받침하는 확실한 패턴이 드러났지만 예외가 많아 이론적 가정이 실제적인 규칙이 되지 못했다.
- 가장 짧은 비밀키와 공개키(그리고 두 번째로 짧은 암호문)는 SIKE이며, 그다음으로는 ROLLO이다.
- 가장 긴 비밀키는 Classic McEliece와 FRODO-KEM 그리고 NTS-KEM이다.
- 네 개의 암호 알고리즘(BIKE, Classic McEliece, FRODO-KEM, and NTS-KEM)은 일관되게 공개키의 길이가 가장 길다.
- Classic McEliece와 NTS-KEM의 공개키 길이는 다른 15개 암호 알고리즘과 비교했을 때 상대적으로 긴 축에 속하지만 암호문의 길이는 가장 짧다(그다음으로 가까운 것은 SIKE와 ROLLO이다).
- 가장 긴 암호문은 BIKE와 FRODO-KEM 그리고 HQC이다.
- 가장 짧은 결합 키^{combined key}와 암호문의 길이는 SIKE이며, 그다음으로는 ROLLO와 Round5이다.

NIST의 양자-이후 키를 비교한 좋은 온라인 웹 페이지는 https://pqc-wiki.fau.edu/w/Special:DatabaseHome이다.

각 알고리즘은 키와 암호문의 길이 외에 다음과 같은 다른 많은 특성에 대해서도 심사가
진행되고 있다.

- 성능(소프트웨어와 하드웨어 구현 모두에서)
- 저장 용량(실행 시간과 매체에서)
- 키 생성
- 암호화 속도
- 복호화 속도
- 복잡도
- 구현 용이성
- 실패율
- 보안 보호를 제공하기 위한 기능

이런 모든 요소와 더 많은 것들이 제안된 각 암호 알고리즘의 이해당사자들에 의해 검토
되고 있다. 지속적인 보안 내성과 함께 이런 요소들을 가장 잘 다루는 암호 알고리즘이
3라운드에 진출했거나 NIST 양자-이후 표준 암호 알고리즘 선정 대상으로 고려될 것
이다.

양자-내성 디지털 서명

양자-내성 디지털 서명 기법은 양자-기반 알고리즘을 실행하는 양자 컴퓨터에 지나치
게 취약하지 않은 암호학적 디지털 서명 알고리즘이다. 양자-내성 디지털 서명 기법은
공격을 막기 위해 양자-기반 성질을 이용하지 않는다. 9개의 NIST 2라운드 비대칭키 후
보 중 하나 이상이 최종 연방 표준이 될 가능성이 높지만 양자-내성 디지털 서명 기법은
10개가 넘는다. NIST 2라운드 디지털 서명 후보는 알파벳순으로 다음과 같다.

- CRYSTALS-Dilithium

- FALCON

- GeMSS

- LUOV

- MQDSS

- Picnic

- qTESLA

- Rainbow

- SPHINCS+

NOTE NIST의 제출 기준을 충족하지 못한 양자-내성 디지털 서명 기법이 적어도 세 개가 있다. 레이튼-미칼리 서명(LMS, Leighton-Micali Signature)과 확장 머클 서명 기법(XMSS, eXtended Merkle Signature Scheme-MT) 그리고 블록체인 양자-이후 서명(BPQS, Blockchained Post-Quantum Signatures). 적어도 처음 두 개의 서명은 상태 저장(stateful)으로 데이터 복원 활동 중에 제대로 처리하지 않으면 문제를 일으킬 수 있으며, BPQS는 상대적으로 테스트가 덜 된 하이브리드 접근 방식을 사용하는데, 이를 상태 저장과 상태 비저장 간의 브리지(bridge)라고 한다. XMSS와 LMS에 관한 자세한 내용은 https://bit.ly/2W7KC8F에서 그리고 BPSQ에 관한 자세한 내용은 https://bit.ly/2AKQEEI에서 확인할 수 있다.

CRYSTALS-Dilithium

대수 격자 암호 제품군CRYSTALS, Cryptographic Suite for Algebraic Lattices은 두 개의 격자-기반 암호 기본 요소, CCA-안전 KEM인 Kyber와 (앞에서 설명한) Dilithium, 즉 EUF-CMA-강력-안전EUF-CMA-strongly-secure 디지털 서명 알고리즘인 CRYSTALS-Dilithium을 포함한다.

CRYSTALS-Dilithium은 MLWE에 기반을 두고 있으며, 개발자에 따르면 구조화되지 않은 LWE와 구조화된 RLWE 사이에 있는 격자라고 생각할 수 있다. 또한 앞에서 설명했던 ZPK와 비슷하면서도 다른 중단 가능한 피아트-샤미르Fiat-Shamir with Aborts(https://bit.ly/2ZjopGw)라는 대화식 지식 증명interactive proof-of-knowledge 아이디어를 사용한다. 대화식 지식 증명^{proof-of-knowledge} 시스템에서 증명자^{prover}는 x의 값을 알고 있다는 것을 검증자^{verifier}에게 증명하지 않는다. 지식 추출기^{knowledge extractor}라고 하는 세 번째 과정을 통해 검증자에게 증명한다. 대화식 지식 증명 이론과 시스템에 관한 자세한 내용은 https://bit.ly/3gZu6jh에서 확인할 수 있다.

Dilithium은 AES-128 수준 이상의 보안을 제공하지만 상대적으로 짧은 디지털 서명과 공개키를 사용한다. NIST 필수 보안 구현을 위한 2라운드 시작에서 비밀키 길이의 범위는 모든 구현(NIST 보안 수준 1과 2 그리고 3)에서 64바이트이며, 공개키 길이의 범위는 1,184~1,760바이트이고, 디지털 서명 길이의 범위는 2,044~3,366바이트다. 다른 양자-내성 디지털 서명과 마찬가지로 Dilithium은 64비트의 짧은 개인키로 시작하는데, 이 값은 유사난수를 다른 값으로 변환하기 위한 단순한 시드 값으로 알고리즘은 변환된 값을 사용해 공개키와 디지털 서명을 만든다.

다른 어떤 특성이 아닌 양자-내성 디지털 서명의 길이만 볼 때, 비교 목적으로 가장 큰 의미를 갖는 길이는 공개키와 그 결과로 나온 디지털 서명(그리고 전체 결합 길이)이다. '개인키'는 종종 길어지거나 짧아질 수 있다. 개인키를 길게 하면 원래의 시드 값 버전이나 실제 작업에는 사용되는 값이 결국 더 커지게 되므로 성능이 약간 떨어지게 되며, 그 반대의 경우도 마찬가지다. 알고리즘을 구현하는 사람들은 일반적으로 키와 서명 값을 길게 하거나 짧게 만드는 것을 선택해 보안과 성능의 절충점을 찾을 수 있다.

NIST는 제안자들에게 다른 NIST 보안 수준 요구 사항을 충족시키기 위해 특정 값을 선택하도록 지시했다. 팀들은 때때로 자신들의 키 길이/성능 특성을 개선하기 위해 알고리즘이나 값을 약간씩 수정했다. 이것이 NIST가 '공모전'을 하는 이유 중 하나다. 이런 경쟁은 많은 알고리즘을 개선하거나 적어도 제안된 특정 구현이 가능한 한 사려 깊게 만들어지도록 만든다.

흥미롭게도 CRYSTALS-Dilithium이 NIST 1라운드에 제안된 다음에 심사위원들은 약점을 발견했는데, 이 약점은 CRYSTALS-Dilithium 유사난수 생성기에서 두 행에 걸친 코딩 전치 오류^{two-line coding transposition error}로 밝혀졌으며, 구현한 사람들은 이 버그를 인정하고 빠르게 업데이트했다. 대중과 다른 팀들에게 모든 알고리즘을 검토할 기회를 제공하는 것을 제안 팀이 받아들인다면 모든 알고리즘을 개선하는 데 도움이 될 것이다. 좋은 암호 알고리즘은 공개적인 검토하에도 지속되고 개선된다. 알고리즘을 비공개로 하고 세상이 검토와 테스트를 하지 못하도록 하는 암호 알고리즘 개발자를 신뢰해서는 안 된다. 이는 보안 측면에서 결코 좋지 않다. Dilithium 팀은 다국적이며 IBM과 구글의 직원이 포함돼 있다. CRYSTALS-Dilithium은 공개 양자 안전 프로젝트의 일부다.

CRYSTALS-Dilithium에 관한 자세한 내용은 https://pq-crystals.org/와 https://bit.ly/3fl6yof에서 확인할 수 있다.

FALCON

NTRU를 통한 고속 푸리에 격자-기반 콤팩트 서명FALCON, FAst fourier Lattice-based COmpact signatures over NTRU은 (qTESLA와 마찬가지로) 환-짧은 정수해ring short integer solution(ring-SIS) 문제에 기반을 둔 NTRU 격자-기반 디지털 서명 알고리즘이다. SIS 문제는 풀기 어렵지만, 대부분의 격자-기반 암호 시스템은 최단 벡터 문제로 알려진 문제를 사용한다. FALCON은 보안 해시와 서명 격자-기반 서명 기법secure hash-and-sign lattice-based signature scheme 구축을 위한 젠트리Gentry와 페이커트Peikert 그리고 바이쿤타나단Vaikuntanathan(GPV) 체계framework라고 하는 일반적인 체계를 이끌어낸 2008년도 작업을 기반으로 한다. 또한 53비트 정밀도precision로 부동 소수점 산술 연산floating-point arithmetic을 사용한다.

Dilithium와 qTESLA는 피아트-샤미르 패러다임을 사용하지만 FALCON은 '해시-후-서명' 경쟁 패러다임을 사용한다. 피아트-샤미르 패러다임에 기반을 둔 알고리즘은 지식 증명 시스템을 사용하므로 긴 메시지를 안전하게 서명하는 데 문제가 있을 수 있다. 해시-후-서명 알고리즘은 메시지를 먼저 해시한 다음(그래서 더 짧아진 해시 결과를 얻어) 메시지 대신 해시값에 서명함으로써 이 문제를 해결했다.

CRYSTALS-Dilithium은 환-SIS와 비슷하면서도 다른 모듈(module)-SIS에 기반을 두고 있다. 본질적으로 SIS는 모두 풀기 어려운 수학 문제지만 일부는 다른 것들보다 더 풀기 어렵다. 수학과 작업 노력(work effort)의 차이점에 관심이 있다면 Worst-Case to Average-Case Reductions for Module Lattices 논문(https://bit.ly/2ZYi1nw)을 읽어보길 바란다.

FALCON은 특히 낮은 메모리 환경에서 좋은 성능을 갖도록 설계됐다. FALCON 개발자들은 자신들의 알고리즘을 의도적으로 짧은 공개키와 서명 길이를 강력한 경쟁자로 삼았지만, FALCON은 부동 소수점 산술 연산을 사용한다(부동 소수점 산술 연산은 본질적으로 부동 소수점 산술 연산을 지원하지 않는 플랫폼에서는 전체적인 성능이 떨어진다).

NIST 필수 보안 구현을 위한 2라운드 시작에서(FALCON는 NIST 수준 1과 5에만 제안했다) 비밀키 길이의 범위는 1280~2304바이트이며, 공개키 길이의 범위는 897~1793바이트이고, 디지털 서명 길이의 범위는 617~1233바이트다. FALCON 개발자에 따르면 공개키의 길이가 897바이트이고 디지털 서명의 길이가 617바이트인 FALCON-512는 RSA 2048비트(공개키의 길이와 디지털 서명의 길이가 256바이트인)에 해당하는 보안을 갖는다고 한다. FALCON의 팀은 다국적이며 토마스 포닌$^{Thomas Pornin}$이 주된 개발자다.

FALCON에 관한 자세한 내용은 https://falcon-sign.info에서 확인할 수 있다.

GeMSS

대다변량 서명 기법$^{GeMSS, Great Multivariate Signature Scheme}$은 EUF-CMA-안전 다변량-기반 서명 기법으로 양자-이후 서명에 대해 상당히 작은 서명(258~576비트, 바이트가 아니다)을 만든다. NIST 필수 보안 구현을 위한 2라운드 시작에서 GeMSS는 중간 길이(공개키 길이의 범위는 352~3,041킬로바이트이며 비밀키 길이의 범위는 13~76킬로바이트다)의 키를 사용한다. GeMSS는 모든 경쟁 알고리즘 중에서 가장 짧은 길이의 서명과 두 번째로 긴 길이의 공개키를 사용한다(Rainbow도 비슷한 특성을 갖는다).

서명 생성 과정은 상당히 느리지만 서명 검증은 매우 빠르다. GeMSS는 QUARTZ라고 하는 오래된 다변량 서명 기법을 기반으로 만들어졌으며 'Minus^{빼기}' 방정식과 'vinegar ^{식초}' 변수를 사용하는 숨은 장 방정식^{HFEv-, Hiden Field Equations with vineager and minus}을 사용한다. HFE와 그 변형자^{modifier}에 관한 내용은 https://bit.ly/326llzB에서 확인할 수 있다. GeMSS는 프랑스 국가 프로젝트의 일환으로 프랑스–기반 제안 팀이 만들었다.

GeMSS에 관한 자세한 내용은 https://bit.ly/2C05KH7에서 확인할 수 있다.

LUOV

올림 불균형 오일 및 식초^{LUOV, Lifted Unbalanced Oil & Vinegar}는 불균형 오일 및 식초^{UOV, Unbalanced Oil & Vinegar}에 기반을 둔 다변량 공개 디지털 서명 기법^{multivariate public digital signature scheme}이다. UOV는 키의 길이가 길며 유일하지 않은 키^{non-unique key}를 사용한다. 전통적인 암호학을 공부한 사람들은 이에 대해 당혹할 수 있다. 전통적인 비대칭키 암호 시스템에서 모든 공개키–개인키 쌍은 각각의 상대에 대해 유일하다. UOV에서 다른 다변량 알고리즘과 함께 단일 공개키는 수백만 개의 다른 개인키를 가질 수 있다. 이 관계는 1:1이 아니다.

LUOV는 효율적인 비밀키(32바이트 길이)를 가진 수정된 버전의 UOV를 사용해 공개키를 더 짧게 만들고 성능을 개선했다. LUOV의 비밀키는 짧은 편이다. NIST 필수 보안 구현을 위한 2라운드 시작에서 LUOV의 공개키 길이의 범위는 12~76킬로비트이며, 디지털 서명 길이의 범위는 311~494바이트이고, LUOV는 유사난수 생성기^{PRNG}를 사용한다. 그러나 팀은 NIST 보안 수준 1이나 3, 또는 5에 대한 제안 구현을 제출하지 않았으며, 이렇게 한 유일한 팀이었다. LUOV가 보호를 위해 사용하고 있는 새로운 '올림^{lifted}' 방법은 널리 검토되지 않았으며 보안 테스트도 받지 않았지만 기본 UOV는 (적어도 1996년부터) 널리 검토됐다. LUOV는 벨기에 팀이 지원하고 있다.

LUOV에 관한 자세한 내용은 https://bit.ly/3iVp5cY에서 확인할 수 있다.

MQDSS

다변량 이차 디지털 서명 기법MQDSS, Multivariate Quadratic Digital Signature Scheme은 (CRYSTAL–Dilithium와 같이) 일반화된 피아트–샤미르 변환transform과 5–단계(Pass) 사쿠모토Sakumoto와 시라이Shirai 그리고 히와타리Hiwatari(SSH) 식별 기법identification scheme을 사용하는 다변량 디지털 서명 기법이다. MQDSS는 디지털 서명의 보호를 위해 다변량 이차 방정식을 푸는 어려움에 기반을 두고 안전을 증명할 수 있는provably secure 최초의 다변량 디지털 서명이다.

NIST 2라운드 보안 제안(수준 1에서 4까지)에서 MQDSS는 공개키 길이의 범위가 46~64바이트이며, 개인키 길이의 범위가 16~24바이트로 매우 짧다(수준 5에 대해서는 제안하지 않았다). 이는 모든 경쟁 알고리즘 중에서 첫 번째나 두 번째로 짧은 길이이다. 그러나 불행하게도 MQDSS의 디지털 서명 길이의 범위는 20~34킬로바이트로 엄청나게 길다. 이는 모든 경쟁 알고리즘 중에서 두 번째로 긴 것으로 1라운드에서 2라운드로 넘어가면서 성능은 두 배로 증가했고 서명의 길이가 반으로 줄었지만 여전히 서명의 길이가 길다. MQDSS는 본질적으로 상수 시간이다. MQDSS는 더 많은 연구와 테스트 그리고 최적화가 필요하다. MQDSS는 다국적 팀으로 구성돼 있다.

MQDSS에 관한 자세한 내용은 https://mqdss.org에서 확인할 수 있다.

Picnic

Picnic 계열의 디지털 서명 알고리즘은 단일 메시지로 증명을 제공하는 영지식 증명을 사용하는 유일한 NIST 제안이다. Picnic 팀에 따르면 알고리즘은 '수론이나 대수적 강도algebraic hardness 가정'에 기반을 두지 않는다고 한다. MQDSS와 CRYSTALS–Dilithium과 같이 Picnic은 두 가지 변형(Picnic–FS와 Picinic2)에 대해 피아트–샤미르 변환 모델에 기반을 두고 있으며 세 번째 변형(Picnic–UR)은 언루 변환Unruh transform에 기반을 두고 있다.

Picnic은 SHAKE^{Secure Hash Algorithm KECCAK}16를 사용한다.

NIST 필수 보안 구현을 위한 2라운드 시작에서 Picnic은 공개키 길이의 범위는 32~64바이트이며, 개인키 길이의 범위는 16~32바이트로 짧지만 디지털 서명 길이의 범위는 32~125킬로바이트로 꽤 길어서 성능이 느리다.

Picnic은 TLS와 x.509 디지털 인증서로 테스트됐다. Picnic은 공개 양자 안전 프로젝트의 일부이다. 팀은 OpenSSL(세계에서 가장 인기 있는 오픈소스 암호 시스템 프로그램)을 수정해 (Picnic-기반 키와 서명을 사용하는) Picnic-기반 디지털 인증서와 함께 Picnic을 사용할 수 있게 만들었다. 팀은 Picnic을 사용해 아파치^{Apache} 웹 서버에 TLS 1.2 연결을 설정했는데, 아마도 이렇게 공개적으로 구현된 첫 번째 양자-이후 알고리즘일 것이다. OpenSSL은 Picnic과 관련해 긴 길이의 키를 받아들이고 사용하기 위해 수정돼야 했다. 팀은 TLS 표준이 65,536바이트까지의 키 길이를 지원하므로 양자-이후 알고리즘을 보다 쉽게 지원할 수 있도록 업데이트돼야 한다는 것을 알아차렸다. 팀은 또한 예제 PKI 애플리케이션에 연결되는 하드웨어 보안 모듈^{HSM, Hardware Security Module} 장치에서 작동하는 Picnic을 테스트했고, 결과는 성공적이었다. 이는 양자-이후 암호 시스템이 오늘날 실제 시나리오에서 약간의 수정만으로도 사용할 수 있다는 것을 증명한 것이다. Picnic은 마이크로소프트 연구원을 포함한 다국적 팀이 설계했다.

Picnic에 관한 자세한 내용은 https://microsoft.github.io/Picnic에서 확인할 수 있다.

qTESLA

qTESLE는 BG-기법과 TESLA, 환-TESLA 그리고 TESLA#을 포함한 TESLA 계열의 여러 이전 기법에 기반을 두고 있다. qTESLA는 두 가지 주요 기본 요소 변형((높은 보안이 필요한 경우) 증명 가능한 안전^{provably secure}과 (더 나은 성능이 필요한 경우) 휴리스틱^{heuristic})을 가

---

16 두 개의 확장 가능한 출력을 만드는 해시 알고리즘으로 SHA3의 변형이다. - 옮긴이

진 EUF-안전과 RLWE 격자-기반 디지털 서명 기법이다. 다른 양자-이후 암호 시스템과 같이 qTESLA는 (2012년부터) 중단 가능한 피아트-샤미르 변환에 기반을 두고 있으며, 또한 (2014년에 처음 발표된) 바이[Bai]-갈브레이드[Galbraith] 서명 기법의 효율적인 변형에 기반을 두고 있다. qTESLA는 상수 시간이며 키와 서명의 길이는 상대적으로 평균 길이다. NIST 필수 보안 구현을 위한 2라운드 시작에서 공개키 길이의 범위는 1504~6432바이트이며, 비밀키 길이의 범위는 1216~4672바이트이고, 디지털 서명 길이의 범위는 1376~5920바이트다. qTESLA는 공개 양자 안전 프로젝트의 일부이다.

NIST 심사 과정에서 약점이 발견됐고(https://bit.ly/3Cs9WZw 참조) 후속 버전에서 수정됐지만 실제로 수정됐는지에 관해 여전히 토론이 벌어지고 있다. 이런 종류의 거칠고 '불속을 서서히 지나가는' 토론은 암호 시스템이나 최종 승자에게 어느 쪽이든 좋다. qTESLA 팀은 마이크로소프트 연구원이 포함된 다국적 팀(https://bit.ly/328CwAo)이다.

qTESLA에 관한 자세한 내용은 https://qtesla.org에서 확인할 수 있다.

Rainbow

Rainbow는 UOV의 다층 구현[multilayered implementation]을 사용하는 EUF-CMA-안전 다변량 디지털 서명 알고리즘이다. 제안된 알고리즘에는 성능이나 길이, 또는 보안을 최대화하기 위한 몇 가지 변형이 포함돼 있다. Rainbow는 보안 분류에 따라 256~512비트의 SHA-2 해시 알고리즘을 사용한다.

서명 생성은 매우 빠르고 서명의 길이도 짧다. NIST 필수 보안 구현을 위한 2라운드 시작에서 개인키 길이의 범위는 93~1705킬로바이트이며, 공개키 길이의 범위는 149~1705킬로바이트이고, 디지털 서명 길이의 범위는 512~1632비트(바이트가 아니다)이다. GeMSS와 마찬가지로 Rainbow는 모든 경쟁자 중에서 서명의 길이가 가장 짧은 것 중의 하나지만, 가장 긴 비밀키와 공개키 길이 가운데 하나다. 키의 길이를 더 짧게 만들 수 있지만, 그렇게 하면 전체 성능이 떨어질 것이다.

보안 측면에서 볼 때 Rainbow는 많이 테스트된 양자–이후 알고리즘 중 하나다. 2005년에 만들어졌으며, 코드 변경이 필요했던 마지막 공격은 2008년에 있었다. Rainbow에 대한 더 좋은 공격이 나오지 않은지 10년이 넘었다. 그렇기는 하지만 연구원들은 2018년 논문(https://bit.ly/3fiPsra)을 포함해 알고리즘의 약점과 공격을 찾고자 노력하고 있다. Rainbow는 다국적 팀이 만들어 제안했다.

Rainbow에 관한 자세한 내용은 https://bit.ly/2Zjl6PN에서 확인할 수 있다.

SPHINCS+

SPHINCS+는 세 가지 변형이 있는 상태 비저장^{stateless} 해시–기반 디지털 서명 기법이다. 2015년에 개발된 SPHINCS의 개선된 버전에 기반을 두고 있다. 개선은 디지털 서명의 결괏값 길이를 줄이는 데 집중됐다. 다음과 같은 알고리즘을 포함해 36개가 넘는 조합을 가진 유연한 프레임워크다.

- SPHINCS+–SHAKE256
- SPHINCS+–SHA–256
- SPHINCS+–Haraka

SPHINCS+는 1970년대 후반에 (비대칭키 암호 알고리즘과 함께) 처음 만들어진 해시–기반 디지털 서명에 기반을 두고 있다. SPHINCS+는 양자–내성 디지털 서명 기법으로 2017년에 처음 제안된 양자–내성으로 개선된 알고리즘이다. SPHINCS+는 상태 비저장으로 이는 중요한 성질이다.

SPHINCS+의 개발자는 서명을 하는 낮은 유사난수$^{lower\ pseudo-random}$ 키 쌍에 서명하고 검증하는 최상위 수준의 변하지 않는 XMSS(확장 머클 서명 기법$^{eXtended\ Merkle\ Signature\ Scheme}$)–기반 공개키–개인키 쌍을 갖도록 함으로써 상태 비저장이 되도록 했다. 개발자들은 이 과정을 (표준 머클 트리$^{Merkle\ tree}$와 비교해서) 하이퍼트리^{hypertree}라고 하는데, 하이퍼트리의 아랫부분에서 서명을 몇 번 하는 방법(상태 저장 해시-기반 서명과 구별되게 한다)을 사용하는 것에 기반을 두고 있다. 하이퍼트리의 뿌리 마디^{root node}에서 재사용된 단일 개인키는 하위 마디^{lower node}의 키 쌍을 생성하는 데 사용되는 유사난수 함수의 시드 값의 일종으로 사용된다.

SPHINCS+는 SHA256이나 SHAKE256, 또는 Haraka를 사용하며 짧은 길이의 서명과 빠른 버전으로 제공된다. 더 빠른 버전은 같은 키 길이에 대해 서명의 길이가 더 길다. NIST 필수 보안 구현을 위한 2라운드 시작에서 공개키 길이의 범위는 16~32바이트이며, 개인키 길이의 범위는 64바이트이고, 디지털 서명 길이의 범위는 8,080~49,216이다. SPHINCS+는 경쟁 알고리즘 중에서 디지털 서명의 길이가 가장 긴 측에 속한다.

SPHINCS+는 의도적으로 보수적으로 설계됐다. 해시-기반이므로 쇼어 알고리즘에 취약하지 않지만 주로 그로버 알고리즘의 발전에 대해 걱정해야 한다. 유일한 주된 관심사는 해시함수 자체에 대한 암호 공격(메시지의 초기 해시값^{initial hash}을 사용하는 모든 서명 방법에 해당한다)이다. 아쉽게도 SPHINCS+ 해시-기반 접근 방식은 대부분의 경쟁 알고리즘에 비해 상대적으로 느리며 디지털 서명의 길이가 더 길다는 것을 의미한다.

SPHINCS+는 유럽위원회의 정보통신기술^{ICT, Information and Communication Technologies} 프로그램과 미국 국립과학재단 보조금을 통해 자금 지원을 받았다. SPHINCS+는 수석연구원 안드레아스 힐싱^{Andreas Hülsing}과 다니엘 J. 번스타인이 포함된 다국적 팀이 개발했다.

SPHINCS+에 관한 자세한 내용은 https://sphincs.org에서 확인할 수 있다.

보다시피 NIST 평가 과정의 2라운드에 진출한 양자-내성 알고리즘이 많다. 표 6.4에 다양한 디지털 서명 기법과 각 기법의 키와 서명의 길이를 요약했다.

표에 나열된 값은 NIST에 제안한 팀의 문서에서 추출한 표본에서 선택된 값이며 여러 버전이 있더라도 하나 이상의 알고리즘을 반영할 수 있다. 이 값들은 특정 기법에 대해 가장 길거나 짧은 값을 반영하지 않을 수 있지만 적어도 다른 가능한 값을 충분히 대표할 수 있도록 선택됐다. 일부 버전의 극 값들이 적절하게 표현되지 않았을 수도 있다.

서명 키와 길이에 관한 일반적 관찰

이 절에서는 표 6.4에 나열된 다양한 디지털 서명의 키와 서명의 길이에 대한 일반적인 비교 관찰 결과를 설명한다.

- 어떤 특정 알고리즘 기법의 유형(해시나 격자, 다변량, 또는 영지식 증명)도 클래스 단위로 일관되게 가장 길거나 가장 짧은 길이를 갖는 것으로 입증되지 않았다. 각 클래스 단위의 길이에 대한 표현에서 가장 짧거나 가장 긴 길이가 거의 항상 있으며, 대부분은 중간 길이를 가진다.
- 가장 짧은 비밀키는 LUOUV와 Picnic이고 그 다음으로는 SPHINCS+이다. Picnic과 SPHINCS+는 공개키의 길이도 가장 짧다.
- 지금까지 GeMSS와 Rainbow의 비밀키와 공개키가 가장 길지만 서명의 길이는 가장 짧다(다른 알고리즘은 바이트 길이지만 두 알고리즘은 비트 길이다).
- Picnic의 서명 길이가 가장 길고 그 다음으로는 SPHINCS+와 MQDSS이다.

각 알고리즘은 다음과 같은 다른 많은 특성에 대해서도 심사가 진행되고 있다.

- 성능(소프트웨어와 하드웨어 구현 모두에서)
- 저장 용량(실행 시간과 매체에서)
- 키 생성
- 암호화 속도
- 복호화 속도
- 복잡도
- 구현 용이성
- 실패율
- 보안 보호를 제공하기 위한 기능

이런 모든 요소와 더 많은 것들이 제안된 각 암호 알고리즘의 이해당사자들에 의해 검토되고 있다. 지속적인 보안 내성과 함께 이런 요소들을 가장 잘 다루는 암호 알고리즘이 3라운드에 진출했거나 NIST 양자-이후 표준 암호 알고리즘 선정 대상으로 고려될 것이다.

표 6.4 NIST의 보안 분류 수준에 따른 NIST 2라운드의 디지털 서명 알고리즘의 키 길이

알고리즘	AES-128에 대응하는 NIST 보안 분류 수준 1			AES-192에 대응하는 NIST 보안 분류 수준 3			AES-246에 대응하는 NIST 보안 분류 수준 5		
	비밀키 길이	공개키 길이	서명 길이	비밀키 길이	공개키 길이	서명 길이	비밀키 길이	공개키 길이	서명 길이
CRYSTALS-Dilithium	64	1,184	2,044	64	1,760	3,366	–	–	–
FALCON	1,280	897	617	–	–	–	2,304	1,793	1,233
GeMSS	13K	352K	258b	34K	1,238K	411b	76K	3,041K	576b
LUOV	–	–	–				32	75K	494
MQDSS	16	46	20,854	24	64	43,728	32	64	128,176
Picnic	16	32	32,838	16	48	74,134	–	–	–
qTESLA(Heuristic)	1,216	1,504	1,376	2,368	3,104	2,848	4,672	6,432	128176
Rainbow(cyclical)	93K	149K	512b	511K	711K	1,248b	1,227K	1,706K	1,632b
SPHINCS+ (small)	64	16	8,080	64	24	17,064	64	32	29,792

참고 1. 특별한 언급이 없는 한 길이는 바이트 크기다. K=킬로바이트, b=비트
참고 2. 값은 각 암호 시스템 제품군에서 특정 알고리즘 구현에 대해서만 정확하다.

주의 사항

양자-이후 암호 시스템은 전통적인 암호 시스템의 상당 부분이 깨질 수 있는 상황에서 필요하다. 전통적인 암호 알고리즘의 키 길이를 늘리고 양자-내성 및 양자-기반 암호 시스템 모두를 구현함으로써 보호protection를 얻을 수 있다. 우리는 먼저 양자-내성 암호 시스템을 사용한 다음 양자-기반 암호 시스템을 사용하게 될 것이다.

이것이 우리가 싸우고 있는 보안 전투의 본질이다. 우리는 공급업체가 값싼 양자 컴퓨터를 만들어 고객들이 대량으로 구입할 수 있는 여력을 가질 수 있을 때까지 광범위하고 저렴하게 이용할 수 있는 양자 컴퓨터를 갖지 못할 것이다. 광범위하고 저렴하게 양자 컴퓨터를 이용할 수 있게 된다면 우리 모두는 양자-기반 암호 시스템을 사용하고 있을 것이다.

그러나 그런 일이 일어나기 전에 우리의 전통적인 양자-취약 암호 시스템을 공격하기 위해 충분한 자금이 있는 공격자들이 사용할 수 있는 충분한 양자 컴퓨터와 프로세서를 갖게 될 것이다. 양자-내성 암호 시스템을 사용하는 것이 지금부터 미래로 연결하는 다리의 역할을 할 것이다. 우리는 중간 방어로서 양자-내성 암호 시스템을 구현할 수밖에 없다.

그럼에도 단순히 양자-내성(또는 양자-기반) 암호 시스템을 섣불리 사용하면 안 되는 몇 가지 중요한 이유가 있다. 세 가지 주된 이슈는 표준의 결여와 성능 문제 그리고 검증된 보호의 결여이다.

표준의 결여

6장은 양자-이후 암호 표준을 선정하려는 NIST와 세계의 시도에 초점을 맞췄다. 현재 미국 표준으로 심사 중인 암호 제안은 2개이며, 2개(또는 몇 개 더)만이 표준으로 채택될 것이다. 여러분이 지금 특정 양자-내성 알고리즘을 선택해 구현한다면 새로운 표준이 될 알고리즘을 선택하지 않을 가능성이 높다.

알고리즘을 잘못 선택하면 새로운 표준으로 전환해야 하거나 여러분이 선택한 (비표준) 구현으로 계속 사용해야만 할 것이다. 역사는 후자의 선택이 매우 비효율적이며 보안 또는 운영 위험을 크게 높인다는 것을 보여준다. 비표준 알고리즘으로 앞서가는 것을 선택하는 것은 위험할 수 있는데, 그 이유는 특정 알고리즘이 최종 표준으로 선정되지 못한 이유에 관해 (보안 보호나 성능 문제와 같은) 강력한 주장이 있기 때문이다.

일찍 선택한 양자-내성 알고리즘에서 새로운 표준으로 전환하는 것은 확실히 앞서 나가는 것으로서 더 받아들여질 수 있지만 전반적인 비용을 증가시킬 것이다. 양자-내성 암호 시스템을 구현하는 실험을 시작해야 하지만 광범위하고 전면적인 제품 배치에는 주의를 기울여야 한다. 올바른 길이 아닐 수도 있는 길에 너무 많은 돈을 쓰고 싶지는 않을 것이다. 더 나은 선택은 몇 가지 신뢰할 수 있는 양자-내성 알고리즘으로 제한된 실험과 배치를 시작하고 현재 구입하고 있는 제품이 암호-민첩^{cypto-agile}인지 확인하는 것이다. 암호-민첩은 현재 사용하고 있는 기존 암호 알고리즘이 어떤 것이든 필요에 따라 다른 알고리즘으로 쉽게 대체할 수 있어야 한다는 것을 의미한다. 이는 9장, '지금부터 대비하라'에서 자세히 설명한다.

성능 문제

양자-내성 암호 표준의 키 길이가 짧더라도 키를 만들고 검증하는 데 필요한 작업량 노력^{workload effort}은 종종 전통적인 암호 시스템의 작업량 노력보다 훨씬 크다. 이것이 NIST 공모전에서 많은 성능 테스트를 요구하고 제안자들은 알고리즘의 속도를 최적화하기 위해 최선을 다하는 이유다. NIST는 좋은 성능/보안 절충점을 가진 양자-내성 표준을 선택하겠지만 양자-내성 알고리즘으로 전환하는 것이 가장 성능이 좋고 빠른 컴퓨터와 장치에서도 전체 성능을 떨어뜨릴 것이다. 생산 환경이나 제품에서 양자-내성 알고리즘으로의 대규모 전환은 신중한 고려 후에 진행돼야 한다.

검증된 보호의 결여

가장 중요한 것은 대부분의 양자-내성 암호 알고리즘이 비교적 새롭고 오랜 기간 동안 테스트되지 않았다는 것이다. 몇 가지 예외가 있지만 대부분의 양자-내성 알고리즘은 개발자들조차도 영원히 안전하다고 완전히 신뢰하지 않는다. 많은 알고리즘은 현재 깨지지 않을 것으로 자명해 보이는 새롭고 복잡한 수학을 포함하고 있다. 그러나 양자-내성 알고리즘이 제공하는 보안 보호를 붕괴시키는 새로운 유형의 공격이나 새로운 알고리즘만 있으면 된다.

이것은 오늘날 현대 암호학을 살펴보고, 현대 암호학의 역사를 지침으로 삼는다면 더욱 그렇다. 128비트 길이의 키를 사용하는 대칭키 암호 알고리즘은 불과 몇 년 전까지만 해도 매우 강력하다고 여겨졌지만 현재 그로버 알고리즘과 짝을 이룬 양자 컴퓨터는 알고리즘의 보호를 절반으로 줄이고 있다. 쇼어 알고리즘은 오늘날의 공개키 암호 알고리즘의 대부분을 깨뜨릴 준비를 하고 있다. 쇼어의 논문이 발표된 이후 쇼어 알고리즘보다 소수 크래킹이 더 뛰어나다고 하는 새로운 알고리즘이 많이 나오고 있다. 이것이 진화다. 이것이 진보다. 암호 공격에 대한 한 가지 진실은 시간이 지남에 따라 더 강해지고 공격을 받는 암호 시스템은 더 약해진다는 것이다.

우리는 양자-내성 암호 시스템이 가까운 미래에 깨지지 않을 것인지 알 수 있는 방법이 없다. 우리는 수십 년이 지나야 알 수 있을 것이며 각 알고리즘은 공격 후에 공격을 받고 나서 살아남을 것이다. 쇼어나 그로버 알고리즘의 돌파구가 언제 올지 알 길이 없지만 더 나은 해독 방법이 있을 가능성이 매우 높다. 그러던 어느 날 SHA1과 MD5, DES 그리고 이들보다 앞섰던 수많은 암호 시스템처럼 우리의 양자-내성 알고리즘도 약해지고 떨어져 나갈 것이다. 강력한 알고리즘의 많은 실제 구현에서 훨씬 더 많은 위험과 취약점이 발견될 가능성이 높다. 버그가 없는 코드를 거의 작성할 수 없다는 것이 인간의 본성이다. 누군가 여러분에게 어떤 것을 해킹할 수 없다고 말한다면, 그들은 항상 틀린 것이다.

이렇게 말해도 우리는 양자-내성 암호 시스템이 전통 암호 시스템보다 더 좋은 보호를 제공하고 우리가 양자-기반 암호 시스템으로의 완전하고 장기적으로 전환할 때까지 충분히 긴 시간 동안 충분히 보호를 제공할 것이라고 믿는 것 외에는 더 좋은 대안이 없다. 양자-내성 암호 시스템도 해킹할 수 없거나 버그 증명을 할 수 없다는 것을 알고 있어야 한다. 이는 오늘날 우리가 의존하는 모든 전통적인 현대 암호 시스템을 받아들이는 것과 마찬가지로 다른 좋은 무언가가 나올 때까지 우리 모두가 받아들여야 하는 위험이다.

추가 정보

양자-이후 암호 시스템에 관한 다니엘 번스타인의 2009년 논문은 https://bit.ly/32aL6yS에서 읽을 수 있다.

양자-이후 암호 시스템과 PKI에 대한 좋은 설명은 https://bit.ly/2ZlewII에서 확인할 수 있다.

요약

6장에서는 양자-내성 암호 시스템을 설명했고 NIST의 양자-이후 암호 시스템 표준 공모전 2라운드에 진출한 26개의 암호 알고리즘을 요약했다. 다양한 유형의 양자-내성 알고리즘을 강점과 약점 그리고 키 길이와 함께 살펴봤다. 적어도 두 개 이상의 알고리즘 (하나는 공개키 암호 알고리즘과 다른 하나는 디지털 서명 알고리즘)이 몇 년 안에 미국의 새로운 양자-이후 암호 표준으로 선정될 것이다. 7장에서는 양자-기반 암호 시스템을 설명한다.

07

양자 암호 시스템

6장에서는 알려진 양자 공격에 내성을 가진 전통적인 이진 암호 시스템을 설명했다. 7장에서는 양자 성질을 사용하는 양자 장치에서 동작하는 양자-기반 암호 시스템을 설명한다. 양자-기반 암호 시스템은 본질적으로 전통적인 이진 컴퓨터에서의 공격뿐만 아니라 알려진 양자 공격에도 내성이 있다. 이진 암호 시스템은 값싼 양자 컴퓨팅 및 네트워킹 장치가 충분히 널리 보급되지 않은 양자-이후 세계에서 사용할 수 있는 방어 수단이다. 그러나 양자-기반 암호 시스템은 이론적으로 알려진 모든 공격에 대해 더 안전하며 장기적인 보안을 위한 암호 선택이 될 것이다. 7장에서 우리는 난수 생성기^{RNG}와 해시, 키 분배 그리고 디지털 서명 등 양자 암호 시스템의 주요 유형을 설명한다. 8장에서는 양자 네트워킹에 대해 설명한다.

이런 모든 양자 암호 시스템 구현에는 일반적인 모든 양자 메커니즘 성질이 내재돼 있다. 그러나 양자 암호 시스템이 보호 초능력$^{protective\ superpower}$을 제공하는 방법의 중심에는 네 가지 양자 성질(중첩과 얽힘, 관찰자 효과 그리고 복제 불가 정리$^{no-cloning\ theorem}$)이 반복적으로 나타난다. 중첩은 이진수가 제공할 수 있는 것보다 더 많은 가능한 선택을 제공한다. 얽힘은 주로 관련된 암호 비밀이 인증된 당사자 간에 전송되는 방법을 제공한다. 관찰자 효과와 복제 불가 정리는 탐지되지 않는 도청을 어렵게 만든다. 다양한 양자 암호 구현을 논하는 과정에서 이런 성질에 대해 더 많이 배울 것이다.

동작하고 있는 양자 컴퓨터와 장치는 아직 비교적 덜 성숙했기 때문에 이런 시스템은 수십만 개에 달하지 않는다는 것을 아는 것이 중요하다. 그렇다고 해서 모든 유형이 없다거나 어떤 유형의 양^{quantity}이 꾸준히 증가하지 않는다는 말은 아니다. 실제로 거의 20년 동안 존재해온 기존 양자 장치가 많이 있다(즉, 양자-기반 난수 생성기와 키 분배 시스템은 수천 개에 달할 수 있다). 그러나 어느 누구도 앞으로 몇 년 안에 양자-기반 암호 시스템이 이진 암호 시스템의 규모로 성장할 것이라고 기대하지 않는다. 양자-내성 암호 시스템은 우리가 양자-기반 암호 시스템만 사용할 수 있는 시점까지만 안전할 것이 분명하다. 이에 따라 7장에서는 양자-기반 암호 시스템의 현재 상태를 살펴보도록 한다. 일부 유형의 양자 암호 시스템과 장치는 상당히 성숙해 있으며 오늘날 널리 사용될 수 있는 반면에 다른 것들은 여전히 덜 성숙하고 복잡해 오늘날 사용하기 위해서는 드물고 비싼 사용 사례$^{use case}$가 필요하다. 먼저 유형에 상관없이 암호 시스템 대부분에서 사용되고 있는 난수 생성기에 대해 설명한다.

양자 난수 생성기

5장, '양자-이후의 세계는 어떤 모습일까?'에서 처음 설명한 것처럼 암호 함수 대부분은 알고리즘의 중요한 초기 구성 요소로 강력한 난수를 필요로 한다. 진짜 난수가 없다면 어떤 종속적인 알고리즘이나 함수는 훨씬 덜 안전하다. 전통적인 이진 세계에서 컴퓨터 사용자 대부분이 알지 못하는 불편한 진실이 있다. 전통적인 이진 컴퓨터는 진짜 난수를 생성하지 못한다는 것이다. 우리는 거의 진정한 무작위인 것처럼 보이는 것들만 얻을 수 있다.

무작위가 항상 무작위는 아니다

20년여 전 내가 대회에 참가 중인 프로선수를 대상으로 약물을 검사하는 소규모 사업을 하는 대기업 IT의 책임자로 있을 때 무작위가 항상 무작위는 아니다^{random is not always random}라는 교훈을 배웠다. 이 선수들에 프로 테니스 선수와 경주용 자동차 운전자들이 포함돼 있었다. 대회 우승자는 항상 약물 검사를 받았으며, 다른 사람들은 연중 무작위로 검사를 받는다. 소변 표본을 채취할 선수를 무작위로 선택하기 위해 선수협회나 대회에서 선수의 이름과 회원 번호와 같은 다른 식별 정보가 담긴 파일을 매달 회사로 보낸다. 나는 프로그램에 파일을 업로드한 다음 무작위 표본 추출 선택 기능을 실행한다. 이 프로그램은 그달의 입력 파일에서 무작위로 선택된 선수들을 출력할 것이고, 우리는 그 결과를 선수대표협회에 전달한다.

어느 날 나는 최고 경주용 자동차 운전자가 두 달 연속 '무작위'로 뽑혀 긴급회의에 참여하게 됐다. 나는 운전자 자신이 부당하게 표적이 되고 있다는 불만에 대응하고 있던 고위 경영진에게 불려갔다. 나는 (dBase III+로 작성된) 프로그램의 코드를 살펴봤지만 오류를 보지 못해 똑같이 보고를 했다. 경영진은 경주용 자동차 협회의 고위급 간부들과 운전자 대표들이 있는 곳에서 상주 컴퓨터 전문가인 내게서 들은 큰 '개와 조랑말' 쇼를 진행했는데, 이는 운전자가 중복으로 선택된 것은 단순히 실제 무작위로 선택된 결과라는 것을 보여주기 위한 것이었다. 진정한 임의성^{true randomness}이라면 매번 선택할 때마다 모든 사람은 선택될 확률이 같으며, 운전자가 연속해 중복으로 선택된 것은 무작위인 임의성일 뿐이었다. 모든 사람이 진정한 임의성이 동작하는 방법을 알게 됐고, 운전자는 두 번째 약물 검사를 통과해 모든 사람이 그 문제를 뒤로 하고 기뻐하는 것 같았다. 그런데 같은 운전자가 그다음 달에도 선택됐다.

경주용 자동차 협회와 운전자는 이 세 번째 선택에 대해서 전혀 알지 못했다. 우리는 우리에게 진짜 문제가 있다는 것을 그제서야 깨달았다. 나는 코드를 다시 조사했고, 코드에는 오류가 없었다. 그러나 무슨 일이 있었는지 알아내기 위해 나는 필사적으로 (dBase III+에서 작성된 것과) 같은 임의화 코드 루틴^{randomization coding routine}을 포함하는 새로운 프로그램을 만들었다. 그 이상도 그 이하도 아니었다. 나는 1부터 100까지의 숫자를 사용했으며 프로그램을 10,000번 실행하고 어떤 특정 숫자가 자주 선택되는지 출력했다. 진정한 무작위 선택 과정에서는 모든 숫자가 여기저기서 약간의 편차를 가지고 약 1% 정도로 선택됐어야 했다. 하지만 프로그램을 실행했을 때 몇몇 숫자가 15% 정도로 자주 선택됐고, 20%가 넘는 숫자가 하나 있었고, 수십 개의 숫자가 0%에 가까운 정도로 선택됐다. 나는 깜짝 놀랐다. 소프트웨어 프로그램의 무작위 함수가 진정한 무작위인 것에 가깝지도 않았던 것이다.

나는 확실히 문제가 있는 dBase III+의 무작위 함수를 더 이상 사용하지 않고, 더 좋은 프로그램을 만들어 사용하기로 했다. 이번에는 마이크로소프트 윈도우의 난수 생성 기능을 사용했다. 이번에는 1,000개의 숫자로 수만 번 테스트를 진행했다. 이번에도 나는 놀랐다. 윈도우의 난수 생성기가 조금 더 좋았지만 과소 선택이 여전히 나타났다. 그래서 나는 컴퓨터에 내장된 난수 생성 기능을 사용한 어셈블리 언어를 사용해 프로그램을 만들었다(나는 1980년대 후반에 컴퓨터 바이러스를 역어셈블하는 법을 배웠다). 다시 또 테스트를 했다. 그리고 임의성을 근사하는 것이 윈도우의 난수 생성기보다 더 좋았지만, 이 또한 완전한 무작위적이지는 않았다. 이전 테스트와 미묘한 차이가 있기는 했지만 자주 나오는 것과 자주 나오지 않는 확실한 패턴을 발견할 수 있었다. 그때 나는 컴퓨터 세계에서는 진정한 임의성이라는 것이 없지만, 임의성의 유사 근사pseudo-approximations of randomness만 있다는 것을 알게 됐다. 이러한 사실 때문에 많은 암호학자와 암호 루틴에서 유사난수 생성기PRNG, pseudo-RNG라는 용어를 사용하고 있는 것이다. 이들은 우리 모두가 알고 있는 것이 사실이라는 것을 인정하고 있다. 즉 이전 컴퓨터에서는 진정한 임의성이 없다.

내가 이 사실을 발견한 이후로 30여 년 동안 컴퓨터에 내장된 난수 생성기와 마이크로소프트 윈도우의 난수 생성기 그리고 다른 프로그램에 포함된 다른 사용자 정의 난수 생성기를 포함해 모든 관련 난수 생성기는 진정한 임의성과 비슷하도록 코딩됐다. 그러나 내가 초기에 했던 것과 비슷한 테스트를 한다면 여전히 아주 작게 자주 나오는 것과 자주 나오지 않는 것이 있을 것이다.

그 이유는 전통적인 이진 컴퓨터가 진정한 임의성을 만들 수 없기 때문이다. 모든 이진 컴퓨터가 작동과 타이밍을 위해 메인보드에 있는 하나 이상의 수정 진동자와 다른 하드웨어에 의존하고 있다. 이런 수정 진동자 '클록clock'은 초당 일정한 횟수(각 개별 시간 주기를 클록 틱clock tick 또는 시계의 주기cycle라고 한다)로 진동한다(이를 진동oscillation이라고 한다). 컴퓨터 메인보드에 있는 모든 것은 메인보드의 수정 진동자의 진동 주기의 타이밍 신호에 따라 작동한다. 오늘날의 CPU는 자체적인 내부 클록 진동을 가지고 있는데, CPU가 어떤 일(예를 들어 이 비트를 저 CPU의 레지스터로 이동하고, 이 숫자와 저 숫자를 함께 더하고, 저 레지스터에 있는 저 값을 삭제하는 작업)을 할 수 있는 시기를 제어한다. CPU의 각 코어core는 (병렬 작업을 하지 않는 한) 한 번에 한 가지 작업만 실행할 수 있으며, 해당 작업은 CPU 클록의 각 틱에서만 진행된다. CPU의 타이밍 클록은 메인보드보다 훨씬 빠르지만, 일반적으로 메인보드 클록 주기 크기의 정확한 순서다(예를 들어 모든 메인보드 주기마다 CPU는 100배 많은 작업을 할 수 있지만 각 작업은 시간이 지남에 따라 고르게 분산된다). 다른 타이밍 클록도 있을 수 있지만 메인보드와 CPU의 클록이 가장 중요한 클록이다.

컴퓨터가 하는 모든 일은 고르게 분산된 클록 주기에서 발생하는데 이는 무작위와 반대되는 초당 고르게 분할된 횟수를 보장한다. 진실의 원천에서 찾은 이런 임의성의 결여는 그 위의 종속적인 하드웨어나 소프트웨어가 진정한 임의성을 근사하려 아무리 노력해도 임의성이 결여된 유사난수에 의존하는 한 그 어떤 것도 진정하게 무작위적이지 않다. 최고의 하드웨어와 소프트웨어 루틴은 진정한 임의성에 매우 근사한 것처럼 보이는 것을 가지고 있지만 진정으로 무작위적이지는 않다. 우리가 할 수 있는 최선은 가능한 한 진정한 임의성에 가까이 접근해 결과로 나온 모든 오류가 종속된 애플리케이션에 미미한 영향을 미치게 하는 것이다.

이는 좋은 난수 생성기와 나쁜 난수 생성기가 없다는 것도 아니고 어떤 것이 다른 것보다 더 좋다는 것도 아니다. NIST는 양자 난수 생성기 또는 다른 난수 생성기 공급업체나 고객이 자신들의 난수 생성기가 이론적으로 완벽한 난수 생성기와 비교해 얼마나 좋은지 또는 나쁜지 알기 위해 실행할 수 있는 일련의 테스트를 만들었다. NIST는 NIST 특별 간행물 800-22(https://bit.ly/2ZmzwyK)에 테스트와 요구 사항을 문서화했다.

> **NOTE**　난수 생성기의 공식적인 정의는 난수 생성기(RNG)의 임의성 근사가 비결정적(nondeter-
> ministic)(즉, 생성될 난수를 미리 예측할 수 없다)이어야 하며, 유사난수 생성기(PRNG)는 결정적
> (deterministic)이다. 흥미롭게도 유사난수 생성기가 결정적이고 이진 컴퓨터가 진정한 무작위를 만들
> 어내지 못한다는 것을 알고 있으므로, 유사난수 생성기는 난수 생성기의 값을 시드 값으로 사용해야 한
> 다. 역설적이게도 좋은 유사난수 생성기는 이진 컴퓨터에서 난수 생성기에서 시드 값을 받은 것보다 더
> 무작위적으로 보이는 숫자를 만든다.

진정한 임의성이 왜 그렇게 중요한가?

암호 알고리즘 대부분은 알고리즘이 시작할 때 진정한 난수(흔히 이 값을 초기화 벡터[initial vector]나 시드 값[seed value], 또는 난스[nonce]라고 한다)를 필요로 하며, 이후 어려운 수학을 사용해 인수분해나 추측이 정말로 어려운 결과를 만든다. 예를 들어 RSA에는 알고리즘의 일부로 무작위로 선택된 두 개의 큰 소수(보통 수학적으로 p와 q로 표현한다)를 필요로 한다. 무작위로 소수가 선택되면, 이 두 개의 소수는 수학 계산을 거쳐 인수분해하기 어려운 결과를 만들어낸다.

그러나 두 소수가 아무리 크더라도 무작위로 선택되지 않았다고 가정해보자. 실수가 있었으므로 매번 선택된 소수가 매번 같다고 가정할 수 있다. 이는 $x+23 = z$와 같은 대수적 공식을 얻는 것과 비슷하지만 x가 항상 5라는 것을 알 수 있다. 이런 지식을 알고 있는 상태에서 '알고리즘'을 몇 번 실행하더라도 z가 28이 될 때마다 x가 5였다는 것을 알 수 있다. 이 경우 소수들이 항상 같으면 RSA의 결과도 항상 같을 것이다. 이런 실수를 알고 있는 모든 공격자는 예상된 결과를 볼 때마다 어떤 소수가 사용됐는지 바로 알 수 있으며 결과를 바로 인수분해해 원래의 x와 z 구성 요소를 알 수 있다. 그 암호는 더 이상 보호되지 않는다.

그리고 이런 임의성이 전혀 없는 시나리오가 다소 설득력이 없게 들릴지라도 이런 일이 컴퓨터 세계에서 여러 번 발생했었다. 사람들이 자신들의 기밀 데이터를 보호하기 위해

의존한 것은 잘 테스트되고 좋은 견고한 암호 알고리즘이라고 하는 것이었지만, 암호 알고리즘을 구현한 프로그램의 난수 생성기에 암호 알고리즘이 제공하려던 보호를 완전히 무효화한 버그가 있다는 것을 나중에 알게 됐다. 이런 일이 널리 사용되는 프로그램, 수백만 개의 웹사이트 보안 그리고 컴퓨터에서 두 번 이상 발생했다.

데비안 OpenSSL 난수 생성기 버그

안전하지 않은 난수 생성기 버그의 사례 중 가장 널리 알려진 예로는 2006년의 데비안 Debian OpenSSL 난수 생성기 사태였다. 데비안 리눅스Debian Linux는 우분투Ubuntu로 알려진 '배포판distro'을 포함해 매우 인기 있는 리눅스 버전으로 마이크로소프트 윈도우에서 리눅스로 처음 전환하려는 사람들이 자주 사용한다. OpenSSL은 오픈소스 운영체제 컴퓨터가 사용하는 가장 인기 있는 오픈소스 암호 프로그래밍 라이브러리 및 프로그램이다. 2006년 업데이트된 OpenSSL 버전이 데비안에 포크fork[1]됐을 때, 데비안 운영체제 개발자 중의 한 명이 컴파일러 코드의 경고 메시지를 잘못 해석해 관련 코드 몇 줄을 삭제했는데 이로 인해 거의 모든 임의성이 제거됐다.

이 오류는 수백만 개의 무작위적이지 않은 키가 발급되고 2008년 버그가 주목받기 전까지 발견되지 않았다. 임의성이 제거됐다는 것은 가능한 키의 개수가 수조 개의 가능한 조합에서 최대 32,767개의 조합 중 하나로 줄어든다는 것을 의미했다. 그리고 많은 사례에서 수만 개의 구현이 정확히 같은 키 쌍을 공유했다. 몇 년이 지난 지금에도 수만 개의 웹사이트는 여전히 잘 알려지고 널리 문서화된 키 쌍을 가지고 있으며, 오늘날에도 수천 개의 키 쌍이 여전히 존재한다(인터넷에서 사용된 대부분의 키 쌍은 현재 만료됐다). 해커들은 심지어 이 버그에 의존하는 디지털 인증서와 키 쌍을 확인하고 무차별 대입할 수 있는 도구를 만들었다(https://bit.ly/3h0hojV 참조).

---

1   기존 시스템에 기능을 추가하거나 성능을 개선하는 행위 – 옮긴이

데비안 난수 생성기 버그에 관한 자세한 내용은 다음 사이트에서 확인할 수 있다.

- 데비안 리눅스에서의 난수 버그^{Random Number Bug in Debian Linux}(https://bit.ly/3iWpqwa)
- 데비안 OpenSSL의 예측 가능한 유사난수 생성기 장난감^{Debian OpenSSL Predictable} PRNG Toys(https://bit.ly/2Znyy5k)
- CVE-2008-0166(https://bit.ly/3j2Mn0y)
- 데비안 OpenSSL DSA의 모든 약한 키^{All weak Debian openssl DSA keys}(https://bit.ly/3iU0l57)

개발자 한 명만 이런 오류를 범했다고 생각하지 않기를 바란다. 역사 전반에 걸쳐 버그가 있는 난수 생성기의 사례는 https://bit.ly/2WgAElu에서 확인할 수 있다. 그리고 이런 사례는 6장, '양자-내성 암호 시스템'에서 설명한 것처럼 정부와 기업이 의도적으로 버그가 있는 난수 생성기를 만들었을지도 모르는 시대는 포함되지 않는다. 임의성을 확인하는 것은 바람직한 요구다.

그러나 여기에 더 큰 문제가 있다. 난수 생성기에 나쁜 코딩 버그가 없더라도 난수 생성기는 여전히 진정한 무작위가 아니라는 것이다. 난수 생성기의 핵심 속 깊숙한 곳에서는 난수 생성기 모두가 dBASE III+ 난수 생성기의 사례처럼 보인다. 무작위로 보일 수 있지만 깊은 자원^{deep resource}을 가진 올바른 사람들이 분석하고 면밀히 조사한다면 비무작위성^{nonrandomness}의 영역이 드러난다. 그 이유는 이진 컴퓨터에서 진실의 원천에는 수정 진동자 클록으로 컴퓨터가 실행하는 모든 프로세스의 클록 주기가 무작위로 발생하는 것이 아니기 때문이다. 진정한 임의성의 결여는 암호 공격자에게 보호를 위해 진정한 난수를 필요로 하는 암호 시스템과 다른 메커니즘을 쉽게 깨뜨릴 수 있는 '크립'을 제공한다.

설상가상으로 양자-내성 암호 알고리즘 대부분은 이진 난수 생성기나 유사난수 생성기에 의존한다. 양자-내성 암호 알고리즘의 내성은 여전히 믿을 수 없을 정도로 높지만 알고리즘의 능력 속 깊은 곳에서는 본질적으로 약한 난수 생성기에 의존하고 있다. 이런 딜레마는 주로 다양한 양자-내성 암호 알고리즘 개발자가 완전히 제어할 수 없는 설계 위험으로 다룬다. 이런 난수 생성기 문제로 인해 의도했든 안했든 무작위로 생성된 숫자가 진정한 무작위[truly random]와 증명 가능한 무작위[provably random]인 것이 중요하다. 양자 장치가 개입되지 않으면 그 어느 것도 전통적인 컴퓨터에서는 가능하지 않다.

양자-기반 난수 생성기

양자-기반 난수 생성기[QRNG, Quantum-based RNG]로 들어가보자. 양자-기반 난수 생성기는 증명 가능하며 진정한 난수를 생성할 수 있는 양자-기반 장치다. 적어도 2001년부터 실제 여러 개의 양자-기반 난수 생성기가 나왔으며, 그 전에는 양자-기반 난수 생성기를 만드는 방법에 관한 논문들이 발표됐다. 대량 생산된 사례도 수십 건에 이른다. 양자-기반 난수 생성기는 가장 많이 생산된 사용 가능한 양자 장치다. 양자-기반 난수 생성기는 다양한 방법으로 만들어지며 다른 양자 물질과 메커니즘을 사용해 진정한 난수를 생성한다.

대부분의 양자-기반 난수의 핵심은 중첩과 얽힘 그리고 불확실성의 양자 성질이다. 양자 성질은 측정하기 전까지는 가능한 모든 상태일 수 있으며, 특정 성질의 어떤 값을 가질지 미리 예측할 수 없다. 이와 함께 진정한 임의성을 생성하는 데 필요한 기본 성질을 얻을 수 있다. 양자-기반 난수 생성기 장치 대부분은 주된 출처로 광자의 양자 성질을 이런저런 방법으로 사용한다.

벨의 부등식 정리

양자물리학의 발견 이후, 물리학자와 암호학자는 자신들이 보고 있던 양자 성질이 진정한 양자 행동인지 아니면 (자신들이 놓쳤다는 고전적인 설명과 함께) 다른 무엇인지에 대해 격정해왔다. 1930년대에 아인슈타인과 다른 물리학자들은 그 당시 어떤 물체에 붙은 알려지지 않고 설명할 수 없는 (고전적인) 국소적 숨은 변수[local hidden variable]에 모든 과학자가 보고 있던 추정된 양자 행동[quantum behavior]에 책임이 있을 가능성이 있다고 이론화했다.

본질적으로 아인슈타인은 과학자들이 양자 행동으로 보면서 설명하는 것이 진짜 양자 행동인지 확신하지 못했다. 아인슈타인(과 다른 사람들)은 양자 행동이 물리학의 고전 표준 모델에 들어맞는 다른 것이 될 수 없을까 하고 생각했다. 이들이 추측한 것을 국소적 숨은 변수local hidden variable 이론이라고 한다.

국소적 숨은 변수에서 국소적이라는 말은 물체에 영향을 미치고 물체의 행동을 결정하는 변수나 성질이 물체의 표면on이나 안in, 근처near 또는 직접적으로 붙어 있다directly attached는 사실을 의미한다. 국소적 숨은 변수에서 '숨은'이라는 말은 국소적 변수가 현재 보이지 않거나 설명할 수 없음을 의미한다.

국소적 숨은 변수 논쟁은 어리석은 우화를 사용해 설명할 수 있다. 매우 추운 기후에 있는 한 무리의 사람들 손이 주변 환경과 자신들의 나머지 신체보다 설명할 수 없을 정도로 항상 따뜻하다는 것이 일관되게 관찰됐다고 가정해보자. 외부 온도가 어떻든 간에 사람들의 손은 정확히 2도 더 따뜻했다.

또한 한 무리의 과학자들은 사람들 손 주변의 날씨 영역이 사람들 몸의 다른 부분에 영향을 미치는 날씨보다 더 따뜻해야 한다고 가정했다고 생각해보자. 과학자들은 날씨가 사람들의 손 근처에서만 더 따뜻한지 그 이유를 설명할 수 없었다. 다만 모든 관찰에서 항상 이런 식이었고 사람들의 손이 항상 더 따뜻한 이유에 대한 '합리적인' 설명이었다. 과학자들은 여기에 '마이크로웨더microweather'라는 이름을 붙였고, 수십 년 동안 관찰한 끝에 점점 더 많은 과학자들이 이 사실을 널리 받아들였다.

나중에 이 가상의 과학자들이 더 자세히 살펴봤을 때, 이들은 사람들이 손을 따뜻하게 하기 위해 주머니에서 장갑을 꺼내고 있는 것을 봤다. 이는 환상적으로 새롭고 멋진 것이 아니었다. 이는 훨씬 덜 흥미롭고 덜 기본적인 것이었다. 이 예는 보고 있던 것을 기존에 이해한 고전 이론으로 정확하게 설명하지 못하며, 그렇지 않은 경우에는 설명할 수 없는 어떤 행동을 양자 행동이라고 섣부르게 부르는 것에 대한 물리학자의 두려움을 보여준다. 양자물리학은 모든 과학자가 이전에 관찰했던 것과는 정반대로 작용하는 것처럼 보였다.

아인슈타인은 또한 국소적 숨은 변수의 존재를 증명하거나 반증하는 결정적인 방법을 제안했다. 국소적 숨은 변수를 반증할 수 있다면 양자 메커니즘이 존재한다는 더 많은 증거를 제공할 것이다. 아인슈타인의 생애(1955년 사망) 동안 증거가 나오지는 않았지만 아인슈타인은 마지막 반대되는 가능성 중의 하나를 배제하고 양자물리학이 새롭고 경이로운 것인지 또는 고전물리학이 놓친 측면인지를 알아내는 실험적인 방법을 물리학계에 제공했다.

1964년 아일랜드 물리학자 존 스튜어트 벨은 '아인슈타인–포돌스키^{Podolsky}–로젠^{Rosen} 역설$^{EPR\ paradox}$에 관해'라는 독창적인 자신의 논문에서 국소적 숨은 변수로 관찰된 양자 행동을 설명할 수 없음을 수학적으로 증명했고, 이를 증명하기 위해 수행할 수 있는 실험도 제안했다. 벨이 제안한 것에 대한 이론적 설명(여기에는 각^{angle}과 회전^{spin}, 양자 입자와 성질의 측정 차가 포함된다)을 하지 않겠지만, 물체의 성질과 고전적 행동(그리고 국소적 숨은 변수)만 존재할 때 관찰되는 것 사이의 예상 측정$^{expected\ measurement}$에 약간의 차이를 보였다. 그래프에서 고전 세계에서의 측정된 차이는 직선을 따르지만 양자 실세계에서의 측정은 종 모양의 곡선$^{bell\ curve}$과 더 비슷하게 보일 것이다(그림 7.1 참조). 실험 관찰은 항상 종 모양의 곡선에 더 가깝게 그려지므로 양자 성질의 존재를 증명하는 것으로 밝혀졌다. 고전적 기대 측정$^{expected\ classical\ measurement}$과 실제 양자 측정과의 차이를 벨 부등식의 위배$^{Bell's\ inequality\ violation}$라고 한다.

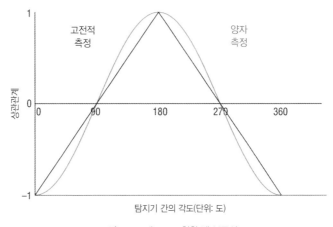

그림 7.1 그래프로 표현한 벨 부등식

단순화하면 벨은 고전물리학이 우리가 가진 전부일 경우에만 답이 거짓이 될 수 있는 실험 체계를 만들었지만 우리는 답이 항상 참인 것을 알고 있기 때문에 고전물리학만 관련될 수가 없다. 본질적으로 벨은 국소적 숨은 변수가 관여할 수 없다는 것을 증명함으로써 마침내 양자물리학을 '증명'했다. 물리학자들이 어떤 것을 믿는 상황이 될 때까지 기다릴 필요가 없다는 사실을 명심하라. 실험과 뒷받침하는 수학으로도 충분하다.

1970년대부터 몇몇 물리학자들은 벨 부등식 정리에 따른 기대 결과를 얻으려는 실험을 진행했지만 몇몇 검토자들은 실험이 형편없이 설계됐으며 여전히 교활한 국소적 숨은 변수가 작동할 수 있는 어떤 방법이 있을 수 있다(이를 벨의 허점loophole이라고 한다)고 생각했다. 그러나 벨의 정리가 옳다는 수백 번의 실험 후에, 2015년 결정적이고 허점이 없는 실험이 진행됐고(https://bit.ly/3j4Zbnq), 마침내 의심의 그림자를 넘어 벨 정리가 증명됐다. 벨 정리에 관한 자세한 설명은 다음 사이트에서 확인할 수 있다.

- 벨 부등식(https://bit.ly/2WmIlGV)
- 벨의 부등식(https://bit.ly/2DC6u5C)
- 세기의 보어–아인슈타인 논쟁 ... (3라운드)EPR 논증 ④벨 부등식과 아스페 실험 (https://bit.ly/32htbX6)
- 벨 정리로 인증한 난수Random numbers certified by Bell's theorem(https://go.nature.com/2Wii3p4)

> **NOTE** 직관에 반하는 것처럼 보일지 모르겠지만, 벨 부등식 정리를 '위배'한다는 것은 바람직하고 기대되는 결과이며 실험이나 장치가 정확하게 양자 성질을 보여주고 있다는 것을 의미한다. '위배'는 고전물리학에서만 얻을 수 있는 결과와는 다른 측정 결과다.

양자–기반 난수 생성기를 포함해 얽힘을 사용하는 모든 양자 장치는 벨 테스트를 통과하도록 테스트돼야 한다. 개발자들은 자신들이 전달하는 결과가 순수 양자인지 확인해야 하고, 그 결과에 어떠한 고전적인 비양자nonquantum 실수가 허용되지 않도록 해야 한다. 개발과 테스트 그리고 인증 과정 중에 벨 테스트를 할 수 있다. 모든 종속된 나머지 구현

중에 가능한 가장 강력한 보안을 보장하기 위해 양자-기반 난수 생성기가 진정한 임의성을 갖는다는 것을 보장하는 것이 특히 중요하다.

또한 얽힘을 사용하는 양자-기반 난수 생성기가 벨 테스트를 통과한 것으로 인증된 후에도 무작위적이지 않은 숫자가 나오도록 악의적으로 수정될 수 있다는 이론적인 두려움이 존재한다. 예를 들어 아마도 적국敵國이 안전한 것으로 보이는 유명 양자-기반 난수 생성기 브랜드에 의존하는 양자-난수 생성기 구성 요소를 만들 수 있다. 그러나 현실에서는 양자-기반 난수 생성기 구성 요소가 만든 '무작위로 보이는' 숫자의 긴 흐름이 비밀리에 문서화됐는데, 이는 국가가 난수의 값을 알고 예측할 수 있다는 것을 의미한다. 양자-기반 난수 생성기는 벨 부등식 정리에 대해 참인지 그리고 진정한 무작위인지 확인하기 위해 누구나 테스트할 수 있어야 한다. 가장 잘 설계된 양자-기반 난수 생성기는 벨 부등식을 위배하도록 작동 중에 자체 테스트self-test하도록 설계됐다. 이 개념에 대한 좋은 논문은 https://go.nature.com/39832M1에서 확인할 수 있다.

또한 양자-기반 난수 생성기의 결과가 무작위라는 것을 증명하려는 양자-기반 난수 생성기는 모든 난수 생성기의 임의성을 측정하기 위해 만들어진 NIST 800-22 테스트를 수행하고 그 결과를 공표해야 한다. 고객은 같은 테스트를 하고 비슷한 결과를 얻을 수 있어야 한다. 한 양자-기반 난수 생성기 공급업체의 테스트 결과는 https://bit.ly/2CG6n8z에서 확인할 수 있다.

그러나 (얽힘을 사용하는) 양자-기반 난수 생성기가 제공하고 있는 숫자들이 진정한 무작위라는 것을 증명하기 위한 절대적으로 가장 좋은 테스트는 벨 부등식을 위배하면서 난수가 생성됐다는 증거를 보여주는 것이다. 증명은 양자 수준에서 이루어진다. 지금까지 이런 테스트를 하는 유일한 상업용 양자-기반 난수 생성기는 캠브리지 양자 컴퓨팅 Cambridge Quantum Computing의 IronBridge(https://prn.to/3Hw9PzD)와 (잠시 뒤에 설명할) NIST가 현재 테스트 중인 사설 양자-기반 난수 생성기다.

작동 중인 양자-기반 난수 생성기

초기에 양자-기반 난수 생성기는 긴 연구실을 가득 채우고 광케이블로 분리된 두 장치 사이에 레이저를 쏴서 작동했다. 그러나 양자-기반 난수 생성기는 피자 한 상자 정도의 컴퓨터 크기의 장치나 컴퓨터에 장착할 수 있도록 독립형 네트워크 인터페이스 카드 정도로 작은 인터페이스 카드로 만들어지고 있다.

소규모 주문자 상표 부착 생산 칩부터 최저 백만 원 이하의 가격의 서버에 이르기까지 여러 공급업체의 폼 팩터form factor[2]에서 작동하는 양자-기반 난수 생성기를 구입할 수 있다. 이런 양자-기반 난수 생성기는 윈도우와 리눅스, BSD, 솔라리스Solaris 그리고 애플Apple을 포함한 많은 운영체제에서 작동하도록 인증받았다. 또한 코드 라이브러리와 API 그리고 여러 프로그래밍 언어에 대한 인터페이스를 제공한다. 양자-기반 난수 생성기의 서비스가 필요한 기업들은 오랫동안 양자-기반 난수 생성기를 구입해 사용하고 있다. 양자-기반 난수 생성기는 은행과 과학, 복권, 통신, 금융 그리고 군대에서 사용하고 있다.

스위스의 기업 아이디 퀸티크ID Quantique(https://bit.ly/3j3xBa1)는 2001년에 실제로 동작하는 양자-기반 난수 생성기를 최초로 생산했다. 이후 많이 개선된 제품들을 출시했다. 그림 7.2는 컴퓨터의 내부 인터페이스 슬롯에 장착할 수 있는 아이디 퀸티크의 세 가지 다른 양자-기반 난수 생성기를 보여준다.

양자-기반 난수 생성기를 판매하는 다른 회사로는 호주의 퀸테센스 연구소Quintessence Labs(https://www.quintessencelabs.com/)와 미국에 기반을 둔 컴스키레ComScire(https://comscire.com) 그리고 캐나다의 양자 수 회사Qunatum Numbers Corp(https://www.quantumnumberscorp.com/)가 있다. 이들 회사와 제품에 관한 자세한 설명은 https://bit.ly/3fzjvLp 에서 확인할 수 있다. 또한 호주국립대학교ANU, Australian National University의 양자-기반 난수

---

2   컴퓨터 하드웨어의 크기, 구성, 물리적 배열을 말한다. 보통 컴퓨터 케이스나 섀시, 도터 보드와 같은 내부 구성 요소의 크기 및 배열을 말할 때 사용한다. 출처: 정보통신용어사전 – 옮긴이

서버Quantum Random Numbers Server(https://qrng.anu.edu.au)를 포함해 몇몇 인터넷 무료 사이트에서 양자를 이용해 난수를 생성하고 사용할 수 있다.

그림 7.2 아이디 퀀티크의 양자-기반 난수 생성기의 예(사진: 아이디 퀀티크 제공)

NIST의 양자-기반 난수 생성기 공공 비컨

NIST는 2018년 고강도 레이저를 수정에 쏴 얽힌 광자를 만들었다(https://bit.ly/3eww34W). 임의성은 '1조 분의 1퍼센트'로 입증됐는데, 이보다 더 좋을 순 없을 듯하다.

NIST 프로젝트의 목표는 모든 사람과 모든 프로그램이 사용할 수 있는 공공 임의성 비컨public randomness beacon을 만드는 것이다(https://bit.ly/38WFGsm). NIST는 처음에 사설 서비스private service를 개발하려고 했지만 신뢰할 수 있는 진정한 공공 양자-기반 난수 생성기 출처를 확보해 세계가 이득을 볼 수 있도록 결정했다.

양자-기반 난수 생성기의 단점

양자-기반 난수 생성기의 단점으로는 비용과 상호운용성이 있다. 비교적 저렴한 (최저 몇 십만 원부터) 양자 기반 난수 생성기를 살 수 있지만, 유사난수 생성기는 무료나 거의 무료다. 모든 컴퓨터는 이미 한 개 이상의 난수 생성기를 내장하고 있다. 양자-기반 난수 생성기를 사용하려면 직접 구매·설치한 다음 사용해야 한다. 현재 양자-기반 난수 생성기를 사용하는 애플리케이션은 거의 없으며, 양자-기반 난수 생성기를 기본으로 사용하는 소프트웨어도 거의 없다. 양자-기반 난수 생성기 공급업체는 기존 애플리케이션이 자신들의 양자-기반 난수 생성기와 인터페이스로 접속할 수 있도록 소프트웨어와 드라이버를 제공하고 있지만 애플리케이션 대부분은 필요한 '연결고리'를 갖고 있지 않다. 개발자가 쉽게 추가할 수 있지만, 난수 생성기에 의존하는 애플리케이션 대부분에는 여전히 존재하지 않는다. 기존 모든 장치와 모든 의존 애플리케이션이 현재 사용하고 있는 전통적인 난수 생성기와 비교된다.

양자-기반 난수 생성기는 증명 가능한 무작위 숫자를 제공하고 임의성에 의존하는 고전과 양자 양쪽의 모든 암호 연산을 강화할 수 있는 유일한 수단이므로 양자-이전 세계에서도 환영받는 장치다.

양자 해시와 서명

이 절에서는 양자-기반 해시함수와 디지털 서명 알고리즘을 설명한다.

양자 해시 알고리즘

앞에서 설명했던 것처럼 해시 알고리즘은 조사된 고유 콘텐츠에 대한 고유한 대표 문자열이나 비트열(이 값을 해시나 해시값, 해시 결과, 디지털 서명 또는 메시지 다이제스트라고 한다)을 생성/출력하는 일방향 암호함수다. 해시 알고리즘은 암호화나 디지털 서명과 같은 다른 많은 암호 처리cryptographic processes에 필요하며, 지금까지도 사용되고 있다. 전통적인 해시 알고리즘은 (충돌쌍 공격에 양자-취약은 아니지만(https://bit.ly/2DJ9blX)) 원상 공격preimage attack에 양자-취약하다. 따라서 양자-기반 해시 알고리즘이 필요하다.

양자-기반 해시 알고리즘은 전통적인 이진 입력이나 양자 입력을 받아 양자 상태에 기반을 둔 해시값을 반환할 수 있다. 이진 콘텐츠를 양자 해시값으로 만드는 양자 해시 알고리즘을 고전-양자classical-quantum 해시 알고리즘이라고 한다. 다른 모든 전통적인 해시 알고리즘이나 양자 해시 알고리즘과 같이 고전-양자 해시 알고리즘도 원상 공격과 제2원상 공격과 충돌쌍에 대해 저항성이 있어야 한다. 양자 해시 알고리즘은 자연스럽게 양자-기반 디지털 서명으로 이어진다.

많은 양자-기반 해시 알고리즘은 이런 조건을 충족하지만 대부분은 오랜 시간에 걸쳐 제대로 테스트되지 않았다. 일부 양자 해시 알고리즘은 실제 작동하는 장치에서 구현됐지만, 대부분은 양자 해싱이 가능하고 필요할 때 규모에 맞춰 구현할 수 있다는 것을 증명하기 위한 단순 사고 실험thought experiment이다. 양자 해시 알고리즘에 관해 많은 과학 연구 논문들이 발표됐다.

예를 들어 2013년 러시아의 파리드 아블라예프Farid Ablayev와 알렉산더 바실리예프Alexander Vasiliev는 이론적인 고전-양자 해시 알고리즘을 제안했다(https://bit.ly/30dmvH0). 이들의 양자-해시 알고리즘(그림 7.3 참조)은 수학적으로 복잡하며 수학 비전공자 대부분을 좌절시킬 수 있을 정도의 충분한 고급 수학을 포함하고 있다. 간단히 말하자면 수학 증명을 사용해 이들은 양자 성질로 표현되는 모든 필요한 해시 성질을 제안하고 증명했다.

$N = 2^n$이라 할 때, 모든 메시지 $M \in \{0,1\}^n$에 대하여, 다음과 같이 설정한다.

$$|h_k(M)\rangle = \frac{1}{\sqrt{d}} \sum_{i=1}^{d} |i\rangle \left(\cos \frac{2\pi k_i M}{N} |0\rangle + \sin \frac{2\pi k_i M}{N} |1\rangle \right)$$

그림 7.3 아블라예프와 바실리예프의 양자-해시 알고리즘의 수학적 표현

이 알고리즘은 큐비트가 $O(\log n)$ 큐비트 이하로 모든 n비트 메시지를 정확하고 유일하게 표현할 수 있다는 것이 이들의 주된 주장이다. 자세히 설명하지는 않겠지만 $O(\log n)$는 본질적으로 해시된 메시지의 각 비트에 필요한 큐비트의 수가 n개보다 작다는 것을

의미하며, 이는 이론적으로 더 짧은 해시값에서 원래의 메시지를 얻을 수 없다는 것을 의미한다.

> **NOTE** $O(\log n)$이 수학적으로 어떤 의미인지 더 알고 싶다면 https://bit.ly/30n0Yvk와 https://bit.ly/3hbOnSJ에서 확인할 수 있다.

홀레보의 경계

아블라예프와 바실리예프의 알고리즘은 홀레보의 경계Holevo's Bound (https://bit.ly/2OwCA4X)라는 다른 양자 정리theorem에 기반을 두고 있다. 이 정리는 큐비트가 두 가지 상태 중 하나일 수 있다고 얘기하지만, 큐비트를 측정할(결을 깰) 때에는 두 상태 중 하나로만 표현되는 측정이 돼야 한다. 각 큐비트 측정에서 정보의 한 상태는 손실된다(즉, 두 가지 상태를 표현하는 비트는 세 가지 가능한 상태를 가진 속성을 정확하게 측정할 수 없다). (세 가지 가능한 상태가 될 수 있는) 하나의 큐비트를 정확하게 표현하려면 적어도 두 개의 비트(2비트 $=2^2=4$, 즉 2비트는 네 가지의 가능한 상태를 표현할 수 있다는 것을 의미한다)가 필요하다.

이들은 자신들의 해시 알고리즘에 기반을 둔 양자-기반 디지털 지문 알고리즘quantum-based digital fingerprint algorithm을 제시하면서 논문을 끝마친다. 이 논문과 이들의 연구는 러시아기초연구재단Foundation for Basic Research의 자금을 지원받았다. 두 명의 해시 알고리즘 개발자는 더 많은 양자 해시 알고리즘을 정의했으며 심지어 양자 해시 알고리즘에 기반을 둘 수 있는 복잡한 수학을 발견하고 증명했다.

양자 해시 알고리즘에 관한 자세한 설명은 https://bit.ly/3jeDhOE에서 확인할 수 있다.

양자 디지털 서명

해시값과 서명의 차이는 신원 인증identity authentication이다. 해시값은 고유한 콘텐츠에 대한 고유 지문unique fingerprint을 제공한다. 디지털 서명은 해시값을 대상의 신원과 연결한다. 예를 들어 어떤 파일을 해시하면 해시값이 1234가 된다고 해보자. 그다음 여러분의 대칭키 쌍에서 개인키를 사용해 해시값에 디지털로 서명을 한다. 비대칭키 쌍은 여러분의 신원과 연결돼 있다. 디지털 서명은 특정 시점에서 특정한 신원에 대해 특정 해시값을 결부시키는 대상이다.

디지털 서명을 얻기 위해서는 비대칭키 쌍과 디지털 서명 알고리즘에 이어 해시값이 필요하다. 어떤 디지털 서명을 검증하기 위해, 이해당사자는 서명한 사람의 개인키에 대응되는 검증된 공개키를 사용해 해시값을 잠금 해제unlock를 할 수 있는데, 이는 공개키에 대응되는 유효한 개인키로 서명을 한 경우에만 가능하다. 공개키가 이전에 '암호화된' 유효한 해시값(해시한 콘텐츠를 정확하게 표현하는 값)을 정확하게 복호화하지 못한다면, 파일의 무결성integrity이나 디지털 서명을 면밀하게 조사해야 한다. 어느 쪽이든 어떤 이해당사자도 파일이나 디지털 서명을 신뢰하지 않을 것이다.

전통적인 비대칭키 쌍과 디지털 서명은 양자 통신으로 전송될 수 있지만 7장에서는 양자 성질에 기반을 둔 진정한 양자 디지털 서명에 대해서만 얘기하고 있다. 양자-기반 디지털 서명은 모두 양자 성질로 표현되는 양자 해시 알고리즘과 양자-기반 비대칭키 쌍 그리고 양자-기반 디지털 서명 알고리즘을 필요로 한다. 양자 성질은 현재 오랜 기간 동안 안정적으로 유지되지 않아 환상적인 비대칭키 쌍을 만들지 못한다. 특히 훨씬 덜 엄격한 (그리고 여전히 매우 안전한) 양자-내성 디지털 서명을 사용할 수 있는 것과 비교하면 양자-기반 디지털 서명을 일반적인 디지털 서명에 맞게 만들지 못하는 (뒤에서 설명할) 다른 추가적인 확장 문제가 많이 있다. 그러나 제한적인 사용 사례의 경우 양자-기반 구현은 디지털 서명을 짧은 시간 동안 매우 안전하게 만들 것이다.

양자-기반 디지털 서명이 매우 안전한 이유 중의 하나는 양자-기반 해시 알고리즘을 사용하기 때문이다. 앞에서 설명했던 것처럼 양자-기반 해시 알고리즘을 공격하는 것은 매우 어렵다. 양자-기반 해시 알고리즘은 홀레보의 경계 정리에 기반을 두고 있으며 원래의 메시지로 다시 계산하는 것은 (양자 컴퓨터를 사용하더라도) 불가능하다. 중요하고 복잡한 문제는 복제 불가 정리로 인해 단순히 같은 양자 공개키를 여러 개 만들어 수신자에게 보낼 수 없다는 것이다. 대신 이는 훨씬 더 복잡하다.

첫 번째 양자 디지털 서명 알고리즘

최초의 실용적인 양자 디지털 서명 알고리즘은 다니엘 코테스만[Daniel Gottesman]과 이삭 추앙[Isaac Chuang]이 2001년에 만들었다(https://bit.ly/30kw4nt). 이 알고리즘은 예쁘거나 효율적이지는 않지만 작동한다. 먼저 송신자/서명자인 앨리스[Alice]는 메시지의 모든 큐비트/비트에 별도로 서명해야 한다. 고전 서명 알고리즘에서 가능한 콘텐츠를 해시하고 해당 해시값에 서명을 하는 단일 작업을 할 수가 없다. 해시값(또는 메시지)은 반드시 한 번에 한 개의 큐비트/비트로 서명해야 한다. 앨리스가 서명하려는 메시지의 비트가 1이라면 한 개 이상의 개인키를 만들어야 하며, 메시지 비트가 0이라면 별도의 개인키 집합을 만들어야 한다. 그런 다음 앨리스는 비대칭키 암호화 알고리즘을 사용해 생성된 각 개인키에 해당하는 공개키를 생성하고 모든 수신자 밥[Bob]과 찰리[Charlie]에게 생성한 모든 공개키를 전송한다. 추가로 복사된 각 키 쌍이 키 침해 위험을 높일 수 있으므로 수신자의 수는 몇 명으로 제한돼야 한다.

이제 서명된 메시지의 각 비트 0에 대해 앨리스는 밥과 찰리에게 서명된 메시지의 비트 0과 함께 비트 0과 관련된 모든 개인키를 보낸다. 서명된 메시지의 각 비트 1에 대해 앨리스는 서명된 메시지의 비트 1과 함께 비트 1과 관련된 모든 개인키를 보낸다. 그런 다음 밥과 찰리는 이전에 받은 공개키를 사용해 서명된 비트의 개인키를 검증한다. 밥과 찰리의 비교 오류율이 낮으면 서명된 비트가 검증된다. 밥과 찰리의 비교 오류율이 낮지 않으면 시스템 어딘가에 침해가 있다고 생각할 수 있다. 서명된 메시지/해시값의 각 비트에 대해 과정을 반복해야 한다.

모든 메시지 비트에 걸쳐 효율성을 높이기 위한 프로토콜이 제안(https://bit.ly/32E6GvT)됐지만 매우 높은 보안이 필요한 경우에도 디지털 서명을 하기 위해서는 그리 효율적인 방법이 아니다. 그럼에도 비효율적이기는 하지만 디지털 서명이 가능하다는 것을 보여준 최초의 양자-기반 디지털 서명 알고리즘이었다.

위상-부호화 디지털 서명

첫 번째 양자-기반 디지털 서명 알고리즘이 나오고 나서, '빛의 위상-부호화 결맞음 상태phase-encoded coherent states of light'를 사용한 양자 디지털 서명 알고리즘이 2012년 「네이처Nature」에 발표됐는데 최초의 알고리즘보다 조금 효율적이지만 매우 비슷하다(https://go.nature.com/2ZHZ4Gx). 이 방법에서 앨리스는 빛의 다른 위상different phase으로 표현될 수 있는 (개인키와 같은) 무작위 양자 상태 집합을 선택한다. 각 메시지 비트는 여전히 앨리스가 따로 서명을 한다. 메시지의 각 비트 0이나 1에 대해 앨리스는 위상-부호화된 상태phase-encoded state의 쌍을 생성하고 쌍의 복사본copy을 밥과 찰리에게 보낸다. 그리고 나서 밥과 찰리는 위상을 복호화decode하고 서명된 비트를 검증한다.

2013년에는 양자-기반 디지털 서명이 다시 약간 개선됐으며(https://bit.ly/3998cY1), https://go.nature.com/3jfqGL0와 https://bit.ly/2Cs8mh1를 포함한 많은 성공적인 디지털 서명 실험이 이어졌다. 이런 후자의 실험은 개선된 위상-부호화 서명 알고리즘의 변형을 사용했다.

양자-기반 디지털 서명은 이제 두 개의 논문(https://bit.ly/2ChohyX와 https://bit.ly/2CqITVo)을 포함해 성공적으로 공격을 받을 수 있는 방법을 검토할 정도로 충분히 발전했다. 암호 알고리즘이나 제품이 공격을 받을 때마다 이는 좋은 징조이며 프로토콜이 성숙하고 있다는 것을 의미한다. 그렇기는 하지만 특히 좋은 양자-내성 디지털 서명의 수와 복잡도가 증가함에 따라 양자-기반 디지털 서명의 필요성은 가까운 미래까지 낮은 상태로 유지될 것이다.

양자 디지털 서명 알고리즘에 관한 자세한 설명은 https://bit.ly/3eMqH5v와 https://bit.ly/2ZFlGYc와 https://bit.ly/32vBbny에서 확인할 수 있다.

양자 암호화 알고리즘

양자 암호화란 양자 장치나 소프트웨어 또는 성질을 이용해 전송 중이거나 전송 중이 아닌 데이터를 보호하는 것을 의미한다. 전통적인 이진 세계에서와 마찬가지로 양자 암호 알고리즘은 대칭 또는 비대칭일 수 있다. 양자 상태로 보호되는 데이터를 보거나 복사하거나 조작하는 것은 불가능하다. 누군가 무단으로 양자-부호화된 데이터 스트림이나 저장 영역에 있는 데이터를 직접 보거나 데이터를 삽입하려고 하면 양자 상태가 변경된다. 이는 관찰자 효과와 복제 불가 정리로 보장된다. 관찰자는 부호화된 데이터encoded data를 조작할 수 있지만 승인된 관련 당사자가 쉽게 탐지할 수 없는 방법으로 조작할 수는 없다. 이는 암호학자와 암호 시스템 사용자에게 바람직한 특성이다. 이 절에서는 일반적인 비대칭키 양자 암호 알고리즘을 다루지만 양자 네트워킹에 대한 설명은 8장으로 남겨둔다.

> **NOTE** 양자-기반 대칭키 암호 알고리즘을 왜 설명하지 않는지 궁금해할지도 모르겠다. 그 이유는 이 분야에서 대해 거의 이용할 수 있는 문헌이나 연구가 거의 없기 때문이다. 전통적인 이진 대칭키 암호 알고리즘은 현재 알려진 양자 공격에 내성이 있는 것으로 여겨지므로 이 알고리즘에 대한 논의가 많지 않았다. 아마도 양자-기반 대칭키 암호 알고리즘 분야는 앞으로 더 많은 연구와 자원이 투입되겠지만 현재까지 이 분야는 많이 연구되지 않았다.

비대칭키 암호 시스템은 1970년대부터 존재해왔다. 우리는 이런 유형의 암호화가 일반적으로 전송지와 목적지 간에 대칭 암호키를 안전하게 전송하고, 디지털 서명과 인증에 사용된다는 것을 알고 있다. 전통적인 비대칭키 암호 시스템은 지금까지 반세기가 넘도록 잘 작동하고 있다.

이 책이 중점으로 두고 있는 것처럼 양자 컴퓨터는 가장 인기 있는 구현인 RSA와 디피-헬만을 포함한 많은 형태의 전통적인 양자-취약 공개키 암호 시스템을 조만간에 깨뜨릴 것이다. 6장에서 설명한 것처럼 NIST의 새로운 양자-이후 표준이 되기 위해 경쟁하고 있는 양자-내성 알고리즘이 20개가 넘는다. 공개키 암호 시스템과 키 교환 모두를 다루는 이런 양자-내성 알고리즘 모두는 이진 장치를 사용하는 이진 키의 이진 계산에 기반을 두고 있다.

양자-기반 비대칭키 암호 알고리즘은 양자 장치와 성질에 기반을 두고 있다. 현재 가장 인기 있는 유형 중의 하나는 양자 성질을 사용해 인증된 전송지와 목적지 간에 전통적인 비밀을 대칭적으로 안전하게 전송한다. 이를 양자 키 분배$^{QKD, Quantum Key Distribution}$라고 한다. 다른 방법은 양자 성질을 이용해 키를 안전하게 전송하며 키 자체는 양자 성질로 이루어져 있다. (이 논문(https://bit.ly/32zdGd6)을 포함해) 일부 연구자들은 이 알고리즘들을 각각 양자 공개키 암호 시스템$^{QPKC, Quantum Public Key Cryptography}$ 클래스 1과 클래스 2라고 한다. 양자 공개키 암호 시스템 클래스 1은 양자 키 분배 알고리즘으로 키는 여전히 이진 비트로 구성돼 있다. 양자 공개키 암호 시스템 클래스 2는 양자 큐비트로 구성된 키를 갖는 양자 키 분배 알고리즘이다. 양자 공개키 암호 시스템 클래스 2는 양자 네트워크 장치의 결여와 양자-기반 비밀키를 장기간 안정적으로 유지하는 데 필요한 내재적 복잡도로 인해 구현하는 것이 더 어렵다. 따라서 대부분의 양자 공개키 암호 시스템 알고리즘과 구현은 클래스 1이다. 심지어 이들조차도 현재 실세계에서 구현하는 것이 어려운 것으로 증명되고 있지만 성공적인 구현도 많이 있다.

양자 키 분배

양자 공개키 암호 시스템 클래스 1 키 분배 알고리즘과 시스템이 많이 있지만 널리 보급되지 않았으며, 2000년대 초기부터 양자 키 분배 알고리즘을 사용하는 사설망$^{private network}$과 상업망$^{commercial network}$이 많아졌다. 2007년에 유럽에서 처음 QKD-기반 네트워크가 사용됐으며, 미국에서는 2010년부터 사용됐다. 오늘날 많은 국가, 특히 중국에서 QKD-기반 네트워크를 사용하고 개선하고 있다. 양자-기반 네트워크에 관해서는 8장에서 자세히 설명한다.

BB84

첫 번째 양자 키 분배 알고리즘은 미국의 찰스 베넷^{Charles Bennett}과 캐나다의 길레스 브라사드^{Gilles Brassard}가 1984년에 만들었다. 간단히 BB84라고 한다. 베넷과 브라사드는 양자 암호 시스템의 아버지 중 두 명으로 여겨진다. IBM 연구원인 베넷은 70대까지 연구를 계속했으며, Quantum Pontiff라고 하는 블로그(https://bit.ly/3jkRhXa)에 2016년까지 글을 게시했다. 브라사드는 또한 양자-보호 암호 채널^{quantum-protected cryptographic channel}에서 도청으로 인한 '잡음'을 탐지하고 정정하는 데 도움이 되는 종속형 오류 정정 프로토콜^{Cascade error correction protocol}을 만드는 데 도움을 주었으며(베넷도 함께 많은 연구를 했다) 양자 원격 이동과 양자 유사-텔레파시^{quantum pseudo-telepathy}라고 하는 새로운 게임 이론도 연구했다.

BB84는 최초의 양자 키 분배 기법이었을 뿐만 아니라 정의에 따라 양자 상태를 사용해 도청으로부터 증명 가능한 안전을 수학적으로 입증한 첫 번째 알고리즘이었다. 수학적인 자세한 내용은 생략하겠지만 BB84와 관련된 기본적인 아이디어를 소개한다. 앨리스는 신뢰할 수 없는 채널을 통해 밥에게 메시지를 보내고 싶어 한다. 앨리스는 이를 위해 밥과 대칭키를 공유해야만 서로 간에 비밀 메시지를 암호화를 시작할 수 있다. BB84의 기본 단계는 다음과 같다.

1. 앨리스는 무작위 이진 문자열^{random binary string} a와 b를 만들고 나서 큐비트와 BB84 수학 알고리즘을 사용해 단일 결과^{single result} n으로 부호화^{encode}한다. a와 b는 서로 수학적으로 연결돼 있으며, 어느 누구도 먼저 a가 무엇인지 알지 못하는 한 b가 무엇인지 알 수 없다.

2. 앨리스는 양자 채널을 통해 n을 큐비트로 밥에게 보내는데, 양자 채널을 사용하는 것은 이것이 마지막이다. 나머지 통신은 고전적인 공개 채널에서 이루어진다.

3. 밥은 수신한 n개의 모든 큐비트를 측정해 큐비트를 비트로 변환한다. 밥은 큐비트의 절반을 한 방향(방법 1이라 하자)으로 측정하고, 나머지 절반의 큐비트를 다른 방향(방법 2라 하자)으로 측정한다. 두 방법 중 하나만이 앨리스가 보낸 것에 대

해 정확한 방법이다. 방법 1과 방법 2는 큐비트가 0이나 1을 나타내는지에 따라 측정 결과가 달라진다. 앨리스가 보낸 것과 일치하는 올바른 방법은 큐비트의 절반(즉, 전체의 50%)를 모두 100% 정확하게 측정하겠지만 잘못된 방법은 큐비트 절반의 50%(즉, 전체의 다른 25%)만 제대로 측정할 것이다. 밥이 앨리스에게서 받은 모든 큐비트를 정확하게 받아 측정했다면, 옳고 그른 방법 모두를 사용하는 측정한 방법에 의해 전체 비트의 75%만이 앨리스가 보낸 큐비트를 정확하게 나타낼 것이다. 이것이 예상되는 일이다.

4. 밥은 각 큐비트를 측정하는 데 사용한 방법(1 또는 2)을 앨리스에게 알려준다.

5. 이제 밥이 각 큐비트 측정에 사용한 방법과 그 결과를 알고 있는 앨리스는 정확하게 측정된 큐비트와 잘못 측정된 큐비트를 밥에게 알려준다.

6. 앨리스와 밥 모두는 잘못 변환된 비트를 버린다. 나머지 75%의 비트가 공유 비밀키가 된다.

7. 향후 신뢰할 수 있는 통신을 위해 새롭게 공유된 비밀키를 사용하기 바로 전에 앨리스와 밥은 테스트로 신뢰할 수 없는 채널을 통해 서로 간에 키의 짧은 비트 열을 공유한다. 비교 테스트에서 100% 일치하면 나머지 공유키를 사용해 안전하게 통신을 시작한다. 일치하지 않으면 잡음이나 도청이 있다고 생각하고 현재 공유된 키를 신뢰하지 않는다.

BB84 프로토콜은 더 많은 단계로 돼 있으며 이보다 더 복잡하지만 이 일련의 단계는 프로토콜의 전반적인 요지를 담고 있다.[3] 거의 모든 QKD 기법은 BB84의 개선된 버전이거나 적어도 BB84보다 더 좋은 보호를 제공한다.

도청자인 이브[Eve]가 앨리스와 밥의 원래 큐비트를 가로챌 수 있다면 이브의 큐비트 측정은 (원래의 합법적인 모든 측정에 일어나는 것처럼) 정확한 비트의 75%만 변환할 것이다. 하지

---

3 BB84에 대한 좋은 동영상 설명은 https://bit.ly/32wRK2j에서 확인할 수 있다고 했으나, 2021년 11월 19일 기준으로 동영상 (https://www.youtube.com/watch?v=UVzRbU6y7K)이 제공되고 있지 않다. - 옮긴이

만 앨리스는 어떤 비트가 정확하게 측정됐고, 어떤 비트가 제대로 측정되지 못했는지 알지 못하므로 그녀는 (틀린 비트의 25%를 포함해) 자신이 측정한 것을 밥에게 보내야 한다. 이렇게 측정된 비트를 큐비트로 밥에게 재전송하면 밥은 자신에게 보내고자 했던 원래의 정확한 큐비트의 75%만 얻게 될 것이다. 두 가지 방법을 이 큐비트에 적용해 변환하면 밥은 정확히 75%가 아니라 75% 미만의 비율을 얻는다. 밥과 앨리스가 수신한 비트가 무엇이고, 비트를 읽는 데 사용한 방법에 대해 통신을 할 때, 밥이 75% 미만의 정확도를 얻는다면 앨리스와 밥은 해당 채널에 잡음이 있거나 도청됐다는 것을 알게 된다.

송신기와 검출기 사이에 광자 한 개의 양자 상태가 전송되는 BB84와 같은 QKD 방법을 일반적으로 이산-가변 양자 키 분배discrete-variable QKD라고 한다. BB84의 공저자인 베넷이 개발한 B92(https://bit.ly/3jmtvK6)와 SARG04(https://bit.ly/2ODfwBR) 그리고 6개-상태 프로토콜Six-State Protocol(https://bit.ly/3eIX5pJ)을 포함해 BB84에 기반을 둔 다른 많은 개선된 QKD 시스템이 개발됐다.

얽힌 양자 키 분배

1991년 영국-폴란드 교수인 아서 에커Artur Eker는 그의 논문 '벨 정리에 기반을 둔 양자 암호 시스템Quantum Cryptography Based on Bell's Theorem(https://bit.ly/3994sFM)'에서 얽힘을 사용해 근본적으로 다른 양자 키 분배 접근 방식을 소개했다. 에커의 방법은 다음과 같다.

1. 앨리스는 키의 각 비트에 대해 분리된 얽힌 큐비트split entangled qubit로 비밀키를 만든다.
2. 앨리스는 얽힌 쌍entangled pair의 한쪽을 유지하고 다른 쪽을 양자 채널을 통해 밥에게 보낸다.
3. 앨리스와 밥 모두는 각 큐비트에 대해 다른 방향의 조합으로 된 자신들의 검출기로 큐비트를 측정한다(큐비트를 비트로 변환한다).
4. 모든 큐비트를 측정한 후에 앨리스와 밥은 측정한 각 큐비트에 대해 자신들의 검출기 방향을 알려준다.

5. 같은 검출기 방향으로 측정한 큐비트는 버린다.

6. 이제 상대방의 검출기 방향을 알고 있는 밥과 앨리스 모두 남은 비트를 이진 표현으로 변환할 수 있다.

7. 마지막으로 밥과 앨리스 모두는 벨 부등식 테스트를 사용해 얽힘 검사를 수행한다. 얽힘이 깨졌다면 도청이나 나쁜 잡음이 개입됐다고 생각할 수 있다. 어느 쪽이든 결과로 얻은 비밀키는 신뢰할 수 없다.

에커의 양자 키 분배 접근 방식(E91이라고 함)은 많은 새로운 양자 키 분배 알고리즘과 다른 관련 기법으로 이어졌다.

광자 개수 분할 공격

이론적으로 양자 키 분배 시스템은 양자물리학의 관찰자 효과와 복제 불가 정리로 인해 도청에 내성이 있다. 전송 중에 단일 비트를 표현하기 위해 단일 큐비트가 사용되는 한 도청자 이브는 탐지되지 않도록 하면서 도청하기 어렵다. 그러나 실제로 대부분의 양자 키 분배 시스템은 각 전송된 비트에 대해 단일 광자만 보낼 수는 없다. 광자는 광섬유 케이블을 따라 이동하면서 빠르게 강도가 떨어져 판독 검출기는 단일 광자를 정확하게 감지하는 데 어려움을 겪는다. 이로 인해 양자 키 분배 시스템 대부분은 각 전송된 큐비트/비트에 대해 여러 개의 광자를 전송한다. 다광자 시스템$^{multiphoton\ system}$에서 이브는 앨리스와 밥 사이에서 나머지 광자를 계속 유지하면서 중복된 광자 중 한 개 이상을 가져올 수 있다. 이로 인해 (SARG04와 같은) 양자 키 분배 프로토콜이 만들어졌으며, 대부분의 실제 양자 키 분배 시스템은 광자 개수 분할 공격$^{photon\ number\ splitting\ attack}$의 위험을 줄이기 위해 추가적인 보호와 오류 정정 메커니즘을 포함하고 있다.

연속-가변 양자 키 분배

새로운 두 번째 주요 유형의 양자 키 분배 알고리즘은 연속-가변 키 분배$^{CV-QKD,\ Continuous-Variable\ QK}$다. 연속-가변 양자 키 분배 알고리즘에서 양자 성질은 레이저빔 스트림^{laser}

beam stream의 진폭과 위상의 변조로 부호화되며, 호모다인 검출기^{homodyne detector}라고 하는 검출기로 복호화할 수 있다. 이런 방법은 광자 개수 분할 공격에 더 내성이 있다. 연속-가변 양자 키 분배 시스템은 (이산-가변 양자 키 분배 시스템에 비해) 시간당 더 많은 키를 보낼 수 있으며 구현 비용도 더 저렴하지만, 이산-가변 시스템이 동작할 수 있는 몇 킬로미터 거리에서는 동작할 수 없다. 연속-가변 양자 키 분배 기법의 예는 https://bit.ly/2OGEz6M과 https://bit.ly/3hdlqWo에서 찾을 수 있다. 이산-가변이나 연속-가변 알고리즘을 지원하는 양자 네트워크 장치를 자주 접하게 될 것이다.

중계기 문제

복제 불가 정리로 인해 양자 키 분배 시스템은 탐지할 수 없는 도청에 내성이 있다. 암호 시스템에서 이는 매우 좋은 것이다. 실제로 대규모 네트워크에서 양자 키 분배 알고리즘을 사용한다는 것은 큰 문제이다. 양자 키 분배 시스템은 본질적으로 점 대 점^{point-to-point}으로 만들어진다. 두 양자 키 분배 시스템의 종단점^{endpoint} 사이에 전통적인 유형의 중계기^{repeater}나 라우터^{router}를 설치해 중간에서 메시지를 전달할 수 없다. 메시지를 중계하는 장치는 도청기처럼 취급될 것이다. 긴 점 대 점 연결에서도 양자 광신호^{quantum light signal}의 세기가 약해지기 전에 중계를 해야만 양자 광신호를 수 킬로미터 정도 보낼 수 있다.

> **NOTE** 중계기 없이 양자 신호를 보낼 수 있는 거리를 늘리기 위한 연구가 진행 중이다. 관련 연구는 https://go.nature.com/2ClwSAG에서 확인할 수 있다.

따라서 양자 키 분배 네트워크는 하나의 연속적인 점 대 점 시스템이 돼야 하며, 측정된 큐비트는 이진수로 변환된 다음, 다시 양자 중계기를 사용해 재전송돼야 한다. 이 각각의 이진 위치^{binary location}는 도청기를 심을 수 있는 곳일 뿐만 아니라 암호화된 정보를 위험 없이 알아낼 수 있는 곳으로 약점이 되는 곳이다.

여러분의 단순한 홈 네트워크에 얼마나 많은 중계기가 있는지 생각해보라. 여러분의 모바일 장치는 아마도 와이파이 라우터에 연결될 것이고, 와이파이 라우터는 케이블 모뎀에 연결되고, 케이블 모뎀은 집 밖의 장치에 연결되며, 이 장치는 이웃 집계점^{aggregation} ^{point}에 연결되고, 이후 수십 개에서 수백 개의 다른 중계기를 거쳐 여러분의 인터넷 서비스 제공자^{ISP, Internet Service Provider}에게 연결된다. 그다음 여러분의 ISP는 인터넷을 돌아다니기 위해 1개에서 30여 개의 노드를 거쳐(각 노드는 다시 몇 대의 중계기가 연결돼 있다), 최종적으로 원 목적지 컴퓨터나 장치에 갈 수 있다. 그리고 그 경로는 다시 전송돼야 할 모든 네트워크 패킷이 반대로 거쳐 가야 한다. 전형적인 인터넷 네트워크 패킷은 수십 개의 중계기를 쉽게 이동한다. 언젠가 양자-기반 인터넷을 갖고 싶다면, 이는 큰 도전을 만들어낸다. 이 도전과 해결책은 9장에서 자세히 다룬다.

다른 양자 키 분배 문제

브루스 슈나이어(https://bit.ly/3jnbDPi)와 영국국립사이버보안센터^{U.K. National Cyber Security} ^{Centre}(https://bit.ly/2CvSoCy)를 포함해 많은 사람들이 양자 키 분배 알고리즘을 비평하고 있다. 많은 사람이 순수 양자 네트워크를 개발하는 비용에 대해 그만한 가치가 있는지 궁금해한다. 오늘날 우리가 만들 수 있는 양자 네트워크는 특히 양자-내성 암호 시스템이 추가돼야만 매우 오랜 시간 동안 필요한 최고 수준의 모든 보안을 다룰 수 있을 것이다.

또 다른 현실적인 문제는 현재 기존 양자 키 분배 알고리즘의 구현에 있어 심지어 같은 알고리즘을 사용하더라도 상호 운용성^{interoperability}이 결여된다는 것이다. 그러나 일부 프로젝트는 상호 운용 능력을 입증하기 시작했다. 더 일반적으로 많은 비평가들이 일부 프로젝트가 해결한 문제는 고비용의 극단적인 경우이며 현실적으로 조만간에 대규모로 구현될 수 있는 것이 아니라는 것을 발견했다. 영국의 백서에 따르면 양자 키 분배 암호 알고리즘이 수십억 개의 사물인터넷 장치 등에 대량으로 사용될 수 있다고 생각하는 것은 오랜 기간 동안 비현실적일 것이라고 한다. 대신 비평가들은 조금 더 입증된 양자-내성 암호 알고리즘을 사용할 것을 권고한다.

또 다른 심각한 문제는 실제 양자 키 분배 시스템의 전반적인 보안이다. 이 시스템들은 정말로 큰 보안 문제가 무엇인지 알 수 있을 만큼 오래되지 않았다. 각 중계기 노드에서 만들어진 약점 외에도 양자 키 분배 시스템은 자체적으로 이진 또는 양자 수준에서 수많은 해커의 공격에 노출돼 있다. 암호학자들은 많은 연구자와 공격자로부터 오랜 시간 동안의 테스트를 경험해보지 않은 시스템을 사용하는 것을 좋아하지 않는다.

이는 현시점에 대한 정확한 평가이지만 왜 자동차가 말을 대체하지 못했는지, 전기 자동차가 가스 자동차를 대체할 수 있다고 생각하는 것이 얼마나 비현실적인지와 같이 과거에 제기됐던 주장과 유사하며, 나는 우리의 IT 조상들이 현재 우리가 작고 손에 쥘 수 있는 휴대폰의 계산 능력을 상상하는 데 큰 어려움을 겪을 것이라고 확신한다. 비용과 보안 그리고 분배의 장애물은 대개 극복됐으며, 특히 컴퓨터 세계에서는 더욱 그러했다.

칵의 프로토콜

양자 키 분배 알고리즘은 본질적으로 많은 고전 시스템과 채널을 사용한다. 양자 키를 사용할 경우 순수 양자 암호 시스템이 많지 않기 때문에 양자 키 분배 알고리즘이 선호된다. 앞으로는 완전 양자 공개키 암호 시스템 클래스 2가 사용될 것이다. 그렇다면 이 암호 시스템은 칵의 3단계 프로토콜Kak's three-stage protocol에 기반을 둘 것이다.

비대칭키 암호 알고리즘이 나오기 전에 일반적으로 제안된 솔루션 중의 하나는 다단계multistage, 다중키multikey(3단계) 키 교환 알고리즘이었다. 앨리스와 밥이 3단계 대칭키 키 교환 알고리즘을 사용해 신뢰할 수 없는 채널에서 안전하게 통신하려는 전통적인 예에서, 앨리스는 자신만 알고 있는 개인키로 의도한 비밀intended secret을 암호화한 다음 밥에게 보낸다. 밥은 자신만이 아는 개인키로 받은 비밀을 암호화한 다음 다시 앨리스에게 돌려보낸다. 이후 앨리스는 받은 메시지의 암호화를 제거하지만, 이는 여전히 밥의 비밀키로 암호화돼 있다. 앨리스는 이것을 다시 밥에게 돌려보낸다. 그런 다음 밥은 자신의 암호화를 제거한 다음 앨리스의 평문 메시지를 읽는다. 이런 유형의 3단계 암호화에 필수적인 것은 양 당사자가 자신의 암호화를 제거할 수 있는 능력으로, 특히 밥이 암호화를 한 다음 앨리스가 정확하게 자신의 암호화를 제거할 수 있는 능력이다(그림 7.4 참조).

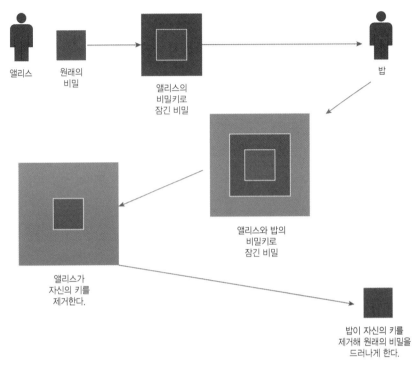

앨리스

원래의
비밀

앨리스의
비밀키로
잠긴 비밀

밥

앨리스와 밥의
비밀키로
잠긴 비밀

앨리스가
자신의 키를
제거한다.

밥이 자신의 키를
제거해 원래의 비밀을
드러나게 한다.

그림 7.4 3단계 대칭키 암호화 알고리즘

2005년 루이지애나 주의 공학자 서브하시 칵Subhash Kak은 양자 성질을 이용해 대칭키 3단계 키 교환 방법을 보여주는 논문(https://bit.ly/3hjaern)을 발표했다. 이 알고리즘은 현재 3단계 양자 프로토콜three-stage quantum protocol 또는 칵의 3단계 프로토콜Kak's three-stage protocol이라고 한다. 이 알고리즘은 단일광자single-photon와 다광자multiple photon를 사용해 실제 양자 장치에서 구현됐다. 단일광자 접근 방식에서는 인증된 당사자 모르게 도청하는 것이 불가능하다. 중간 공격자man-in-the-middle attacker는 과정을 방해할 수 있지만 오류 정정 메커니즘으로 인해 공격자의 방해가 상쇄될 수 있다.

칵의 논문이 발표된 후, 다광자와 오류 정정 개선을 사용하는 추가 버전이 개발됐다. 다광자 구현으로 인해 더 많은 잠재적인 애플리케이션에 사용될 수 있지만 성공적인 도청의 위험은 높아진다. 다광자 구현 개발자들은 높아진 위험을 상쇄하기 위해 다른 보호를 추가한다. 각의 양자 프로토콜은 순수 양자 알고리즘이며 다른 양자 키 교환 프로토콜과 같이 고전적인 구성 요소를 사용하지 않아 널리 환영받았다.

양자 키 분배 회사

다음과 같은 회사들을 포함해 양자 키 분배 시스템을 제작하는 회사들이 많다.

- 아이디 퀀티크(https://www.idquantique.com/)
- 매지큐 기술(https://www.magiqtech.com/)
- 퀸테센스 연구소(https://www.quintessencelabs.com/)

아이디 퀀티크는 광학 블레이드^{optical blade}가 포함된 더 큰 서버를 포함해 3개의 양자 키 분배 시스템(https://bit.ly/2ZJZFrh)을 만든다. 무엇보다도 각 블레이드는 양자 키 분배 통신 스트림의 앨리스나 밥을 의미한다. 아이디 퀀티크의 양자 키 분배 시스템은 중계기가 없어도 100킬로미터까지 도달할 수 있으며 도청기가 탐지되면 자동으로 경고를 보내고 경보를 울린다. 매지큐 기술은 BB84 방법을 사용해 작동하는 QPN으로 알려진 양자 키 분배 장치(https://bit.ly/2CNYkH8)를 만든다.

양자 키 분배 알고리즘에 관한 자세한 설명은 https://bit.ly/3fM3OAJ와 https://bit.ly/2OGTA8O에서 확인할 수 있다.

요약

7장에서는 양자-기반 암호 시스템을 살펴봤다. 양자 암호 시스템은 난수 생성기와 해시, 디지털 서명 그리고 키 분배를 포함한다. 양자-기반 난수 생성기와 키 분배 기법이 나온지 거의 20여 년이 됐다. 많은 회사가 두 가지 유형에 대해 몇몇 모델을 제공한다. 크기는 큰 축구장 크기의 방에서부터 작은 컴퓨터 인터페이스 카드와 칩까지 다양하다. 가격도 수십만 원에서 수천만 원까지 다양하다. 이런 유형의 양자 암호 시스템 장치는 계속 개선되고 있다. 장치의 복잡도와 가격이 낮아지고, 유용한 수명과 유용한 거리까지 개선이 되고 있으며, 기존 시스템과의 연결될 수 있는 능력도 매일 좋아지고 있다. 새로운 프로토콜과 공격이 개발되고 테스트되고 있다. 아쉽게도 현재 시점에서 양자-기반 비대칭 키 암호 알고리즘이나 디지털 서명 알고리즘, 또는 대칭키 암호 알고리즘의 필요성은 많지 않으며 아마도 몇 년 동안 그럴 것이다. 많은 양자-내성 암호 알고리즘은 양자-기반 장치가 적어도 충분히 저렴하고 경쟁력을 갖출 때까지 모든 양자-기반 암호 시스템에 대한 수요를 감소시킬 것이다. 8장에서는 이런 암호 시스템이 어떻게 사용되고 양자-기반 네트워크를 만들기 위해 어떻게 개선되고 있는지 설명한다.

양자 네트워킹

8장에서는 양자 성질을 이용하는 양자 장치로 이뤄지는 네트워킹을 구체적으로 설명한다. 6장에서 설명한 양자-내성 암호 시스템과 7장에서 설명한 양자-기반 암호 시스템은 확실하게 사용할 수 있으며, 또 자주 사용되고 있지만 양자-기반 네트워킹의 요구 사항은 아니다. 양자 네트워킹은 고유한 도전 과제를 가지고 있으며 10년 이상 다양한 기업과 국가가 추구하고 있다. 양자우위가 현실로 다가오면서 지속 가능한 양자 네트워킹 모델을 찾기 위해 몰려들고 있다. 특히 8장에서는 양자 네트워킹 구성 요소와 도전 과제 그리고 애플리케이션에 대해 설명한다.

네트워킹은 합의된 통신 프로토콜을 사용해 무선이나 유선 또는 다른 통신 매체(예: 사람-기반 네트워크)를 통해 정보와 콘텐츠를 출발지에서 목적지로 전달한다. 양자 네트워킹은 양자 장치와 성질, 알고리즘 그리고 프로토콜을 사용해 네트워크로 (양자) 정보를 전송한다. 다른 모든 양자 기술과 마찬가지로 양자 네트워킹은 모든 양자 성질을 사용하지만, 중첩과 얽힘 그리고 복제 불가 정리에 대해 가장 많이 듣게 된다. 양자 네트워킹은 물리적으로 흩어져 있는 더 많은 양자 장치를 더욱 강력한 그룹으로 연결해 (양자 원격 이동을 포함해) 정보와 콘텐츠의 전송을 용이하게 만들 수 있다. 정확하게 진행된다면 양자 네트워킹은 불법 도청에 대해 오늘날 비양자적인 방법보다 훨씬 더 안전한 네트워크를 보장한다.

양자 네트워크 구성 요소

다른 네트워크와 마찬가지로 양자 네트워킹은 전송 매체transmission media와 프로토콜protocol 그리고 네트워킹 장치networking device로 구성된다. 양자 네트워크는 고전 구성 요소와 양자 구성 요소로 구성되거나 순수 양자-기반일 수 있다.

전송 매체

전송 매체는 물리적 케이블과 자유 공간 매체free-space media를 모두 포함한다.

광섬유 케이블

양자 물리 네트워킹 대부분은 광자를 사용하며 일반적으로 빛은 광섬유 케이블을 통해 전달된다. 일부 구현에서는 이미 빛-기반 고전 네트워킹에 사용되고 있는 일반적인 (고품질의) 광섬유 케이블도 양자 네트워킹에 사용할 수 있다. 구현하는 사람들이 해야 할 일은 신호를 주고받는 데 사용되는 장치를 바꾸는 것이다. 이진 표현으로 부호화되고 복호화된 빛의 긴 파동을 보내는 대신 개별 광자가 사용되며, 부호화는 관련된 각 광자의 개별 양자 성질에 걸쳐 진행된다. 어떤 때에는 특별히 제작된 초고품질 광섬유 케이블을 제작해 설치하기도 한다. 양자 네트워킹 광섬유 케이블은 외부 영향으로부터 더 보호되고 내부적으로는 양자 네트워킹이 필요로 하는 변화에 더 민감하다. 케이블 양자 전송은 일반적으로 100킬로미터 미만이지만 더 긴 네트워크도 만들어졌다.

이론적으로 빛의 단일 광자만 각 큐비트를 전송하는 데 사용되며, 이 방법은 가장 쉬운 고유 보안inherent security을 제공한다. 그러나 단일 광자 큐비트는 실제 세계에서 네트워크를 통해 더 멀리 이동할수록 더 쉽게 차단되고, 더 쉽게 손실되며, 더 쉽게 변환된다. 표현된 단일 광자가 출발지에서 목적지까지 성공적으로 도달할 가능성을 높이기 위해 많은 양자 네트워크에서는 정보의 같은 큐비트를 표현하는 다중 광자가 만들어지고, 부호화되며, 전송된다. 그러나 이는 보안 문제를 야기한다. 이와 관련해서는 '얽힘 정제Entanglement Purification' 절에서 자세히 설명한다.

관련된 양자 네트워크 장치의 유형에 따라 빛의 다른 파장이 사용된다. 종종 다이아몬드와 크리스탈 그리고 다른 보석과 재료를 사용해 다른 파장과 색을 만들 수 있다. 이들은 양자 네트워킹에 사용할 수 있는 원하는 특성을 만들기 위해 의도적으로 결함을 만들거나 자연적으로 특정 결함이 있는 것으로 선택된다.

NOTE 양자 네트워킹뿐만 아니라 다이아몬드에서 발견할 수 있는 가장 일반적인 결함 중의 하나가 질소 공동 센터(nitrogen-vacancy center)다. 다이아몬드는 일반적으로 모두 탄소 원자로 구성돼 있지만 때로는 질소 원자가 다이아몬드의 탄소 격자의 중심에 들어가게 된다. 원소 주기율표에서 탄소와 질소는 서로 옆에 있으며 질소 원자는 탄소 원자보다 전자를 하나 더 갖고 있다. 이는 (많은 용도 중에) 양자 컴퓨팅과 통신에 사용될 수 있는 매우 유용한 '여분의(extra)' 자유 유동 전자(free-floating electron)를 만든다. 너무 많은 탄소 결함은 보석 애호가들에게는 좋지 않지만, 이런 결함은 추가적으로 사용할 수 있는 색과 파장을 만들고, 아원자(subatomic) 양자 성질을 조작하는 데는 좋다. 자세한 내용은 https://bit.ly/2CT4rde에서 확인할 수 있다.

자유 공간 매체

자유 공간 매체free-space media는 물리적 물체에 국한되지 않은 전송 매체를 포함한다. 가장 일반적인 양자 자유 공간 전송 매체는 마이크로파microwave와 레이저 빔laser beam 그리고 음파sound wave를 포함한 일부 유형의 전자파다. 양자 전송quantum transmission은 지상 기반 송신소와 수신소에서 지상 송신소와 위성에서 또는 다른 일부 복합 장치hybrid arrangemen에서 점 대 점으로 전송될 수 있다. 자유 공간 매체 전송은 외부의 영향을 더 많이 받을 가능성이 높다.

양자 위성 실험quantum satellite experiment에서 1,200킬로미터가 넘는 거리에서 얽힌 광자가 보내졌고 20,000킬로미터가 넘는 거리에 있는 위성에서 단일 광자가 전송됐다. 오늘날의 전통적인 네트워크와 마찬가지로 양자 위성 네트워크는 분산 지상 기반 네트워크distributed ground-based network와 모바일 시스템을 연결하는 방법으로 가장 널리 사용되지만 양자 네트워킹은 자체적으로 특정 종류의 위성에 따라 특정 애플리케이션을 가진다(다음에 나올 양자 네트워킹 애플리케이션에서 관련 내용을 설명한다).

양자 광자quantum photon를 20,000킬로미터나 떨어져 있는 고궤도 위성에 쏘아 보내는 것은 어렵고 비용이 많이 든다. 보호된 광섬유 케이블을 통해 단일 광자를 전송하는 것이 어렵다고 생각한다면, 같은 큐비트를 수조 개의 다른 양자 입자와 함께 보호되지 않은 공간을 통해 성공적으로 전송한다고 생각해보자. 이미 시도해봤지만 쉽지 않았다.

중국은 상대적으로 저렴한 (그리고 낮은 궤도의) 비행 드론을 사용해 두 지상 기반 노드ground-base node 간에 양자 정보를 주고받는 실험에 성공했다. 이 방법을 사용해 수백 킬로미터 떨어진 지상국ground station을 연결할 수 있다. 관련 문제가 해결되면 자유 공간 매체는 광역 물리적 양자 네트워크를 작동하고 확장할 수 있는 방법이 될 것이다.

거리 대 속도

모든 네트워크와 그 매체 그리고 장치는 가장 효율적인 최고의 장비를 사용하더라도 정보를 얼마나 멀리 그리고 빠르게 전송할 수 있는지를 결정하는 자연의 물리적 법칙이 적용된다. 양자 네트워킹도 다르지 않으며 관련 물리학 법칙은 더 낯설게 보일 수도 있다. 이런 법칙은 (반대로 현재 알려지지 않은 새로운 개발이 되지 않는 한) 적어도 중계 장치 없이 양자 네트워크가 얼마나 멀리 그리고 빠를지를 결정한다. 일반적으로 양자 네트워크가 더 길어질수록 정보의 전송이 느려지고, 그 반대도 마찬가지다. 사용된 전송 매체에 따라 두 가지 모두에 대한 이론적인 최댓값이 존재한다.

PLOB 경계

피란돌라Pirandola − 로렌자Laurenza − 오타비아니Ottaviani − 반치Banchi(PLOB) 경계(https://bit. ly/30tMVnW)라고 하는 양자물리학 법칙에 따르면 중계기를 추가하지 않아도 모든 알려진 점 대 점, 양방향 단일 네트워크 세그먼트에서 전송될 수 있는 큐비트의 최대 속도는 x가 네트워크 전송 채널의 투과도일 때 $-\log_2(1-x)$다. 투과도란 어떤 것이 매체를 통과할 수 있는 (최대) 각도/속도/길이이다. 각 전송 매체는 전송되는 물질(즉, 전자나 빛, 전자기 방사선 등)이 분해되기 시작하거나 완전히 멈추기 전까지 해당 물질을 특정 거리동안 일정한 속도로 전달할 수 있다.

PLOB 경계는 중계기가 없는 단일 점 대 점 양자 네트워크 세그먼트의 속도와 길이에 대한 이론적 최대 비율rate을 설정하므로, 단일 양자 중계기나 네트워크 세그먼트가 전송 매체에 따라 전송할 수 있는 최대 거리를 설정한다. 광섬유 케이블과 위성 연결을 포함해 양자 전송을 위한 모든 양자 네트워크가 (중계기 없이) 얼마나 멀리 갈 수 있는지 또는 얼마나 빠를 수 있는지에 대한 상계를 설정한다. PLOB 경계는 심지어 양자 얽힘도 고려하고 자연 엔트로피가 얽힘을 어떻게 제한하는지도 설명한다. 실제 네트워크는 환경과 물리적 저항 문제로 인해 이론적 PLOB 경계로 정의된 최대 속도와 거리를 제공하지는 못할 것이다.

그러나 양자 네트워킹 공급업체는 자신들의 장비가 단일 세그먼트에서 작동할 수 있는 최대 거리와 속도를 높이기 위해 노력하고 있다. 양자 네트워킹 장비 공급업체 대부분은 다양한 거리와 속도에 대해 장비를 테스트하고 그 결과를 발표해 고객이 성능 측면과 비교 쇼핑 목적(자사의 제품군 내 또는 다른 경쟁사의 제품)으로 구매를 고려하고 있는 사항을 볼 수 있다. 일반적으로 상업용 양자 네트워크 관련 장비 공급업체가 50킬로미터에서 1.4 킬로비트의 키 생성과 같은 다양한 속도 등급과 함께 허용 최대 전송 손실(dB)과 최대 전송 채널 길이(km)의 수치를 최소한의 범위에서 공유하고 있다. 속도 등급은 거리가 길어짐에 따라 항상 내려갈 것이다. 양자 네트워킹 장치의 거리 대 속도의 대한 좋은 논문은 https://go.nature.com/3hwhWi1에서 찾아볼 수 있다.

모든 양자 네트워크에서 최종 목적지의 장치가 무엇이든 간에 네트워크 최종 목적지 장치에서 전송 큐비트를 변환하기 위해 추가 장치와 메커니즘이 필요하다. 고전 세계에서는 이런 장치를 네트워크 인터페이스 카드라고 한다. 양자 세계에서는 광학 스위치나 빔 분할기^{beam splitter}, 검출기^{detector} 또는 중계기라고 한다(뒤에서 자세히 설명한다).

점 대 점

현재의 양자 네트워크 전송 유형 대부분은 점 대 점^{point-to-point}으로 한 위치에서 다른 위치로 직접, 즉 출발지에서 목적지까지 연결되는 것을 의미한다. 네트워크 전송 매체는 공유되거나 분배되지 않는다. 기본적으로 시작 노드에서 대상 노드까지 연결되는 선이라고 생각할 수 있다. 양자 네트워크를 더 많은 노드로 확장하려면 추가적인 점 대 점 연결을 추가해야 한다.

여기에는 몇 가지 이유가 있는데 가장 중요한 것은 큐비트는 공유될 수 없으며(복제 불가 정리), 양자 신호를 외부 세계로부터 격리하는 데 어려움이 있으며, 비용(점 대 점 연결이 더 저렴함)과 비₩ 점 대 점 네트워크 연결을 하는 데 필요한 순수 복잡도 때문이다. 공유 클라우드 기반 네트워크 장치는 양자 네트워킹의 최종 목표다. 언젠가는 공유 클라우드 기반 네트워크가 표준이 되겠지만 지금은 단일 점 대 점 연결이 양자 네트워크 대부분을 차지하고 있다. 작지만 점점 늘어나는 양자 네트워크는 더 큰, 때로는 대도시 전역의 네트워크를 구성하기 위해 점 대 점 세그먼트의 수를 증가시키고 있다.

이 '기본적인' 네트워크 분배 모델은 고전 네트워킹의 초창기에 비유할 수 있다. 초창기 네트워크는 점 대 점, 다이얼 업^{dial up}[1] 아날로그 전화 연결이었다. 결국 전통적인 네트워

---

[1] 공중 교환 전화망(PSTN)을 통해 상대방과의 데이터 통신을 설정하기 위해 전화기의 다이얼을 돌리거나 버튼을 누르는 것. 이때 사용하는 회선을 다이얼 업 회선(dial-up line)이라고 하며, 다이얼 업 회선을 통해 접속하는 것을 다이얼 업 접속(dial-up connection)이라고 한다. 출처: 정보통신용어사전 – 옮긴이

킹은 공유 '셔틀 토큰shuttle token'이 비트를 집어 들고 떨어뜨리거나(예: 토큰링Token Ring[2] 등) 빈번한 전송을 하는 다중 노드(예: 이더넷)가 매체를 공유할 정도로 발전했다. 인터넷 연결은 점 대 점이었고, 외부 전화 통화(예: RJ-11 아날로그, ISDN, 프레임 중계Frame Relay[3] 등)가 필요했지만 결국 모든 집이나 노드가 (인터넷 서비스 제공자에 기반을 둔) 많은 이웃 집합점aggregation point 중의 한 곳이나 위성 통신 상향 링크uplink[4]에 연결해야 하는 오늘날 우리가 사용하고 있는 모델로 발전했다. 이것을 종종 '최종 소비자단last mile[5]'이라고도 한다. 이웃 연결neighborhood connection은 더 큰 광역 통신망으로 연결되고, 이후 전역 네트워크에 연결된다. 이제 거의 모든 사람이 몇 초 안에 전 세계로 네트워크 데이터 패킷을 보낼 수 있다. 언젠가 양자 네트워킹이 오늘날 우리가 익숙한 집/노드 모델로 확장될 것이라는 것에는 의심의 여지가 없다. 그러나 우리는 양자 네트워킹의 아주 초기 단계에 있다. 현재 양자 네트워크 대부분은 사설 점 대 점 실험이며 최대 전송 거리를 늘리기 위한 중계기가 포함된 경우가 많다. 두 가지 기본 유형의 양자 중계기가 있다.

신뢰할 수 있는 중계기

고전 네트워킹 세계에서 중계기가 하는 일은 모든 비트를 캡처하고, 증폭한 다음, 재전송하는 것이다. 중계기는 물리적인 수준에서 이 일을 할 수 있는데, 거의 빛의 속도로 전기를 검출하고, 재전송할 수 있다. 그러나 양자 네트워크에서는 복제 불가 정리로 인해 신호 복제와 애플리케이션을 쉽게 실행할 수 없다. 양자 정보는 항상 읽을 수 있으며(즉, 전통적인 이진수로 변환된다), 이후 다음 양자 네트워크 세그먼트에서 다시 부호화된 다음 새

---

2 토큰링 기법을 사용하는 네트워크를 말한다. 이 기법은 링 형태에 사용하기 위해 고안됐으나 지금은 모든 네트워크 통신망에 응용되고 있다. 토큰링은 완전한 분산 제어 방식으로 토큰이라는 전기적인 표식을 이용해 네트워크 사용을 결정한다. 네트워크 상에 오직 하나의 토큰만이 존재하며, 이 토큰을 가진 노드만이 네트워크 사용 권한을 가지고, 독점적으로 네트워크를 사용할 수 있다. 출처: 정보통신용어사전 – 옮긴이

3 데이터 통신에서 데이터를 프레임 단위로 전송하고, 망 종단 장치에서 오류 등을 처리하도록 하는 고속 데이터 전송 기법이다. 출처: 정보통신용어사전 – 옮긴이

4 지구국에서 위성으로 신호가 전달되는 통신로. 이와 반대 방향으로 신호가 전달되는 통신로를 하향 링크(downlink)라고 한다. 출처: 정보통신용어사전 – 옮긴이

5 소비자 가정으로 직접 연결된 전화나 케이블의 일부 시스템을 의미한다. – 옮긴이

로운 큐비트로 전송될 수 있다. 이 방법이 오늘날 가장 널리 이용되는 양자 중계기의 방식이다.

이 방법을 사용하는 데 있어 가장 중요한 관심 사항은 정보를 읽고 재부호화recoding하는 중계기가 의도하지 않거나 의도한 악의적인 잘못된 정보로 변경하지 않고 정확하게 일을 하고 있다는 것을 어떻게 확신할 수 있는가다. 순수 양자 세계에서 양자역학은 신뢰를 제공한다. 모든 중개 장치intermediary device를 믿을 필요는 없는데, 누군가 중개 장치를 조작하거나 도청을 하면 이 간섭을 즉시 탐지할 수 있기 때문이다. 그러나 오늘날의 양자 네트워크에서 흔히 볼 수 있듯이 모든 중계 장치가 완전한 양자가 아닐 경우 정보의 안전한 전송은 다른 방법으로 보장돼야 한다.

이에 대한 답은 신뢰 중계기trusted repeater를 만드는 것으로, 여기서 관련된 모든 사람이 여러 개의 양자-기반 암호키와 함께 신뢰하는 한 대 이상의 보안 중계기secure repeater를 따라 전송되는 정보는 양자 인코딩을 사용해 보호된다. 예를 들어 양자 정보를 출발지 A에서 도착지 Z까지 전송하는 양자 네트워크가 있는데, 이 중간에는 (그림 8.1과 같이) 신뢰 중계기 R이 있다고 생각해보자. 양쪽은 중계기 R이 안전하다고 믿어야 한다.

그림 8.1 신뢰 중계기를 사용하는 양자 네트워크

A와 Z는 실제 데이터 암호화에 사용할 다른 키를 암호화하고 안전하게 전송하는 데 사용할 양자 키quantum key를 각각 (7장에서 설명한 양자 키 분배 알고리즘을 사용해) 개별적으로 생성한다. 이 키를 키 AR과 키 ZR이라고 하자. A와 Z는 자신들이 생성한 키 AR과 키 ZR을 R과만 공유한다. 그런 다음 노드 A는 자신과 Z 간에 사용할 데이터 암호화키를 생성한다. 이 키를 키 AZ라 하자. 노드 A는 키 AR로 키 AZ를 암호화해 신뢰 중계기 R로 보

낸다. R은 A가 보낸 키를 복호화한 다음, 키 ZR로 다시 암호화해 노드 Z로 보낸다. 노드 Z가 받은 키를 복호화하면 A가 생성한 키 AZ를 안전하게 얻을 수 있다. A와 Z가 서로 데이터를 보내고 싶을 때 키 AZ로 데이터를 암호화한 다음 R에게 보낸다. R은 암호화된 양자 데이터를 읽고/변환하고 (암호화된 상태를 유지하고) 다시 부호화한 다음 다른 쪽으로 재전송한다. 모든 것이 안전하게 유지되기 위해서는 초기 키 AZ 교환 과정에서 R이 확실하게 안전해야 하고 신뢰할 수 있어야 한다. (7장에서 설명한 것처럼) 각의 3단계 키 교환 알고리즘도 중계기를 명시적으로 신뢰하지 않아도 작동하겠지만 신뢰 중계기 모델은 오늘날 대부분의 확장 양자 네트워크에서 사용되는 주요 양자 중계 모델이다.

진정한 양자 중계기

네트워킹 전송에서 순수 양자성 pure quantumness을 유지하기 위한 더 좋은 아이디어는 양자 얽힘과 (5장에서 설명한) 원격 이동 teleportation이다. 양자 상태를 원래의 양자 상태로 출발지에서 목적지까지 보낼 수 있다면 왜 양자 데이터를 읽고/변환하고 다시 부호화하는 것을 걱정하는 것일까? 우리는 여전히 중계기가 필요하다. 그 이유는 여전히 단일 점 대 점 네트워크 세그먼트가 될 수 있는 최대 거리가 있기 때문이다. 그러나 적어도 중계기를 사용하면 데이터를 변환하지 않고도 원래의 양자 상태로 데이터를 유지할 수 있다. 또한 진정한 양자 중계기 true quantum repeater를 사용한다는 것은 원치 않는 도청을 막기 위해 고유한 양자 성질을 사용한다는 것을 의미한다. 진정한 양자 중계기로 신뢰 중계기가 양자-기반 네트워크에서 제공할 수 있는 것 이상의 정확성과 보안을 얻을 수 있다.

진정한 양자 중계기는 세그먼트 간에 양자 정보를 전달하기 위해 양자 원격 이동을 사용한다. 5장에서 설명한 것처럼 양자 원격 이동은 양자 상태를 전송하기 위해 한 개 이상의 얽힌 큐비트를 사용하는 간접적인 방법이다. 양자 원격 이동을 재생하기 위해서는 먼저 얽힌 양자 입자를 만들어 출발지와 목적지로 가져가야 한다. 그리고 나서 출발지의 양자 입자에 추가 양자 입자(들)를 추가하고 그 차이를 기록하기 위해 측정한다. 다음으로 이런 차이를 (많은 다른 고전적인 방법을 사용해) 목적지로 전송하고 목적지의 얽힌 입자를 사용해 원하는 큐비트를 재구성하는 데 그 차이를 사용한다. 목적지의 큐비트를 측정하면 얽힘은 깨진다.

NOTE 5장에서 설명한 것처럼 빛보다 빨리 이동할 수 있는 것은 없기 때문에 (영원하지는 않지만 적어도 현재) 원격 이동은 빛보다 빨리 일어날 수 없다. 또한 양자 원격 이동은 항상 출발점 쪽의 변경 사항을 목적지 쪽으로 전송할 수 있는 고전적 전송법이 필요한데, 이는 양자 원격 이동이 정의에 의해서도 고전적 방법보다 빠를 수 없다는 것을 의미한다.

얽힘을 사용하는 양자 중계기는 성공적으로 임무를 수행할 수 있으며, 향후 양자 네트워크의 발전을 위한 최고의 선택이 될 가능성이 높다. 물론 많은 문제들이 있지만 그중에서도 사람이 만든 얽힌 광자가 깨지기 쉽다는 것을 넘어서고 있다는 것이다. 초기에는 서로 수 밀리미터 이상 떨어져 있는 큐비트를 얻을 수 없었지만, 현재에는 얽힌 광자가 서로 몇 광년 이상 떨어져 있어도 얽혀 있다는 것을 확신할 수 있다. 오늘날 우리는 최소 50 킬로미터 거리의 양자 네트워크에 걸쳐 양자 얽힘과 중계기를 사용해 성공적으로 시연했다.

이는 쉬운 일이 아니다. 현재 실험실과 컴퓨터에서 만든 얽힌 광자의 유형은 특히 네트워크를 따라 더 길게 전송될수록 변환 과정에서 자주 상실된다. 네트워크가 길어질수록 환경의 잡음 속에서 사라질 가능성이 더 높다. 얽힘 충실도entanglement fidelity[6]와 얽힘 최적화entanglement optimization를 연구하는 양자 정보 과학quantum information science의 하위 분야가 있다. 한 가지 해결책은 잡힌 이온 양자 컴퓨터에서 나오는 얽힌 광자를 사용하는 것으로 이는 보통 광섬유 케이블을 통해 전송하면 오래 지속되지 않으므로, 얽힌 광자의 파장을 성공적으로 보낼 수 있을 가능성이 높은 것으로 변환하도록 특수 설계된 결정체crystal를 통해 전송하는 것이다. 양자 컴퓨터 내부에서 생성된 큐비트는 네트워크를 통한 전송에 최적이 아닌 것으로 밝혀졌다. 이 방법은 큐비트를 양자 상태에서 먼저 변환하지 않고도 네트워크를 통한 전송에 더 적합한 다른 것으로 변환한다.

---

6   원본에 대한 복사본의 표현 정도 – 옮긴이

얽힘 교환

널리 연구된 또 다른 양자 중계 기술은 얽힘 교환entanglement swapping이다. 본질적으로 이기술은 'A가 B를 신뢰하고, B가 C를 신뢰한다면, A는 C를 신뢰한다'는 해결책이다. 그림 8.2와 같이 출발지와 목적지를 나타내는 노드 A와 Z가 있다고 생각해보자. 노드 A는 양자 중계기와 함께 양자 얽힘 R1을 가지고 있다. 노드 Z도 양자 중계기에서 또 다른 광자와 함께 또 다른 양자 얽힘 R2를 가지고 있다. 노드 A는 양자 정보를 얽힘 R1을 이용해 양자 중계기로 원격 이동시킨다. 양자 중계기는 자신과 노드 A간에 원격 이동을 수행하기 위해 필요한 같은 불일치 정보를 취해 노드 Z로 불일치 정보를 재전송한다. 노드 Z는 얽힘 R2와 전송된 불일치 정보를 이용해 노드 A가 전송하고 있는 정보를 재구성할 수 있다.

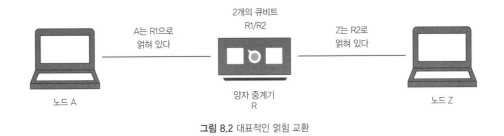

그림 8.2 대표적인 얽힘 교환

얽힘 교환 실험은 성공적이었으며 미래의 양자 중계기 방법이 될 가능성이 높다. 현재 유용한 얽힘 교환은 1.3킬로미터까지 입증됐다. 충분한 양자 중계기와 양자 교환으로 인터넷과 매우 비슷하지만 순수 양자 상태인 어떤 것을 만들 수 있다.

양자 네트워크 프로토콜

모든 네트워크에는 프로토콜이 필요하다. 네트워크 프로토콜은 두 개 이상의 참여 노드 간에 데이터를 전송하기 위해 사전에 합의된 방법과 형식이다. 몇몇 표준이 제안되고 테스트되고 있지만 최종 양자 네트워크 프로토콜이 어떤 것이 될지는 아무도 모른다. 양자

연구자들은 양자 인터넷에 필요한 링크[7] 네트워킹 계층$^{\text{link networking layer}}$을 정의하는 공식 인터넷 초안(https://bit.ly/2ZSF304)을 만들었다.

> **NOTE** (데이터) 링크-계층은 공통 추상 네트워크 프로토콜 계층 모델(common abstract network protocol layers model)의 하위 계층이다. 가장 일반적인 모델인 OSI(개방형 시스템 간 상호 접속 (Open Systems Interconnection)) 모델에서 모든 네트워킹 통신은 물리(physical), 데이터 링크(data link), 네트워크(network), 전송(transport), 세션(session), 표현(presentation) 그리고 응용 (application)과 같은 7개의 다단 상호의존성 계층 중의 하나로 이루어지는 것으로 정의할 수 있다. 링크 계층은 (데이터그램(datagram)[8]의 형태로) 두 개의 직접 통신 노드가 데이터를 주고받는 기능을 제공한다. (물리적 계층에서 발생한) 오류를 정정하고 통신 채널을 설정한다. 전통적인 네트워크에서 이더넷 브리지(Ethernet bridge)와 스위치가 이 계층에서 동작한다.

양자 네트워크에서 링크 프로토콜은 얽힘, 특히 (앞에서 설명한) 얽힘 교환을 사용하는 것을 포함해 두 양자 노드가 통신할 수 있도록 한다. 프로토콜 설계자는 얽힘 교환으로 가득 찬 무수히 많은 장거리 네트워크와 오늘날 우리가 사용하는 것과 비슷하지만 도청에 대해 더 내재적인 방어를 가진 복잡하고 분산된 양자 네트워크를 더 쉽게 만드는 것을 목표로 세 개의 참여 노드가 얽힘 교환을 쉽게 할 수 있기를 바란다.

양자 링크 계층의 주요 기능 중 하나는 노드가 의도한 얽힌 큐비트를 전송해 통신을 할 수 있도록 돕는 것이다. 1장에서 설명한 것처럼 양자 성질을 생성/측정하는 것은 확률적이다. 이는 모든 단일 양자 연산의 결과를 완전히 예측할 수가 없다는 것을 의미한다. 일련의 시도를 통해 특정 결과의 백분율 가능도만 예측할 수 있다. 예를 들어 네트워크에서 양자 정보로 '1'을 보내야 한다고 해보자. 고전 네트워크에서 쉽게 할 수 있는 것처럼 첫 번째 시도에서 결정적으로 (프로토콜에서 정의한) '1'을 나타내는 큐비트를 만들 수 없다. 이제 "'1'을 나타내는 큐비트가 필요하다"고 말할 수 없으며, 마법처럼 여러분이 만든 첫 번

---

7   데이터 통신에서 통신하고자 하는 두 지점을 이어주는 물리적, 논리적인 통로를 가리키는 말. 이는 그 중간에 있는 물리적인 전송 선로, 변환기 등의 통신 설비를 포함하는 개념이다. 출처: 정보통신용어사전 – 옮긴이

8   패킷 교환에서, 데이터 단말 장치와 망과의 사전 접속 절차에 의하지 않고, 하나하나의 패킷이 발신 데이터 단말 장치와 수신처 데이터 단말 장치 간의 경로 지정을 위해 충분한 정보를 가지고 있는 패킷이다. 출처: 정보통신용어사전 – 옮긴이

째 큐비트가 '1'이 된다는 것을 보장할 수가 없다. 그러나 '1'을 나타내는 큐비트를 얻을 때까지 한 개 이상의 큐비트를 만들 수 있다. 여러분이 직접 큐비트를 측정하면, 여러분이 큐비트를 비양자 상태로 변환한다는 사실로 인해 이 과정이 더 어려워질 수 있다는 것을 명심해야 한다. 마찬가지로 첫 번째 시도에서 얽힌 큐비트와 올바르게 얽힌 큐비트를 즉시 만들 수 있다는 것을 항상 보장할 수는 없다. 양자는 확률적이나 결정적이지 않다.

양자 링크 계층 프로토콜은 특히 이 문제를 해결하기 위해 설계됐다. 물리적 계층은 여전히 처음부터 정확하게 얽힌 큐비트를 만들어야 한다(한 번 이상 시도해야 할 수도 있다). 링크 계층은 큐비트가 '올바른right' 큐비트이고 이 큐비트가 얽혀 있다는 것을 보장한다. 링크 계층은 노드가 '잘못wrong' 얽힌 큐비트를 버리고 '올바르게' 얽힌 큐비트를 다시 만들어 재전송할 수 있게 하고, 노드가 '올바른' 큐비트와 잡음을 구별하게 한다.

이를 위해 링크 계층은 얽힌 큐비트 쌍이 생성됐다는 것을 나타내고 큐비트의 각 얽힌 집합에 대한 논리적인 '얽힘 식별자entanglement identifier'를 할당하는 예고 신호를 만들고 사용하는 것을 포함한 몇 가지 일을 한다. 이를 통해 다양한 노드는 노드 간에 얽힘이 교환될 때 '올바르게' 얽힌 큐비트 쌍을 추적할 수 있다. 상위 양자 네트워트 계층은 CREATE(생성) 메시지를 전송해 얽힘 쌍을 요청할 수 있다. 그리고 나서 링크 계층은 물리적 계층과 함께 설계된 얽힌 쌍을 만든다. 링크 계층은 ACK(응답 문자Acknowledge Character)[9]나 OK로 상위 계층upper layer에 응답한다. ACK 응답은 링크 계층이 요청을 받아 얽힘 쌍 생성을 예약했다는 것 상위 계층에 알려준다. 또한 CREATE ID(생성 ID)가 포함돼 있어 모든 사람이 요청된 정확한 얽힘 쌍을 추적할 수 있다. OK는 요청한 얽힘 쌍이 생성됐다는 것을 의미한다.

심지어 내가 다른 네트워크 프로토콜 표준에서 보지 못했던 레이블인 우수성goodness과 우수성 지속 시간time도 있다(온당하게 말하자면 나는 네트워크 프로토콜을 읽는 데 내 모든 여유 시간을 쓰지 않는다). 우수성 값은 얽힘 쌍이 얼마나 강한지 나타낸다(프로토콜과 양자 얽

9　오류 검출 신호를 사용해 데이터를 전송하고 수신단에서 그 데이터의 오류 발생 유무를 검사해 일정 주기마다 송신단에 알리는 데 사용되는 문자이다. 수신 데이터에 오류가 발생하지 않음을 알기 위해 사용된다. 출처: 정보통신용어사전 – 옮긴이

힘 이론에서는 이 값을 충실도^{fidelity}라고 한다). 우수성 지속 시간은 변환하기 전에 얽힘이 얼마나 오래 유지될 수 있는지를 추정한 값이다. 이 값은 관련 노드가 얽힘 결합^{entanglement bond}의 신뢰성이 떨어지기 전에 얽힘을 얼마나 오랫동안 다른 노드로 전송/교환해야 하는지 이해하는 데 중요하다. 링크 계층과 상위 계층 간에 다른 많은 필드 값과 유형의 정보가 앞뒤로 전송된다. 그림 8.3은 현재 제안서 초안에 정의된 K 유형^{Type} 링크 계층 OK 메시지의 구조와 구성을 보여준다. 양자 링크 계층 프로토콜은 ('양자 인터넷' 절에서 설명할) 양자 인터넷 연합^{Quantum Internet Alliance}의 일부인 유럽연합의 양자기술 플래그십^{EU Quantum Technologies Flagship}으로부터 자금을 지원받았다.

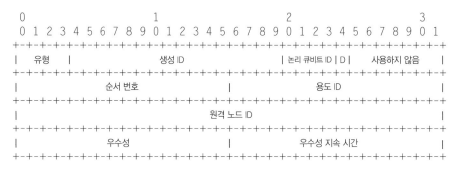

그림 8.3 양자 링크 계층 유형 K OK 메시지의 구조와 구성[10]

링크 계층은 양자 얽힘과 교환을 쉽고 그리고 신뢰할 수 있도록 처리한다. 네트워크 계층은 전송된 얽힌 큐비트가 출발지에서 목적지까지 전체 네트워크를 통해 확실히 전송되도록 보장한다. 전송 계층은 얽힘이나 네트워크 계층에서 분리된 네트워크를 통해 전송된 큐비트를 처리하고, 그 결과를 응용 계층으로 전달한다. 양자 네트워크 스택의 제안된 하위 계층은 그림 8.4와 같다.

---

10 속성 값에 관한 자세한 내용은 양자 인터넷에서 링크 계층 서비스 문서(https://bit.ly/2ZX1cdR) 참고 – 옮긴이

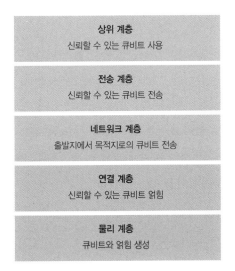

그림 8.4 제안된 하위 계층 양자 네트워크 스택 표현

모델의 상위 계층은 본질적으로 응용 계층이며, 하위 계층이 제역할을 다했다면 상위 계층은 큐비트 전송의 신뢰성에 대해서는 걱정할 필요가 없다. 도착지의 장치와 애플리케이션이 큐비트를 잡는다. 매우 쉽다.

물론 양자 네트워크 스택의 어느 것도 이론적 제안과 개별적 실험 수준을 넘어선 것은 없다. 그러나 서로 다른 유형의 양자 장치 간에 정보를 교환하는 제안된 프로토콜 메시지를 사용하는 네트워크 통신이 입증됐다. 전반적으로 많은 사람이 이미 얽힘과 교환, 일상적이고 신뢰할 수 있는 것을 포함한 양자 네트워크 통신을 만드는 방법을 알아내려 노력하고 있다는 생각은 모든 사람에게 큰 위안을 줄 것이다. 이는 일반적으로 양자 정보 과학이 발전하고 있다는 것을 보여줄 뿐만 아니라 기술이 허용하는 한 신뢰할 수 있다는 것을 보여준다.

양자 네트워크 프로토콜에 관한 자세한 내용은 https://bit.ly/39quEvO와 https://bit.ly/3jFHRW7에서 확인할 수 있다.

얽힘 정화

현재 양자 얽힘과 교환은 쉽게 달성할 수 있는 일이 아니다. 먼저 양자가 확률적이라는 것으로 시작해서 양자 키 분배나 신뢰 중계기 또는 양자 중계기를 사용하는 네트워크를 통해 전송될 수 있는 얽힘 쌍을 만들어야 한다. 이 과정에서 거의 모든 것(즉, 외부 환경)이 효과적인 방법으로 양자 정보의 전달을 방해하려 한다. 오류를 줄이는 한 가지 방법은 물리 계층에서 오류 탐지를 처리하고 전체 네트워크 연결을 따라 신뢰할 수 있는 양자 얽힘과 교환을 만드는 링크 계층을 사용하는 것이다.

다른 방법은 더 많이 만들어 적어도 하나가 도착지에 도착할 가능성이 높다는 아이디어로 출발지에서 여러 개의 같은 양자 얽힘 쌍을 만드는 것이다. 아마도 출발지 노드는 20개의 같은 얽힘 쌍을 생성하며 각각은 같은 큐비트 정보를 나타낸다. 원래 20개의 쌍 중 10개의 쌍만 도착지에 도달했지만 '같은' 쌍 중 3개의 쌍만 다르다고 해보자. 논리적인 관찰자 대부분은 소수의 3개 쌍과 비교했을 때 7개의 같은 쌍이 표현한 큐비트 값이 원래의 큐비트 성질을 올바르게 나타낼 가능성이 더 높다고 말할 것이다. 더 정확한 네트워크 전송을 위해 여러 개의 같은 큐비트 얽힘 쌍을 사용하는 과정을 얽힘 정화^{entanglement purification}라고 한다. 장기적인 목표는 더 나은 충실도(즉, 정확성)로 필요한 중복 복사본의 개수를 더 적은 복사본의 개수로 '감소'시키는 것이다. 많은 과학자가 양자 오류 정정을 사용해 양자 컴퓨팅 큐비트 오류를 줄이려고 하는 것처럼 많은 과학자가 얽힘 정화와 충실도에 대해 연구한다. 연구의 최종 목표는 양자 네트워크의 거리와 신뢰성을 높이는 것이다.

양자 네트워크 애플리케이션

그렇다면 양자 네트워크가 왜 필요한 것일까? 응용은 어디에 쓸 수 있는가?

> **NOTE** 이 절은 개별 양자 컴퓨터가 아닌 양자 네트워크의 장점과 여기서 실행되는 (5장에서 설명한) 애플리케이션에 초점을 맞춘다.

더 안전한 네트워크

무엇보다도 양자 네트워크는 도청이 쉽지 않기 때문에 고전 네트워킹에는 절대 있을 수 없는 내재적 보호를 가지고 있다. 양자 네트워크를 도청할 수 없다는 것은 아니지만(해킹할 수 없는 것은 없다), 기본적으로 고전 네트워크에 비해 도청이 훨씬 어렵다. 사람이 양자 네트워크 구현을 망치고 해커가 찾고 악용하는 큰 취약점을 남길 것이라는 것은 의심의 여지가 없다. 그러나 이런 구멍이 막힌다면 양자 네트워크의 기본 상태는 해킹하기 더 어려워질 것이며, 이는 커다란 보너스다.

> **NOTE** 전 세계의 정부와 사법기관은 조사를 진행할 때 위법 행위에 대한 증거를 (합법적으로) 수집하는 것을 어렵게 만들 수 있는 모든 기본 암호화 채널에 대응하고 있다. 세계의 많은 지역에서 네트워크 사업자는 사법기관이 제공자의 통제하에 모든 네트워크의 통신 스트림을 도청할 수 있는 방법을 제공해야 한다. 기본 기술이 기본적으로 도청을 막을 때 이런 도청 요구 사항이 어떻게 처리되는지 지켜보는 것은 흥미로운 일이다. 네트워크 제공자나 사법기관이 누군가를 감시하는 것은 불가능하며, 네트워크를 따라 어느 시점에서 양자성(quantumness)을 제거하지 않고서는 기술적으로 이들이 할 수 있는 일이 없을 것이다. 이는 사회가 양자 보안과 합법적인 법 집행 필요성의 균형을 어떻게 맞출 것인지에 대한 시간과 도전 과제가 될 것이다.

양자 컴퓨팅 클라우드

양자 컴퓨팅은 수천 년 동안 해결하려고 노력해온 사안과 문제를 해결할 수 있을 것이다. 양자 컴퓨팅은 우주의 본질을 더 잘 이해하고, 미래를 예측하며, 우리가 현재 상상할 수 없는 제품과 서비스를 만들 수 있는 능력을 가져다 줄 것이다. 이제 가능한 많은 양자 컴퓨터를 모아 동시에 같은 문제를 해결하게 하는 것이 얼마나 좋을지 상상해보라. 이는 한 명의 '알베르트 아인슈타인'이 아니라 많은 '알베르트 아인슈타인'이 함께 일하는 것과 같을 것이다. 양자 컴퓨팅 클라우드는 더 많은 문제를 더 빠르게 풀기 위해 시너지 효과를 내기 위해 네트워크로 연결된 양자 슈퍼컴퓨터의 집합체다. 양자 컴퓨팅 클라우드는 더 빠른 협업에 관한 것이다.

더 나은 시간 동기화

매우 정확한 시간을 필요로 하는 애플리케이션이 많다. 우리는 이미 매우 정확한 시계를 가지고 있다. 이 시계는 '원자 시계^{atomic clock}'로 이미 너무 정확해서 오차는 10억 년마다 1초 미만이다(https://bit.ly/2WTAq4b). 남아 있는 도전 과제 중 하나는 매우 멀리 떨어져 있는 의존성 장치^{reliant device}에 대해 가장 정확한 시간을 얻거나 특정 서비스 또는 네트워크의 모든 의존성 장치가 정확히 같은 시간을 갖도록 보장하는 것이다. 시간을 전송하는 데 시간이 걸린다.

양자 네트워크는 더 빠른 시간 전송을 제공하지 않는다(고전적인 것들은 이미 거의 빛의 속도로 진행되고 있으며 양자역학은 우리의 근본적인 이해가 변하지 않는 한 빛의 속도보다 빠를 수 없다는 것을 명심해야 한다). 그러나 양자 네트워크가 할 수 있는 것은 의존성 장치 간에 더 나은 시간 동기화를 제공하는 것이다. 양자 장치와 네트워크가 시간 오류 정정/동기화를 할 때 더 많은 시간 동기화 요소를 고려할 수 있기 때문에, 동기화 시간 편차는 큰 네트워크에서 덜 할 것이다.

예를 들어 위성 위치 확인 시스템^{GPS, Global Positioning System}은 GPS 수신기가 지리적 위치를 결정하기 위해 사용할 수 있는 일련의 궤도 위성을 사용해 작동한다. GPS 수신기가 어디에 있는지 정확하게 결정하려면 GPS 위성과 수신기 모두가 시간을 동기화해야 한다. 모든 장치에 시간을 더 정확하게 유지하고 모든 장치가 관련된 당사자와 더 정확하게 동기화될수록 GPS 수신기가 자신의 위치를 더 정확하게 감지할 수 있다.

GPS 위성은 원자 시계를 탑재하고 있으므로 원자 시계만큼 정확하기 때문에 시간 동기화를 하지 않고도 24시간마다 최대 10나노초 정도의 오차가 발생하며(https://bit.ly/30H0L6u), 1나노초는 거리로 환산하면 30센티미터에 해당한다. 이로 인해 GPS 시계의 시간은 1년에 1나노초의 차이도 나지 않도록 업데이트된다. GPS 시간 동기화 서비스는 위성을 가능한 정확하게 유지하기 위해 지속적으로 발전하고 업데이트된다. 2000년까지만 하더라도 GPS 수신기의 정확도는 약 5미터 정도였다. 오늘날 시간 동기화를 포함한 GPS 기술의 개선으로 인해 GPS 수신기는 30센티미터 이내로 위치를 추적할 수 있다. 양자 시간 동기화는 GPS 시스템을 더욱 정확하게 만들 뿐이다.

모든 원자 시계가 궁극적으로 양자역학에서 작동하지만 GPS 위성이 사용하는 시간 동기화 네트워크는 고전적인 것이다. 이는 실제 작업을 하고 있는 작은 양자 성질이 우리의 고전 세계로 변환된 다음 고전적인 방법으로 전송돼야 한다는 것을 의미한다. 그러나 양자 시간 동기화는 변환 단계를 건너뛰고, 양자 상태를 유지하며, 시간 동기화를 더 정확하게 만든다.

이는 미래의 GPS 측정값이 센티미터 대신 밀리미터 또는 적어도 30센티미터 대신 몇 센티미터로 측정될 수 있다는 것을 의미한다. 대체로 이것은 GPS에 의존하는 모든 것이 어디에 더 자주 있는지 더 정확하게 알 수 있다는 것을 의미한다. 운전 중에 좌회전을 놓치지 않겠다는 것을 의미할 뿐만 아니라 양자 시스템은 10년이나 20년 안에 우리 모두가 타게 될 수억 대의 자율주행 자동차를 더 정확하게 추적할 수 있을 것이다. 이는 높은 건물이 있는 도시를 걷는 사람들이 들어가야 할 건물의 문을 더 정확하게 결정할 수 있다는 것을 의미한다. 엔지니어는 측정 등을 더 정확하게 할 수 있을 것이다. 양자-기반 시간 동기화는 모든 시간 의존성 서비스를 더 정확하고 성공적으로 만들 것이다.

NOTE 흥미롭게도 몇 년 동안 양자 시계는 가능한 가장 정확한 원자 시계로 여겨졌지만 이제 광학 격자 시계가 정확도 기록을 경신했다. 그러나 광학 격자 시계에 기반을 둔 타이밍 장치도 양자 시간 동기화의 혜택을 받을 수 있다.

전파 방해 방지

오스트리아/미국 여배우 헤디 라마르^{Hedy Lamarr}와 그녀의 공동 발명가 조지 안데일^{George Antheil}이 무선 어뢰의 군사적 전파 방해를 막기 위한 새로운 방법(이들은 전파 방해 방어법으로 주파수 도약 확산 스펙트럼^{FHSS, Frequency Hopping Spread Spectrum}을 발명했다)을 발명한 1940년대 이전에도 세계의 군대는 적의 무선 신호를 전파 방해하고 자신들의 통신 방법이 전파 방해로부터 더 영향을 받지 않게 하기 위해 노력해왔다. 일반적으로 반 전파 방해 방어법^{anti-jamming defense}은 제어 지시를 일련의 변조된 주파수/신호 변경^{change}에 통합해 적이 시뮬레이션하거나 차단할 수 있는 방법을 알아낼 수가 없다.

전파 방해를 하는 사람들은 신호가 제어 장치^{controoled device}와 어떻게 통신하고 있는지 알아내기 위해 최선을 다한다. 이들이 모든 빠른 주파수 변화를 알아낼 수 있다면, 제어 지시를 재구성할 수 있고, 제어 장치가 무엇인지 알 수 있으며, 심지어 자신들이 사용할 수 있도록 장치를 재프로그래밍할 수도 있다. 전쟁에서 상대는 적의 미사일이나 어뢰를 발사한 상대에게 되돌려보낼 수 있을지도 모른다. 이건 추측이 아니다. 제2차 세계대전에서는 늘 그런 일이 있었다.

전파 방해자는 적의 제어 신호가 어떻게 작동하는지 알아내지 못해도 된다. 이들이 해야 할 일은 가능한 모든 관련 주파수를 차단하는 것으로, 이는 무선 장치가 새롭거나 업데이트된 지시받는 것을 막는다. 대부분의 경우 미사일이나 비행 드론^{flying drone}과 같이 전파 방해를 받은 장치는 마지막 경로의 위치에서 계속 비행하거나 원래의 위치로 돌아가는 것과 같은 일부 기본 모드^{default mode}로 전환된다. 오늘날의 군사 시스템은 전파 방해와 반전파 방해 기술로 가득 차 있다.

무기 개발자는 전파 방해에 더 내성이 있는 무기를 만들기 위해 계속 노력하고 있으며, 전파 방해자는 적의 제어 시스템을 전파 방해할 수 있는 새로운 방법을 계속 고안하고 있다. 암호 공격자는 비밀 코드를 알아내려고 시도할 수도 있고, 암호학자는 성공적인 공격을 막기 위해 암호 알고리즘을 개선하려고 시도하는 것과 약간 비슷하다.

양자 네트워크는 중첩과 얽힘 그리고 복제 불가의 고유한 성질을 갖고 있기 때문에 전파 방해 방지 신호를 만드는 데 완벽하다. 양자-기반 네트워크를 사용하는 양자-작동 장치^{quantum-enabled device}는 더 정교하고 전파 방해-내성 제어 신호를 만들 수 있고 적의 배후 전파 방해 신호를 무시할 수 있을 것이다. 따라서 적이 전파 방해 시도에서 수천 개의 가능한 주파수에 걸쳐 백만 개의 잘못된 주파수 변경을 계속해서 보내더라도 양자-기반 장치는 어떤 것이 정당한 명령인지 그리고 어떤 것을 단순히 배경 잡음으로 무시할 것인지 알아낼 수 있을 것이다.

전파 방해를 막는 것은 단지 군사적인 용도만을 위한 것이 아니다. 이는 또한 휴대폰 통화와 와이파이 네트워크 트래픽의 전파 방해를 막을 뿐만 아니라 공격자가 자율주행 자동차에 잘못된 지시를 보내는 것을 막는다. 전파 방해를 막는 것은 우리 모두의 삶을 더 쉽게 만들고 양자 네트워킹은 여기에 도움이 될 수 있다.

양자 인터넷

양자 인터넷의 최종 목표는 기존 고전 인터넷을 일대일로 대체하는 것이다. 그리고 고전 인터넷과 마찬가지로 양자 전용 인터넷도 충분한 재원 지원을 받는 군대와 정부, 대학 네트워크에서 시작된 별도의 네트워크가 뒤범벅된 상태로 출발해 다른 모든 사람을 연결하기 위해 퍼져 나갈 것이다. 인터넷에 연결된 수백만 개의 양자 장치는 결국 거대한 글로벌 컴퓨팅 클라우드를 구성할 것이다. 침해하기 더 어렵고, 전파 방해도 더 어려울 것이며, 오늘날의 인터넷이 고전 네트워킹을 사용해 우리에게 해준 것처럼 우리가 함께 보게 될 운명인 모든 양자 진보를 즐길 수 있을 것이다.

> **NOTE** SimulQron(http://www.simulaqron.org/)은 양자 인터넷 소프트웨어(https://bit.ly/3eXoTXL) 개발을 돕는 시뮬레이터다.

유럽연합의 양자 인터넷 연합(https://twitter.com/eu_qia) 프로젝트를 포함해 여러 팀과 컨소시엄이 양자 인터넷을 위해 노력하고 있다. 양자 인터넷 연합은 암스테르담과 라이덴, 헤이그 그리고 델프트를 포함해 4개 도시의 시범 사업으로 시작됐다. 이 프로젝트는 대규모 양자-기반 광역 네트워크를 구축하는 데 필요한 모든 구성 요소를 포함하고 있으며, 2020년까지 운영될 예정이다. 양자 인터넷 연합은 이 프로젝트를 유럽연합의 모든 국가로 확대하기를 바란다.

다른 양자 네트워크

현재 기존의 모든 양자 네트워크는 매일 발전하고 있지만 상당히 제한되고 실험적이다. 2018년에는 광섬유 기반 양자 키 분배가 421킬로미터 거리에서 성공적으로 시연됐다. 기존 상용 판매를 위한 양자 키 분배 시스템 대부분은 최대 전송거리가 100킬로미터이므로 이 실험 네트워크는 상용 판매용보다 4배 이상으로 길다. 양자 키 분배 시스템이 전송할 수 있는 거리를 계속 늘려 나갈 것으로 예상한다.

중국은 특히 양자 정보 과학의 네트워킹 측면에 초점을 맞추고 있다. 2016년 중국은 첫 번째 양자-기반 통신 위성인 미키우스Micius(https://bbc.in/3011kZW)를 발사했다. 위성이 머리 위로 날아갈 때 양자 키 분배를 사용해 7,500킬로미터 떨어진 베이징과 비엔나의 지상국에 개별 비밀키를 안전하게 전송했다. 그러고 나서 미키우스는 모든 당사자들이 공유할 세 번째 키를 만들고, 이전에 지상국으로 개별 전송한 비밀키로 세 번째 키를 암호화했다. 각 지상국은 세 번째 키인 공유키를 복호화한 다음 서로 간에 주고받을 메시지를 암호화하기 시작했다. 획기적인 순간이었다.

미키우스는 시야에 있을 때만 작동할 수 있으며, 햇빛이 있을 때에는 작동할 수 없다. 그럼에도 미키우스는 1세대 최초 양자 위성으로 적절한 시연 이상인 75분간의 영상 회의를 성공적으로 시연하는 데 사용됐다.

미키우스에 관한 자세한 내용은 '이 대륙 간 화상회의가 중대한 사건인 이유Why This Intercontinental Quantum-Encrypted Video Hangout Is a Big Deal(https://bit.ly/2OTuLqn)'와 '양자 인터넷은 이미 구축되고 있다The quantum internet is already being built(https://bit.ly/39rKWEA)', '우주 규모에서의 양자 실험Quantum Experiments at Space Scale(https://bit.ly/30HeTg4)'에서 확인할 수 있다.

중국은 또한 2,000킬로미터 떨어진 상하이와 베이징 간에 양자-기반 통신 백본을 만들고 있다. 이 백본은 4개 도시를 연결하며 32개의 노드를 가지고 있다.

NOTE 일부 양자 정보 과학자는 중국의 양자 네트워킹 주장에 회의적이거나 100% 양자-기반이라는 것에 의구심을 갖고 있다.

일본은 양자 중계기를 사용해 양자 네트워크를 시연했다(https://bit.ly/3g33NIz). 광학 장치를 (포토닉스photonics[11]라고 하는) 양자 중계기로 사용해 고전 구성 요소와 양자 메모리를 사용하지 않고도 양자 정보를 보낼 수 있었다.

미국 팀은 양자 얽힘과 원격 이동을 사용해 48킬로미터의 양자 네트워크를 구축하는 작업을 하고 있다. 다른 장거리 양자 네트워크 대부분은 양자 키 분배를 사용했지만 시카고 근처에서 주도된 이 미국 국가 연구소 자금 지원 프로젝트는 원격 이동을 가장 먼저 사용하는 프로젝트 중의 하나가 될 것이다. 미국 에너지부는 수백만 달러의 자금을 제공했다. 국립연구소(아르곤국립연구소Argonne National Laboratory와 페르미국립가속연구소Fermi National Accelerator Laboratory는 시카고대학교University of Chicago과 함께 시카고 양자 교환(https://quantum.uchicago.edu)이라는 공식 기관을 설립했다. 이 기관에는 100명 이상의 양자 정보 과학 연구원이 있다. 양자-기반 네트워킹은 이미 실험 단계에서 가동되고 있으며 향후 몇 년 안에 여러 실제 프로젝트와 장치가 온라인으로 제공될 것이다.

추가 정보

- 양자 네트워크, 로드니 반 미터Rodney Van Meter, Wiley, 2017, https://bit.ly/3f5ddC1
- 양자 인터넷이 등장하고 있다, 한 번에 하나의 실험The Quantum Internet Is Emerging, One Experiment at a Time, 아닐 아난타스와미Anil Ananthaswamy, Scientific American magazine, June 19, 2019, https://bit.ly/3jElMYf
- 양자 인터넷, H. J. 킴블Kimble, June 25, 2008, 백서, https://bit.ly/2DbL0fB

---

11 빛을 사용한 정보 전달을 다루는 연구 분야 – 옮긴이

- 양자 인터넷에서 얽힘 최적화를 위한 포아송 모델A Poisson Model for Entanglement Optimization in the Quantum Internet, 라슬로 죈죄시Laszlo Gyongyosi와 산도르 임레Sandor Imre, Quantum Information Processing, June 5, 2019, https://bit.ly/3g36D0b
- 양자 인터넷이 도래했다(그리고 아직 도래하지 않았다)The quantum internet has arrived (and it hasn't), 데이비드 카스텔비치Davide Castelvecchi, Nature Magazine, February 14, 2019, https://go.nature.com/2WU3Jne
- QIRG라고 하는 양자 인터넷에 관한 인터넷 연구 태스크 포스IRTF, Internet Research Task Force 연구 그룹, QIRG 메일링 리스트 신청은 qirg@irtf.org로, 인터넷에서 구독이나 취소 신청은 https://www.irtf.org/mailman/listinfo/qirg에서 가능하다.

요약

양자 네트워킹은 기초 기술이 발전함에 따라 다른 양자 정보 과학과 마찬가지로 발전해 나갈 것이다. 양자 네트워크는 (신뢰 중계기처럼) 더 많은 조각으로 시작할 것이며 양자 키 분배 알고리즘을 사용해 보안 키를 교환한 다음 진정한 양자 중계기와 양자 얽힘, 원격 이동 그리고 양자 교환을 사용하는 완전 양자-기반 네트워크 스택으로 이동할 것이다. 제한된 실험적 네트워크는 곧 실제로 작동하는 양자 네트워크로 대체될 것이다. 결국 전부는 아니더라도 다양한 이유로 인해(적어도 한 가지 이유는 양자역학이 제공하는 강력한 내재적 보안이다), 대부분의 고전 인터넷이 양자 인터넷으로 대체될 것이다.

7장에서는 양자역학과 양자 컴퓨팅, 양자 암호 시스템과 양자 컴퓨터가 왜 오늘날의 공개키 암호 시스템을 곧 깨뜨릴 것 같은지를 설명했다. 파트 2에서는 양자-내성 암호 시스템과 양자-기반 암호 시스템을 설명하는 것으로 시작했다. 8장에서는 양자 네트워킹의 구성 요소와 도전 과제 그리고 애플리케이션에 관해 설명했다. 9장에서는 모든 이해관계자가 다가오는 양자 해독과 혁명에 어떻게 대비해야 하는지 설명한다.

09

지금부터 대비하라

양자 암호 해독의 시대가 도래할 것이다. 이는 단지 시기의 문제일 뿐이다. 양자 암호 해독이 가능해지면 세상의 전통적인 공개키 암호 시스템의 대부분을 무력화시키고 다른 기존 암호 시스템은 적어도 절반 이상은 약화시킬 것이다. 그리고 대칭키 암호 알고리즘과 해시 알고리즘을 더 쉽게 해결할 수 있는 다른 양자 기술의 발전은 포함되지 않는다면 가장 좋은 시나리오다.

앞에서 양자역학과 양자 컴퓨터, 양자 네트워크 그리고 앞으로 일어날 변화에 대해 설명했는데, 여기에 양자 암호 해독도 포함된다. 9장에서는 해독이 가능해지기 전에 여러분과 여러분의 조직이 오늘 당장 시작할 수 있는 방법을 설명한다. 아마도 많은 사람들이 이 9장 때문에 이 책을 구입했다고 생각한다. 먼저 우리는 양자-이후 마이그레이션 프로젝트post-quantum mitigation project의 주된 네 가지 단계를 살펴보고 나서 프로젝트의 각 단계에 초점을 맞춘다.

네 가지 주요 양자-이후 마이그레이션 단계

대부분 조직의 양자-이후 마이그레이션 프로젝트는 다음 네 가지 주요 단계를 포함한다.

- 1단계: 현재의 솔루션 강화
- 2단계: 양자-내성 솔루션으로의 전환
- 3단계: 양자-하이브리드 솔루션 구현
- 4단계: 완전한 양자 솔루션 구현

그림 9.1에 각 단계를 그림으로 표현했다. 각 프로젝트의 단계는 다음 절에서 자세히 설명한다.

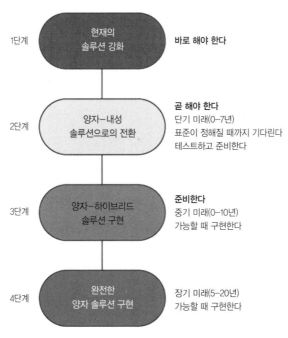

그림 9.1 양자-이후 마이그레이션 프로젝트의 네 가지 주요 단계

1단계: 현재의 솔루션 강화

모든 조직은 가능한 한 빨리 약한 모든 양자-취약 암호 시스템을 업데이트하고 가능하다면 기존 양자-내성 암호 시스템과 키 길이를 사용해야 한다. 그로버 알고리즘을 사용하는 양자 컴퓨팅은 기존 대칭키 암호 알고리즘과 해시 알고리즘의 보호력을 절반으로 줄이므로 특히 대칭키 암호 알고리즘의 키 길이와 해시 알고리즘의 출력 길이를 두 배로 늘리는 것이 이치에 맞는다. 예를 들어 AES-128을 사용하는 모든 시스템은 AES-256 이상으로 전환해야 한다. 10년 동안 보호해야 할 중요한 데이터들을 AES-256으로 보호하고 있더라도 AES-512로 바꿔야 한다.

비대칭키 암호 알고리즘의 키 길이는 최소 4096비트로 업데이트해야 한다. 공개키 암호 시스템 대부분은 2048비트이나 아직도 1024비트를 사용하는 경우가 많다. 양자 컴퓨터가 큐비트와 능력을 갖게 되면 짧은 길이의 키부터 깨뜨릴 것이다. 기존 암호 시스템의 키 길이를 늘이면 진정한 양자-내성 암호 시스템으로 바로 전환한 것만큼은 아니지만 위험을 어느 정도 줄일 수 있다. 허용 가능한 최소 길이 이상의 키를 사용하도록 조직의 정책을 변경해야 한다.

이렇게 얘기하더라도 기존 암호 시스템의 키 길이를 늘리는 것이 항상 가능하지는 않다. 많은 애플리케이션이 하드코딩[1]돼 있으며 다른 많은 애플리케이션의 키 길이는 고정돼 있다(또한 표준에 공개된 모든 키 길이를 사용하지 않는다). 예를 들어 SHA2는 224비트와 256비트, 384비트 그리고 512비트의 키 길이를 사용할 수 있다. 마이크로소프트 윈도우는 몇 년 동안 SHA2-256(SHA2의 기본 키 길이)을 큰 문제없이 사용할 수 있었지만 SHA2-512를 사용한다면 TLS로 보호된 웹사이트에서 운용할 때 문제가 발생한다(이 버그는 몇 년 전에 수정됐다). 윈도우에 내장된 소프트웨어를 사용할 때도 SHA2-224는 (공식 표준의 일부임에도) 기본으로 제공하지 않는다. 많은 애플리케이션이 하나의 키 길이 또는 기껏해야 두 개 정도의 키 길이만 허용한다. 그리고 일부 애플리케이션은 긴 키 길이를 받아들이지

---

1   데이터를 코드 내부에 직접 입력해 코드를 작성하는 것으로 데이터가 실행 바이너리(exe 파일 등)에 합쳐져 있는 상태를 의미한다. – 옮긴이

만 예상치 못한 운용 문제를 가지고 있을 수 있다. 따라서 운용상의 문제가 발생하지 않도록 항상 철저한 테스트를 한 후에 키의 길이를 늘여야 한다.

또한 가능한 가장 긴 길이의 키로 전환하면 성능 문제가 발생할 수 있다는 것도 알아야 한다. 암호키의 길이를 늘이기 위해 비트를 추가하면 암호 시스템을 사용하는 데 필요한 계산량이 늘어난다. RSA 2048비트에서 RSA 4096비트로 전환하는 것과 같은 많은 경우에 성능 저하가 있기는 하지만 대다수의 사용자와 대부분의 시나리오에서는 성능의 변화를 거의 느낄 수 없다. 그러나 많은 사람이 이용하는 웹사이트나 트랜잭션transaction[2]이 많은 데이터베이스와 같은 일부 트랜잭션이 많은 시나리오에서는 성능의 변화를 체감할 수 있으며 트래픽이 늘어나면 안 좋은 영향을 미칠 수 있다.

일부 시나리오에서는 단일 사용자와 트래픽이 적은 경우에도 성능 저하를 허용하지 않는다. 예를 들어 몇 년 전 내 고객 중의 한 명이 공개키 기반 구조PKI 인증 기관CA, certificate authority 서버의 디지털 인증서를 2048비트에서 16384비트로 전환했는데, 그 고객은 단지 디지털 인증서를 가능한 한 안전하게 만들고 싶어 했던 것 외에 다른 이유는 아무 것도 없었다. 키 길이가 너무나 길어져 암호화된 메시지를 여는 데 1분 이상 걸렸으며, 이 메시지는 궁극적으로 16KB 크기의 최상위 인증 기관 디지털 인증서에 연결돼 있었다. 이에 비해 2048비트 길이의 키를 사용하면 같은 메시지를 여는 데 1-1.5초 걸린다. 디지털 인증서의 길이가 길면 더 안전하지만, 사용하는 하드웨어와 애플리케이션에 비해 지나치게 안전하고 속도는 너무 느렸다. 4096비트의 키 길이로도 충분히 안전하고 빠르게 사용할 수 있었을 것이다.

비대칭키의 길이를 늘여야 할까?

일부 독자는 양자 컴퓨터 능력이 계속적으로 높아지는 것에 대비해 비대칭키의 길이를 업그레이드하는 것이 실용적인지 궁금해할지도 모르겠다. 비대칭키의 길이를 최소 4096

---

2 상점에서의 고객의 주문이나 판매, 은행에서의 예금주의 입금이나 출금과 같은 하나의 외부 거래를 기록하기 위해 컴퓨터 시스템 내부에서 완료돼야 하는 일련의 처리 동작. 출처: 정보통신용어사전 - 옮긴이

비트로 늘여도 해가 되지는 않겠지만, 특히 오래된 비대칭키가 만료됨에 따라 키의 길이를 자연스럽고 쉽게 늘일 수 있더라도 앞의 질문에 대한 답을 쉽게 예나 아니요로 답할 수는 없다.

그러나 다가오는 양자 암호 해독에 대응하기 위해 비대칭키의 길이를 늘이는 것에 대한 찬반 양론 모두에 대해 좋은 의견이 있다. 예를 들어 쇼어 알고리즘을 사용하는 양자 컴퓨터는 최소 $(2 \times n)+3$개의 안정된 큐비트를 필요로 하며, 여기서 n은 크랙해야 할 키 비트의 길이이다. 따라서 2048비트의 RSA 키를 크랙하기 위해서 양자 컴퓨터는 4,099개의 안정된 큐비트를 필요로 하며, 4096비트의 RSA 키를 크랙하기 위해서는 8,195개의 안정적인 큐비트가 필요하다. 그러므로 비대칭키 암호 알고리즘을 2048비트에서 4096비트로 전환하면, (더 적은 큐비트를 사용한다고 해서 더 적은 양자 컴퓨터들이 여전히 암호 시스템을 상대적으로 더 빨리 깨뜨릴 수는 없다고 가정하면) 이 비대칭키 암호 알고리즘은 양자 컴퓨터가 최소 8,195개의 안정된 큐비트를 가질 때까지 여러분을 보호해줄 것이다.

현재 우리는 양자 컴퓨터가 4,099개의 안정된 큐비트를 갖출 때까지 얼마나 걸릴지 알 수가 없으며, 이후 8,195개의 안정된 큐비트를 갖출 때까지 또 얼마나 걸릴지 알 수가 없다. 그러나 처음 100개의 큐비트를 갖게 되거나 100개에서 4,099개의 큐비트를 갖추는 데 걸리는 시간만큼은 안 걸릴 것이다. 사회가 큐비트를 대량으로 확장하는 방법을 한 번 배우면, 그 증가는 매우 빠르게 이뤄진다.

고려 사항과 복잡도까지 고려하기 위해 약간의 오류 정정 추정값을 더한다면 각각의 안정된 큐비트는 현재 수백에서 백만 이상의 오류 정정 큐비트가 필요하므로 2048비트 길이의 키와 4096비트 길이의 키를 크랙하는 데 필요한 큐비트의 차이는 수십억 개의 큐비트가 될 것이다. 오류 정정 추정값이 맞다면 필요한 보조 큐비트의 수가 더 긴 기간 동안 보호를 제공할 것이므로 전환할 가치가 있다.

동시에 새로운 양자 인수분해 알고리즘의 많은 개발자는 쇼어 알고리즘이 필요로 하는 것보다 훨씬 적은 개수의 큐비트로 소인수 방정식으로 인수분해할 수 있다고 주장한다. 그리고 개별 큐비트가 더 안정되거나 더 높은 에셜론echelon 추정값이 계산한 것보다 필요한 오류 정정 큐비트가 훨씬 적다면, 이는 다시 생각해봐야 할 문제라고 주장한다.

나는 여러분을 혼란스럽게 하기 위해 이런 주장을 소개하는 것이 아니라 비대칭키의 길이를 늘이는 것이 대칭키와 해시값의 길이를 늘이는 것만큼 간단하지 않다고 말하고 싶은 것이다. 그러나 일반적으로 양자-내성 암호 시스템으로 전환할 수 있을 때까지 전통적인 양자-취약 비대칭키 암호 시스템의 위험을 줄이고자 한다면, 특히 비대칭키의 길이를 늘이는 것이 쉽다면 그렇게 하는 것이 좋다.

암호 유연성

암호 유연성crypto-agility은 장치나 소프트웨어, 또는 시스템이 과도한 부담 없이 다른 암호 알고리즘이나 기법, 또는 키 길이로 암호 시스템을 변경할 수 있는 능력을 의미한다. 궁극적으로 관련된 모든 시스템은 가능한 한 적은 노력으로 관련된 암호 시스템을 전환할 수 있도록 설계돼야 한다. 아쉽게도 이것은 해당 시스템의 개발자가 해야 할 일이다. 개발자가 먼저 기본 구조를 만들어 암호 시스템을 전환할 수 있도록 하지 않으면 사용자나 최종 사용자가 암호 시스템을 변환하는 것이 어렵다.

일부 유명한 개발자들이 여러분들을 위해 이미 이런 일을 해뒀다. 이를테면 마이크로소프트 윈도우와 마이크로소프트 제품 대부분은 암호 시스템을 사용하는 소프트웨어와 하드웨어 시스템을 암호 시스템과 분리시켜 독립적으로 만들었다. 마이크로소프트는 암호학적 암호 알고리즘과 기법을 사용하는 애플리케이션과는 별도로 설치하고 제거할 수 있는 이산형 개별discrete individual 키 저장소 공급자KSP, Key Storage Provider 모듈(윈도우 초기 버전에서는 암호화 서비스 공급자CSP, Cryptographic Service Provider라고 불렀다)로 암호학적 암호 알고리즘과 기법을 표현하도록 권고함으로써 이를 실현했다.

윈도우에는 인기 있는 모든 암호 알고리즘과 기법 표준이 포함된 많은 키 저장소 공급자가 내장돼 있다. 제삼자와 고객은 직접 키 저장소 공급자를 만들 수 있으며, 하나의 키 저장소 공급자를 다른 키 저장소 공급자로 교환하는 것은 새로운 키 저장소 공급자(일반적으로 상당히 작으며 빠르게 설치할 수 있다)를 설치하고 키 저장소 공급자 풀다운 메뉴에서 선택하는 것만큼 쉽다. 마이크로소프트의 대표적인 인증 기관 제품인 액티브 디렉터리 인증서 서비스^{ADCS, Active Directory Certificate Service}는 다른 유형의 암호 시스템을 지원하기 위해 다른 키 저장소 제공자를 설치할 수 있게 해준다.

오픈 소스 리눅스에서는 OpenSSL과 SSH와 같이 가장 인기 있는 애플리케이션과 유틸리티가 다른 유형의 암호 시스템을 바꿔 사용할 수 있도록 해준다. 양자-내성 Picnic 서명 기법 팀의 일부는 OpenSSL과 아파치 웹 서버에 Picnic과 LWE-FRODO 그리고 SIDH를 사용해 유효한 TLS 1.2 HTTPS 연결(https://bit.ly/2DlEHGG)을 만들었다. OpenSSL과 아파치는 많이 수정할 필요는 없었지만 OpenSSL은 Picnic이 생성한 긴 길이의 키를 사용할 수 있도록 TLS를 약간 수정해야 했다.

이런 쉬운 다재다능함(즉, 암호 유연성)과 프로그램에서 암호 알고리즘 코딩을 업데이트하고 전체 프로그램을 재컴파일한 후, 다시 설치하지 않고서는 대체할 수 없는 대부분의 애플리케이션에 하드코딩된 암호 시스템을 비교해보라.

모든 공급업체(와 여러분이 개발한 소프트웨어)가 암호 유연성을 갖도록 해야 한다. 그래야 다음번에 강제로 암호를 전환해야 하는 이벤트가 발생할 때 전환이 더 쉬워질 것이다. 여러분의 양자 암호 마이그레이션 프로젝트를 지금 바로 시작해야 한다. 암호 유연성을 IT 팀의 모든 사람이 알고, 이해하고, 요청하는 단어로 만들어야 한다.

2단계: 양자-내성 솔루션으로의 전환

앞에서 설명했던 것처럼 대부분의 조직은 NIST나 유럽연합 네트워크 정보보호원^{ENISA, European Union Agency for Network and Information Security}과 같은 국가표준기구가 공식 양자-이후 암호 표준을 제정할 때까지 새로운 양자-내성 암호 시스템으로 전환할 수 없다. 그러나 많은 조직, 특히 개발자와 암호 시스템을 사용하는 자체 내부 애플리케이션을 가진 조직은 실험을 시작해야 한다.

조직이 양자-내성 암호 시스템으로 전환할 수 있도록 도와줄 수 있는 많은 양자 코딩 라이브러리와 API, 시뮬레이터 그리고 소프트웨어 개발 키트^{SDK, Software Development Kit}가 있다. 많은 조직에는 양자-내성 암호 시스템으로의 전환을 도와줄 소프트웨어와 도구, 자원 그리고 전문 지식을 가진 사람들이 있다. 이들은 숙련된 양자 개발자와 테스터^{tester}를 포함해 여러분의 조직이 양자 암호 시스템으로의 전환을 시작하는 데 필요한 모든 것을 가지고 있을 것이다. 다음 프로젝트를 확인하라.

- 오픈 양자 안전 프로젝트^{Open Quantum Safe Project}(https://openquantumsafe.org/)
- GitHub의 오픈 소스 양자 소프트웨어 프로젝트^{Open Source Quantum Software Projects on GitHub}(https://bit.ly/31aFxOH)
- 오픈 소스 및 상용 소프트웨어 프로젝트 그리고 온라인 양자 포털^{Open source and commercial quantum software projects and online quantum portals}(https://bit.ly/31aFxOH)[3]

물론 마이크로소프트와 IBM, 캠브리지 양자 컴퓨팅과 같은 양자 공급업체도 많은 자원과 도구를 가지고 있다. 기존 공급업체의 도움을 받으라. 작은 시범 사업을 하나만 하더라도 경쟁에서 한발 앞서 나갈 수 있다. 양자 암호 해독이 여러분의 계획 추정보다 더 빨리 가능해진다면 모든 시험 프로젝트에 투입되는 시간과 노력, 자원은 천금 같은 가치가 있을 것이다. 시험 프로젝트는 버스와 그 버스에 타고 있는 사람들을 올바른 방향으로 나아가도록 하는 것이다.

국가기관이 공식 양자-내성 표준을 승인하면 가능한 한 빨리 양자-내성 암호 시스템으로 전환해야 한다. 기존 암호 시스템의 키 길이를 업데이트하는 것(성능과 운용 문제)과 같은 운용과 성능 주의 사항을 반영해야 하지만 선정된 모든 표준은 성능과 효용성 간에 좋은 조합일 가능성이 높다. 보통 표준이 승인될 때까지 많은 실제 자원과 소프트웨어 라이브러리가 개발자와 구현자^{implementer}를 돕기 위해 기다리고 있다. 일단 표준이 발표되

---

3   원서의 해당 링크는 위의 GitHub 주소와 같으며, 구글링을 통해서도 이 이름을 가진 웹사이트를 찾지 못해 같은 웹사이트 주소로 표기했다. - 옮긴이

면 국가 전체(또는 세계)가 한 방향으로 움직인다. 여러분이 그 움직임과 함께 하는지 확인하라. 최첨단에 있을 필요는 없지만 그 근처가 여러분이 있기에 좋은 곳이다.

여러분의 마이그레이션 프로젝트의 단계는 아마도 양자−내성 국가 표준이 선정된 시점부터 적어도 2년은 지속될 것이다. NIST는 미국 국가 표준이 2022년에서 2024년 사이에 선정될 것이라고 하는데, 이는 미국 프로젝트의 대부분이 이 단계가 완료될 때까지 3~7년 정도 걸릴 것이라는 것을 의미한다. 물론 누군가 갑자기 현재의 기대 시간보다 앞서 양자 암호 해독을 발표한다면 이 프로젝트 단계는 앞당겨질 수 있다.

> **NOTE** 2단계 양자 솔루션으로의 전환을 완료하면 적어도 양자−내성 암호 시스템이 제공하는 강도를 완화하기 위한 또 다른 기술적 돌파구가 나올 때까지는 위험이 크게 줄어들 것이다. 이후의 두 단계도 계속해서 위험을 줄여주겠지만, 그 감소폭이 그렇게 크지는 않을 것이다. 2단계를 완료하는 것이 가장 중요한 프로젝트가 될 것 같다.

공개키 기반 구조 보호

공개키 기반 구조^{PKI}는 대부분의 인터넷과 사업을 운영할 수 있게 한다. 특히 기존 모든 PKI가 양자−취약 암호 알고리즘(RSA와 디피−헬만, 디지털 서명 알고리즘, 타원곡선 디지털 서명 알고리즘 등)으로 동작하고 있기 때문에 다가오는 양자 암호 해독은 기존 모든 PKI를 깨뜨린다. 앞에서 설명했던 것처럼 마이크로소프트와 다른 연구원들은 양자−내성 암호 알고리즘으로 적어도 일부 기존 PKI와 디지털 서명 그리고 하드웨어 보안 모듈^{HSM, hardware security module}을 사용할 수 있고, 디지털 인증서를 약간만 수정하면 TLS와 함께 인터넷에서 사용할 수 있다는 것을 원론적으로 보였다. 다른 PKI 프로그램과 공급업체가 많이 있지만 양자−내성 암호 알고리즘으로 전환할 때가 되면 대부분이 양자−내성 암호 알고리즘을 지원하기 위해 포팅^{porting} [4]될 것이다.

---

4   한 시스템에서 운용되던 운영체제 혹은 애플리케이션을 다른 시스템에서 작동될 수 있도록 수정하는 행위를 말한다. 출처: 정보통신용어사전 − 옮긴이

6장에서 설명한 NIST 2라운드 디지털 서명 기법의 모든 후보(CRYSTALS-Dilithium와 FALCON, GeMSS, LUOV, MQDSS, Picnic, qTESLA, Rainbow, SPHINCS+)가 양자-이후 디지털 서명 PKI를 대체할 기법으로 강력하게 고려되고 있다. PKI 암호-유연성에 대한 좋은 백서는 https://bit.ly/3jZZ3Ge에서 찾아볼 수 있다.

레이튼^{Leighton}-미칼리^{Micali} 서명과 확장 머클 서명 기법^{XMSS, eXtended Merkle Signature Scheme}의 변형도 논의되고 있지만 상태 저장^{stateful}이어서 NIST의 공식 후보에서 탈락했다. 이 두 기법 모두 여전히 NIST가 하위 프로젝트에서 고려하고 있는 것으로 알려져 있다. XMSS의 멀티트리 변형은 XMSS-MT나 XMSS-MTS^{Merkel Tree Signature}라고 하며 LMS의 멀티트리 변형은 HSS라고 한다. 두 기법 모두 승인 단계의 마지막 단계인 자료 요청^{RFC, requests for comment}으로 국제인터넷표준화기구^{IETF, Internet Engineering Task Force}에 제출됐다. XMSS와 LMS에 관한 자세한 내용은 https://bit.ly/33hqhCm에서 확인할 수 있다. XMSS와 LMS의 진행 상황에 대한 최신 정보는 https://bit.ly/33fqSnX에서 얻을 수 있으며, XMS에 대한 좋은 백서는 https://bit.ly/39KLjKN에서 찾아볼 수 있다.

양자-이후 PKI에 대해서는 CA/브라우저 포럼(https://cabforum.org/)과 특히 기준 요구 사항이라고 하는 포럼의 PKI 표준(https://bit.ly/3fhi8Qr)의 발표에 대해 가장 큰 관심을 가져야만 한다. 이 그룹은 가장 큰 PKI 공급업체와 구현자로 구성돼 있다. 이들이 요구하는 것은 일반적으로 모든 '공용' CA 공급업체가 따르는 것을 통제하고, 민간 기업 대부분이 결국 따르게 되는 것을 간접적으로 통제하는 것이다. 이들은 PKI 운용과 관련된 대부분의 요인과 더불어 공용 CA와 함께 어떤 암호 시스템과 모범 사례가 사용되는지 통제한다. 이들은 대부분의 CA가 SHA1에서 SHA2로 전환하도록 성공적으로 강요한 그룹이었다. 그 전환은 주목을 받았고 다른 암호 전환도 사려 깊고 성공적인 방법으로 이끌었다.

다가오는 양자 변화에 대한 CA/브라우저 포럼의 논의와 인식은 2019년 3월에 이뤄졌다 (https://bit.ly/3gncKgi). PKI를 운용한다면 CA/브라우저 포럼의 업데이트와 요구 사항을 따르라.

양자-이후 세계의 PKI와 X.509 디지털 인증에 관한 자세한 정보는 https://bit.ly/3givcGQ와 https://bit.ly/2Xfp4Ys에서 확인할 수 있다.

다른 양자 장치와 서비스 도입

또한 (7장에서 설명한 것처럼) 양자-기반 (인증 가능한) 난수 생성기와 양자 키 분배 장치를 도입하는 것을 고려해야 할 시점이다. 이 두 장치 모두 비교적 저렴하고 거의 20년 동안 사용됐으며 다른 양자 암호 시스템이나 관련 장치가 있든 없든 간에 암호 시스템을 개선하는 데 사용할 수 있다.

> **NOTE** 양자-기반 난수 생성기는 오랫동안 사용됐지만 '인증 가능한(certifiable)' 난수 생성기는 2019년부터 나오기 시작했다. 사용할 수 있는 첫 번째 상용 버전은 https://bit.ly/30k49Fq에서 확인할 수 있다.

이제 IT 보안security이 이런 유형의 시스템을 언제 도입해야 할지 결정해야 할 때지만 양자-내성 암호 시스템을 구현할 무렵에 이런 시스템이 필요할 것이다. 이런 유형의 시스템을 보유할 필요가 없거나 보유하길 원하지 않는다면 적어도 하나의 서비스를 이용하는 것이 좋다. 양자 컴퓨터에 접근할 수 있게 된다면 양자 컴퓨터를 구입하거나 양자-기반 서비스를 구입하는 것을 고려해보라. 세상이 양자로 진입하게 되면 순수한 이진 세계에 남아 있어서는 안 된다.

3단계: 양자-하이브리드 솔루션 구현

대부분의 초기 양자 관련 네트워크와 시스템은 양자 컴퓨팅 장치와 전통적인 이진 컴퓨팅 장치의 조합으로 작업을 수행할 것이다. 예를 들어 양자 키 분배QKD 장치는 일반적으로 양자에서 추출한 키를 고전 이진 네트워크 채널을 통해 전송한다. 대부분의 양자-기반 난수 생성기는 믿을 수 없을 정도의 난수를 생성하며, 이 난수는 전통적인 이진-기반 시스템에서 사용된다. 양자-기반 암호키를 안전하게 공유하는 신뢰 중계기trusted repeater

는 고전 네트워크에서 암호키를 안전하게 전달한다. 기존의 모든 양자-내성 암호 알고리즘은 이진 세계에서 작동하며 전통적인 이진-기반 해시 알고리즘을 사용한다. 이외에도 사용할 초기 양자 관련 시스템과 장치는 양자 특성과 고전 특성의 혼합적인 형태가 될 것이다. 이는 특히 우리가 장기적으로 완전 양자-기반 네트워크와 장치를 사용할 수 있기 전까지 예견되는 일이다.

한 가지 중요한 점은 전통적인 이진 세계에서 양자-하이브리드 모델로 전환하는 것이 언제 보안과 재정적인 관점에서 적정한지 알아내는 것이다. 양자-하이브리드 모델로 전환하는 것이 항상 비용 대비 효과 면에서 좋은 해결책은 아니다. 양자-기반 솔루션으로 전환하는 이유는 양자역학에 내재된 보호를 사용하기 위함이다. 하이브리드 모델에서와 같이 고전 세계의 기술이 함께 사용된다면 최대 보안 보호maximum security protection는 사용하고 있는 기술 중에서 가장 해킹하기 쉬운 기술(즉, 고전 기술)이 보호하는 수준까지다. 고전 기술에 대한 의존성은 양자-하이브리드 모델로 전환하는 보안상의 이유를 실질적으로 부정할 수 있으며, 일반적으로 더 큰 비용이 든다.

순수 고전 솔루션이 필요한 기간 동안 모든 필수적인 보안을 제공할 때가 있을 것이다. 어떤 유형의 기술로 언제 전환하는 것이 적절한지는 각 프로젝트 팀이 결정해야 한다. 양자-하이브리드 시스템으로의 전환은 모든 양자-내성 암호 시스템으로 전환하는 것보다 더 오래 걸릴 것이며, 아마도 프로젝트를 시작하고 나서 10년 정도는 걸릴 것으로 예상된다.

4단계: 완전한 양자 솔루션 구현

마지막으로 궁극적인 목표는 앞으로 몇 년 동안 암호 시스템과 네트워크 장비 모두 완전 양자로 전환하는 것이다. 그렇지 않다면 조직의 보안 요구 사항은 가능한 한 빨리 완전 양자-기반 시스템을 필요로 할 것이다. 양자역학은 양자 암호 시스템과 역학을 사용하는 모든 것을 본질적으로 더 안전하게 만든다. 양자-내성 암호 시스템은 양자 암호 공격으로 인한 위험 대부분을 없애겠지만 양자-기반 암호 시스템과 장치는 궁극적인 보호다.

예를 들어 모든 네트워크 장치에 대해 모든 네트워크 장치가 기존 고전 암호 시스템의 양자-내성 키 길이를 사용하고 있는지 오늘부터 확인해야 한다. 국가 표준이 승인되면 기존 고전 암호 시스템을 진정한 양자-내성 암호 시스템으로 전환해야 한다. 그런 다음 신뢰 중계기와 같은 고전/양자 솔루션으로 전환하고 나서 다시 양자 중계와 같은 완전 양자 솔루션으로 전환한다. 그리고 모든 데이터 보호 시스템에 대해 이 작업을 수행한다. 4단계는 양자-이후 마이그레이션 프로젝트가 시작된 후 20년 넘게 지속될 수 있다.

마이그레이션을 위한 네 단계는 반드시 순차적으로 진행하지 않아도 된다. 서로 다른 시스템을 포함하는 다른 시간에 여러 개의 트랙이 병렬로 진행될 것이다. 예를 들어 여러분은 가까운 미래에 많은 시스템에 대한 기존 암호 표준을 더 폭넓게 구현하고 동시에 다른 시스템에 대해서는 다른 단계를 탐구하면서 1단계에 머무르고 싶어 할 수도 있다. 일부 프로젝트를 위해 양자 난수 생성기를 구매해 하이브리드 솔루션에 사용하기로 결정할 수도 있다. 여전히 많은 프로젝트를 양자-내성 암호 시스템으로 전환하는 데 관여하고 있을 때 어떤 공급업체가 합리적인 비용으로 완전 양자-기반 솔루션을 제안할 수도 있다. 첫 번째 단계를 제외하고, 이러한 단계는 시나리오에 따라 어떤 경우에는 순차적으로, 또 다른 경우에는 병렬로 진행될 수 있다. 충분히 예상할 수 있는 일이다.

여섯 가지 주요 양자-이후 마이그레이션 프로젝트 단계

양자 암호 해독 시기가 다가옴에 따라 디지털 비밀을 보호하려는 모든 조직은 계획을 세워 둘 필요가 있다. 이 절에서는 그 계획을 설명한다. 일반적인 프로젝트의 주요 단계는 다음과 같다.

1. 교육

2. 계획 수립

3. 데이터 수집

4. 분석

5. 조치/교정

6. 검토 그리고 필요에 따른 개선

그림 9.1에 전체적인 양자–이후 마이그레이션 프로젝트 생명 주기^{life cycle}[5] 과정을 요약했다.

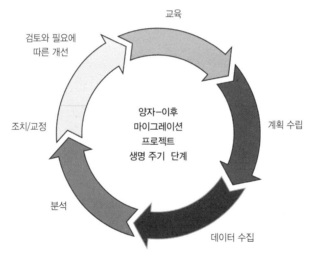

그림 9.2 양자–이후 마이그레이션 프로젝트 생명 주기 단계

> **NOTE** 10장에 제시한 계획은 다른 유형의 암호 마이그레이션에 대해 이전에도 여러 번 검정하고 사용했다. 나는 2014년부터 2017년까지 수십 개의 다른 기업이 SHA1에서 SHA2로 마이그레이션하는 것을 도왔다. 목표는 다르겠지만 계획과 단계는 매우 비슷하다.

---

5 하나의 기술이나 제품이 세상에 발표된 때부터 더 이상 사용되지 않게 되거나 시장에 나타나지 않을 때까지의 기간. 즉 만들어져서 사라질 때까지의 기간이다. 수명 또는 생존 기간(life time)과 거의 같은 뜻으로 사용되기도 하지만, 생명 주기는 어떤 기술이나 제품이 발표된 후에 다른 기술이나 제품에 의해 대체되는 때까지의 기간을 말한다. 출처: 정보통신용어사전 – 옮긴이

1단계: 교육

이 책을 읽고 있다면 이미 계획의 첫 단계에 있다고 할 수 있다. 다가올 양자 암호 해독과 여러분의 조직이 양자 암호 해독에 대비해 무엇을 할 계획인지 여러분 자신과 팀, 경영진 그리고 다른 모든 최종 사용자를 교육시켜야 한다. 특히 소프트웨어와 하드웨어를 만들고 구입하는 결정에 관여하는 개발자와 이해관계자를 교육시키고 싶을 것이다.

자신을 위해서 양자 컴퓨팅 교육 여정을 지속하도록 이 책과 이 책에서 추천한 모든 추가 참고문헌을 사용해야 한다. 여러분을 위한 중요한 도전 과제는 양자 컴퓨팅 발전에서 최신 변화와 이런 변화가 여러분의 양자 컴퓨팅 준비 계획에 어떻게 영향을 미칠지 계속 파악하는 것이다. 일반적인 뉴스 기사에서 양자라는 단어를 볼 때 더 많은 관심을 갖는 것도 좋지만 특정 양자 컴퓨팅 메일링 리스트와 블로그를 구독하는 것도 최신 정보를 따라갈 수 있는 좋은 방법이다.

양자 컴퓨팅 메일링 리스트와 블로그 사이트

가입하거나 팔로우할 수 있는 일부 가능한 양자 컴퓨팅 메일링 리스트와 블로그는 다음과 같다.

- 양자 정보 포털 및 위키Quantum Information Portal and Wiki: https://quantiki.org
- 스콧 애론슨의 블로그The Blog of Scott Aaronson: https://www.scottaaronson.com/blog/
- 양자 정보 포털 및 위키 메일링 리스트: https://www.quantiki.org/wiki/mailing-lists
- n-카테고리 카페The n-Category Café: https://bit.ly/33ibhEb
- 양자 컴퓨팅 워킹그룹 메일링 리스트Mailing list: quantum-computing-wg: https://bit.ly/31bKdE0
- 양자 컴퓨팅Quantum Computing: https://bit.ly/33oB1Pr

- 양자 교황^{The Quantum Pontiff} : https://dabacon.org/pontiff/

- 양자 컴퓨팅 보고서^{Quantum Computing Report} : https://bit.ly/3fpRhSq

- StackExchange : Quantum Computing : https://bit.ly/2BQIQC1(기술적인 질문을 하기에 매우 좋다)

- 양자 외에 광범위한 컴퓨터 보안 주제를 다루지만 내 글(https://bit.ly/2PjvWiS)이나 트위터(@rogeragrimess), 또는 링크드인(https://bit.ly/2XfX5rq) 기사를 보는 것도 괜찮다.

9장의 부록에서 훨씬 더 많은 자료를 소개한다.

양자역학과 양자 컴퓨팅을 가능한 한 잘 이해하려고 노력해야 한다. 다가오는 양자 암호 해독에 대비하는 지지자가 된다면 양자를 상당히 잘 이해하게 될 것이다. 이 책이 양자와 양자 컴퓨팅에 관한 모든 것을 이해할 수 있도록 잘 요약해주길 바라지만 여러분이 추가 자료를 보고 싶어 한다는 것도 이해한다. 나 또한 20년 넘게 양자역학과 양자 컴퓨터에 관한 수백 편의 다른 글을 읽고 경험하고 나서야 오늘날만큼 알게 됐다.

양자이론과 양자 컴퓨팅을 다루는 온라인 강좌 목록은 https://bit.ly/3k6hsB2와 https://bit.ly/30kpwX0에서 확인할 수 있다.

슬라이드 프레젠테이션

모든 IT 구성원은 기본 기술 문제와 도전에 익숙해져야 한다. 다가오는 변화가 (소프트웨어 업데이트와 데이터 보호 표준의 변화처럼) 최종 사용자의 삶에 영향을 미친다면 소소하게나마 모든 최종 사용자가 참여한다.

다른 사람에게 양자역학과 양자 컴퓨팅 그리고 다가오는 암호 해독을 소개하는 좋은 방법은 슬라이드 프레젠테이션으로 주제를 설명하는 것이다. 몇 년 동안 1시간 분량의 슬라이드 프레젠테이션을 해왔으며, 나만의 입문용 슬라이드 자료를 독자들이 다운로드해 재사용하는 것을 기쁘게 생각한다. 그림 9.3은 슬라이드 자료의 예다. 슬라이드 프레젠테이션은 양자역학과 양자 컴퓨터, 암호 시스템, 양자우위, 양자 해독 그리고 준비 방법을 다룬다. 독자들이 프레젠테이션 자료에서 최대 이익을 얻기 위해서는 약간의 일반적인 암호학 지식이 필요하다.

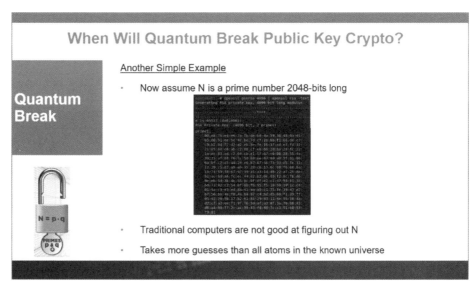

그림 9.3 프레젠테이션의 슬라이드 자료의 예

마이크로소프트 파워포인트와 PDF 형식으로 된 일반적인 프레젠테이션 자료는 https://bit.ly/2D1VOxr에서 다운로드할 수 있다. 프레젠테이션 자료에서 원하는 내용을 자유롭게 가져다 발표 내용에 맞춰 수정해 사용하기 바란다.

경영진을 위한 2쪽 보고서

고위 경영진은 바쁘다. 이들은 다가오는 양자 암호 해독에 관해 전혀 듣지 못했거나 많이 듣지 못했을 가능성이 높다. 고위 경영진에게 이 문제와 그 중요성을 인식시켜야 한다. 기본적인 내용을 아우르는 짧은 (아마도 5~10장 분량의) 슬라이드쇼와 함께 고위 경영진에게 제공할 수 있는 1~2쪽 분량의 요약 보고서를 만드는 것이 좋다. 요약 보고서는 일반적으로 짧은 소개 메모와 몇 가지 자주 묻는 질문과 답변으로 구성된다. 요약 보고서의 예는 다음과 같으며 https://bit.ly/2D1VOxr에서 다운로드할 수 있다.

받는 사람: 관계자 제위

보낸 사람: 〈독자의 이름〉

날짜: 〈보내는 날짜〉

제목: 다가오는 양자 암호 해독을 위한 준비

이 보고서는 '양자 내성 데이터 보호Quantum Resistant Data Protection' 프로젝트라는 이름의 새로 시작하는 프로젝트를 경영진에게 소개하고 일반적인 세부 정보와 프로젝트의 예상 일정을 공유하기 위해 작성됐습니다.

양자역학에 기반을 둔 컴퓨터는 HTTPS와 와이파이 네트워크, 로그온 인증, 스마트카드, 다중 인증, 공개키 기반 구조 등 오늘날의 기존 전통적인 암호 시스템 대부분을 심각하게 침해할 정도로 발전하고 있습니다. 양자 컴퓨터가 언제 대부분의 조직에 실질적인 위협이 될 정도로 발전할지 정확히 아는 사람은 없지만, 최소 몇 년에서 10년 안에는 가능할 것으로 추정하고 있습니다. 2016년 미국의 국립표준기술연구소와 국가안보국은 모든 조직이 다가올 양자 암호 해독에 대비할 것을 권고했습니다. 우리는 준비를 시작하는 데 이미 [몇] 년이나 뒤졌습니다.

이러한 권고를 따르는 것뿐만 아니라 양자 컴퓨팅이 계속 발전함에 따라 우리는 이 문제를 해결하기 위해 특별 프로젝트 팀을 만들어 준비하고 있습니다. 우리는 (우리의 중요한 디지털 자산 중 어떤 자산이 무단 접근으로부터 장기적인 보호가 필요한지 결정하기 위해) 데이터 보호 목록data protection inventory을 만들고 적절한 양자-내성 암호 시스템과 다른 완화 조치로 보호해야 할 날짜를 정하려는 계획을 수립할 것입니다.

이 프로젝트의 첫 번째 단계는 새로 구성된 프로젝트 팀과 함께 앞으로 몇 주 안에 시작될 것이며, 위협이 완전히 해소될 때까지는 몇 년이 걸릴 것으로 예상합니다.

우리의 목표는 양자 암호 시스템 해독이 가능해지기 전에 양자-취약 암호 시스템을 양자-내성 암호 시스템으로 업그레이드하는 것입니다.

이 프로젝트는 기존 데이터 보호 구현에 큰 영향을 미칠 것이며, 현재 이 프로젝트를 시작하는 이유는 향후 비즈니스의 중단과 비용을 최소화하기 위한 것입니다. 전체 프로젝트 비용과 자원, 일정은 약 12~24개월 정도가 걸릴 것으로 예상하는 데이터 보호 목록 작성과 분석 업무가 끝날 때까지는 제대로 추정할 수 없습니다. 우리는 가능한 모든 곳에서 산업 지침industry guideline과 방법론을 따르고 사용할 것입니다. 제가 이와 관련해 여러분의 질문에 답하거나 더 자세한 내용 및 교육을 제공할 수 있게 돼 기쁘게 생각합니다.

감사합니다.

〈독자의 지위와 이름〉

2쪽 – 자주 묻는 질문(FAQ)

양자역학이란 무엇인가?

양자역학/물리학은 매우 작은 입자의 행동과 성질을 설명하기 위해 오랫동안 입증된 물리 과학 physical science입니다. 우주의 모든 것은 양자역학에 의존해 작동합니다. 양자역학은 세상이 작동하는 방식입니다. 양자입자와 성질을 사용해 작동하는 컴퓨터와 소프트웨어가 만들어지고 있습니다. 아직은 아니지만 향후 몇 년 안에 전통적인 암호 시스템의 형태를 깨뜨리는 것과 새롭고 깨뜨릴 수 없는 암호 시스템의 형태를 만드는 것을 포함해 비양자 컴퓨터nonquantum computer가 할 수 없는 일을 할 수 있는 양자 컴퓨터가 나올 것입니다.

양자 컴퓨터가 만들어진지 얼마나 오래됐는가?

작동하는 최초의 양자 컴퓨터는 1998년에 만들어졌습니다. 오늘날에는 100개가 넘는 양자 컴퓨터와 수십 가지의 다양한 유형의 양자 장치가 있습니다. 알려진 모든 양자 컴퓨터는 여전히 연구실과 실험 단계로 상대적으로 약하지만 2019년 말이나 그 이후에나 전통적인 컴퓨터보다 강력해질 것으로 예상합니다. 세계의 정부와 기업들은 양자 컴퓨터와 네트워크를 구축하기 위해 연간 수백조 원을 쏟아붓고 있습니다. 양자 컴퓨터 공급업체는 구글과 IBM, 인텔, 마이크로소프트 그리고 알리바바 등 세계 최대 기업들입니다.

양자 컴퓨팅이 어떻게 전통적인 암호 시스템을 취약하게 만들 수 있는가?

쇼어 알고리즘이라고 하는 수학적 알고리즘으로 무장한 특정 유형의 양자 컴퓨터는 큰 소수를 포함하는 인수분해 수학 방정식을 빠르게 계산할 수 있습니다. 큰 소수를 포함하는 방정식은 전통적인 공개키 암호 시스템 대부분에 보호 기능을 제공합니다. 전통적인 이진수-기반 컴퓨터는 큰 소수 방정식을 쉽게 인수분해할 수 없습니다. '큐비트'를 충분히 갖춘 양자 컴퓨터는 분에서 시간 단위로 측정되는 매우 짧은 시간에 큰 소수 방정식을 인수할 수 있습니다.

양자 컴퓨터는 언제쯤 전통적인 공개키 암호 시스템을 깨뜨릴 것인가?

양자 컴퓨터가 4천여 개의 '안정된' 큐비트를 사용할 수 있게 되면 2048비트 길이 이하의 전통적인 공개키 암호 시스템은 금방 깨질 것으로서 믿어지지만 누구도 그 시기를 확실히 알 수는 없습니다. 세계의 기존 공개키 암호 시스템은 이런 키에 의존하고 있습니다. 양자 컴퓨터는 다른 유형의 암호 시스템 보호 능력의 절반으로 낮출 수 있습니다. 일반적으로 양자 컴퓨터가 전통적인 공개키 암호 시스템을 깨뜨릴 수 있을 때까지의 추정 시간은 수년에서 10년 미만입니다. 어느 쪽이든 전문가 대부분이 지금이 준비를 시작해야 할 때라고 말하고 있습니다. 사람들이 예상한 것보다 암호 해독이 더 빨리 가능해지더라도 우리는 적절하게 대응할 준비가 돼 있을 것입니다.

지금 무엇을 해야 하나?

지금 양자 내성 데이터 보호^{Quantum Resistant Data Protection} 프로젝트 그룹이라고 하는 새로운 프로젝트 팀을 구성해 우리의 중요한 데이터 보호가 영향을 받을 수 있고 위험을 완화할 필요가 있는 모든 곳을 살펴보려고 합니다. 단기적인 완화 조치로는 기존 암호 시스템의 키 길이를 늘이고, 중요 데이터를 격리시키며, 양자-내성 암호 시스템으로 전환하는 것입니다. 장기적인 완화 조치로는 몇 년에 걸쳐 양자-기반 암호 알고리즘과 장치로 전환하는 것입니다.

어떻게 도와주면 되나요?

한 명 이상의 고위 경영진 이해관계자가 이 프로젝트를 승인하고 지원해주시길 바랍니다. 해당 이해관계자는 첫 번째 프로젝트 회의에 참석해야 하며, 아마도 더 많은 회의에 참석하고 다른 고위 경영진의 질문에 답을 하셔야 할 것입니다.

원하는 방식으로 이 문서를 수정해 사용하길 바란다. 이 문서의 온라인 버전(마이크로소프트 워드 파일)은 https://bit.ly/2D1VOxr에 있으며, 향후 개선해 업데이트될 수 있다.

2단계: 계획 수립

프로젝트 계획 수립은 프로젝트 팀 구성과 프로젝트 계획 및 일정 작성 등 많은 하위 구성 요소로 이루어져 있다.

프로젝트 팀 구성

양자 컴퓨터의 위협을 완화하기 위해서는 몇 년 동안 많은 사람들이 투입돼야 한다. 프로젝트 팀이 필요한 IT 프로젝트가 있다면 바로 이 프로젝트다. 프로젝트 관리 능력을 충분히 갖추지 못했다면 팀에 좋은 프로젝트 관리자를 두거나 직접 필요한 능력을 갖춰야 한다. 팀 구성원은 다음과 같은 사람들이 구성돼야 한다.

- 고위 경영진 후원자
- 양자 컴퓨팅과 다른 관련 주제에 관해 잘 알고 있는 프로젝트 리더(이는 아마도 여러분일 것이다)
- IT 보안 관리자
- (필요한 경우) 다른 IT 직원
- 암호학 전문가
- 최종 사용자 대표
- 소통 전문가
- 회계/예산/구매 담당자
- 재고 관리자/전문가

중소기업에서는 이러 역할 중 많은 부분을 한 사람이 담당할 수도 있다. 정말로 작은 회사에서는 이 모든 역할을 한 사람이 담당해야 한다.

초기에는 영향을 받는 시스템의 공급업체와의 협력이 필요 없겠지만 후기 단계에서는 협력하는 것이 중요하다. 시스템 공급업체는 여러분의 걱정거리에 귀를 기울이고 양자 암호 해독 문제를 해결하기 위해 해당 공급업체가 하고 있는 것을 여러분에게 다시 전달할 수 있어야 한다. 이상적으로 여러분은 완화 솔루션을 지원해주길 바랄 것이다. 데이터 수집 단계 중이나 직후에 해당 공급업체를 참여시켜야 할 수도 있다.

소통 전문가는 반드시 있어야 한다. 모든 것이 계획대로 진행돼 양자 암호 해독이 가능해지기 전에 모든 완화 조치가 이루어지면 소통 전문가는 프로젝트가 원활하게 수행되는 동안 프로젝트 팀과 조직 간의 소통이 원활히 이뤄지도록 도울 수 있다. 그러나 모든 문제가 완화되기 전에 양자 암호 해독이 가능해질 때를 대비해 긴급 추진 계획과 일정도 수립해야 한다. 중대한 영향을 받을 자산을 오프라인으로 전환해야 할 수도 있다. 사업을 중단해야 하는 문제가 있을 수도 있다. 사고 대응 계획이 필요하다. 긴급 추진 일정 시나리오가 발생할 가능성은 낮지만 필요한 경우 대비해야 한다는 것을 경영진과 소통 전문가에게 알려야 한다.

또한 동종 업계나 무역 기구, 또는 심지어 경쟁업체의 사람들과도 의견을 나누는 것이 현명할 수도 있다. 어떤 유형의 양자 내성 프로젝트가 다양한 일정과 목표를 갖고 있더라도 모든 조직은 해당 프로젝트를 진행할 것이다. 그럼에도 모든 사람은 전반적으로 비슷한 목표(즉, 양자-내성 암호 시스템으로의 마이그레이션하는 것)를 갖게 될 것이므로 어떤 행동이 효과가 있었지 또는 없었는지를 공유할 수 있을 것이다. 전화도 하고, 회의도 하며 업계 미팅이나 콘퍼런스에서 주제를 꺼내야 한다. 이것이 가장 큰 규모의 주요 프로젝트다. 우리 모두는 이 일을 함께 하고 있다. 우리에게는 서로가 필요하다. 이는 경쟁 우위에 서는 문제가 아니라 생존의 문제다.

프로젝트 계획 수립

모든 프로젝트 리더는 마이크로소프트 프로젝트(https://bit.ly/3iefXzj)나 다른 좋은 경쟁 제품(PCMag의 The Best Project Management Software for 2020 사이트(https://bit.ly/3fw2Uax) 참고)과 같은 몇몇 프로젝트 소프트웨어를 사용해 상세한 프로젝트 계획을 수립해야 한다. 주요 업무와 중요 계획을 파악하고 문서화하는 것이 중요하다. 상세한 예상 일정이 많을수록 좋다. 전반적으로 모든 프로젝트 관리 계획은 앞에서 설명한 4가지 단계의 주요 양자-이후 완화 프로젝트와 이 절에서 설명하는 6개의 프로젝트 단계를 포함해야 한다.

일정 수립

궁극적인 목표는 양자 암해 해독이 여러분의 조직에 실질적인 위협이 되기 전에 모든 양자-취약 암호 시스템과 민감하고 중요한 데이터를 보호하는 시스템을 양자-내성 암호 시스템으로 전환하는 것이다. 양자 암호 해독이 가능해지더라도 모든 조직과 산업이 당장 표적이 되는 것은 아니다. 초기에는 아마도 표적 공격^{targeted attack} 대부분이 군대와 정부를 목표로 국가 차원에서 수행될 것이고 그 뒤로 매우 큰 조직이 수행할 것이다. 이런 기관의 공급망^{supply chain}에 있는 모든 조직도 1차 목표가 될 것이다. 그러나 양자 암호 해독이 가능해지면 여러분의 조직에 양자 컴퓨터 자원이 언제 사용될지 예측할 수 없다.

이를 대비하기 위해 여러분은 양자 암호 해독이 언제쯤 가능해질지(4장, '양자 암호 해독은 언제 가능할까?' 참조) 최대한 추측해 여러분의 조직이 중요하고 민감한 모든 데이터를 양자-내성 암호 시스템으로 보호하는 데 얼마나 걸릴지 일정을 수립해야 한다.

모스카 부등식을 참고한다 모스카 부등식Mosca Inequality을 일정 계획 목표를 위한 초기 지침으로 삼는다. 4장 처음에 양자 컴퓨터가 기존 양자-취약 암호 프로토콜을 깨뜨릴 수 있을 때까지 걸리는 시간보다 우리의 컴퓨터 시스템을 고전 컴퓨터에서 양자-이후 컴퓨터로 전환하는 데 걸리는 시간에 데이터를 안전하게 만드는 필요한 시간을 더한 시간의 합이 더 클 때 양자 컴퓨터의 영향에 대해 걱정해야 한다고 했다(그림 9.4 참조).

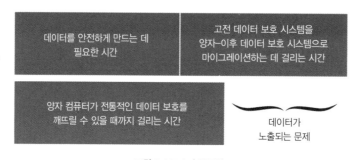

그림 9.4 모스카 부등식

이런 일이 일어난다면 양자 컴퓨터가 현재의 양자-취약 데이터 보호를 깨기 전에 데이터를 적절하게 보호할 시간이 충분하지 않을 것이다.

예를 들어 중요한 데이터를 안전하게 만드는 데 10년이 걸리고 시스템 전환에 5년이 걸린다면 양자-이후 세계가 되기 15년 전에 양자-이후 시스템으로의 전환을 시작해야 한다. 모스카 부등식에서 가장 어려운 부분은 양자 암호 해독이 언제 가능해질지 아무도 정확히 알지 못한다는 것이다. 많은 전문가들은 10년도 채 남지 않았다고 생각하고 있으며, 저를 포함한 소수의 사람들은 이르면 2~3년 정도 걸릴 것이라고 생각한다. 비교적 안전한 예상은 5년 정도 남았다고 생각하는 것이다. 많은 사람들이 가장 중요하고 민감한 데이터를 5~10년 동안 도청으로부터 보호하길 원하므로 안전한 중간 값인 7년을 선택한다.

5년간의 마이그레이션을 포함해 데이터를 전체 7년 동안 안전하게 보호하려면 모스카 부등식 정리Mosca Inequality theorem에 따라 양자 암호 해독이 가능해질 시기보다 12년 앞서 양자-이후 마이그레이션 작업을 시작해야 한다. 본질적으로 소요 시간을 충분히 갖지 않고 준비를 시작했다면 양자 내성 프로젝트를 시작하는 것이 이미 늦었을 수도 있다.

양자-이후 암호 시스템으로 선정된 표준 사용 대부분의 조직에서 양자-내성 암호 시스템으로 전환할 때에는 궁극적으로 국가 차원에서 공식적으로 선정한 양자-이후 암호 시스템을 선택해야 한다. 국가의 공식 표준이 선정되기 전에 자사의 제품 환경 전체에 구현할 암호 표준을 비표준으로 선택함으로써 혜택을 보는 조직은 거의 없을 것이다. 조직이 제품 환경에 동작하는 비표준 암호 알고리즘이나 기법을 선택할 수는 있지만 일반적으로 독립적인 큰 명분이 필요하다. 비표준 암호 알고리즘과 기법은 실제로 더 강력하고 더 안전해 보일지라도 일반적으로 검증이 제대로 이루어지지 않아 신뢰받지 못한다. 표준화할 암호 시스템을 선택하기 위해서는 표준이 선택되길 기다리거나 많은 사람이 사용하는 것을 선택하는 것이 안전하다.

> **NOTE** 예를 들어 초기 몇 년 동안 타원곡선 아이소제니 암호 시스템이 양자-내성이라고 생각했었다. 그러나 그 후 누군가 관련된 동종곡선(isogenic curve)을 빠르게 인수분해하는 방법을 발견했다. 초특이 타원곡선(supersingular elliptic curve)만 사용하는 '수정'된 버전은 해당 공격을 막아내 초특이 타원곡선 아이소제니 암호 시스템이라고 하는 새로운 타원곡선 아이소제니 암호 시스템이 됐다. 그러나 누군가 초특이 타원곡선 아이소제니 수학을 깨뜨릴 수 있는 새로운 공격을 생각해 낼 수 있다. 양자-내성 암호 시스템 대부분은 매우 새로운 것이다. 암호 알고리즘과 기법은 여전히 공격받고 검증되고 있다. 솔루션을 너무 빨리 선택하면 잘못된 암호 솔루션을 선택하고 다시 작업해야 할 위험이 커진다.

이는 미국을 비롯한 세계의 많은 나라들이 NIST가 2022년에서 2024년 사이에 선정한다고 한 양자-이후 암호 표준을 기다려야 한다는 것을 의미한다. 또한 NIST는 새로운 정보로 인해 일정을 앞당길 수 있다면 표준을 더 빨리 선택할 수 있다고 한다. 이는 대부분의 조직이 2022년에서 2024년까지 기다려야만 양자-내성 암호 시스템으로 대규모 마이그레이션을 시작할 수 있다는 것을 의미한다. 그리고 영향을 받는 모든 공급업체도 하드웨어와 소프트웨어를 마이그레이션하기 시작할 것이므로 양자-이후 암호 표준이 선정된 다음에 적어도 1~2년이 지나야 완벽하게 전환이 이루어질 것이다. 암호 표준이 선택된 시점과 암호 표준이 널리 사용될 수 있는 시점 사이에는 자연스러운 지연이 있을 것이다.

가능한 모든 양자-이후 암호 표준을 실험하고, 검증하고, 개발하는 것을 시작할 수 있다. 이는 전체 제품을 배포할 수 있는 시간이 있을 때만 조직에 도움이 될 수 있다. 그러나 나는 공식 선정을 앞두고 모든 일반 조직이 표준이 아닌 양자-이후 암호 시스템을 전체 제품에 적용하는 것에 주의를 주고 싶다. 같은 맥락에서 공식 선정이 이루어질 때까지 아무것도 하지 않는 것도 좋지 않다. 각 기업은 이제 중요한 데이터를 조사하고, 계획하고, 보호하기 시작해야 한다.

긴급 추진 일정 시나리오 작성하기 조직의 자산을 양자-내성 암호 시스템으로 완전히 전환하기 전에 갑자기 양자 암호 해독이 가능해지는 시나리오에 대비해 백업과 긴급 추진 일정을 만들어 두어야 한다. 내일 잠에서 깨어났을 때 외국 정부가 전통적인 공개키 암호 시스템을 깨뜨릴 수 있는 능력을 갖췄을 뿐만 아니라 NSA도 기업에 대한 암호 해독 공격을 탐지하고 있다고 NSA가 발표했다고 생각해보자. 몇 년에 걸쳐 양자-내성 암호 시스템으로 전환하기보다는 지금 바로 전환해야만 한다. 이런 뉴스가 어떻게 계획을 바꿀까? 놓치고 있는 것이 무엇일까? 지금 자산을 전환하는 데 중요한 자산이 무엇이고 중요하지 않은 자산은 무엇일까? 프로젝트 단계를 더 빨리 끝내기 위해 더 많은 자원을 투입할 수 있을까? 고객과 이사회에 새로이 임박한 위협에 대해 경고해야 하는가? 지금은 어디서 얻어낼 수 있을까? 두 개의 일정을 만든다. 하나는 희망적으로 기대하는 정상적인 일정이고, 다른 하나는 긴급 추진 일정이다. 두 시나리오에 대해 계획을 수립하도록 한다.

프로젝트 단계별 예상 일정 수립하기 전체 양자-내성 마이그레이션 프로젝트를 완료하는 데 얼마나 걸릴까? 양자-내성 프로젝트가 시작되면 관련된 모든 데이터 보호 시스템을 양자-이후 구현으로 전환하는 데 얼마나 걸릴지 추정해 고위 경영진과 프로젝트 구성원이 예상 기간을 볼 수 있도록 해야 한다. 예상 기간은 모든 조직에 따라 다르며, 전환해야 할 대상과 방법 그리고 전환할 수 있는 시기에 따라 다르다. 모든 조직이 다르겠지만 프로젝트 담당자는 프로젝트의 각 단계에 대해 몇 가지 기본적인 추정으로 시작해야 한다. 예를 들어 표 9.1을 참조한다.

표 9.1 양자-내성 프로젝트 작업과 일정 예

프로젝트 단계	예상 완료 시간
교육하기	1개월
프로젝트 팀을 구성하고 계획 수립하기	1개월
타임라인 작성하기	1개월
데이터 보호 목록 만들기	3개월
양자 계획을 분석하고 권고안 작성하기	6개월
향후 데이터 유출 방지하기	3개월
기존 전통적인 암호 시스템 강화하기	12개월
양자-내성 암호 시스템으로 전환하기	60개월
양지-복합 기술로 전환하기	60개월
완전 양자화하기	현재로서는 미정

이런 작업에 예상 시간을 부여해 양자-이후 마이그레이션 프로젝트에 필요한 시간을 대략적으로 추정하고 이해관계자에게 작업과 시간을 알려줄 수 있다. 교육과 프로젝트 팀 구성, 계획 그리고 일정 수립과 같은 일부 작업은 동시에 수행할 수 있다. 표 9.1에 나열된 시간에 따르면 실제 프로젝트 작업에 걸리는 시간은 6~7년 정도이며, 프로젝트 예상 시간의 대부분은 '양자-내성 암호 시스템으로 전환'하는 것이다. 물론 양자-내성 암호 시스템 그리고 궁극적으로는 양자-기반 암호 시스템으로 전환하는 것은 여러분이 통제할 수 없는 요인에 달려 있다.

양자-이후 암호 마이그레이션을 포함한 모든 단계를 적절하게 계획을 한다면 원래 계획했던 것보다 더 빨리 양자-내성 암호 시스템으로 전환해야만 하더라도 조직은 전환에 대해 더 잘 대비할 수 있다. 적절한 계획을 수립하면 시간이 절약된다. 양자역학도 시간을 줄여줄 수는 없다.

3단계: 데이터 수집

양자-내성 암호 마이그레이션 프로젝트에서 중요한 것은 완벽한 데이터 보호 목록을 만드는 것이다. 여기에는 다음과 같은 다섯 가지 구성 요소가 포함돼야 한다.

- 모든 민감한 데이터와 장치의 위치 파악
- 데이터와 장치에 관련된 이해관계자 확인
- 기밀성 순위 매기기
- 무단 도청으로부터 데이터나 장치를 보호해야 하는 기간 결정
- 암호 시스템을 사용하는 장치 보호와 관련된 현재의 데이터 보호 시스템 확인하기, 특히 관련된 암호 시스템과 키 길이 확인

이 목록에는 무단 공개해서는 안 되는 모든 민감한 데이터와 장치에 관해 자세한 설명이 포함돼야 한다. 컴퓨터 보안에는 "모든 데이터가 어디에 있는지 알고 있다고 생각한다면, 잘못 알고 있거나 자신을 속이는 것이다"라는 격언이 있다. 이런 의미에서 정보와 장치를 보유하고, 보호하고, 의존하는 이해관계자와 함께 모든 민감한 데이터와 장치가 어디에 있는지 최대한 자세히 설명해둬야 한다. 이해관계자는 필요한 다른 모든 정보를 확인해야 한다.

민감한 정보를 보유하고 있거나 보유하는 것과 관련된 모든 장치에 관한 재고 목록을 만들고 조사해야 한다. 장치에는 컴퓨터와 노트북, 패드, 스마트폰, 네트워크 장비, 인증 장치, 물리적 보안 장치 등이 포함된다. 이 목록에는 중요한 데이터 및 보안 카메라와 신분증 시스템^{badging system} 그리고 빌딩 접근제어 시스템과 같은 사물인터넷^{IoT, Internet of Things}

도 포함돼야 한다. IoT 장치가 중요한 정보를 기록하고 있거나 민감한 영역에 있다면, 이 장치들도 재고 목록에 포함돼야 한다. 장치가 암호 시스템을 사용하고 어떤 것을 비공개적으로 보호한다면, 이 장치도 목록에 포함돼야 한다.

데이터 민감도$^{data\ sensitivity}$와 보호해야 할 필요성에 따라 모든 데이터와 장치의 순위를 매겨야 한다. 일부 조직은 1급 비밀$^{top\ secret}$, 2급 비밀^{secret}, 3급 비밀^{confidential} 그리고 공개와 같은 전통적인 군대의 비밀 등급을 사용한다. 다른 조직은 고 비즈니스 가치, 중 비즈니스 가치, 저 비즈니스 가치와 같이 더 기업에 맞는 등급을 사용한다. 일부 조직은 단순하게 기밀과 공개로 구분하기도 한다. 어떤 데이터 분류 시스템을 사용하든 모든 데이터와 장치는 조직에서의 중요도와 가치에 따라 순위를 매겨야 한다.

다음으로 이해관계자는 확인된 데이터와 장치를 얼마나 오랫동안 안전하게 유지해야 하는지를 연 단위나 임계 대역$^{critical\ band}$(예를 들어 장기, 중기, 단기 또는 10년 이상, 5~10년, 5년 미만 등)으로 명시할지 결정해야 한다.

그런 다음 해당 데이터를 보호하는 데 관련된 데이터 보호 시스템과 암호 시스템을 사용하는 장치를 확인한다. 모든 데이터 보호 시스템이 직접적으로 암호 시스템을 사용하는 것은 아니지만 적어도 많은 시스템이 간접적으로 사용한다. 예를 들어 많은 접근제어 시스템이 암호 시스템을 직접 포함하지 않는 운영체제의 권한만 사용하지만 접근제어 권한의 전반적인 성공 여부는 운영체제의 보안에 따라 달라지며, 모든 운영체제는 암호 시스템(일반적으로 여러 암호 알고리즘과 기법 그리고 시스템)을 사용한다. 확인된 데이터와 장치를 안전하게 보관하고 전송하는 것과 관련된 모든 암호 시스템을 확인하고 싶을 것이다. 중요한 데이터 시스템에는 인증 시스템 및 기반 구조 서비스와 같이 중요한 모든 IT 기반 구조도 포함된다. 각 데이터 보호 시스템에 사용된 암호 시스템(대칭키, 비대칭키, 해시, 디지털 서명 등)과 키 길이도 확인한다.

많은 시스템에서 사용하고 있는 암호 알고리즘과 암호 기법 그리고 키 길이를 알 수 없을 것이다. 구현된 암호 시스템에 관해 사용 가능한 문서가 거의 또는 전혀 없는 상태에서 공급업체나 개발자가 사라질 수도 있다. 프로젝트 팀은 발견된 '알 수 없는' 각 대상을 검토하고 위험이 너무 경미해 업그레이드 목적에 무시할 수 있는 정도인지 또는 (잠재적인 위함을 낮추기 위해) 최우선 순위에 올려놓아야 할 필요가 있는지 결정해야 한다. 알 수 없는 것에 대해서도 계획을 수립해야 한다.

4단계: 분석

컴퓨터 보안은 대부분 위험 평가$^{risk\ assessment}$에 관한 것이다. 프로젝트에서 가장 중요한 이 단계에서 가장 위험에 처한 데이터와 시스템을 확인하고 다가오는 양자 암호 해독의 위험을 완화하기 위해 어떤 단계를 수행해야 하는지 결정해야 한다. 분석과 권고에는 다음과 같은 작업이 포함된다.

- 중요하고 민감한 데이터와 장치를 보호하는 양자-취약 데이터 보호 시스템 확인
- 우선 개선$^{priority\ remediation}$이 필요한 시스템을 포함해 위협받는 시스템에 대한 위협 요인 순위 매기기
- 개선 결정
- 관련된 자원과 비용, 일정 결정

데이터 보호 목록을 정리했다면 사용된 양자-취약 암호 시스템, 특히 중요하고 민감한 데이터와 장치를 보호하는 암호 시스템을 확인한다. 5장 표 5.1의 양자-취약으로 알려진 암호 시스템과 키 길이의 목록과 여러분이 발견한 것을 비교한다. 5장에서 (RSA와 디피-헬만, 타원곡선 암호 시스템, 엘가말 등과 같은) 양자-취약 비대칭키 암호 알고리즘을 설명했다.

중요한 데이터나 장치를 보호하고 취약한 암호 시스템을 사용하는 모든 데이터 보호 시스템은 가장 중요한 시스템에 특히 주의를 기울이면서 강조돼야 한다. 이를 통해 양자-이후 세계로 전환하는 것이 얼마나 큰 도전이 될 것인지 한눈에 살펴볼 수 있을 것이다. 많은 시스템이 AES-256이나 AES-512와 같이 덜 취약한 암호 알고리즘을 사용하고 있다는 것을 알게 되면 놀라겠지만 이는 문제의 크기와 범위에 관해 큰 경종을 울

릴 것이다. 철저한 위험 평가로 우려했던 것만큼 문제가 나쁘지 않다는 결론을 내릴 수도 있다. 아쉽게도 이는 비대칭키 암호 알고리즘을 사용하는 대부분 조직에는 해당되지 않을 것이다.

개선remediation에는 모든 시스템 이해관계자에 대한 교육부터 시작해 양자-취약 시스템을 수정하는 데 필요한 모든 가능한 솔루션이 포함돼야 한다. 또한 개선에서 단순히 키 길이만 업그레이드(예: AES-128에서 AES-256으로)해야 할 솔루션이 무엇인지 그리고 전체 암호 알고리즘을 교체해야 할 솔루션은 무엇인지 확인해야 한다. 업그레이드할 수 있는 것은 무엇이고 교체해야 할 것은 무엇인가? 각 시스템에 대한 개선 조치가 얼마나 어려울까? 각 개선 솔루션에 대한 예상 비용과 일정은 어느 정도일까? 이해관계자와 공급업체 모두에게 얘기해야 한다.

많은 시스템이 결국 하이브리드 접근 방식을 취하게 될 수도 있다. 아마도 장기간 사용될 것으로 예상할 수 있는 최상위 인증 기관 디지털 키는 양자-내성 암호 시스템을 사용해 갱신할 수 있지만 더 짧은 기간 동안 사용되는 개별 최종 사용자 키는 더 긴 길이의 전통적인 암호 시스템을 사용해 업데이트할 수 있다.

가능한 한 빨리 공급업체를 참여시켜 공급업체가 여러분의 걱정거리를 이해해 도움을 줄 수 있는 방법을 찾도록 하는 것이 중요하다. 많은 경우 공급업체는 이 문제를 제대로 알지 못하거나 진행 중인 양자 해독을 알고 있지만 10~20년 정도 남아 있다고 생각하기 때문에 실제로 이 문제를 해결하지 못하고 있다. 공급업체와 걱정거리에 대해 논의하는 것이 공급업체 내부에서의 진지한 논의를 시작하게 만들 수 있을 수도 있다. 심지어 공급업체가 양자-이후 시스템을 구현할 계획이 없다거나, 수정하기 위해 자신들의 소프트웨어를 최신 버전으로 업그레드해야 한다는 사실도 알게 될 것이다. 많은 공급업체가 고객이 최신 소프트웨어로 업그레이드하도록 SHA2로 마이그레이션을 했다.

많은 기업이 내부적으로 애플리케이션을 개발했을 수도 있으므로, 누가 개발했는지 알아내 애플리케이션을 업그레이드할 수 있는지 알아내야 한다. 내부적으로 개발된 애플리케이션에 관한 정보를 찾지 못하고, 해당 프로그램을 분석해 업데이트할 사람을 고용할 수 없는 경우가 일반적이다. 여러분의 프로젝트 팀은 이미 그런 애플리케이션을 어떻게 처리할지 결정해야 하며, 결정할 수 없다면 사례별로 검토해야 한다.

현재 양자-취약으로 여겨지지 않는 시스템도 업데이트해야 한다. 예를 들어 현재 AES-256으로 보호되고 있는 매우 중요한 데이터를 가지고 있을 수 있다. 그러나 10년 이상 데이터를 보관할 계획을 세웠다면 해당 데이터를 AES-512로 전환해야 한다. 약한 양자-취약 암호 시스템에서 훨씬 덜 양자-취약 암호 시스템으로의 이런 전환은 최우선 순위는 아니지만 여전히 전환해야만 한다.

그런 다음 모든 관련 시스템과 중요도, 일정 그리고 비용을 철저히 검토한 다음에 이해관계자가 배치하기 위해 개선해야 할 것과 그 시기를 결정해야 한다. 승인과 예산 편성을 위해 그 결정을 문서화하고 고위 경영진에 제출한다. 분석과 검토를 올바르고 철저하게 했다면 가능한 솔루션은 대부분의 최종 결정을 쉽게 하게 해준다.

일부 또는 모든 데이터 보호

먼저 가장 중요한 데이터만 보호할 것인지 모든 데이터를 보호할 것인지를 먼저 결정해야 한다. 때로는 모든 것을 보호하는 것이 비용과 시간을 아껴주기도 한다. 예를 들어 유럽연합에서 유럽연합 고객과 비즈니스를 하는 많은 회사가 유럽연합의 개인정보보호 GDPR,General Data Protection Regulation 규정을 준수해야 하는 경우에 모든 것을 보호하는 것이 답이 될 수 있다. 많은 다국적 기업이 GDPR 요구 사항을 유럽연합에 있는 특정 데이터만 따로 떼어 적용하는 것보다 유럽연합 외부에 있는 모든 데이터와 고객에게 적용하는 것이 더 저렴하다고 결정했다. 또한 다국적 기업은 GDPR을 적용했어야 할 일부 데이터가 보호가 덜 된 저장소로 흘러 들어가게 됐을 경우에 지워지는 법적 또는 재정적 비용에 대해서도 걱정했다. 이들 회사는 위험을 감수하기보다는 모든 데이터에 더 강력한 통제만 적용했다.

반대로 일부 기업들은 민감한 데이터를 고립된 데이터 영역에 놓는 것이 더 저렴하다고 결정하고 더 비싼 통제로 보호했다. 많은 미국 회사는 PCI(지불 카드 산업Payment CardIndustry)

규제 데이터와 HIPAA(건강 보험 양도 및 책임에 관한 법안Health Insurance Portability and Accountability Act) 규제 데이터에 이런 결정을 내렸다. 이 전략은 이런 데이터의 양이 조직이 다루는 데이터의 양에 비해 적은 비율이고 적용된 데이터가 고립된 데이터 영역에 그래도 남아 있다고 믿을 수 있는 경우에만 의미가 있다. 각 조직은 데이터 전체를 보호할 것인지 아니면 일부만 보호할 것인지를 결정해야 한다. 중간 정도의 결정은 가장 중요한 데이터만 보호하되 이 데이터를 보호하는 시스템에 초점을 맞춰 전사적全社的으로 보호하는 것이다.

조직은 양자 공격에 대해 보호해야 할 데이터와 업데이트해야 할 암호 시스템을 언제 업데이트할 것인지 결정해야 한다.

5단계: 조치/교정

이제 행동에 옮겨야 할 때다. 암호 알고리즘과 기법 그리고 키 길이를 업데이트한다. 양자-내성 암호 시스템으로 전환하고 다른 양자-이후 작업을 수행한다. 각 단계는 본격적으로 제품에 적용하기 전에 제한된 시범 프로젝트로 철저히 검증해야 한다. 모든 실천 방안action plan에는 암호 마이그레이션 단계가 어떤 것을 깨뜨릴 경우를 대비한 '비상 복원emergency backout'계획이 포함돼야 한다. 보호 단계protection step를 수행하기 전에 복원 단계backout step을 문서화하고 철저히 검증해야 한다.

> **NOTE** 나는 몇 년 전까지 30년 동안 암호 배포 프로젝트와 업데이트를 진행하면서 의도치 않은 운영 중단 사고가 단 한 건도 없었다고 자랑스럽게 말하곤 했다. 그러나 이는 바보짓이었다. 나는 고객 팀과 대규모 국제적 업데이트 프로젝트의 일환으로 미션 크리티컬(Mission Critical)[6] 네트워크 의료기기에 디지털 인증서를 업데이트하고 있었다. 복원 절차를 만들었는데, 필요한 경우 잘 검증된 단 하나의 명령어를 실행하면 원격으로 새로 발급된 모든 인증서를 이전에 동작했던 원래의 인증서로 대체할 수 있었다. 제품 업데이트에 어떤 문제가 생기면 하나의 명령어를 실행해 영향을 받은 모든 장치를 재빠르게 복원할 수 있었다.

---

6   업무 수행을 위해 가장 중요한(필수 불가결한) 요소. 미션 크리티컬 요소가 정상적으로 작동되지 않거나 파괴되면 업무 수행 전체에 치명적인 영향을 미쳐, 조직이나 사회에 재앙을 가져올 수 있다. 온라인 비즈니스 회사의 통신 시스템이나 재난 통신망, 항공기 운항의 관제 시스템 그리고 IT 정보 제공 회사의 데이터베이스 시스템 등이 이에 해당된다. 미션 크리티컬 시스템은 완벽한 동작을 위해 보안 시스템도 철저하게 갖춰야 한다.

인증서 업데이트 과정에 대한 일부 검증이 너무 잘 진행돼, 나는 남아 있는 수만 개의 모든 인증서를 즉시 국제적으로 업데이트할 것을 권고했다. 나는 이전에도 수십 번이나 이와 같은 국제적인 업데이트를 수행했었으며 인증서 업데이트가 절대로 문제를 일으키지는 않을 것이라고 믿었다. 말도 안 돼. 아뿔싸. 내가 모르는 사이에 고객이 장치의 절반 정도에 대해 사용자 변경을 했는데, 이 사용자 변경으로 인해 새로운 인증서가 설치되면 새롭게 업데이트된 장치(중요한 의료기기)는 네트워크 연결이 끊겼다. 모든 장치가 오작동했고 네트워크 연결이 끊겼기 때문에 단일 명령어를 사용하는 '장애 시 안전(fail safe)' 복원 절차를 실행할 수 없었다. 병원의 국제적 네트워크 운영은 며칠 동안 중단됐으며, IT 교육을 받지 않은 의료 종사자들로 구성된 팀이 장치를 온라인으로 되돌려 작동하도록 수십 가지 단계를 손으로 작업해야 했다. 이 사건은 내 직업 경력 중 가장 큰 (그리고 감사하게도 단 한 건의) 고객 참사였다. 교훈을 얻었다. 검증하고 또 검증해야 한다. 충분한 검증 없이 제품 배포를 서둘러서는 안 된다. 그리고 복원 절차도 검증하고 복원 작업이 네트워크 연결에 의존하지 않도록 해야 한다.

기존 정책과 표준 업데이트

지금 당장 조직의 모든 정책과 표준이 강한 양자-내성 암호 시스템을 필요로 하는지 확인해야 한다는 것은 말할 필요도 없다. 출혈을 멈추길 원한 것이다. 즉, 약한 양자-내성 암호 시스템을 가지고 있는 새로운 시스템이 조직에 중요하게 작용하는 것을 원하지 않을 것이며 장래에 문제를 더해주기만 할 것이다. 약한 암호 시스템을 자동적으로 거부할 수 있도록 정책과 표준을 업데이트해야 한다. 그러나 이미 그런 정책을 가지고 있지 않다면 모든 시스템이 널리 받아들여지는 암호 표준을 사용할 수 있도록 정책을 업데이트해야 한다. 그리고 하늘의 별을 따고 싶다면 새로 구입하는 암호 시스템을 사용하는 모든 시스템이 암호-민첩crypto-agile일 것을 요구하면 된다.

현재 날짜의 미래 데이터 유출 방지

현재 또는 가까운 미래에 양자 크랙 기술에 접근할 수 있는 외부 실체가 오늘날 '현재 보호되고 있는' 데이터를 도청해 저장하고 외부 실체가 적절한 능력을 갖게 돼 도청한 데이터를 크랙할 수 있을 때까지 기다릴 위험이 있다. 우리는 오늘날 모든 국가가 다른 국가에 대해 이런 일을 하고 있을 것이라고 생각해야만 한다. 국가가 이런 일을 하지 않는다면 어리석고 태만한 것이라고 할 수 있다. 기업 스파이 활동에 참여하는 도덕적으로 부패한 대규모 기업은 경쟁사에 대해서도 이런 일을 할 수 있다.

예를 들어 와이파이 네트워크 라우터는 AES-128를 사용할 수 있다. AES-128로 보호되는 모든 것은 곧 양자-취약해질 것이다. 적들이 와이파이 데이터 스트림을 스니핑하고 미래에 크랙하기 위해 저장하고 있을 수 있다. 여러분의 조직도 이런 가능성이 존재한다면 현재 보호하고 있는 데이터에 대해 미래에 시도될 도청을 막기 위한 모든 방법을 강구해야 한다. 여기에는 다음과 같은 방법이 포함된다.

- 모든 온라인 저장 장치나 네트워크 전송에서 중요한 데이터 제거하기(애당초 스니핑이나 도난당할 수 없음)
- 오늘날의 양자-내성 암호 시스템 사용하기
- (스니핑이나 도난당할 수 없는 곳으로) 물리적인 데이터 영역 격리시키기
- 양자 크래킹에 취약하지 않은 네트워크 격리 장비 사용하기(양자-내성 암호 시스템을 사용하는 것과는 같지 않음)

마지막 항목과 관련해서는 쉽게 도청할 수 없도록 군용 수준으로 고도로 안전한 네트워크 카드와 장비를 제작하는 공급업체가 있다. 이 업체들은 전통적인 암호 시스템을 사용하는 것이 아니라 공격자가 처음부터 암호화되거나 보호된 정보를 읽을 수 있더라도 도청할 수 없는 차폐shielding와 신호 방법signaling method을 사용한다.

6단계: 검토 및 개선

모든 프로젝트 계획은 검토와 개선 단계로 끝나야 한다. 복잡한 프로젝트 진행 과정에서는 항상 좋은 교훈과 나쁜 교훈을 모두 배울 수 있다. 모든 프로젝트 계획은 모든 사람이 계획과 개선 조치가 어떻게 진행되고 있는지 평가하고 필요한 경우 여러 군데에서 개선할 수 있어야 한다.

요약

9장에서는 여러분과 여러분의 조직이 다가오는 양자 해독이 가능해지기 전에 오늘부터 대비할 수 있는 방법을 설명했다. 이 전략에는 고위 경영진을 참여시키고, 장기 프로젝트 팀을 구성하고, 교육을 시키고, 조직의 전통적인 고전 암호 보호 시스템을 전환하는 것이 포함된다. 이를 체계적으로 수행하려면 마이그레이션할 시스템을 확인하기 위해 완벽하고 철저한 데이터 보호 목록을 만들어야 한다. 그런 다음 현재 사용되는 전통적인 암호 시스템의 기존의 키 길이와 해시값 길이를 늘이고 나서 양자-내성 암호 시스템으로 전환하고, 최종적으로 완전한 양자 암호 시스템과 장치로 전환하는 것을 포함하는 올바른 마이그레이션 방법을 결정해야 한다. 이 과정을 계획하고 사려 깊게 생각하면 조직의 시간과 비용을 절약할 수 있으며, 더 중요한 것은 컴퓨터 보안 위험을 효율적으로 줄일 수 있다.

양자역학이 무엇인지, 양자역학이 많은 형태의 전통적인 암호 시스템을 어떻게 깨뜨릴 수 있는지를 배우는 여정에 함께 해준 독자에게 감사하고 싶다. 이 책에서 오늘날 시장에서 모든 자원뿐만 아니라 양자-내성 및 양자-기반 암호 시스템과 장비를 설명했으며, 오늘 양자-이후 세계에 대한 대비를 시작할 수 있는 방법에 관한 확실한 계획 요약으로 마무리했다. 질문이나 제안 또는 수정 사항이 있으면 언제든지 내게 이메일(roger@banneretcs.com)을 주길 바란다. 24시간 이내에 질문에 답변드리도록 하겠다.

부록에 교육용 연구 자료로 사용할 수 있는 많은 양자와 양자 컴퓨팅 온라인 자료와 뉴스를 나열하면서 이 책을 마무리한다.

추가 자료

이 부록에는 양자역학과 양자 컴퓨터 그리고 암호학에 대한 이해를 향상시키고 확장하기 위해 사용할 수 있는 수십 가지의 자료를 나열했다.

양자역학을 완전히 이해하기란 양자역학 분야의 모든 전문가들도 힘들어 하는 것이다. 자연과학에 대한 전통적인 이해에 도전하는 복잡한 주제일 뿐만 아니라 여전히 많은 조각이 빠진 이해의 초창기에 있을 뿐이다. 따라서 양자역학이나 양자 컴퓨터 또는 암호학을 완전히 이해하지 못하더라도 용서받을 수 있다. 여러분이 사용한 모든 양자-관련 기사와 자료는 여러분의 이해를 향상시킬 것이다. 이를 염두에 두고 이 부록은 다른 장에서 인용한 자료 외에 새로운 자료가 포함된 목록을 담고 있다. 책과 동영상, 온라인 강좌, 웹사이트, 블로그, 정부 지원 프로그램, 공급업체 웹사이트 등 다양한 범주로 나뉜다. 많은 자료에 대해 나는 인용 말미의 괄호 안에 의견을 달아 놓았는데 해당 자료가 여러분에게 적합한지 이해하는 데 도움을 줄 수 있을 것이라고 생각한다.

도서

- Aaronson, Scott (2013). Quantum ComputingSince Democritus. Cambridge: Cambridge University Press. (컴퓨터 논리에 집중해 매우 활동적인 양자역학과 양자 컴퓨터 연구자가 읽기 좋은 책. 얽힘과 양자 원격 이동을 잘 설명한다.)

- Bell, Philip (2018). Beyond Weird: WhyEverything You Knew About Quantum Physics Is Different. Chicago: University of ChicagoPress. (읽기 좋은 책; 다른 양자 해석에 대한 다양한 토론; 몇 가지 양자역학 개념을 매우 다르고 좋은 방법으로 설명한다(결깨짐과 얽힘에 대한 벨의 설명은 내가 읽어 본 것 중에서 단연 최고다). 양자물리학에 대한 첫 번째 또는 유일한 책이 아니라 양자역학을 이해하는 데 관심이 있는 사람이라면 누구나 읽어야 한다.)

- Bernhardt, Chris (2019). Quantum Computingfor Everyone. Cambridge, MA: MIT Press.

- Carroll, Sean (2019). Something DeeplyHidden. United States: Dutton. (다세계 해석에 대한 열정적이고 논리적인 방어)

- Johnston, Eric R., Nic Harrigan, andMercedes Gimeno-Segovia (2019). Program ming Quantum Computers: EssentialAlgorithms and Code Elements. Sebastopol, CA: O'Reilly. (양자에 관해 내가 알고 있는 가장 최신 책)

- Kumar, Manjit (2009). Quantum. New Delhi:Hachette India. (필립 벨Philip Bell이 양자역학 입문서로 추천한 책)

- Kumar, Manjit (2011). Quantum: Einstein,Bohr, and the Great Debate about the Nature of Reality. New Delhi: Hachette India.[1]

- Orzel, Chad (2009). How to Teach [Quantum]Physics to Your Dog. NewYork: Scribner. (읽기 좋은 책: 양자물리학을 배우려는 초보자에게 완벽하다.)

- Orzel, Chad (2018). Breakfast withEinstein: The Exotic Physics of Everyday

---

1   양자혁명 양자물리학 100년사, 만지트 쿠마르 지음, 이덕환 옮김, 까치, 2014년 04월 03일 출간

Objects. Dallas, TX: BenBella Books, Inc. (읽기 좋은 책: 양자물리학을 배우려는 초보자에게 완벽하다.)[2]

- Rhodes, Richard (2012). Hedy's Folly: The Life and Breakthrough Inventions of Hedy Lamarr, theMost Beautiful Woman in the World. New York: Doubleday. (읽기 좋은 책: 오늘날에도 무선통신 대부분을 보호하는 것의 기반이 된 암호 알고리즘을 헤디 라마르가 공동으로 만든 방법을 배울 수 있다.)

동영상

- 애니온과 양자 위상 컴퓨터:
  https://bit.ly/3hHhQ75
  https://bit.ly/305c2yt
  https://bit.ly/3f8A8fX
  https://bit.ly/2X4ZtkR
  BB84: https://bit.ly/307XpdP

- D-Wave/열풀림 과정:
  https://bit.ly/3jFQRuF
  https://bit.ly/2X3RSTA
  https://bit.ly/39x4N5z

- 이중 슬릿 파동 실험 애니메이션: https://bit.ly/2EkgXD6

- 이온덫 양자 컴퓨터:
  https://bit.ly/330d9kN
  https://bit.ly/3f6XYbK

---

2 익숙한 일상의 낯선 양자 물리 아인슈타인과 함께 하루를 시작한다면, 채드 오젤 지음, 하인해 옮김, 프리렉, 2019년 06월 28일 출간

- Quanta Magazine 유튜브 채널: https://bit.ly/3jP083p
- 7살을 위한 양자물리학: https://bit.ly/30Qk0ux
- 양자 원격 이동:

  https://bit.ly/2CWT3gL

  https://bit.ly/2CKcAB3
- 양자 이론−전체 다큐멘터리 HD: https://bit.ly/307MctP
- 닐 디그래스 타이슨의 양자 얽힘 설명: https://bit.ly/2D5V5Lc

온라인 과정

- Scott Aaronson (2006). "Quantum Computing Since Democritus": https://www.scottaaronson.com/democritus/
- Quantum Computing Report's list of online educational resources: https://bit.ly/303LOMB
- Kirill Shilov, "16 Best Resources to Learn Quantum Computing in 2019": https://bit.ly/2EoqZmR
- Leonard Susskind (2011), professor of physics at Stanford University. Quantum Mechanics: "The Theoretical Minimum": https://bit.ly/2OYyKSt

웹사이트

- Daniel J. Bernstein's personal website: https://cr.yp.to/
- Caltech's Institute for Quantum Information and Matter: https://quantum frontiers.com/

- GeekForge: https://geekforge.io/
- High Energy Physics Foundation Quantum Computing working group: https://bit.ly/3hCQ4Zx
- IFLScience!: https://www.iflscience.com/physics/
- Inside Science quantum-related articles: https://bit.ly/39v278p
- ISARA: https://www.isara.com/standards/ (현재 진행 중인 양자-이후 암호학자 작업들의 목록)
- Quantiki: https://www.quantiki.org/
- Quantum Algorithm Zoo: https://quantumalgorithmzoo.org/
- Quantum Computing Reporting: https://quantumcomputingreport.com/
- Quantum Computing Stackexchange: https://quantumcomputing.stackexchange.com/ (기술적 질문에 적합한 사이트)
- Quantum for Quants: http://www.quantumforquants.org/ (금융 관련 사이트)
- Phys.org—Quantum Physics news: https://bit.ly/2CPGzaE
- Physics Forums, Quantum Physics Forum: https://bit.ly/2D423jP
- Post-Quantum Cryptography wiki: https://bit.ly/2OVS5Ur
- PQCrypto: http://pqcrypto.eu/
- Sam Mugel's website for quantum technology in simple words: https://www.qwise.org(웹사이트 연결 안 됨)
- Science Daily: https://bit.ly/30PX52j
- ScienceDirect's quantum-related articles: https://bit.ly/2OUPwSq
- The Quantum Pontiff: https://dabacon.org/pontiff/
- UK's National Quantum Technologies Hub for Networked Quantum Information Technology: https://www.nqit.ox.ac.uk/

블로그

- Scott Aaronson's blog: https://www.scottaaronson.com/
- Quantum Physics blog: https://bit.ly/3f6hoxw
- Top 25 Quantum Computing Blogs: https://bit.ly/301EVeL

팟캐스트

- Stupid Qubit: https://stupidqubit.com/ (양자에 관한 재미있고 신랄한 팟캐스트)

양자 관련 잡지/뉴스레터

- Quanta Magazine, Facebook: https://www.facebook.com/QuantaNews
- Quanta Magazine newsletters: https://bit.ly/3jFgbAR
- Nature Magazine, quantum-related articles: https://go.nature.com/39v7Ef1
- Wired Magazine's quantum-related articles: https://bit.ly/2ZZO4o8

양자 메일링 리스트

- Quantiki list of mailing groups: https://www.quantiki.org/wiki/mailing-lists
- Eclipse Foundation's Quantum Computing Working Group: https://bit.ly/3hIaJez
- Quantum Foundations mailing list: https://bit.ly/3jKUeAj
- Quantum Internet: https://bit.ly/2EmY6aE

다양한 양자 관련 기사

- Philip Ball, Quanta Magazine articles: https://bit.ly/3011UXg
- Mark G. Jackson's articles for popular audiences: http://physicsjackson.com/articles/

양자 공급업체

- Accenture: https://accntu.re/32RZFHQ
- Alibaba: https://us.alibabacloud.com/
- Atos: https://bit.ly/3f4eABd
- Baidu: https://bit.ly/3gGnK8y
- Cambridge Quantum Computing: https://cambridgequantum.com/
- ComScire: https://comscire.com
- D-Wave: https://www.dwavesys.com/
- Google: https://bit.ly/30RRkRB
- Honeywell: https://bit.ly/32WbJrn
- Huawei: https://www.huaweicloud.com/en-us/
- IBM: https://www.ibm.com/quantum-computing/
- ID Quantique: https://www.idquantique.com/
- Intel: https://intel.ly/39GLpTP
- IonQ: https://ionq.co/ MagiQ Technologies: http://www.magiqtech.com/
- Microsoft: https://bit.ly/3jKzokw
- Quantum Computing, Inc.: https://quantumcomputinginc.com/
- Quantum Numbers Corp.: https://bit.ly/3fJvS6S
- Quintessence Labs: https://www.quintessencelabs.com/

- Raytheon: https://bit.ly/2WUkGOc
- Rigetti: https://www.rigetti.com/qcs
- Toshiba: https://bit.ly/2OXkLfH

트위터

- Caltech: https://twitter.com/IQIM_Caltech
- European Union's Quantum Internet Alliance: https://twitter.com/eu_qia
- Qiskit: https://twitter.com/qiskit Quanta Magazine: https://twitter.com/QuantaMagazine
- Quantiki: https://twitter.com/quantiki
- UK's National Quantum Technologies Hub for Networked Quantum Information Technology: https://twitter.com/NQIT_QTHub

소프트웨어 관련 자료

- List of quantum algorithms: http://quantumalgorithmzoo.org/
- List of quantum computing simulators: https://bit.ly/2CIZMee
- List of quantum open-source projects: https://bit.ly/300ltyX
- List of quantum software: https://github.com/qosf/os_quantum_software
- IBM Quantum Q Experience: https://bit.ly/2EmWLk8
- Microsoft Quantum Software Development Kit: https://bit.ly/2EmkjFQ
- Open Quantum Safe Project: https://openquantumsafe.org/
- Open-source and commercial quantum software projects and online quantum portals: https://github.com/qosf/os_quantum_software

- Python quantum open-source library: https://github.com/rigetti/pyquil
- Quantum Open Source Foundation: https://qosf.org/
- Quirk, drag-and-drop quantum simulator: https://algassert.com/quirk

양자 컨소시엄

- Alliance for Quantum Technologies: https://bit.ly/3jJuMLy
- Quantum Worldwide Association: http://quantumwa.org/

정부 지원 프로그램 및 비영리 단체

- Australia, Australian Research Council's Centre of Excellence for Engineered Quantum Systems: https://equs.org/
- Australia, Center for Quantum Computation & Communication Technology: https://www.cqc2t.org/
- Barcelona, Catalonia, Spain, Institute of Photonic Sciences: http://quantumtech.icfo.eu/
- Barcelonaqbit: http://www.barcelonaqbit.com/
- Beijing Academy of Quantum Information Science: http://www.baqis.ac.cn/en/
- Berkeley Quantum: https://berkeleyquantum.org/
- Brookhaven National Laboratories: https://bit.ly/2OXjUvv
- China, CAS Key Laboratory of Quantum Information: http://lqcc.ustc.edu.cn/
- Entanglement Institute, Newport, Rhode Island: http://www.entanglement.institute/

- Fermilab Quantum Information Science Program: https://qis.fnal.gov/
- France, Grenoble Quantum Silicon: https://www.quantumsilicon-grenoble.eu/
- German Research Foundation's Matter and Light for Quantum Computing: https://ml4q.de/
- IARPA's Coherent Superconducting Qubits: www.iarpa.gov/index.php/research-programs/csq
- IARPA's Logical Qubits: https://bit.ly/3hEtWhg
- IARPA's Multi-Qubit Coherent Operations: https://bit.ly/2OYTqcZ
- IARPA's Quantum Enhancement Optimization: https://bit.ly/2Edfgr1
- India, Light and Matter Physics: https://bit.ly/3hGPSbU
- Korea, Center for Quantum Information: http://quantum.kist.re.kr/
- Leti, France: https://bit.ly/39wK7e0
- Los Alamos Quantum Institute: https://bit.ly/2EmjyfY
- NASA Quantum Artificial Intelligence Laboratory: https://go.nasa.gov/3f62d7w
- National Science Foundation's Enabling Practical-Scale Quantum Computing: https://bit.ly/30SSTPz
- National Science Foundation's Quantum Information Science: https://bit.ly/2ZYN2J8
- Netherlands, QuSoft Research Center for Quantum Software: http://www.qusoft.org/
- Netherlands, QuTech Academy: http://qutech.nl/
- NIST Joint Center for Quantum Information and Computer Science: http://quics.umd.edu/
- NIST Joint Quantum Institute: https://jqi.umd.edu/

- NIST Post-Quantum Cryptography contest: https://bit.ly/2OVaTTN
- NIST Quantum Information Science: https://bit.ly/3f6EOD0
- Oak Ridge National Laboratory Quantum Computing Institute: https://quantum.ornl.gov/
- Oak Ridge National Laboratory Quantum Information Science Group: https://bit.ly/3g9c9Pe
- Paris Centre for Quantum Computing: http://www.pcqc.fr/
- Perimeter Institute for Theoretical Physics Quantum Information Research Group: https://bit.ly/32Y7aNd
- Russian Quantum Center: https://rqc.ru/ Singapore, Centre for Quantum Technologies: https://www.quantumlah.org/
- Singapore, Quantum Technologies for Engineering Programme: https://www.a-star.edu.sg/imre/
- Research/Programmes-Centres/Quantum-Technologies-for-Engineering-Programme Spanish National Research Council: https://qst.csic.es/
- Swiss National Science Foundation's Quantum Science and Technology: https://nccr-qsit.ethz.ch/
- United Kingdom's National Quantum Technology Programme: https://www.nqit.ox.ac.uk/
- Universities Space Research Association: https://bit.ly/2OXAWJV
- U.S. National Science & Technology Council, National Strategic Overview for Quantum Information Science: https://bit.ly/3g1fsYs

NOTE 이 마지막 절의 내용 대부분은 https://bit.ly/2CGaJNF를 참조했다.

| 찾아보기 |

388

양자 암호 시스템의 시작

더 강력한 암호가 필요한 세상이 온다

발 행 | 2022년 1월 3일

지은이 | 로저 A. 그라임스
옮긴이 | 장 기 식 · 강 형 우 · 오 형 근 · 윤 광 택 · 한 경 희

펴낸이 | 권 성 준
편집장 | 황 영 주
편 집 | 김 진 아
　　　　임 지 원
디자인 | 윤 서 빈

에이콘출판주식회사
서울특별시 양천구 국회대로 287 (목동)
전화 02-2653-7600, 팩스 02-2653-0433
www.acornpub.co.kr / editor@acornpub.co.kr

한국어판 ⓒ 에이콘출판주식회사, 2022, Printed in Korea.
ISBN 979-11-6175-581-6
http://www.acornpub.co.kr/book/cryptography-apocalypse

책값은 뒤표지에 있습니다.